UNGEBETENE GÄSTE

UNGEBETENE GÄSTE

Eine mit Dokumenten belegte Chronologie
über UFO-Sichtungen, Entführungen durch
Außerirdische und über Vertuschung

Richard Hall

JOCHEN KOPP VERLAG

Copyright © 1988 by Richard Hall.
Originally published in 1988 the U.S.A. by Aurora Press, Inc.,
Santa Fe, New Mexico, as *Uninvited Guests: A Dokumented History
of UFO Sightings, Alien Encounters and Coverups.*
All rights reserved.

Copyright © 1997 für die deutschsprachige Ausgabe bei Jochen Kopp Verlag,
Hirschauer Str. 10, 72108 Rottenburg.
Alle Rechte vorbehalten.

Aus dem Amerikanischen von Astrid Ogbeiwi
Umschlagabbildung: Andreas von Rétyi
Layout: Monika Hintz, Tübingen
Druck und Bindung: Kossuth AG

ISBN 3-930219-14-X

WIDMUNG

Dieses Buch widme ich den drei Menschen, deren Freundschaft und intellektuelle Anregung sowohl meine UFO-Studien als auch in vieler Hinsicht mein Leben am meisten beeinflußt haben:

Major Donald E. Keyhoe (U.S. Marine Corps a.D.), der mich als neuen Rekruten annahm und mich im investigativen Journalismus ausbildete, mir beim NICAP beträchtliche Verantwortung anvertraute und mich wie einen Sohn behandelte.

Isabel L. Davis, meine verstorbene Begleiterin, die mich unterstützte und wie keine andere auf die Verwendung eines guten Englisch und rigorose geistige Disziplin achtete, dies aber immer mit Liebe und Verständnis.

Dr. James E. McDonald, der verstorbene Professor für Meteorologie und leitende Physiker am Institut für atmosphärische Physik der Universität Arizona, mein Vorbild als wahrer Wissenschaftler und geschätzter Freund; ein wahrhaft »guter Mensch«, wie ihn ein Reporter der New York Times in einem Gespräch mit mir bezeichnete, als er von McDonalds frühem Tod erfuhr.

DANKSAGUNG

Ein Artikel im *International UFO Reporter* vom Juli-August 1985, der vom Center for UFO Studies veröffentlicht wurde, fußte auf einer früheren, zusammengefaßten Version von Kapitel vier »Außerirdische Körper in der Leichenhalle.« Das Kapitel wurde inzwischen überarbeitet und auf den neuesten Stand gebracht.

Ich möchte Ted Bloecher für die Durchsicht von Kapitel drei, Len Stringfield für die Durchsicht von Kapitel vier und Budd Hopkins für die Durchsicht von Kapitel fünf danken, obwohl ich natürlich für den Inhalt eines jeden persönlich verantwortlich bleibe.

Dank an meinen guten Freund Dr. Peter Rank dafür, daß er das gesamte Manuskript kritisch durchsah und für seine redaktionellen Vorschläge und an Edith Ortanez für das erste Tippen des Manuskripts.

Am meisten möchte ich jedoch meinem Bruder William H. Hall danken für seine unschätzbare Hilfe und Unterstützung und für seine Dienste auf redaktionellem und computertechnischem Gebiet bei der Erstellung des endgültigen Manuskripts.

ÜBER DEN AUTOR

Richard Hall wohnt in Brentwood, Maryland. Seit über fünfundzwanzig Jahren lebt er als Autor und Herausgeber in der Gegend um Washington D.C. Er kann auf ein umfassendes Werk wissenschaftlicher Publikationen zurückblicken. Er ist ehemaliger stellvertretender Direktor und Direktor des National Investigations Committee on Aerial Phenomena (NICAP) und war in dieser Eigenschaft Herausgeber des zweihunderttausend Worte umfassenden dokumentarischen Berichts *Die UFO-Beweise* und Berater des UFO-Projekts der Universität Colorado, das vom Amt für wissenschaftliche Forschung der Air Force finanziell unterstützt wurde.

Gegenwärtig ist Hall Director of Publications des Mutual UFO Network (MUFON), beratender Herausgeber beim J. Allen Hynek Center for UFO Studies (CUFOS) und Mitglied des Bundesvorstandes des Fund for UFO Research. Die Ansichten, die er in diesem Buch vorstellt, sind seine eigenen und stellen nicht unbedingt die Ansichten der Organisationen dar, denen er angehört.

Zu seinen Veröffentlichungen zum Thema UFOs gehören ein Artikel für das *Book of the Year 1968* der *Encyclopedia Britannica,* Einleitung und Epilog des 1968 bei Prentice Hall erschienen Buches *Mysteries of the Skies: UFOs in Perspective,* etliche Artikel und ein großer Anhang mit Querverweisen in der 1980 bei Doubleday erschienen *Encyclopedia of UFOs.*

Warum untersuchte die CIA den Autor ohne dessen Wissen oder Zustimmung unter Sicherheitsgesichtspunkten auf seine Zuverlässigkeit? 1965 wurde Richard Hall, damals Vorsitzender von NICAP, einer zivilen UFO-Gruppe in Washington D.C., von einem Agenten der CIA verhört. Es wurde eine direkte Telefonverbindung zu seinem Büro eingerichtet, die er einmal benutzte, um, wie verlangt, ein paar UFO-Sichtungen von hoher Qualität zu berichten. Viele Jahre

später erfuhr er von der Untersuchung unter Sicherheitsgesichtspunkten und forderte vor kurzem unter Berufung auf die Gesetze
über die Informationsfreiheit und den Schutz der Privatsphäre die
Herausgabe der CIA-Akten, in denen er mit Namen erwähnt wurde.
Nach einem Widerspruch erhielt er einige bereits bekannte Dokumente, aber die CIA weigerte sich, die »Papierspur« der Sicher-
heitsüberprüfung herauszugeben. (Siehe Regierungsdokumente im
Anhang.)

Als der Autor für NICAP zuständig war, der wichtigsten zivilen
UFO-Gruppe in den sechziger Jahren, rief das Außenministerium
an, um eine Verabredung mit einem argentinischen »Nachrichtenmann« und einem Dolmetscher zu treffen. Der »Nachrichtenmann«
stellte sich als Offizier des Nachrichtendienstes des Militärs heraus,
der eine lange vertrauliche Unterredung zum Informationsaustausch
verlangte – und erhielt. (Siehe Kapitel 11)

Wegen seiner einzigartigen beruflichen Qualifikation und Erfahrung auf dem Gebiet hat Hall an bedeutenden Nachrichtenkonfe-
renzen des National Press Club teilgenommen, wurde von Fernseh-
anstalten interviewt, von der Canadian Broadcasting Corporation,
der Voice of America, dem staatlichen Fernsehen Frankreichs und
Italiens und Hunderten von Tageszeitungen, Radio- und Fernseh-
sendern und war zweimal Gast der von Sendern im ganzen Land
ausgestrahlten Larry King Show.

Aufgrund seiner Karriere in und um Washington hatte Hall auch
mit Mitgliedern des Kongresses Verbindung, mit Sprechern der ober-
sten Verwaltung des Bundes, Beschäftigten national operierender
Nachrichtendienste, der in Washington versammelten Presse, internationalen Behörden wie den Vereinten Nationen und den diploma-
tischen Vertretungen anderer Länder. Daher entwickelten sich seine
Ansichten über UFOs auf dem Hintergrund breitgefächerten Wissens und großer Erfahrung.

INHALTSVERZEICHNIS

Vorwort	. . . .	13
Prolog	Der Stand der Wissenschaft	17
Einleitung	. . . .	23

TEIL I - KONFRONTATION

Kapitel 1	Nahbegegnungen der fahrzeugmäßigen Art	29
Kapitel 2	Magische Technologie	45
Kapitel 3	Die Humanoiden	53
Kapitel 4	Außerirdische Körper in der Leichenhalle .	67
Kapitel 5	Die Intervenierer	83

TEIL II - ENTDECKUNG

Kapitel 6	Die UFO-Anomalie	105
Kapitel 7	Andere Reiche	119
Kapitel 8	Der Überverstand	129
Kapitel 9	Schrauben und Bolzen	137

TEIL III - BEURTEILUNG DES UNBEKANNTEN

Kapitel 10	Skeptische Mutmaßungen	149
Kapitel 11	Das große Geheimnis	159
Kapitel 12	ETH und die Lücke im Nachrichtendienst	177

Kapitel 13	Außerirdische Psychologie	187
Kapitel 14	Ist der Bote die Botschaft?	205
Anhang A:	Fallstudien: Ein Querschnitt durch das Mysterium der UFOs	217
Anhang B:	Sammlung von UFO-Dokumenten der Regierung	321
Anhang C:	Majestic-12 Dokumente	365
Anhang D:	Akronyme und Abkürzungen	381

VORWORT

Vierzig Jahre sind nun vergangen, seit die ersten Sichtungen von »fliegenden Untertassen« die Geburt des UFO-Phänomens, wie es inzwischen genannt wird, ankündigten. In dieser Zeit haben sich die Welt und unser Verständnis der Welt in einem in der menschlichen Geschichte bisher nicht dagewesenen Maß verändert.

Die Wissenschaft und die sie begleitenden Veränderungen der Technik haben uns Maschinen beschert, die Menschen zum Mond und zurückgebracht haben, ein fast verzögerungsfreies Weltkommunikationssystem und Computer, die eine globale Informationsflut steuern. Zugleich haben wir mit »Star Wars« eine Welt voller erschreckender Waffen geschaffen und eine unkontrollierte Ausbeutung der Bodenschätze des Planeten herbeigeführt, die nicht nur die ökologische Bilanz bedroht, sondern auch das Leben des Planeten Erde selbst.

Die Entdeckung der DNA und der Molekularbiologie brachten uns an die Schwelle einer genetisch konstruierten »schönen neuen Welt« mit unergründlichen Folgen.

Radar und der Einzug der Radioastronomie haben den Astronomen die Augen für fast das ganze elektromagnetische Spektrum geöffnet: von Gammastrahlen bis zu den Funksignalen des »Urknalls«, durch den wahrscheinlich das Universum in seiner heute bekannten Form geschaffen wurde.

Und in dieser vierzig Jahre umfassenden Zeitspanne stellten sich Wissenschaftler und Philosophen auch zum ersten Mal ernsthaft die Frage: »Sind wir allein im Universum?« und wenn nicht: »Wo sind sie?«

Diese letztere Frage, die der Physiker Enrico Fermi bei einem Treffen der Wissenschaftler des Manhatten Projects in Los Alamos gestellt haben soll, bezeichnet exakt eine der wichtigsten Beobachtungen im Hinblick auf außerirdisches Leben, ob nun intelligent oder nicht ... es hat uns seine Existenz nicht auf überwältigende Weise deutlich gemacht!

Fermis Frage wurde im Umfeld der vorherrschenden westlichen Vorstellungen von unserem Platz im Universum gestellt, insbesondere der Idee, daß wir wahrscheinlich ein typisches Musterexemplar dessen sind, was wir auch im Kosmos zu finden hoffen. Diese Vorstellung wird gewöhnlich das Kosmologische Prinzip genannt, das sich aus den vielen Lektionen entwickelt hat, die wir seit der Kopernikanischen Wende gelernt haben, daß es nämlich unseres Wissens nichts gibt, was die Erde, unser Sonnensystem, die Milchstraße als Galaxie oder sogar unsere Galaxiengruppe unter allen anderen als einzigartig oder auch nur als an einer bevorzugten Stelle im Kosmos befindlich heraushöbe. Wir befinden uns einfach nicht im Zentrum irgendeines Systems und darüber hinaus lassen moderne Kosmologien vermuten, daß das Konzept einer räumlichen Mitte des Universums bedeutungslos ist. Daher ist das Leben eine natürliche und unvermeidliche Folge der Evolution des Universums und muß unter den 200 Milliarden Sternen der Milchstraße etwas ganz Gewöhnliches sein. Und die Milchstraße ist nur eine von Billionen bekannter Galaxien. Also ... Wo sind sie?

Heute kann man, so sehe ich es, das Meinungsspektrum innerhalb der wissenschaftlichen Gemeinschaft in drei Gruppen teilen. Die Mehrheitsmeinung könnte man »Vorherrschende Auffassung« nennen. Dieser Ansicht zufolge gibt es wahrscheinlich Zehntausende fortgeschrittener intelligenter Lebensformen allein in unserer Galaxie. In einer Tabelle fänden wir uns wahrscheinlich auf einem durchschnittlichen Bewußtseinsniveau wieder. Wegen der großen Entfernungen und des damit verbundenen Zeitaufwands sind interstellare Reisen jedoch schwierig, selten und in jedem Fall durch die Lichtgeschwindigkeit begrenzt. Die Inseln des Lebens sind sich in ihren Welten selbst überlassen und müssen sich daher damit zufriedengeben, das Universum durch Beobachtung und interstellare Kommunikation zu erforschen. Die Suche nach Funksignalen von Außerirdischen in der Form absichtlicher Botschaften oder »Leckstrahlung« hat bis heute offensichtlich negative Ergebnisse erbracht ... und ich spreche hier als Radioastronom, der für diese Sache ein gewisses Interesse entwickelt hat.

Eine zweite Richtung, die ich als die »Sonderlinge« bezeichnen möchte, betrachtet dieselben Daten, kommt aber zu dem Schluß, daß wir tatsächlich fast die einzige fortgeschrittene technische Zivilisation in der Galaxie sein könnten! Den Kern dieser Gruppe bilden

Vorwort 15

die Astronomen Michael Hart, Michael Papagianis und Ben Zuckermann, die 1979 eine Konferenz organisierten:
»Außerirdische: Wo sind sie?« (Hart und Zuckermann, 1982). * Ihre Antwort auf diese Frage ist, daß Leben auf planetarischen Welten wesentlich unsicherer ist als bisher angenommen. Harts Werk vermutet, daß sich das Leben auf der Erde, das sich auf flüssiges Wasser gründet, in einem empfindlichen Gleichgewicht befindet zwischen dem rasch zunehmenden Gewächshauseffekt, der die Wüstenwelten der Venus geschaffen hat und der schnellen Vereisung des Mars. Zwar mag sich Leben auf anderen Welten gut entwickeln, aber es wird durch Instablitäten von innerhalb oder außerhalb von Sonnensystemen immer wieder ausgeblasen, etwa wenn es in der Nähe von Sternen entstand, die zu tödlichen Supernovas explodieren.

Diese Statistiken zeigen doch scheinbar, daß die vier Milliarden Jahre alte Geschichte des von flüssigem Wasser abhängigen Lebens auf dem Planeten Erde so unwahrscheinlich ist, daß wir uns glücklich schätzen können, daß wir die einzigen sind, die in der Geschichte der Galaxie so lange überleben konnten. Diese Ansicht wird noch gestärkt durch Modelle einer Kolonisierung des Weltraums, die davon ausgehen, daß, wenn in unserer Milchstraße sich ausdehnende intelligente Lebensformen vorkämen, die begonnen hätten, interstellar zu reisen, selbst bei einer Geschwindigkeit der Kolonien deutlich unter Lichtgeschwindigkeit, die gesamte Galaxie schon vor sehr langer Zeit kolonisiert worden sein sollte, und das in einem Maßstab von ein paar hundert Millionen Jahren. Eine solche Zeit erscheint zwar astronomisch, sie ist jedoch recht bescheiden, vergleicht man sie mit dem Alter unserer Galaxie von zehn Milliarden Jahren.

Die dritte und wahrscheinlich am weitesten von der »Vorherrschenden Auffassung« entfernte Gruppe möchte gerne den »Galaktischen Verein« entdecken. Ihre Antwort auf Fermis Frage ist, daß sie in der Tat hier sind, ihre Anwesenheit jedoch nicht bekannt machen wollen. Varianten der Hypothese vom »Galaktischen Verein« wurden »Zootheorie« oder »Quarantänetheorie« genannt. In diesem Fall stehen wir als seltenes Beispiel einer sich entwickelnden technischen Zivilisation unter der genauen Beobachtung durch Außerirdische. Schließlich wurde die Landwirtschaft in der vier Milliarden Jahre alten Geschichte des Ökosystems der Erde erst vor ein paar tausend Jahren erfunden. Nach dieser Ansicht entwickeln wir

---

Hart, Michael H. und Zuckermann, Ben (Hrsg.)
Extraterrestrials: Where are They? (New York: Pergamon Press, 1982).

uns rasch zu dem Punkt, an dem wir uns dem »Galaktischen Verein«
oder dem »Überverstand« anschließen dürfen, was immer man darunter auch verstehen mag. Irgendwie erinnert mich das immer an
Charles Forts Worte: »Ich glaube, wir sind jemandes Eigentum.«

Unter den drei Meinungsgruppen, die hier vorgestellt wurden,
nehmen nur einige Mitglieder des »Galaktischen Vereins« die Indizi-
en für UFOs als Daten ernst, die einer seriösen wissenschaftlichen
Betrachtung wert sind. Dieser Mangel an Aufmerksamkeit ist höchst
bedauerlich, denn wie Richard Hall in seiner Einleitung zu Kapitel
zehn sagt: »Die Daten der gemeldeten UFO-Sichtungen enthalten
entweder die Grundlage zur größten wissenschaftlichen Revolution
aller Zeiten oder zur am längsten währenden Selbsttäuschung in der
Geschichte der Menschheit.« Ich stimme dem absolut zu, und könnte dabei wiederholen, daß es ein UFO-Phänomen (oder -Phänome-
ne) gibt, und ob sein Ursprung nun im äußeren oder inneren Weltraum liegt, die potentielle Reichweite seiner Folgen macht sorgfältige Ermittlungen zwingend erforderlich.

Dick Hall, den ich seit zwanzig Jahren als Freund und Kollegen
kenne, ist einer der Pioniere unter den wissenschaftlichen Forschern,
die die Ansichten des »Galaktischen Vereins« über unseren Platz im
Kosmos des Lebens vertreten. Das vorliegende Werk ist der Höhepunkt eines lebenslangen sorgfältigen und aufgeschlossenen Fra-
gens auf einem Gebiet, das von vielen sorgsam gemieden wird, die
nicht willens sind, über die engen Grenzen ihrer Vorurteile hinaus
zu forschen. »Dieses Buch will keine Antworten geben, denn auf
keiner Seite der Diskussion weiß man wirklich, was UFOs sind. Stattdessen stellt dieses Buch Fragen, und es beginnt mit ... Was ist,
wenn UFOs echt sind? Was könnten sie für die Menschheit bedeuten?« (zitiert aus der Einleitung).

Dieses Buch wird den Leser auf eine anregende intellektuelle For-
schungsreise durch die Vorstellungen und Daten zum Mysterium der
UFOs unserer Tage in seiner ganzen verwirrenden Komplexität führen.
Die möglicherweise dahinterstehende Bedeutung erweckt Ehrfurcht,
und ich habe das Gefühl, ganau an der Schwelle zu stehen.

Dr. John B. Carlson
Assistenzprofessor für Astronomie und Anthropologie
Universität Maryland
College Park, Maryland
April 1988

PROLOG

DER STAND DER WISSENSCHAFT

Sind Menschen an Bord außerirdischer Raumschiffe entführt und von kleinen humanoiden Wesen körperlichen Untersuchungen oder Tests unterzogen worden? Hat die U.S.-Regierung abgestürzte »Untertassen« und konservierte Leichen Außerirdischer in Verwahrung?

Vor zwanzig, ja noch vor zehn Jahren hätten alle seriösen Forscher solche Vermutungen als Spinnerei erachtet, aber die Zeiten haben sich geändert, und es sind seltsame neue Indizien aufgetaucht. Diese beiden erstaunlichen Fragen beherrschen die UFO-Forschung der achtziger Jahre. Die größten UFO-Gruppen vergangener Jahrzehnte sind zu bloßen Hüllen ihres früheren Selbst zusammengeschrumpft, aber neue Gruppen und Vereinigungen haben sich gebildet.

Heute führen drei weitere Gruppen in den Vereinigten Staaten (mit Entsprechungen in Übersee) Ermittlungen und Forschung über UFOs durch: Das J. Allen Hynek Center for UFO Studies[1], mit prominenten Wissenschaftlern im Vorstand, das Mutual UFO Network[2], eine unabhängige Mitgliederorganisation mit einem weitreichenden Ermittlungsnetzwerk, das es sich mit CUFOS teilt und dem Fund for UFO Research[3], der steuerfreie Beiträge in förderungswürdige Forschungs- und Bildungsprojekte weiterleitet. Die drei Organisationen haben sich überschneidende Vorstände und Interessen und arbeiten eng zusammen.

Eine weitere spezialisierte Forschungsgruppe, die erst vor kurzem wieder zum Leben erweckt wurde und ihr Blickfeld erweitert hat, ist Citizens Against UFO Secrecy[4]. Sie konzentriert sich auf Klagen nach dem Freedom of Information Act und andere legale Aktivitäten mit den Ziel, »versteckte« Fälle und historische Dokumente von verschiedenen Regierungsbehörden, einschließlich der Central Intelligence Agency loszueisen.

18 *Ungebetene Gäste*

Die »Seltsamkeit« von UFO-Sichtungen hat mit der Zeit zugenommen. »Routinemäßige« Berichte über Vorbeiflüge sind nicht mehr von besonderem Interesse. Stattdessen konzentriert sich die Aufmerksamkeit auf Fälle mit körperlichen Beweisen (in Dr. Hyneks Terminologie CE II) und Meldungen über Begegnungen mit humanoiden Wesen (CE III), besser bekannt als »Nahbegegnung der Dritten Art«. CUFOS führt nun einen ursprünglich von Dr. David R. Saunders zusammengestellten Computerkatalog von UFO-Sichtungen (UFOCAT). Es sind Bestrebungen im Gange, Computerbulletinboards und andere Computersysteme einzurichten, um Muster bei den UFO-Meldungen zu entdecken.

MUFON und andere Gruppen ermitteln und sammeln weiterhin Meldungen von Sichtungen und stellen Kataloge und andere Dokumente zusammen. Wie viele neue Informationen können aber aus weiteren »gewöhnlichen« Sichtungen gewonnen werden, die die Suche nach der Bedeutung der UFOs voranbringen?

Verstärkte Aufmerksamkeit wurde Berichten aus aller Welt über humanoide Wesen gewidmet, die im Zusammenhang mit UFO-Landungen oder anderen Begegnungen beobachtet wurden. Unter den Forschern auf diesem Gebiet ragen besonders Ted Bloecher und David Webb hervor, die als stellvertretende Vorsitzende der Gruppe zum Studium der Humanoiden des MUFON fungierten. Die beiden stellten einen Computerkatalog mit Berichten über Humanoiden zusammen, der über zweitausend Einträge enthält. Wenn UFOs Raumschiffe oder gar etwas noch Seltsameres sind, so haben Bloecher und Webb den Eindruck, dann liegt der Schlüssel zum Puzzle im sorgfältigen Studium der Berichte über Humanoide.

In den sechziger Jahren zeigte sich eine verblüffende Zunahme der Fälle mit Humanoiden, in den Siebzigern schossen sie wie Pilze aus dem Boden: Zeugenberichte (viele in hypnotischer Regression, manche aber auch durch bewußte Erinnerung gewonnen), denen zufolge sie von scheinbar außerirdischen Humanoiden gewaltsam entführt, untersucht oder sondiert und dann freigelassen wurden.

Den Geschichten zufolge induzierten die Aliens in den meisten Fällen ihren Gefangenen mehr oder weniger erfolgreich eine Amnesie, bevor sie sie freiließen. Vage Erinnerungen, beunruhigende Träume – oder die Tatsache, daß sie sich eines Zeitraums bewußt wurden, in dem sie nicht wußten, was geschehen war – veranlaßte sie, bei der Lösung der offensichtlichen Erinnerungsblockade Hilfe zu suchen. Oft verbleibt selbst nach einer Hypnose noch eine teilweise Erinnerungsblockade, aber Einzelheiten der Geschichten, die

Prolog – Der Stand der Wissenschaft   19

herauskamen, sind verblüffend ähnlich, manchmal sogar identisch. Es besteht kein Zweifel, die Ereignisse sind für die »Opfer« psychisch real. Es bleibt die Frage: Sind sie auch physisch real?

Zur selben Zeit, als die Berichte über Entführungen an die öffentlichkeit kamen, hatte der erfahrene UFO-Forscher Leonard Stringfield begonnen, die seit langem bekannten Gerüchte neu zu untersuchen, denen zufolge in den fünfziger Jahren fliegende Untertassen abgestürzt seien und Einheiten des Militärs die Raumschiffe mitsamt den Leichen der Außerirdischen hätten zu Studienzwecken verschwinden lassen – den Gerüchten zufolge für gewöhnlich auf den Luftwaffenstützpunkt Wright Patterson in Ohio. Stringfield und seine wissenschaftlich orientierten Kollegen, einschließlich des Verfassers, standen den Gerüchten skeptisch gegenüber, besonders wegen des Fehlens direkter Zeugen. Die Geschichten kamen immer aus zweiter oder dritter Hand.

Das Wiederaufleben der Gerüchte veranlaßte Stringfield, der Frage in einem 1977 erschienenen Buch[5] noch einmal nachzugehen. Darin brachte er seine Ermittlungen zum gesamten Thema UFOs auf den neuesten Stand. Zu seiner Überraschung führte das Buch zu einer Flut neuer Behauptungen, aber dieses Mal konnte Stringfield direkte Zeugen ausfindig machen und sie von Angesicht zu Angesicht treffen. Zeugen, die sagten, sie waren da ... sie hatten von Berufs wegen eine Bergung eines offensichtlichen Raumschiffs und humanoider Leichen beobachtet oder daran teilgenommen. Und das entweder an der Absturzstelle oder bei der Ankunft der »Überreste« in einer militärischen Einrichtung. Der einzige Haken war, daß die Zeugen, die fast alle Repressalien durch ihre vorgesetzten Stellen befürchteten (einige berichteten von Drohungen und Einschüchterungen), nur bereit waren, Informationen weiterzugeben, wenn ihre Identität vollkommen geschützt wurde. Beeindruckend war, daß die wichtigsten Zeugen Ärzte waren, Männer in hohen Positionen in Banken, Gesetzeshüter, und andere Leute in verantwortlichen Positionen. Ihre Geschichten zeichneten ein Bild, wonach UFO-Abstürze Ende der vierziger Jahre begannen, in den Fünfzigern einen Höhepunkt erreichten und sich sporadisch noch bis in die siebziger Jahre fortsetzten.

Ein wichtiger Bestandteil der Informationen, die Stringfield erhalten hatte, war, daß die Teams der U.S. Regierung nach den ersten Abstürzen, die an die Öffentlichkeit durchsickerten, so gut organisiert wurden, daß sie neue Absturzstellen rasch abdeckten, sämtliche Indizien aufsammelten und die Wahrheit mit allen notwendigen

20 Ungebetene Gäste

Mittel vertuschten – einschließlich grober Einschüchterung des Personals, das an den Bergungen teilgenommen hatte. Wenn das wahr ist, dann hat die Regierung eindeutig seit langem den absoluten körperlichen Beweis für außerirdische Besucher, und das ganze öffentliche UFO-Programm war eine Attrappe; wahrhaft ein Kosmisches Watergate.

Seltsamerweise zeichnen die beiden Szenarien – Entführungen und Abstürze/Bergungen –»Menschen aus dem Weltraum« auf eine Weise, die sich, oberflächlich betrachtet, zu widersprechen scheint. Die außerirdischen Entführer scheinen in ihren Kräften und Fähigkeiten übermenschlich zu sein, obwohl sie oft so beschrieben werden, als seien sie sowohl den Humanoiden als auch den angeblichen Leichen in militärischem Gewahrsam ähnlich. Sie besitzen eine fast magische »Technik«, zu der den Entführten zufolge auch Möglichkeiten zur Manipulation von Materie und Energie gehören, die selbst unserer fortgeschrittensten Wissenschaft weit überlegen sind. Und doch implizieren die Abstürze eine nur allzu menschliche Fehlbarkeit und Verwundbarkeit.

Es bieten sich verschiedene Erklärungen an. Erstens, es ist möglich, daß ein oder beide Szenarien unzutreffend sind – daß die »Entführungen« eine Art psychologischer Verirrung oder die Abstürze irgendwie ein ausgemachter Schwindel oder beides sind. Andernfalls, wenn beide zutreffen, ist es möglich, daß uns (den privaten Forschern) ein entscheidendes Teil des Puzzles fehlt, das Forschern der Regierung, von deren Existenz wir ausgehen, bekannt sein könnte oder nicht. Etwas, das erklären würde, warum »Superwissenschaftler« von anderswo manchmal Unfälle erleiden, und dann noch solche, bei denen gleich das ganze Spiel verlorengeht.

Vielleicht stört ein Teil der Vielfalt an elektromagnetischer Strahlung, mit der wir die Atmosphäre Tag für Tag überfluten, ihr Antriebssystem. Oder vielleicht wird den Entführten ein verzerrtes Bild vermittelt, entweder absichtlich von den vermutlich Außerirdischen oder unglücklicherweise vom Filter des menschlichen Bewußtseins, wenn jemand versucht, Dinge jenseits seines Fassungsvermögens zu erfassen und wiederzugeben. Nur sorgfältige empirische Untersuchungen werden die Antwort liefern.

Die Frage der UFOs besteht jedoch auch unabhängig von diesen heutzutage beherrschenden spektakulären Themen. Selbst wenn es keine Leichen gibt und wenn Entführungen keine physisch realen Ereignisse sind, existiert doch eine große Menge gut belegter Berichte, in denen raumschiffartige Objekte beschrieben werden, die oft

Prolog – Der Stand der Wissenschaft 21

aus nächster Nähe mit menschlichen Wesen in Verbindung treten, außergewöhnliches Verhalten zeigen und eine ganze Ansammlung physischer und physiologischer Effekte bewirken. Es ist dieser zugrundeliegende »harte Kern« der UFO-Berichte, der UFOs an erster Stelle als echtes wissenschaftliches Rätsel etabliert. Ohne sie hätten wir keine Grundlage, auf der wir Berichte über Entführungen oder Bergungen ernst nehmen könnten. Aber wir haben sie, und daher müssen wir – vorsichtig – aus nächster Nähe einen Blick auf die Indizien werfen, die auf eine direkte Intervention von Wesen von anderswo in menschliche Angelegenheiten schließen lassen.

ANMERKUNGEN

1. CUFOS, 2457 W. Peterson, Chicago, IL 60659.

2. MUFON, 103 Oldtowne Road, Seguin, TX 78155.

3. Fund for UFO Research, Box 277, Mt. Rainier, MD 20712.

4. CAUS, P.O. Box 218, Coventry, CT 06238.

5. *Situation Red: The UFO Siege* (N.Y.: Doubleday, 1977).

EINLEITUNG

Die Vorstellung, daß UFOs außerirdischen Ursprungs sind – Raumschiffe aus »Schrauben und Bolzen«, in denen sich intelligente Wesen von einem anderen Planeten im Weltraum befinden – beherrscht das Denken zu diesem Thema seit 1948. In diesen Jahr kam das Air Technical Intelligence Center der U.S. Air Force in einem streng geheimen Bericht, der über verschiedene Kanäle bis zu General Hoyt S. Vandenberg, dem Kommandanten der Air Force, gelangte, zu diesem Schluß. Dieser lehnte die Schlußfolgerung ab, denn es mangle ihr an »Beweisen«.

Capt. Edward J. Ruppelt, Chef der UFO-Ermittlungen des Projektes Blue Book in den fünfziger Jahren, sollte später fragen: »Was macht einen Beweis aus?« Er berichtete, der Verweis von ganz oben habe dazu geführt, daß Nachrichtendiensteinheiten der Air Force noch etliche Jahre danach alle UFO-Berichte eiligst wegerklärten . . . bis nachhaltige Berichte von Piloten und Wissenschaftlern die Air Force zwangen, die Ermittlungen wieder aufzunehmen.

Die extraterrestrische Hypothese (ETH) wurde zum ersten Mal 1949 von Major Donald E. Keyhoe, U.S. Marine Coprs a.D., öffentlich vertreten. Angeregt von persönlichen Kontakten zum Pentagon, die ihm Informationen zuschleußten, verfaßte Keyhoe einen Artikel für die Zeitschrift *TRUE*, der wie eine Bombe einschlug und nachweislich der bis dahin meistgelesene Zeitschriftartikel wurde. Dem folgte eine erweiterte Version in dem 1950 erschienenen Buch *Flying Saucers Are Real.*

Wegen seines beruflichen Hintergrundes in Militär und Luftfahrt kam Keyhoes Ansichten – daß außerirdische Wesen die Erde beobachteten und dabei offensichtlich von einer Reihe von Atombombenexplosionen angezogen worden waren, die 1945 begonnen hatten – großes Gewicht zu.

24 *Ungebetene Gäste*

Bis heute ist er der bekannteste Vertreter der ETH, aber er steht nicht allein. Mehr als fünfunddreißig Jahre Sichtungen haben laut Gallup-Umfragen (vom Mai 1966 und Dezember 1973) eine Mehrheit der Amerikaner überzeugt, daß UFOs echt und wahrscheinlich außerirdisch sind. Der Mangel an absoluten Beweisen hat jedoch zur selben Zeit dazu geführt, daß eine Reihe Ufologen glauben, die ETH sei zu vereinfachend; daß, wären UFOs außerirdisch, dies inzwischen durch direkten Kontakt oder stichhaltige wissenschaftliche Indizien deutlich geworden wäre. Die Unfaßbarkeit der UFOs, ihr konstantes Unvermögen, vollkommen überzeugende Indizien zu hinterlassen, läßt diese Theoretiker vermuten, daß wir es hier mit etwas anderem als »bloßen« Raumschiffen zu tun haben.

Dieser Eindruck wird dadurch noch verstärkt, so argumentieren sie, daß der Inhalt der UFO-Berichte zusehends grotesker wurde: Geschichten von außerirdischen Kreaturen, die Menschen entführen und sie einer körperlichen Untersuchung unterziehen, haben seit den sechziger Jahren um ein Vielfaches zugenommen. Die Wesen, die manchmal eher wie Erscheinungen denn handfeste Wesen aussehen, zeigen fast magische Kräfte, einschließlich Levitation, Telepathie, das Durchdringen fester Materie und verursachen elektrische Störungen.

Darüber hinaus, selbst wenn die Berichte über Entführungen Einbildung sein sollten, warum sollten intelligente Wesen ohne erkenntlichen Zweck wiederholt über Einrichtungen schweben und dann davonschießen? Warum sollten sie Jahr um Jahr in niedriger Höhe menschliche Fahrzeuge überfliegen, Bodenproben entnehmen und alle anderen wiederholten Aktionen durchführen, ohne etwas zu unternehmen, das alle Zweifel an ihrer Beschaffenheit und Absicht beseitigt? Warum versetzen sie uns wiederholt mit exotischen Vorführungen in Erstaunen, nehmen aber nicht offen Kontakt auf oder teilen uns etwas Definitives mit?

Angesichts einer Phantasmagorie magischer Maschinen und geisterhafter Wesen, deren Verhalten sich rationalen Erklärungen entzieht, weisen diese Theoretiker die ETH zurück und vermuten stattdessen, daß UFOs etwas gänzlich anderes sein müssen: übersinnliche Projektionen, die die Menschheit kollektiv geschaffen hat, um ihre psychischen Bedürfnisse zu befriedigen (etwas in der Art von Carl Jungs »kollektivem Unbewußten«); Zeitreisende; Wesen aus einem Paralleluniversum oder sogar Engel oder Dämonen. Ein paar wenige Analytiker halten UFOs und die mit ihnen verbundenen

Einleitung

humanoiden Wesen für Illusionen oder von einer beherrschenden Intelligenz im Hintergrund bewußt herbeigeführte Ereignisse.

Die meisten dieser Vorstellungen, einschließlich der ETH, wurden in der Science Fiction Literatur mehrfach behandelt. Jetzt erachten manche UFO-Forscher sie für eine mögliche Wahrheit. Eine Absicht dieses Buches liegt darin, die verschiedenen Theorien zu untersuchen, um zu sehen, welche am ehesten einen Sinn ergibt. Die dynamischen Spannungen zwischen den Vertretern der ETH und denen »anderer« Theorien hat dazu geführt, daß die Indizien erneut betrachtet werden, um zu sehen, wer Recht haben könnte.

Durch unsere tief verwurzelte und zwingende menschliche Neugier, das »Warum« zu kennen, übersehen wir die Tatsache, daß wir eigentlich auch das »Was« an dieser Sache noch nicht richtig kennen. Welche Berichte aus der verwirrenden Masse enthalten gültige Indizien, die jede Theorie berücksichtigen muß? Glaubwürdige Zeugen berichten jedes Jahr von neuen spektakulären Fällen, aber die Wissenschaft ignoriert sie weitgehend, und privaten Forschern fehlen die entsprechenden Mittel, um in vielen Fällen sorgfältige Ermittlungen durchzuführen. Die Beweissammlung bleibt weitgehend (aber nicht vollständig) anekdotisch, nicht durch gründliche Studien oder eine systematische Auswertung der häufig berichteten physischen und physiologischen Indizien bestätigt.

Bis zu einer vergleichenden wissenschaftlichen Untersuchung müssen wir mit den Indizien arbeiten, die wir haben. Die folgenden Besprechungen basieren auf der Prämisse, daß UFOs nicht stets als mißverstandene Beobachtungen erklärt werden können, sondern etwas Reales und Unerklärtes sind. Die Theorie von den »Schrauben und Bolzen«, andere Variationen des außerirdischen Themas und Nicht-ETH-Theorien werden alle gegen Fälle aus der UFO-Literatur abgewogen. Zusammenfassungen der Berichte sind im Anhang »Fallsammlung« mit aufgenommen, mit Quellenangaben zu jedem Fall, und für ernsthafte Forscher ist am Ende jedes Kapitels eine Bibliographie angefügt.

Dieses Buch will keine Antworten geben, weil auf keiner Seite der Diskussion jemand wirklich weiß, was UFOs sind. Es will vielmehr Fragen stellen, und es beginnt mit ... Was ist, wenn UFOs real sind? Was könnten sie für die Menschheit bedeuten?

Ein streng wissenschaftliches Vorgehen erlaubt nicht, daß etwas eine »Theorie« oder »Hypothese« genannt wird, es sei denn, seine Richtigkeit oder Falschheit kann durch weitere Ermittlungen und Studien bewiesen werden. Einige der besprochenen Auffassungen

26 Ungebetene Gäste

können überprüft werden, andere hingegen nicht ... oder ihre Glaubwürdigkeit kann nur durch solch komplexe Indizien- und Gedankenketten festgestellt werden, daß das Argument nicht vollkommen überzeugend sein könnte. Daher enthalten die Besprechungen gelegentlich zugegebenermaßen freie Spekulationen darüber, was UFOs bedeuten *könnten*.

Wenn UFOs Raumschiffe mit »Schrauben und Bolzen« darstellen, die von empfindsamen Wesen aus anderen Zivilisationen im Weltraum geflogen werden, dann folgt daraus nicht notwendigerweise eine besondere Besprechung der Bedeutung, die sie für uns haben. Es könnten moralische, friedfertige, fortgeschrittene Wesen sein, deren Besuche Gutes für die Menschheit bedeuten könnten, oder sie könnten so anders sein als wir, daß ein sinnvoller Austausch mit ihnen unmöglich wäre. Wenn wir ihrer Vorstellung von »intelligentem Leben« oder »würdigen Lebensformen« nicht nahekommen, könnte die Gefahr bestehen, daß wir als aus ihrer Sicht reine Objekte oder Muster zufällig oder absichtlich Schaden litten.

Andererseits könnte, wenn UFOs etwas Großartigeres als Besucher von einem anderen Planeten sind – zum Beispiel menschenähnliche oder menschliche Zeitreisende oder Wesen aus einem anderen Reich, das die Wissenschaft heute noch nicht kennt – die Erkenntnis dessen unser Verständnis des Universums und unsere Sicht des Lebens zutiefst verändern.

Die folgenden Analysen und Spekulationen sollen zu Gedanken und Diskussionen über die vorgestellten Ideen anregen. Die Konzepte, die hier erforscht werden, müssen kritisch untersucht und ständig weiter an der sich immer noch entwickelnden Manifestation der UFOs gemessen werden. Nur sorgfältiges Sichten der Indizien und verstärkte wissenschaftliche Ermittlungen werden möglicherweise die letzte Antwort geben können.

In der Zwischenzeit müssen wir wissen, was glaubwürdig berichtet wurde, welche möglichen Erklärungen es gibt und was das alles bedeuten könnte. Wenn dieses Buch zu einem besseren Verständnis des Rätsels um die UFOs und dessen potentieller Bedeutung beiträgt, habe ich mein wichtigstes Ziel erreicht.

Richard H. Hall
Brentwood, Maryland
April 1988

TEIL 1
KONFRONTATION

»Tiger! Tiger! Brennst so licht
In dem nächtlich finstern Wald
Welch unsterblich Aug und Hand
Umfaßt dein furchtbar Angesicht?«

William Blake

KAPITEL 1

NAHBEGENUNGEN DER FAHRZEUGMÄSSIGEN ART

An einem unbestimmbaren Punkt kamen die UFOs »vom Himmel hernieder« und tauschten sich mit menschlichen Wesen auf wesentlich direktere und intimere Weise aus als in den ersten Jahren. In den vierziger und fünfziger Jahren waren »Vorbeiflüge« häufig – diskusförmige oder elliptische Objekte, die man vorüberfliegen sah – aber Skeptiker nahmen immer an, die gemeldeten Objekte seien nur Flugzeuge oder Ballons, die durch Lichtreflexionen oder andere Aspekte der Sichtbedingungen verzerrt worden seien. Obwohl manchmal sogar Radar die Anwesenheit eines unerklärten Objektes zu bestätigen schien, auch Radar hat seine Tücken.

Darüber hinaus, so sagten die Wissenschaftler, benahmen sich UFOs nicht so wie es außerirdische Besucher tun würden. Ihr Verhalten schien keinen Zweck zu verfolgen; sie blieben zu weit weg und hielten sich zu sehr zurück. Nun, vierzig Jahre später, glaubt man das Gegenteil. Die angeblichen Kontakte zwischen außerirdischen Wesen und Menschen sind zu eindringlich, zu intim, um als Verhalten intelligenter Wesen aus dem Weltraum glaubwürdig zu erscheinen.

Wie in der Geschichte von Goldlöckchen und den drei Bären ist eine Untertasse zu kalt und die andere zu heiß. Keiner hat genau definiert, welches Verhalten »gerade richtig« wäre, um akzeptiert werden zu können. Das Problem ist, daß die liebsten Vorstellungen eines Menschen darüber, wie sich UFOs (wenn sie denn außerirdisch sind) verhalten sollten, der Fluch eines anderen sein können.

Es ist mehr als an der Zeit, daß die Wissenschaftler ihre voreiligen und falschen Vorstellungen abwerfen und die neuen überwältigenden Daten studieren, die darauf hinweisen, daß UFOs etwas Reales sind, etwas von möglicherweise entscheidender Wichtigkeit, wie die folgenden Fälle zeigen. Im allgemeinen haben Wissenschaftler einen

30 Ungebetene Gäste

abgrundtiefen Mangel an Kenntnissen über vierzig Jahre äußerst naher und detaillierter UFO-Begegnungen eines Querschnitts der Menschheit in aller Welt. Den Wissenschaftlern kann jedoch nicht allein die Schuld daran zugeschoben werden, daß UFOs nicht studiert wurden; sie brauchen die politische Unterstützung und die daraus fließenden Geldquellen, die Legitimisierung des Problems, um mit ihren Fähigkeiten zu einer Lösung zu finden. UFOs sind aber auch politisch anrüchig, und daher entwickelt es sich zu einer Frage, wer den Mut hat, aufzustehen und sich zählen zu lassen. Eine Handvoll Wissenschaftler hatte den Mut zu sagen, daß UFOs ein Problem sind, das die Aufmerksamkeit der Gesellschaft erfordert.

Wissenschaftler wie andere Meinungsbildner neigten dazu, ohne Ermittlungen UFOs stereotyp als vage Meldungen unachtsamer Beobachter über flüchtige Lichter am Himmel einzustufen. Skeptikern zufolge konvertieren UFO-Zeugen diese Daten irrational zu Indizien für »Raumschiffe« oder »Retter aus dem Weltraum.« Das Gegenteil ist der Fall, die zahllosen Nahbegegnungen erzwingen Aufmerksamkeit wegen der Nähe und der Unvermitteltheit des Phänomens. Statt vager Lichter haben Zeugen von strukturierten Objekten berichtet, die sie mit erstaunlicher Häufigkeit aus nächster Nähe gesehen haben.

Einen bedeutenden Teil der UFO-Meldungen machen Fälle aus, bei denen raumschiffartige Objekte sich auf eine Art und Weise verhielten, die man nur als Konfrontation mit Autos und Flugzeugen bezeichnen kann. Gewöhnlich gehören zu den Merkmalen eine Beeinflussung des Antriebs des Fahrzeugs, eine zwangsweise änderung des Kurses des Fahrzeugs und sogar das Blockieren von Straßen. Die gewöhnlich verängstigten Zeugen, deren Gedanken bei allem anderen als »Raumschiffen« oder »Rettern aus dem Weltraum« waren, beschreiben Ereignisse, die ihnen auf erschreckende Weise unbekannt sind. Kein bekanntes natürliches Phänomen und keine menschliche Technik paßt zu der Beschreibung der gemeldeten Phänomene.

In einem extremen Fall verschwanden ein junger Pilot und sein Flugzeug spurlos, nachdem er gefunkt hatte, sein Flugzeug sei von einem UFO überwältigt worden, das anscheinend »mit ihm spiele«. (In einer Handvoll Fälle wurden Flugzeugunglücke oder das Verschwinden von Flugzeugen mit UFO-Sichtungen in Verbindung gebracht.)

Am Samstag, dem 21. Oktober 1978 um 18.19 Uhr hob Frederick Valentich, zwanzig, vom Flughafen Melbourne in Australien in einer

Nahbegegnungen der fahrzeugmäßigen Art   31

einmotorigen Cessna 182 mit Ziel King Island in der Bass-Straße ab. Um 19.06 Uhr informierte er den Tower, es befände sich etwas in seiner Nähe, das er für ein Flugzeug hielt, etwas mit vier hellen Lichtern. Die Flugverkehrskontrolle verneinte jedoch. Minuten später berichtete er, er könne eine lange Gestalt sehen; dann ... »Es kommt jetzt genau auf mich zu ... Es hat grünes Licht und ist metallisch, es glänzt außen ... Es ist kein Flugzeug«.

Valentich funkte, er drehe eine Schleife, und das UFO schwebe über ihm. Dann lief sein Motor unrund, »er setzt aus und hustet«. Durch das offene Mikrophon hörten die Lotsen ein kratzendes metallisches Geräusch, aber keine weiteren Durchsagen des jungen Piloten mehr. Trotz einer ausgedehnten Suche über einen Zeitraum von etlichen Tagen wurde nie eine Spur des Flugzeugs oder des Piloten gefunden. Australische Ermittler fanden später mehr als ein Dutzend Zeugen, die etwa zur selben Zeit über der Meerenge in der Richtung, in der sich das Flugzeug befunden hatte, ein seltsames grünes Licht gesehen hatten. Der Vater des Piloten, der gebeten wurde, die Stimme seines Sohnes auf dem Mitschnitt des Funkverkehrs zu identifizieren, behauptet nach wie vor, die australische Regierung habe eine zensierte Abschrift des Bandes freigegeben. Sei es wie es will, die öffentlich bekannten Informationen beschreiben ein typisches UFO, das ein Flugzeug konfrontierte und nicht als etwas Konventionelles identifiziert werden konnte. Ob das UFO das Flugzeug zerstörte oder es sogar entführte, bleibt reine Vermutung.

Helle Beleuchtung, Fehlfunktion des Fahrzeugs und der konfrontierende Charakter der Begegnung mit dem UFO, sind Dinge, die oft und allgemein vorkommen, keine Seltenheiten. Ein grüner Lichtstrahl spielt auch bei der weithin bekannten Begegnung eines Hubschraubers mit einem UFO am 18. Oktober 1973 in Mansfield, Ohio, eine entscheidende Rolle. Ein strukturiertes UFO, das sich einem Hubschrauber der Army-Reserve rasch näherte und schließlich über ihm schwebte, sandte einen grünen Lichtstrahl aus. Dabei erleuchtete es den gesamten Innenraum der Kabine. Die Besatzung erlebte verschiedene Anomalien; der Hubschrauber wurde offensichtlich angehoben (Kontrollverlust durch den Piloten) und das Funkgerät funktionierte nicht mehr. Schließlich brach das UFO den Kontakt mit einem Stoß ab, so empfand es die Besatzung, und verschwand. Der Pilot erlangte die Kontrolle wieder und flog weiter an seinen Bestimmungsort.

In den Aufzeichnungen gibt es seit damals mindestens zwei weitere Begegnungen mit Flugzeugen, bei denen die Kontrolle über das

32 Ungebetene Gäste

Flugzeug verloren ging. (Weitere Einzelheiten zu diesen und anderen Berichten, siehe Anhang *Fallsammlung*). Am 3. Mai 1975 begegneten einem jungen Piloten, der in der Nähe von Mexico City flog, drei klassische »fliegende Untertassen« mit Kuppeln. Sämtliche Instrumente setzten aus, und die Piper wurde gezogen oder angehoben. Flughafenradar bestätigte die Objekte in der Nähe seines Flugzeugs.

Am 5. Mai 1977 schwebte in der Nähe von Tabio, Kolumbien, ein weißes, diskusförmiges UFO in der Nähe eines Flugzeugs, und die Instrumente fielen aus. »Das ganze Flugzeug schien in diese Maschine eingeschlossen zu sein oder von jemand anderem kontrolliert zu werden«, sagte der Pilot. Die Sicht des Piloten schwand, als befände er sich in einem dichten Nebel (noch ein wiederkehrendes Merkmal), und als seine Sicht langsam zurückkehrte, wurde er von anderen Piloten zur Landung geleitet.

Soweit bekannt, sind Begegnungen mit Flugzeugen weniger häufig (oder werden jedenfalls weniger häufig gemeldet) wie Begegnungen mit Autos, bei denen das Fahrzeug von seinem Kurs abgebracht oder gänzlich angehalten wird. Oft blockiert dabei ein UFO buchstäblich die Straße. In anderen Fällen nähert sich ein UFO abrupt einem Wagen, der auf einer Landstraße fährt und nimmt auf dessen Weiterfahrt Einfluß, dabei sind elektromagnetische (E-M) Eingriffe in das elektrische System des Wagens ein weit verbreitetes Merkmal.

Im März 1985 sah sich im Rahmen einer Flut anderer Sichtungen in der Gegend ein fünfundvierzig Jahre alter Industrieller, der zwischen dem Aculeosee und Santiago, Chile, fuhr, um 21.30 Uhr plötzlich einem seltsamen Phänomen gegenüber. Ein starkes Licht fiel auf den Wagen und erleuchtete die Straße. »... es schüttelte das Fahrzeug auf ungewöhnliche Weise und stark ... im Radio brummten Störgeräusche, und der ... Motor setzte aus.«

Zunächst dachte der Mann, ein Erdbeben habe ihn erwischt. Er lehnte sich aus dem Fenster, schaute nach oben und sah »... ein riesiges weißes Objekt mit einem Durchmesser von etwa 30 Metern, das über seinem Wagen schwebte und ihn mit einem starken Lichtstrahl erhellte, so strahlend, ... daß ihm die Augen schmerzten.« Die Begegnung dauerte fünfzehn Minuten; dann funktionierte das Radio wieder, der Mann ließ den Wagen an und floh von dem Schauplatz. Er war davor ein totaler UFO-Skeptiker gewesen, befand sich danach etliche Wochen lang in einem Schockzustand und erzähle nicht einmal seiner Frau von dem Erlebnis.

Am 20. Oktober 1986 um 21.30 Uhr hatte eine Frau in Edmonton, Queensland, Australien, die sich gerade auf dem Nachhauseweg

Nahbegegnungen der fahrzeugmäßigen Art   33

befand, plötzlich Schwierigkeiten, ihren Wagen zu steuern. Er zog zur rechten Straßenseite. Nach einer Weile wurden die Lichter am Armaturenbrett und die Scheinwerfer schwächer, sie hörte ein brummendes Geräusch, und der Motor verlor an Kraft.

Vor sich über der Straße konnte sie ein helles, ovales, blaugrünes Licht sehen. Sie hatte den Fuß »bis zum Anschlag« auf dem Gaspedal, aber es war, als liefe der Motor im Leerlauf, und der Wagen bewegte sich nur sehr langsam vorwärts. Das ging etwa vier Kilometer lang so weiter, das UFO bewegte sich dabei etwa parallel zur Straße.

Als der Wagen eine einspurige Brücke überquerte, flog das UFO plötzlich davon. Sofort leuchteten die Lichter an dem Wagen wieder voll auf, das brummende Geräusch hörte auf, und sie hatte wieder die Gewalt über das Steuer. Der Zwischenfall dauerte etwa acht bis zehn Minuten. Vor und nach der Begegnung funktionierte der Wagen normal.

Die Fälle, in denen eine Straße blockiert wurde, in denen das UFO »zufällig dastand« ließen einige Beobachter vermuten, daß dies bewußt inszenierte Konfrontationen sind und keine zufälligen Begegnungen.

Am 31. März 1966 fuhr bei Vicksburg, Michigan, ein Arbeiter kurz nach 2 Uhr von der Nachtschicht nach Hause. Auf dem Gipfel eines Hügels sah er weiter vorne auf der Straße Lichter und nahm an, daß dort ein Unfall geschehen sei. Er fuhr langsamer und kam vorsichtig näher. Als seine Scheinwerfer unter dem durchstrahlten, was er für einen Krankenwagen gehalten hatte und er die gebogene Unterseite eines Objektes sah, das ein paar Fuß über der Straße schwebte und sich sanft hin und her bewegte, stieg er in die Bremsen und hielt verblüfft an. Keine Polizei, kein Krankenwagenfahrer, kein weiterer Wagen.

An der Außenseite des diskusförmigen Objekts blinkten vielfarbige Lichter in willkürlicher Folge, dann traf ihn ein weißer Lichtstrahl wie ein Suchscheinwerfer. Von plötzlicher Furcht ergriffen, stieß er zurück, aber sein Wagen wurde wie von einem starken Windstoß getroffen, und das UFO tauchte nun hinter ihm auf. Sein Motor stellte ab, und er konnte ein leises Summen wie von einem Bienenschwarm hören. Schließlich stieg das UFO abrupt auf und stob in steilem Winkel nach Osten davon.

Das UFO in diesem und vielen ähnlichen Fällen kann nur als Raumschiff interpretiert werden. Die Lichter am Rumpf, der Lichtstrahl, das Geräusch und der Stoß gegen den Wagen lassen alle auf ein technisches Objekt schließen, das schweben und sich mit hoher

34 Ungebetene Gäste

Geschwindigkeit fortbewegen kann. Wäre es ein Hubschrauber gewesen, wäre der Zeuge von dessen Lärm taub geworden.

Zwei neuere Fälle mit UFOs auf oder in der Nähe einer Straße illustrieren die Vielfalt der Merkmale bei Fällen, in denen ein UFO einem Fahrzeug begegnet. Am frühen Abend des 5. Januar 1979 bemerkte eine Frau in der Nähe von Auburn, Massachusetts, drei rotglühende dreieckige Objekte, die links von ihr über einem Wald flogen. Kurz danach, als sie um eine Ecke bog, sah sie sich drei glühend roten UFOs über der Straße direkt vor ihrem Wagen gegenüber. Ihr Radio wie auch ihr Funkgerät fielen aus, und ihr Wagen kam langsam zum Stehen, obwohl der dritte Gang eingelegt war und der Motor immer noch lief. Sie war vollständig gelähmt. Ihr Fuß war zwar noch auf dem Gaspedal, aber der Wagen bewegte sich nicht.

Sie konnte das UFO, das ihr am nächsten war, nur etwa zehn Meter weit weg, deutlich sehen, und sie verspürte Hitze im Gesicht. Ein beißender Geruch (»wie der Gestank eines Stinktieres«) erfüllte den Wagen. Ihr Gesicht fühlte sich heiß und rot an, und ihre Augen tränten. Als von hinten ein weiterer Wagen herankam, beschleunigten die UFOs nacheinander schnell nach oben und machten sich in niedriger Höhe nach Nordwesten davon. Sofort gingen Radio und Funkgerät wieder an, und die Lähmung hörte auf. Als sie kurz nach 20 Uhr zu Hause ankam, fiel ihrer Mutter ihr wie von einem leichten Sonnenbrand gerötetes Gesicht und ihr verschwommener Blick auf. Am nächsten Tag hatte sie leicht rauhe Stellen an Augen und Nase, und die Haut schälte sich hier etwas, aber es heilte schnell. An dem Wagen, einem Ford Maverick, Baujahr 1970, wurden keine Nachwirkungen festgestellt.

Am 8. Februar 1979 sah ein Bananenfarmer in Liverpool Creek, Queensland, Australien, als er etwa um 21 Uhr abends auf dem Bruce Highway fuhr, ein schwach erleuchtetes UFO am Straßenrand. Als er näher kam, stieg es senkrecht auf; und als es etwa einen Meter über der Straße und zehn Meter von ihm entfernt war, gab es einen blendenden Lichtblitz ab. Die gesamte Beleuchtung des Wagens und der Motor fielen aus. Wenig später gingen die Lichter wieder an, und der Motor ließ sich ohne Schwierigkeiten starten. An dem Wagen wurden keine Nachwirkungen festgestellt. Unmittelbar nach dem Blitz und dem Ausfall des Wagens fühlte sich der Mann, als sei er gerade aus einem Alptraum erwacht. Solche psychischen Reaktionen zeigen sich nach Beobachtungen in Bezug auf noch groteskere Ereignisse im Zusammenhang mit UFOs, die in den folgenden Kapiteln untersucht werden sollen.

Nahbegegnungen der fahrzeugmäßigen Art   35

Die Tatsache, daß die E-M-Effekte nachlassen, wenn das UFO verschwindet, scheinen eine bestimmte kausale Beziehung zu etablieren. Eindeutig scheinen sie in einer Beziehung zur Entfernung zu stehen (es sei denn, wir möchten einen UFO-Piloten herbeireden, der einen Schalter anknipst.)

Am frühen Morgen des 4. August 1965 fuhr Don Tenopir, Lastwagenfahrer aus Nebraska, eine Ladung Erdnüsse nach Norden. Etwa um 1.30 Uhr befand er sich ungefähr vierzig bis fünfzig Kilometer südlich von Abilene, Kansas. Plötzlich fegte ein kuppelförmiger Diskus (hatte in etwa die Form eines Hutes) von hinten über seinen Lastwagen, und dessen Scheinwerfer gingen aus. Der Motor, ein GMC Dieselmotor, fiel nicht aus. Das UFO ließ sich vor ihm auf der Straße nieder und zwang ihn, in die Bremsen zu steigen. Dann bewegte sich das Objekt ein bißchen weiter weg, und seine Scheinwerfer gingen wieder an. In ihrem Licht konnte er sehen, daß das UFO etwa sechzig Zentimeter über der Straße schwebte. Es war orange, hatte einen Durchmesser von etwa viereinhalb Metern und im oberen Teil anscheinend quadratische Fenster. Tenopir unterhielt sich mit einem weiteren Fahrer, der anhielt, weil er dasselbe gesehen hatte, aber beide fuhren rasch weiter, als sich das UFO in einem Funkenregen davonmachte.

Am 15. Oktober 1966 sah ein Waldarbeiter, der bei Split Rock Pond, N. J. gecampt hatte, als er am frühen Morgen nach Hause fuhr, ein diskusförmiges Objekt, das seinem Wagen folgte und die Umgebung erleuchtete. Jedesmal, wenn sich das UFO dem Wagen näherte, fielen Scheinwerfer und Motor aus. Jedesmal, wenn sich das UFO zurückzog, funktionierten auch Motor und Scheinwerfer wieder. Die E-M-Effekte schienen mit der Beleuchtung durch das UFO zusammenzuhängen.

Ein noch beeindruckenderer Fall, der E-M-Effekte mit der Entfernung von einem UFO in Verbindung bringt, ereignete sich am 4. März 1969 etwa um 6.40 Uhr in der Nähe von Atlanta, Missouri. Ein City Marshall und Landbriefträger sah ein großes rotes Objekt neben seinem Postlastwagen, das einen starken, weißen Lichtstrahl auf den Boden richtete. Der Strahl lief nach unten spitz zu, und innerhalb des Strahles erschien der Schotter vergrößert. Der Zeuge verspürte auch starke Hitze.

Nach einer Weile drehte sich das UFO vor ihn, und jedesmal, wenn er dem Lichtkegel näher kam, stellten Motor und Funkgerät ab. Wenn er dann im Leerlauf fuhr und sich das UFO ein paar Fuß entfernte, hörte er statische Störungen im Funkgerät, ließ die Kupplung

36 *Ungebetene Gäste*

kommen, und der Motor sprang wieder an. Der Fall weist in vieler Hinsicht bemerkenswerte Ähnlichkeiten zu einem anderen Zwischenfall mit einem Katz-und-Maus-Spiel am 17. April 1966 bei Ravenna, Ohio (siehe Fallsammlung), auf – insbesondere der kegelförmige, sich nach unten verjüngende Lichtstrahl, der den Boden erhellte. Bei dem Zwischenfall in Missouri war das Licht des UFOs so hell, daß der Zeuge seine Sonnenschutzblende herunterzog und sich die Hand vor die Augen hielt.

Am 13. August 1975 fand sich ein Polizeibeamter bei Haderslev, Dänemark, als er etwa um 22.50 Uhr in seinem Polizeifahrzeug nach Hause fuhr, plötzlich von einem hellen bläulich-weißen Licht umgeben, und im selben Moment *gingen seine Scheinwerfer aus, und der Motor stellte ab.* Er lenkte den Wagen im Leerlauf an den Straßenrand und hielt an. Dabei schützte er seine Augen mit seinem Arm *vor dem blendenden Licht.* Er griff nach dem Mikrophon seines Funkgeräts und versuchte, das Polizeirevier zu rufen, aber auch *das Funkgerät war tot.*

Die Temperatur im Wagen stieg, es fühlte sich an wie Sonnenhitze »an einem warmen Sommertag«. (In dem vorangegangenen Fall verglich der amerikanische City Marshall die Hitze so: »... wie wenn man an einem heißen Sommertag in der Sonne sitzt.«)

Er schaute nach oben und sah, wie sich der kegelförmige Lichtstrahl langsam erhob. Er beobachtete, wie er sich in eine Öffnung an der Unterseite eines runden Objekts von etwa zehn Metern Durchmesser zurückzog, das zwanzig Meter über ihm schwebte. An der Unterseite konnte er zwei kuppelförmige Ausbuchtungen sehen. Instinktiv schaltete er eine Spezialkamera auf dem Straßenfahrzeug an und schoß drei Fotos. Er stieg aus dem Wagen, und Sekunden später stieg das UFO mit hoher Geschwindigkeit senkrecht auf und verschwand ohne Geräusch außer Sichtweite. Als das UFO davonflog, *gingen die Scheinwerfer des Streifenfahrzeugs wieder an, und der Motor konnte normal angelassen werden.* Jetzt funktionierte das Funkgerät, und so meldete er die Begegnung dem Polizeirevier.

Als er den Film am nächsten Tag entwickelte, stellte er fest, daß eine Lichtquelle darauf erfaßt worden war, und daher übergab er den Film der dänischen Luftwaffe. Über die möglicherweise durchgeführten Analysen fehlt jeglicher Bericht.

Tabelle 1 liefert eine repräsentative Auswahl von über fünfzig Fällen einer Begegnung zwischen einem Fahrzeug und einem UFO

Repräsentatitve Fälle einer Begegnung zwischen einem UFO und einem Fahrzeug
(A-Auto, F-Flugzeug, L-Lastwagen, B-Boot, V-Van)

Datum/Ort	Fahrzeug	E-M-Effekte	Levitation	Geräusch	Verlust der Steuerung	Physiologische Effekte	Strahlendes Licht	Hitze	Physische Spuren	Veränderte Umgebung	Entführung
1.10.48 Fargo, North Dakota:	F										
15.10.48 Japan:	F										
18.11.48 Luftwaffenstützpunkt Andrews, Maryland:	F										
23.11.48 Fürstenfeldbruck, Deutschland:	F										
9.7.51 Dearing, Georgia:	F										
21.10.51 Battle Creek, Michigan:	F										
5.5.58 Pan de Azucar, Uruguay:	F						•				
29.6.64 Lavonia, Georgia:	A	•		•	•				•		
28.5.65 Bougainville Reef, Australien:	F										
4.8.65 Abilene, Kansas:	L	•		•							
9/65 Brabant, Belgien:	A		•		•	•					
3.9.65 Damon, Texas:	A						•	•	•		
31.3.66 Vicksburg, Michigan	A	?		•		•					

Datum/Ort	Fahrzeug	E-M-Effekte	Levitation	Geräusch	Verlust der Steuerung	Physiologische Effekte	Strahlendes Licht	Hitze	Physische Spuren	Veränderte Umgebung	Entführung
15.10.66 Split Rock Pond, New Jersey:	A	•				•	•				
2.11.67 Ririe, Idaho:	A				•		•				
18.2.69 Craigmyle, Alta, Kanada:	A		•								
4.3.69: Atlanta, Missouri:	L	•					•	•			
24.5.71 Reservat der Schwarfuß- indiander, Alta, Kanada:	A		•		•						
1.8.71 Queensland, Australien:	A		?						•		
18.10.73 Mansfield, Ohio:	F	•	•		•		•				
24.1.74 Aische-en-Refail, Belgien:	A	•				•					
14.2.74 Ely, Nevada:	L	•	•		•				•		
31.5.74 Rhodesien:	A	•	•		•		•			•	
7/74 Bridgewater, Tasmanien:	A				•						
27.10.74 Aveley, England:	A	•	•							•	•
19.2.75 Orbak, Dänemark:	A	•				•	•	•	•		
3.5.75 Mexico City, Mexiko:	F		•		•						
13.8.75 Haderslev, Dänemark:	A	•					•	•			

Datum/Ort	Fahrzeug	E-M-Effekte	Levitation	Geräusch	Verlust der Steuerung	Physiologische Effekte	Strahlendes Licht	Hitze	Physische Spuren	Veränderte Umgebung	Entführung
6.1.76 Bethel, Minnesota:	A					•	•				
6.1.76 Stanford, Kentucky:	A	?		•	•	•					
22.3.76 Nemingha, New South Wales, Australien:	A	•					•				
19.9.76 Teheran, Iran:	F	•				•					
21.1.77 St. Bernard Parish, Louisiana:	B	•			•		•			•	
5.5.77 Tabio, Kolumbien:	F	•			•		•			•	
16.6.77 Middleburg, Südafrika:	V	•		•			•				
29.3.78 Indianapolis, Indiana:	L	•			•		•			•	
17.9.78 Torrita di Siena, Italien:	A	•		•			•		•		
23.9.78 Buenos Aires, Argentinien:	A		•		•		•	•			
21.10.78 Bass-Straße, Australien:	F	•									
11/78 Trier, Westdeutschland:	A										•
27.12.78 Torriglia, Italien:	A					•	•	•			
5.1.79 Auburn, Massachusetts:	A	•			•		•		•		

Ungebetene Gäste

Datum/Ort	Fahrzeug	E-M-Effekte	Levitation	Geräusch	Verlust der Steuerung	Physiologische Effekte	Strahlendes Licht	Hitze	Physische Spuren	Veränderte Umgebung	Entführung
5.2.79 Lawitta, Tasmanien, Australien:	A	•				•	•				
8.2.79 Queensland, Australien:	A	•					•				
25.7.79 Canoga Park, Kalifornien:	A										•
2.4.80 Pudasjarvi, Finnland:	A					•				•	•
22.8.80 Ost-Texas:	A	•	•	•		•				•	•
29.12.80 Huffman, Texas:	A			•		•	•	•			
12.6.81 Alice, Texas:	L	•	•					•			
31.7.81 Lieska, Finnland:	B					•					
3/85 Santiago, Chile:	A	•					•				
20.10.86 Edmonton, Queensland, Australien:	A	•		•	•						
17.11.86 Fork Yukon, Alaska:	F	•					•	•			
Insgesamt 53 Fälle davon: Auto - 31 Flugzeug - 14 (19 Länder) Andere - 8	8	28	13	9	16	19	24	11	5	8	6

Nahbegegnungen der fahrzeugmäßigen Art 41

in vierzig Jahren, einschließlich einiger zusätzlicher Merkmale wie »Levitation«, auf die später näher eingegangen werden soll. Welche Schlüsse können wir aus diesen Berichten ziehen?

Zunächst, und darauf wiesen bereits vor über fünfundzwanzig Jahren Aime Michel und Lex Mebane hin (siehe unter Michel in der Bibliographie zu diesem Kapitel), haben Maschinen keine Halluzinationen.

Die verschiedenen elektromagnetischen Ausfälle bei Fahrzeugen im Zusammenhang mit einem in der Nähe befindlichen UFO, lassen auf die Anwesenheit von etwas Realem schließen, das offensichtlich eine bestimmte Energie abstrahlt. Dieselben Energiefelder sind wahrscheinlich auch verantwortlich für die physiologischen Effekte, die Hitze und andere verbreitete Elemente der Ereignisse. Mit einer ausreichenden Anzahl Daten und mit Wissenschaftlern, die die Phänomene mit Motivation untersuchen, sollte man etwas über die dabei wirksamen Mechanismen herausfinden können. Wenn, wie manche Wissenschaftler hartnäckig behaupten, UFOs ein unerkanntes natürliches Phänomen sind, dann sollten dessen »Überfälle« auf die Menschen es zu einem geeigneten Gegenstand sofortiger wissenschaftlicher Untersuchungen machen.

Das größte Problem der Theorie vom natürlichen Phänomen ist jedoch das raumschiffartige Erscheinungsbild der UFOs: glatte, metallartige, gebogene Oberflächen, Kuppeln oder Kanzeln, eine pulsierende Beleuchtung, bullaugenartige Öffnungen und alles übrige. Vermutungen aus der Vergangenheit, UFOs könnten Plasma sein, ähnlich einem Kugelblitz oder Eiskometoiden, sind offensichtlich absurd, wendet man sie auf Fälle mit strukturierten Objekten an. Die Theoretiker lassen derlei Aspekte, die ihren Theorien widersprechen, der Bequemlichkeit halber außer acht. (Siehe Kapitel 6.)

Weder Plasma noch Eis hätte wahrscheinlich eine dunkle, längliche Gestalt mit einer Kuppel und die erforderlichen Fähigkeiten, einen grünen Lichtstrahl in die Kabine eines Hubschraubers umzuschwenken, »Beleuchtung« zur Schau zu stellen und Fahrzeuge über längere Zeit zu verfolgen. Die Lichtstrahlen der UFOs sind an sich schon ein Hinweis darauf, daß das UFO selbst Träger oder Plattform unter anderem einer Lichtenergie ist.

Vom menschlichen Standpunkt waren die Begegnungen nicht erwünscht. Die »Hypothese vom Wunschdenken« wird durch den ausgesprochenen Schrecken der Zeugen eindeutig widerlegt. Menschen in ihrem gewöhnlichen Alltag finden sich plötzlich einer seltsamen Maschine gegenüber, die auf sie persönlich ausgerichtet

42 Ungebetene Gäste

erscheint und all ihre Pläne durchkreuzt. Die Wirkung der Zwischenfälle als Konfrontation ist deren auffälligstes Merkmal. Wunschdenken oder ein Verlangen nach »Rettern aus dem Weltraum« paßt nicht dazu. Die Zwischenfälle ereignen sich abrupt, unerwartet und ängstigen die Zeugen, die zutiefst beunruhigt sind über die Beschaffenheit des Fluggeräts, das da mit ihnen spielt.

Das Persönliche an den Nahbegegnungen aller Typen ist eines der verwirrendsten Merkmale der UFOs und vielleicht das bedeutendste Einzelmerkmal. Obwohl kleine Gruppen von Menschen oder Fahrzeugen ähnliche Begegnungen hatten, sind Massenbegegnungen praktisch unbekannt. Dieser Faktor der Selektivität läßt darauf schließen, daß UFOs, was immer sie auch sind, ob nun weil sie es so wollen oder weil es nicht anders möglich ist, mit menschlichen Wesen nur dann in einen engeren Kontakt treten, wenn sie sich nicht in der Nähe einer größeren Zahl anderer Leute befinden.

Der allgemeine Tenor der Fälle von Begegnungen eines Fahrzeugs mit einem UFO erinnert stark an eine nur allzu vertraute menschliche Erfahrung. Ein Autofahrer kehrt spät nachts nach Hause zurück und fährt auf eine Kreuzung zu, und plötzlich schneidet ihm ein Lastwagen oder ein Auto mit quietschenden Reifen und aufgeblendeten Scheinwerfern die Vorfahrt ab, stößt dabei fast mit ihm zusammen und zwingt ihn, die Straße zu verlassen. Das andere Fahrzeug fährt dann schnell davon und verschwindet. Der Fahrer kann nichts beweisen. Er kann nicht mit Sicherheit sagen, daß das andere Fahrzeug ein Ford Pickup oder eine Plymouth-Limousine war, aber er weiß, daß er eine Nahbegegnung mit einem anderen Fahrzeug hatte.

BIBLIOGRAFIE

BASTERFIELD, KEITH: »Two Vehicle Effect Cases from Australia,« *MUFON UFO Journal*, Nr. 142, Dezember 1979.

CHALKER, WILLIAM C.: »Valentich-Bass Strait (Australia) Affair« in *Encyclopedia of UFOs* (N.Y.: Doubleday, 1980).
»The UFO Mystery in Australia« in *MUFON 1987 International Symposium Proceedings* (Seguin, Texas: MUFON, 1987). 20. Okt. 1986 Fall des Kontrollverlusts über ein Fahrzeug und des Auftauchens von E-M-Effekten, S. 176.

Nahbegegnungen der fahrzeugmäßigen Art   43

FRIEDMAN, STANTON T.: «Electromagnetic Effects of UFOs« in *Encyclopedia of UFOs* (N.Y.: Doubleday, 1980).

FULLER, CURTIS: »The Flying Saucers – Fact or Fiction« *FLYING*, Juli 1950. Übersicht über UFO-Sichtungen von Berufspiloten.

HALL, RICHARD H.: »Special Evidence« Abschnitt VIII, *«The UFO Evidence«* (Washington D.C.: NICAP, 1964) Einschließlich Tabellen und Besprechungen von Fällen mit E-M-Effekten.

»1967: The Overlooked UFO Wave and the Colorado Project« in *1978 MUFON UFO Symposion Proceedings* (Seguin, Texas, MUFON, 1978) Sonderstudie über UFOs, die Strukturmerkmale aufweisen, einschließlich 39 Fällen von Begegnungen mit einem Fahrzeug.

»Portage County (Ohio) Police Chase« in *Encyclopedia of UFOs* (N.Y.: Doubleday, 1980) Zusammenfassung des Falles vom 17. April 1966 in Ravena, Ohio: Katz-und-Maus-Spiel mit einem kegelförmigen Lichtstrahl.

HUNNEEUS, J. ANTONIO: »Historical Survey of UFO Cases in Chile« in *MUFON 1987 International UFO Symposium Proceedings* (Seguin, Texas: MUFON 1987) Fall der Beleuchtung eines chilenischen Fahrzeugs, mit E-M-Effekten vom März 1985, S. 200-201.

KEYHOE, DONALD E. UND LORE, GORDON I. R.: Unterabschnitt III »Vehicle Pacings and Encounters« und Abschnitt IV »Close Range Sightings and Structural Details«, *UFOs: A New Look* (Washington D.C.: NICAP, 1969).

MCCAMPBELL, JAMES M.: »Horses Under the Hood« in *Thesis-Antithesis*, Vorträge auf dem Gemeinsamen Symposion der AIAA und der World Future Society (Los Angeles, Kalifornien: AIAA, 1975). Theorie von der elektromagnetischen Strahlung zur Erklärung der E-M- und anderer UFO-Effekte.

MICHEL, AIME: *Flying Saucers and the Straight Line Mystery* (N.Y.: Criterion, 1958) Einschließlich Berichten über E-M-Effekte auf Fahrzeuge während der Sichtungswellen 1954 in Europa und 1957 in den Vereinigten Staaten.

ZEIDMAN, JENNIE: *A Helicopter-UFO Encounter Over Ohio* (Evanston, Illinois: Center for UFO Studies, März 1979) Bericht über die Ermittlungen im Fall vom 18. Oktober 1973.

KAPITEL 2

MAGISCHE TECHNOLOGIE

Der UFO-Skeptiker Arthur C. Clarke sagte einmal, daß uns eine fortgeschrittene außerirdische Technik, sollten wir ihr begegnen, wahrscheinlich wie Magie erscheinen würde. Die »Daten« der UFO-Berichte enthalten magieähnliche Geschehnisse, die, wenn sie wahr sind, nicht sofort wissenschaftlich zu verstehen sind. Weil die Berichte die wissenschaftliche Ehre mit Füßen treten, weisen sie viele Wissenschaftler zurück, wobei sie dann annehmen, daß eine Geisteskrankheit in der Welt umgehe, bei der ansonsten gesunde Menschen Halluzinationen erleben oder die Berichte fabrizieren.

Der Kern der Sache ist schlicht folgender: Entweder sind die Berichte unwahr (Fehler) oder wir sehen uns einer »magischen Technologie« gegenüber. Ihr Verhalten läßt stark vermuten, daß UFOs kein bekanntes Naturphänomen sind, denn wir kennen nichts, das ein solches Spektrum an Effekten hervorbringen kann, wie es im Zusammenhang mit UFO-Sichtungen berichtet wird. Verbleibt außerirdische Technik oder etwas noch Seltsameres, das wir einer besseren Bezeichnung willen »paranormale Kräfte« nennen werden.

Elektromagnetische (E-M) Effekte auf Fahrzeuge und elektrische Systeme sind bekanntes Merkmal vieler UFO-Berichte, einschließlich des häufigen Ausfalls von Motor, Scheinwerfern oder Radio, wenn in unmittelbarer Nähe ein UFO beobachtet wird. Weitere Merkmale sind offenkundige Strahlenkrankheiten, Levitation und die »Kontrolle« von Fahrzeugen, Lähmungen, ein verändertes Aussehen der Umgebung und Amnesie oder »geistige Ausfälle« bei Zeugen. Diese Berichte, wenn gut belegt, sind Teil der Daten, die jede Theorie versuchen muß, auf die eine oder andere Weise einzubeziehen.

Am 23. September 1978 befanden sich Carlos Acevedo, achtunddreißig, und Miguel Angel Moya, achtundzwanzig, beide Chilenen, auf den letzten tausend Kilometern einer zermürbenden Straßenral-

46 Ungebetene Gäste

lye, die der Argentinische Automobilclub ausgerichtet hatte. Wegen Problemen mit ihrem Citroen nahmen sie nicht mehr am Wettbewerb teil, aber der Stolz zwang sie, das Rennen zu Ende zu fahren. Etwa um 2 Uhr hielten sie in Viedam in der Provinz Rio Negro in Argentinien zum Tanken an. Sie füllten den fünfzig-Liter-Haupttank und den vierzig-Liter-Reservetank. Nach einer kurzen Pause fuhren sie um 2.30 Uhr weiter Richtung Bahia Blanca. Etwa um 3 Uhr befanden sie sich in der Nähe von Salina de Piedra, etwa dreißig Kilometer nördlich des Rio Negro. Acevedo fuhr, als ein sehr helles gelbes Licht im Rückspiegel auftauchte. Das Licht wurde schnell größer als käme es mit hoher Geschwindigkeit auf sie zu (sie fuhren etwa einhundert Stundenkilometer). Acevedo dachte, es sei ein schnelles Auto, das sie einholte, fuhr langsamer und zog nach rechts, um es vorbei zu lassen.

Das Licht füllte schnell den gesamten Rückspiegel aus, und plötzlich war der ganze Wagen von Licht und Hitze erfüllt. »Ich konnte nicht mehr weiter sehen als bis zur Motorhaube des Wagens«, sagte Acevedo später. »Seine Farbe war gelblich mit einem violetten Schimmer. In dem Moment schien der Wagen außer Kontrolle zu geraten. Ich schaute aus dem Fenster und sah, daß wir etwa zwei Meter über dem Boden schwebten. Ich dachte sofort, wir seien gegen etwas gefahren, flögen durch die Luft und müßten uns nun auf den Moment vorbereiten, in dem der Wagen wieder auf die Straße schlägt.«

Statt auf der Erde aufzuschlagen, sezte der Wagen seinen Aufstieg fort, er war völlig außer Kontrolle. Vor dem Fenster konnte Acevedo nur das strahlende Licht sehen; er konnte nicht einmal Moya sehen, der neben ihm saß, oder auch nur das Armaturenbrett des Wagens.

Moya fühlte sich inzwischen durch das Licht gelähmt. »Mein erster Gedanke war auch, daß wir gegen etwas gefahren waren, und ich hatte Angst, daß wir uns möglicherweise überschlagen würden, als ich aber dann feststellte, daß der Wagen anscheinend in der Luft schwebte und nicht herunte kam, hatte ich noch mehr Angst. Es war wirklich eine Situation, die ich nicht verstehen konnte ... Ich sah alles wie durch einen gelben Nebel, als sei ich in einiger Entfernung, irgendwo anders.«

An diesem Punkt verloren beide jegliches Zeitgefühl, bis sie schließlich einen Schlag verspürten und sahen, daß der Wagen wieder auf der Straße war. Es schien etwa eine Minute vergangen zu sein, aber sie konnten es nicht genau sagen. Dann ließ die Intensität des Lichtes nach, und sie konnten wieder sehen. Im Westen sahen

Magische Technologie 47

sie, wie sich ein gelber Lichtkegel entfernte; sein Glühen erleuchtete seine Umgebung. Das Licht rollte sich auf wie ein Vorhang, von unten nach oben. Zurück blieb eine ovale Gestalt, die sich weiter nach Westen bewegte und in der Ferne verschwand.

»Ich war verblüfft«, sagte Moya. »Meine Hände zitterten, und ich hatte einen Druck auf der Brust. Das Atmen fiel mir schwer.« Der Wagen stand auf der anderen Straßenseite auf dem Seitenstreifen. Acevedos Beine fühlten sich an als »seien sie eingeschlafen«, er verspürte ein Prickeln. Er stieg aus, um nach Schäden zu sehen, stieg dann wieder ein und fuhr auf der Route drei wieder nach Norden.

Etwa fünfzehn Minuten später kamen sie in Pedro Luro in der Provinz Buenos Aires etwa einhundertunddreiundzwanzig Kilometer nördlich von Rio Negro an und hielten bei einer Servicestation. Dort entdeckten sie, daß etwas nicht stimmte. Die Entfernungen paßten nicht zueinander – der Kilometerzähler zeigte nur etwa die Hälfte der Entfernung, die sie zurückgelegt hatten – und auch die Zeit ergab keinen Sinn. Sie hatten offensichtlich etwas mehr als eine Stunde verloren, in der sie nicht wußten, was geschehen war. Mit Erstaunen stellten sie auch fest, daß ihr Ersatztank, den sie überhaupt nicht benutzt hatten, vollkommen leer war.

Verwirrt und beunruhigt über diese Entdeckungen, meldeten sie den Zwischenfall Inspektor Daniel Osimi von der Polizei in Pedro Luro, der Corporal J. Garcia anwies, die erschütterten Männer nach Bahia Blanca zu begleiten. Beide Polizisten sagten Ermittlern, die Männer hätten vernünftig und zusammenhängend berichtet, offensichtlich aber Angst gehabt. Der Mann an der Servicestation, dem die Verwirrung der beiden aufgefallen war, sagte, andere hätten in einer Stadt in der Nähe am frühen Morgen desselben Tages ein helles gelbliches Licht gesehen, das sich nach Westen bewegt habe. Am Wagen waren keinerlei Nachwirkungen festzustellen.

Der Zwischenfall weist alle Merkmale eines Entführungsfalles auf wie sie Budd Hopkins in seinem Buch *Fehlende Zeit* (siehe Bibliographie zu Kapitel fünf) herausgearbeitet hat. Ich erhielt keinen weiteren Bericht, der angegeben hätte, ob sich die Männer später an eine Begegnung erinnerten, die zum Entführungsszenario paßt – eine Konfrontation mit außerirdischen Wesen.

Ein äußerst seltsamer und komplexer Fall vom 31. Mai 1974 in Rhodesien weist dieselben Merkmale auf ... und noch mehr. (Weitere Details im Anhang Fallsammlung.) Ein junges Paar, das von Salisbury in Rhodesien nach Durban in Südafrika fuhr, stellte plötzlich fest, daß ihr Wagen von einem UFO »übernommen« und eine lange

48 Ungebetene Gäste

Strecke über die Straße levitiert wurde. Sie erlebten eine anomale Stille, eine veränderte Umgebung und Amnesie. In einer trockenen Gegend Rhodesiens »sahen« sie saftiges tropisches Blätterwerk! Und sie erinnerten sich daran, außerirdische humanoide Wesen gesehen zu haben.

Auch bei der Sichtung vom 22. Juli 1982 in Katy, Texas, erlebten die Zeugen ein anomales Fehlen jeglicher Umweltgeräusche, als sie ein bummerangförmiges UFO beobachteten. Das Objekt jedoch gab einen Summton von sich.

Am 14. Februar 1974 fuhren zwei Brüder in einem gemieteten Lastwagen in der Gegend von Ely, Nevada, als auf einem einsamen Abschnitt der Wüstenstraße zwei UFOs unterschiedlichen Typs erschienen. Ein Windstoß schüttelte den Lastwagen, Licht und Motor fielen aus und sie verloren die Kontrolle über das Steuer. »Wir fühlten uns wie in einer Art Vakuum, isoliert vom Rest der Welt«, sagten sie den Ermittlern. Der Lastwagen schwebte unmittelbar über der Straße in der Luft. Als die UFOs verschwunden waren, war der Lastwagen vollkommen außer Funktion, und der ganze hintere Teil mußte ersetzt werden.

Diese *unterbrochenen Reisen* mit dem kompletten Verlust der Kontrolle über das Fahrzeug und den psychischen/visuellen Veränderungen der Umgebung, heben die Konfrontationen von Fahrzeugen mit UFOs auf ein neues Seltsamkeitsniveau. Fast als wollten sie ihre magische Technik zur Schau stellen, levitieren die UFOs schwere Massen, manipulieren die Steuerung des Fahrzeugs und induzieren einen anomalen Zustand (oder eine anomale Wahrnehmung) der Umwelt: verringerte Sicht wie in einem dichten, leuchtenden Nebel, anomale Stille, das Gefühl der Isolation oder eines »Vakuums« und ein verändertes Aussehen des Geländes.

Ob diese Zeugen Phänomene beschreiben, die auf ein Aussetzen der Sinne als Nebenwirkung der Kräfte, die die E-M-Effekte herbeiführen, zurückgehen, ist reine Spekulation. Eine alternative Spekulation ist, daß intelligente Wesen, die die UFOs bedienen, psychologische Tests durchführen oder die Menschen für eine Art *in vito* Studie »einfrieren«. Die Frage nach der wahren Natur dessen, was vor sich geht – welcher Teil der Ereignisse einem objektiv realen Geschehen zugeschrieben werden kann und was einer psychischen oder subjektiven Wahrnehmung – zieht sich wie ein roter Faden durch alle Fälle mit hohem Seltsamkeitsfaktor und wird besonders deutlich bei einem Versuch der Analyse von Berichten über Entführungen.

Magische Technologie 49

Ein weiterer Bericht über ein Umschließen mit nebelartigem Licht, anomaler Stille und einem Gefühl der Isolation ist deshalb besonders interessant, weil es sich bei drei Fahrzeugen und deren Fahrern gleichzeitig abspielte. Am 29. März 1978 fuhr etwa um 21.30 Uhr ein Konvoi Trucks auf der I-70 in der Nähe von Indianapolis, Indiana, und die drei Fahrer unterhielten sich über Funk. Auf einmal, als hätte jemand eine riesige Glühbirne eingeschaltet, umschloß ein helles blaues Licht die Trucks. Die Fahrer *konnten nicht über die Motorhaube ihrer Trucks hinaussehen.* Alles wurde still – aller Lärm, alle Geräusche der Straße hörten auf.

Die Motoren der Trucks spuckten schätzungsweise drei bis fünf Sekunden lang als ob sie abstellen wollten, die Funkgeräte fielen aus. Dann, als würde eine riesige Glühbirne ausgeschaltet, verschwand das Licht, die Funkgeräte funktionierten wieder und auch der Lärm der Straße wurde wieder normal. Die Motoren liefen wieder rund.

Die drei Fahrer konnten es nicht glauben. Der Fahrer des hinteren Trucks schrie impulsiv über Funk: »He, UFO, wenn du deine Ohren an hast: Ich will mit dir gehen!« Fast so plötzlich wie zuvor umschloß das blaue Licht die Trucks wieder und schnitt die Sicht ab, dieses Mal etwa fünfzehn Sekunden lang. Die Motoren spuckten, und die Trucks ruckten und sprangen vorwärts und verlangsamten so ihre Geschwindigkeit auf acht bis fünfzehn Stundenkilometer. Während sie in dem blauen Licht badeten, sagten die Fahrer, *hatten sie das Gefühl, es gebe niemand anderen auf der Welt.* Alles war ruhig und still. Dann verschwand das Licht, und alles wurde wieder normal.

Weitere Fahrer außerhalb des Lichts beobachteten das Phänomen auch. Eine Frau auf der anderen Seite der Straße sagte über Funk: »Es sah wie ein großer, heller blauer Lampenschirm über den drei Trucks aus.« Über dem etwa kuppelförmigen Lichtgebiet erstreckte sich eine lange, schmale Lichtröhre nach oben.

Einer der Trucker wurde von einem Ermittler des MUFON interviewt und sagte, die Uhr in seinem Truck ging einen Tag nach dem Ereignis etwa eine Stunde nach. Davor hatte sie jedoch immer perfekt funktioniert. Seine Batterie war leer, und es dauerte etwa anderthalb Stunden bis sie wieder voll aufgeladen war.

Eingeschlossensein von Licht, eine seltsame Stille, Hitze und ein besonders ungewöhnlicher E-M-Effekt (oder Schwerkrafteffekt) verblüffte auch zwei Jäger in Louisiana, die Nutrias wegen deren Pelze wilderten. Es war der 21. Januar 1977, etwa 20.45 Uhr. Robert M.

50   *Ungebetene Gäste*

ging entlang einem Kanal in St. Bernard Parish seinem Beruf nach,
als er ein sternenartiges Objekt bemerkte, das auf ihn zukam. Als
ihn ein strahlendes Licht umgab, dachte er zunächst, es sei ein Hubschrauber von Wildlife and Fisheries, aber es gab kein Geräusch. Im
Gegenteil, es herrschte *vollkommene Stille:* kein Wind, keine qua-
kenden Frösche, keine Vogelgeräusche. Robert spürte die Wärme
des Lichtes. Dann schoß ein glühendes Objekt davon, und alles
wurde wieder normal.

Robert entdeckte das Lagerfeuer eines Freundes, Irwin M., und
kam vorbei, um ihm zu erzählen, was geschehen war. Irwin stieg zu
ihm ins Boot, das von einem Evinrude-Motor mit fünfundzwanzig
Pferdestärken angetrieben wurde, und sie jagten weiter Nutria.
Plötzlich kam das Licht (oder sein Zwilling) wieder auf sie zu und
schwebte etwa zwanzig Meter über dem Boot. Wieder herrschte Stille. Robert standen die Haare zu Berge (»Sie standen ab wie Draht«)
und alles fühlte sich warm an. Sie waren versteinert vor Schrecken.

Am meisten beeindruckte sie, daß sie wußten, daß der Motor
immer noch lief, aber das Boot stand still, als hielte jemand es fest.
Irwin beschrieb es als ein »Festgehaltenwerden von einer starken
Schwerkraft«. Bei einer späteren Suche an der Stelle waren weder
Wurzeln noch andere Hindernisse zu finden, die die Bewegung des
Bootes aufgehalten haben könnten. Der Kanal war sogar erst kurz
zuvor tiefer gebaggert worden, damit große Fischerboote ihn befah-
ren konnten.

Das UFO war rund und hatte einen Durchmesser von etwa sechs
Metern. Seine Oberfläche wies ein texturiertes Muster auf wie miteinander verbundene Rhomben oder Quadrate. Als es verschwand,
sprang das Boot vorwärts und warf beide Männer um – als ob die
Kraft, die es festhielt, plötzlich ausgeschaltet worden wäre. Sie beobachteten, wie sich das UFO zurückzog und um 21.05 Uhr über einer
Ölraffinerie anhielt. Ein Wächter der Ölgesellschaft sah es auch. Das
UFO bewegte sich wieder und schwebte über einer neuen Stelle. Hier
konnten die Männer einen Lichtstrahl sehen, der von ihm aus nach
unten leuchtete. Nach etwa dreißig Minuten verschwand es.

Ein weiterer Fall des Umschlossenseins von Licht vom anderen
Ende der Welt weist beeindruckende Ähnlichkeiten zu diesen Fällen
auf. Könnte die wichtigste Zeugin ausfindig gemacht werden, wäre
der Fall außergewöhnlich interessant. Am 22. März 1976 kehrte ein
australisches Paar aus dem Urlaub zurück. Etwa um 5.45 Uhr befanden sie sich in der kleinen Siedlung Nemingha in New South Wales.
Sie studierten eine Straßenkarte, um die beste Strecke nach Hause

Magische Technologie 51

ausfindig zu machen. Ein kleiner weißer Wagen näherte sich, und sie stiegen aus, weil sie den Fahrer nach dem Weg fragen wollten.

Plötzlich kam ein grünlich-gelbes Licht von oben herunter und schloß den kleinen Wagen vollständig ein. Dann verschwand das Licht, und der Wagen driftete auf die falsche Straßenseite. Er war von einem dichten weißen Dunst bedeckt. Der Wagen hielt an, das Licht war aus. Das Paar sah dann, wie eine Frau aus dem Wagen stieg und mit einem Tuch eine weiße Substanz von der Windschutzscheibe wischte. Die Scheinwerfer gingen wieder an, und die Frau warf das Tuch weg, worauf es in Flammen ausbrach. Die Frau stieg wieder in den Wagen und fuhr davon, bevor das verdutzte Paar reagieren konnte. Als der Wagen vorbeifuhr, stellten sie fest, daß er mit einer dicken, weißen Substanz überzogen war.

Versuchen, die Frau in dem Wagen ausfindig zu machen, war kein Erfolg beschert. Ihr Bericht dessen, was sie in dem Wagen beobachtete und erlebte, wäre von unschätzbarem Wert.

Diesen Fällen ist der Hinweis auf eine *Ausrichtung* des UFO-Phänomens gemeinsam. Das UFO flog nicht nur durch das Wahrnehmungsfeld der Zeugen hindurch. Stattdessen näherte es sich in den meisten Fällen einer Konfrontation eines Fahrzeugs mit einem UFO den Zeugen direkt und griff in das normale Verhalten des Fahrzeugs ein oder unterbrach es, während es Anomalien in der Wahrnehmung oder paranormale Ereignisse einleitete. Anders als im Fall der Trucker, der in vieler Hinsicht eine Ausnahme darstellt, ereignen sich die Zwischenfälle für gewöhnlich an abgeschiedenen Orten oder zu Zeiten, zu denen nur wenige Fahrzeuge auf der Straße sind.

Der Fahrer ist nicht immer allein; tatsächlich gibt es in allen hier verzeichneten Fällen mindestens zwei Zeugen, die die anomalen Ereignisse beobachteten oder erlebten. Niemand weiß, warum gerade diese Fahrzeuge oder ihre Fahrer ihre Aufmerksamkeit erregten – wenn sie das denn taten – oder was das UFO an die Stelle lockte. Die Ereignisse könnten willkürliche Begegnungen sein, dann bleibt aber noch die genaue Art der Transaktionen zwischen dem leuchtenden UFO und dem einzelnen Fahrzeug zu klären. Der scheinbare »Kegel der Stille«, Levitation und eine veränderte Umgebung sind sicher Merkmale, die keinem bekannten natürlichen Phänomen zugeschrieben werden können.

BIBLIOGRAFIE

CHALKER BILL: »A Road Hazard Down Under?« Bericht für das UFO Investigation Center, Lane Cove, New South Wales, Australien (Australischer Fall vom 22. März 1976).

HALL, RICHARD H.: »Special Evidence« Abschnitt III, *The UFO Evidence* (Washington D.C.: NICAP, 1964) Enthält Fälle von EM-Effekten und Physiologischen Effekten.

MCCAMPBELL, JAMES M.: »Electrical Interference« Kapitel 5 und »Physiological Effects«, Kapitel 6, *»UFOlogy: New Insights from Science and Common Sense«* (Belmont, Kalifornien: Jaymac, 1973).

PETERS, TED: »Warm Light Stops Everything!« *MUFON UFO Journal,* Nr. 111, Feb. 1977 (Fall aus Louisiana vom 21. Jan. 1977).

RONCORONI, GUILLERMO C.: »The Rally Incident: A Teleportation?« *MUFON UFO Journal,* Nr. 140, Oktober 1979 (Fall der Levitation eines Wagens in Argentinien vom 23. Sept. 1978).

TUCKER, CHARLES L.: »Truckers Engulfed by 'UFO' Light.« *MUFON UFO Journal,* Nr. 126, Mai 1978 (Fall aus Indianapolis, Indiana vom 29. März 1978).

KAPITEL 3

DIE HUMANOIDEN

»Sie hatten seltsam aussehende Augen, die geradewegs durch einen hindurch zu blicken schienen«, sagte William Blackburn. »Ihre Haut war rötlich-orange, und sie trugen glänzende, eng anliegende Anzüge bis zum Hals.«

Der technische Zeichner bei der General Electric Company bestätigte dem Autor zusammenfassend die Einzelheiten einer Geschichte, die am 23. Januar 1965 im *News-Virginian* in Wanyesboro erschienen war. Nach der Veröffentlichung der Geschichte hatten sich Agenten einer staatlichen Behörde, die er nicht nennen will, an ihn gewandt und ihn »strikt davor gewarnt«, über sein Erlebnis zu sprechen. Einwohner des Ortes hatten einen Wagen mit Nummernschildern der U. S. Regierung in der Stadt gesehen, der auffiel wie ein bunter Hund. Offensichtlich um seinen Lebensunterhalt besorgt, hielt Blackburn den Mund.

Vor dem Besuch der mysteriösen Agenten hatte er die Geschichte jedoch zwei Kollegen in der Fabrik der GE in Waynesboro erzählt. Mit deren Hilfe und der von Dallas Kersey, der das örtliche Büro des *Times-Dispatch* Richmond leitete, war es möglich, die meisten Fakten zusammenzustückeln. Blackburn bestätigte wichtige Details, indem er zustimmend mit dem Kopf nickte oder ihn zur Verneinung schüttelte und indem er auf einer Kopie der Geschichte aus der Zeitung Anmerkungen machte.

Am 19. Januar fuhr Blackburn nach der Arbeit zum Bogenschießplatz in Augusta (Augusta Ciunty, Virginia), um sich auf einen Wettkampf im Bogenschießen vorzubereiten, der für diesen Abend angesetzt war. Wegen des schneereichen, rauhen Wetters kam sonst niemand. Kurz nach seiner Ankunft um 17.40 Uhr hackte Blackburn Holz und bewegte sich dabei zwischen der Ostseite des Vereinshauses und der Fahnenstange neben dem südlichen Parkplatz.

54 Ungebetene Gäste

Nach etwa fünfunddreißig Minuten lenkte ein Lichtstrahl seine Aufmerksamkeit auf ein pyramiden- oder kegelförmiges Objekt, das er auf über sechzig Meter Durchmesser schätzte. Das UFO ging auf etwa neunhundert Meter herunter und stand dann in einer Position etwa fünfzehn Grad links von der Fahnenstange in einer Höhe von etwa vierzig Grad in südlicher Richtung still. Während er das beobachtete, landete ein kleineres Objekt – mit etwa achtzehn Meter Durchmesser – links von ihm.

Blackburn sagte als erfahrener und in Metallbearbeitung versierter Kontruktionszeichner: »Ich habe nie in meinem Leben Metall gesehen, das so poliert war. Ich wette, dieses Ding kann man an einem klaren Tag in eintausendfünfhundert Meter Höhe nicht mehr sehen!« Was er damit meinte war, daß die Politur so sehr spiegelte, daß das Objekt mit seiner Umgebung verschmolz. Er konnte nicht sagen, ob das gelandete Objekt aus dem riesigen Objekt über ihm gekommen war. Selbst das kleinere Objekt war im Vergleich zu anderen riesig; es nahm fast den gesamten Freiraum neben dem Vereinshaus ein. Was immer es auch war, das Ding war fünfzehn Meter neben ihm gelandet.

Während er es noch voller Erstaunen anstarrte, erschien in dem gelandeten Fahrzeug eine Öffnung, »als habe jemand ein Stück Kuchen herausgeschnitten« und drei humanoide Wesen *schwebten* auf ihn zu, ihre Füße berührten den Boden nie. Sie waren etwa neunzig Zentimeter groß, sahen aber sonst wie Menschen aus. Als sie bis auf zehn Meter herangekommen waren, erstarrte Blackburn, mit der doppelseitigen Axt in der Hand (vielleicht eine Lähmung, aber er weigerte sich, zu diesem Punkt etwas zu sagen).

Die Humanoiden gaben unverständliche Laute von sich, als versuchten sie, sich mit ihm zu unterhalten. Blackburn fiel auf, daß ihre Schuhsohlen mehrere Zentimeter dick waren (er demonstrierte die Dicke mit den Fingern) und daß »der, der rechts war«, an seiner linken Hand einen abnorm langen Finger hatte. Nur Augenblicke später drehten sich die Wesen um und schwebten zu ihrem Raumschiff zurück, in das sie durch die Tür wieder eintraten. Die Öffnung schloß sich und schien »mit dem Schiff zu verschmelzen«; sobald sie geschlossen war, gab es keinerlei Anzeichen einer Tür mehr. Beide UFOs flogen dann schnell davon. Nach ihrem Abflug waren keinerlei Abdrücke oder Spuren im Schnee zu sehen.

Angesichts dessen, daß Blackburn als Konstruktionszeichner an Details und unterschiedliche Materialstrukturen gewöhnt ist, sind die Merkmale, von denen er berichtete, beeindruckend. Die Ober-

Die Humanoiden

fläche des UFOs war wie hochglanzpoliertes Metall oder Glas. Außer einem leisen Geräusch, als die Öffnung an dem Raumschiff erschien und den unverständlichen Lauten, war kein Geräusch zu hören. Auf dem gelandeten Raumschiff war eine Blase oder etwas von ovaler Form, von der Blackburn sagte, sie sei »... recht seltsam gewesen ... man fühlte sich so seltsam, wenn man sie ansah.« Als man ihn zu diesem Punkt befragte, weigerte er sich, näher darauf einzugehen. Er wollte auch die skizzenhafte veröffentlichte Beschreibung der Humanoiden nicht weiter erläutern, er bestätigte nur indirekt, daß sie im allgemeinen zutreffend sei.

Blackburns Ingenieurskollegen hatten ihm zugehört, als er – weiß im Gesicht und schwitzend – das Erlebnis zum ersten Mal erzählte. In langen Gesprächen und einem späteren Briefwechsel mit ihnen war es mir möglich, das sichere Gefühl zu gewinnen, daß etwas sehr Seltsames geschehen war. Blackburn war kein Scherzbold, und die sichtbare Belastung, unter der er stand, beunruhigte sie. Waren sie zuvor UFOs skeptisch oder uninteressiert gegenüber gestanden, erschütterte sie seine Geschichte und die Tatsache, daß die Regierung offensichtlich von solchen Ereignissen wußte, nun doch.

Am Dienstag darauf, dem 26. Januar, berichteten ein Junge von der High School am Ort und ein paar Freunde, sie hätten in der Gegend der Brand Flats (Brand Ebene) auf der anderen Straßenseite gegenüber dem Bogenschießgelände einen kleinen Humanoiden gesehen. Sie meldeten es der Polizei; daraufhin durchkämmte ein Suchtrupp einschließlich eines Fotografen die Gegend. In der Nähe eines verlassenen Stalls wurde einer der Männer des Suchtrupps von »etwas« niedergeschlagen und leicht verletzt. In der darauffolgenden Panik machte der Fotograf eine Aufnahme von diesem »etwas« bei dem Stall, bevor er floh. Man hatte den Eindruck, es könnte ein Humanoide fotografiert worden sein.

Laut Dallas Kersey besuchten nicht näher identifizierte staatliche Agenten den Jungen und wahrscheinlich auch die anderen Mitglieder des Suchtrupps. Weil andere Dinge drängten, wurde dieser Zwischenfall nie richtig untersucht. Es ist zu vermuten, daß das mögliche Foto des Humanoiden beschlagnahmt wurde. Jedenfalls hörte man nichts weiter darüber.

Blackburns Geschichte, so grotesk sie auch klingen mag, ist recht typisch für bestimmte Berichte über Humanoiden aus aller Welt. Es ist zwar schwierig, aus der Vielzahl der unterschiedlichen Humanoidentypen und ihres Verhaltens eine »repräsentative« Auswahl vorzustellen, Tabelle 2 umfaßt aber eine Sammlung typischer Fälle.

56   Ungebetene Gäste

Es muß jedoch betont werden, daß die Auswahl nur etwa ein Prozent aller verzeichneten Fälle umfaßt.

TABELLE 2
Repräsentative Auswahl von Berichten über Humanoide

Datum, Ort, Art	Beschreibung	Verhalten	Weitere Merkmale	Quelle
25.08.52, Pittsburg, Kansas, A	Kopf und Schultern und andere Gestalten sichtbar durch die Fenster eines UFOs.	Recht beträchtliche Aktivität festzustellen, teilweise verdunkelt wie durch eine Jalousie.	Niedrig schwebendes UFO gibt Klopfgeräusch von sich; Vegetation gestört.	USAF, Sonderbericht Nr. 14 von Projekt Blue Book
10.09.54, Mourieras, Frankreich, C.	Einer, durchschnittliche Größe.	Kam auf den Zeugen zu und berührte ihn.	Brummen oder Schwirren, als das UFO vertikal abhob.	Michel, S. 40
9.10.54 Quarouble, Frankreich, C.	Zwei, etwa 1,35m groß, breite Schultern, dünne Beine, Helm.	Zeuge rannte auf Wesen zu, wurde dann gelähmt.	Geblendet und gelähmt vom Licht des UFOs; körperliche Spuren auf Zugschienen gefunden.	Michel, S. 44
26.09.54 Chabeuil (Drome), Frankreich, C.	Einer, etwa 1,20 m groß, Helm.	Verhalten: Bewegte sich auf den Zeugen zu, der floh.	UFO gab beim Abflug ein pfeifendes Geräusch von sich, zerdrückte Blätter an der Landestelle.	Michel, S. 82
04.11.54 Pontal, Brasilien, B	Drei, klein, weiße Kleidung, dunkle Haut, »Totenkopfmützen«.	Kamen aus einem UFO, sammelten Blätter und Wasser.	UFO stieg vertikal auf, kein Geräusch.	Bowen, S. 92
25.05.55 Branch Hills, Ohio, E.	1,35 m groß, gräulich, Stirnfalten, breiter Schlitzmund, einseitiger Brustkorb.	Standen an der Straße, als der Wagen des Zeugen vorbeifuhr.	Kein UFO zu sehen, Geruch nach Alfalfa und Mandeln.	Davis & Bloecher, S. 138
03.07.55 Stockton, Georgia, E.	Vier, 1,05 m bis 1,20 m groß, große Augen, breite Schultern, lange Arme, spitz zulaufendes Kinn.	Standen an der Straße, einer hielt einen Stock, als der Wagen des Zeugen vorüberfuhr.	Kein UFO zu sehen.	Davis & Bloecher, S. 149
21.08.55, Kelly, Kentucky, C.	Drei (?), etwa 90 cm groß, große breite Augen, große Ohren, breite Schultern, lange Arme.	Näherten sich immer wieder dem Haus, schnelle Fortbewegung „auf allen Vieren", Schweben.	Zeitweises Leuchten der Wesen aufgefallen.	Davis & Bloecher. Kap. I-IV

Die Humanoiden 57

Datum, Ort, Art	Beschreibung	Verhalten	Weitere Merkmale	Quelle
07.11.57 House, Missouri, B	Drei, 1,35 m groß, graue Kleidung, dunkles Haar, milchig-weiße Gesichter.	UFO blockierte die Straße, Wesen kamen auf die Zeugen zu und gaben unverständliche Geräusche von sich.	UFO hob »geradewegs nach oben« ab.	Quelle: Michel, S. 272
16.12.57 Old Saybrook, Connecticut, A	Zwei, 1,05 m bis 1,20 m groß, roboterartige Bewegungen, quadratische Köpfe.	Bewegten sich am Fenster eines in niedriger Höhe schwebenden elliptischen UFOs.	Die gesamte Oberfläche des UFOs glühte, es neigte sich scharf nach oben und schoß davon; kein Geräusch.	NICAP (1), Abschnitt VII
26.06.59 Boianai, Papua Neu Guinea, A	Vier, leuchtende Gestalten auf einem in niedriger Höhe schwebenden UFO.	Einer hob die Arme, offensichtlich als Erwiderung auf das Winken der Zeugen.	UFO wackelte, offensichtlich als Antwort auf Signale mit Taschenlampe.	Quelle: NICAP (1), Abschnitt VII
24.04.64 Socorro, New Mexico, C	Zwei, 1,20 m groß, weiße Kleidung.	standen neben gelandetem UFO, wandten sich dem Zeugen zu, verschwanden in das UFO.	Lautes, donnerndes Geräusch, als das UFO vertikal abhob, dann Stille; Blätter versengt, Druckstellen an der Landestelle.	Bowen, S. 130
04.09.64 Cisco Grove, Kalifornien, C.	Vier, zwei Humanoiden, zwei Roboter.	Trieben den Zeugen auf einen Baum, versuchten, ihn vom Baum zu schütteln.	Begegnung dauerte die ganze Nacht über, Zeuge wurde ohnmächtig, als ein Roboter Dampf abgab.	NICAP (2) (Siehe Anhang Fallsammlung)
19.01.65, Brands Flats, Virginia, B	Drei, 90 cm groß, glänzende Kleidung, durchdringende Augen.	Schwebte aus gelandetem UFO, kam auf den Zeugen zu, gaben unverständliche Laute von sich.	Großes UFO über dem Zeugen, beide hatten eine spiegelartige Oberfläche.	persönliche Akten
02.11.67, Ririe, Idaho, B	Zwei, 90 cm groß, faltige Gesichter, große Ohren, kleine Augen, trugen Rucksäcke.	Hielten den Wagen an, einer schwebte herunter, stieg in den Wagen, gab unverständliche Laute von sich.	Kleiner Diskus mit Kuppel schwebte über dem Wagen, badete die Gegend in einem grünen Licht.	NICAP (1), Abschnitt VII
08.12.67, Idaho Falls, Idaho, A	Zwei, Details verzerrt durch Lichtschein in der Kuppel eines in niedriger Höhe schwebenden UFOs.	UFO neigte sich nach unten und rotierte, dabei wurden die Gestalten sichtbar.	Beschreibung fast identisch mit Fall in Blenheim, Neu Seeland, 13.7.59, gleiche Quelle.	NICAP (1), Abschnitt VII

58 *Ungebetene Gäste*

Datum, Ort, Art	Beschreibung	Verhalten	Weitere Merkmale	Quelle
07.01.70 Heinole, Finnland, B	Einer, 60 cm groß, weißes Gesicht, grauer Overall, konische Kopfbedeckung.	Kam aus einem Lichtstrahl unter einem in niedriger Höhe schwebenden UFO hervor; schwarze Schachtel gab einen blendenden Lichtstrahl von sich.	Zeuge gelähmt, physiologische Nachwirkungen.	Inforespace, Brüssel, Belgien, Nr. 22, August 1975
11.10.73, Pascaguola, Mississippi, G	Drei, roboterartige Wesen, spitze Ohren, faltige Haut.	Glitten aus schwebendem UFO, entführten zwei Zeugen und nahmen sie mit an Bord.	Untersuchung durch eine Art Röntgengerät, Zeugen kehrten auf den Boden zurück.	Blum, Kapitel 1-3
17.10.73, Danielsville, Georgia, B	Zwei, 1,20 m bis 1,35 m groß, weißes Haar, rötliche Gesichter.	Erschienen unter UFO, blockierten die Straße.	Zeuge nahm Gewehr zur Hand, UFO hob mit einem »Wisch« ab.	Webb (1), S. 12
04.11.73 Goffstown, New Hampshire, D	Zwei, 1,35 bis 1,50 m groß, leuchtend, dunkle, ovale Augen, große spitze Ohren, silberne Anzüge.	Begegnung außerhalb des Hauses, einer mit Objekt ähnlich einer Taschenlampe, der zweite hob Dinge vom Boden auf.	Zeuge hatte fünf Stunden zuvor UFO gesehen.	Fowler, S. 322
14.02.74, Petite-Ile, Frankreich, B	Vier, 1 m bis 1,20 m groß, weiße metallische Kleidung.	Stachen in den Boden, richteten Lichtstrahl auf Zeugen.	UFO schwebte 50 cm über dem Boden.	Ouranos, Nr. 14, 2te Q. 1975
12.06.77, Crystal Lake, Illinois, E	Vier, 1,20 m groß, schlank, silberne Anzüge.	Drei kamen aus einer Allee hervor und bargen den Vierten, der behindert zu sein schien.	Stille umschloß das Gebiet, kein UFO zu sehen.	Bloecher (2), S. 21
17.09.78, Torrita de Siena, Italien, B	Zwei, 90 cm bis 1,50 m groß, Helme mit flügelähnlichen Gebilden, grüne Kleidung.	Glitten aus UFO, das in niedriger Höhe schwebte, umrundeten den Wagen, stiegen wieder in das UFO.	E-M-Effekte stoppten den Wagen; UFO hob mit Lichtblitz und Explosionsgeräusch ab; versengte Stellen auf der Straße gefunden.	„MUFON UFO Journal," Nr. 153, Nov. 1980
04.08.79, Canoga Park, Kalifornien, A	Zwei, große Köpfe.	Wurden durch klare Kuppel eines diskusförmigen UFOs gesehen, das sich annäherte und auf der Stelle schwebte.	UFO neigte sich, balancierte sich aus, bewegte sich, neigte sich in die entgegengesetzte Richtung, flog nach Westen davon.	MUFON UFO Journal, Nr. 151, Sept. 1980

Die Humanoiden

Datum, Ort, Art	Beschreibung	Verhalten	Weitere Merkmale	Quelle
24.10.84 (etwa) Park Rapids, Minnesota, C	Einer, 1,20 m groß, großer Kopf, große Augen, schlanke Glieder.	Nach UFO-Sichtung, näherte sich einem Bauernhof auf 7,50 m, stand 10 Minuten lang im Licht, drehte sich dann um und verschwand in der Dunkelheit.	UFOs waren blauweiß und diamantförmig.	„MUFON UFO Journal," Nr. 220, Aug. 1986

HUMCAT Typen (Humanoid Catalogue = Humanoidenkatalog, Computerkatalog von Daten über Wesen, von denen im Zusammenhang mit UFOs berichtet wurde, siehe Anhang D):

A = Wesen, das im Innern eines UFOs gesehen wird.

B = Wesen, das beobachtet wird, wie es in ein UFO ein- und/oder aussteigt.

C = Wesen, das in unmittelbarer Nähe eines UFOs gesehen wird.

D = Wesen, das während unabhängiger UFO-Aktivität am Ort gesehen wird.

E = Wesen, das ohne Aufzeichnungen über UFO-Aktivitäten in der Gegend gesehen wird.

F = Während einer Begegnung mit einem UFO werden Stimmen gehört oder Botschaften empfangen.

G = Erlebnis an Bord oder Ortsveränderung in Zeit oder Raum.

Ted Bloecher und Dave Webb von der Humanoiden-Studien-Gruppe des Mutual UFO Network (MUFON) listeten über zweitausend Berichte über Humanoiden im Computerkatalog HUMCAT auf, der an dieser Stelle hauptsächlich als schnelle Bezeichnungs- und Suchhilfe dient. Etwas über fünfzig Prozent der Fälle sind lediglich reine Berichte; es wurden keine weiterreichenden Ermittlungen durchgeführt. Viele Berichte über Humanoide wurden jedoch sorgfältig untersucht und bleiben vollkommen unerklärlich. Die Bandbreite der Berichte zwingt uns, sie als integralen Bestandteil des UFO-Rätsels zu betrachten; sie sind Teil der Daten, die eine Theorie erklären muß.

Wann und wo alles anfing ist unklar ... wann zum ersten Mal glaubwürdig von humanoiden Wesen im Zusammenhang mit typischen UFOs berichtet wurde, in den Fällen mit Humanoiden fast immer raumschiffartige Objekte. In den Aufzeichnungen finden sich vereinzelte Berichte aus den vierziger Jahren über Sichtungen von Humanoiden, deutlich wurden sie zum ersten Mal aber Mitte der fünfziger Jahre. Die Aufzeichnungen von HUMCAT zeigen Höhepunkte der Sichtungen von Humanoiden zeitgleich mit großen UFO-Sichtungswellen 1954 (Europa, in erster Linie Frankreich und Italien), 1967-68 (die größte bisher bekannte UFO-Welle) und 1973 (bis

60   Ungebetene Gäste

zum Zeitpunkt, als dies geschrieben wurde, die letzte große Sichtungswelle). Seit 1973 blieb die Häufigkeit der Sichtungen von
Humanoiden relativ hoch, möglicherweise ist das jedoch ein künst-
licher Effekt der Ermittlungen, der die Tatsache widerspiegelt, daß
solchen Berichten nun mehr Aufmerksamkeit geschenkt wird und
daß es nun eine zentrale Stelle gibt, an der sie verwahrt werden.
   Außer Sichtungen von Humanoiden in einem UFO (HUMCAT Typ
A) wurden bestimmte, immer wiederkehrende Verhaltensmuster aus-
gemacht:

• Stehen in der Nähe des Raumschiffs, Flucht bei Beobachtung
  (der berühmte Fall aus Socorro, New Mexico, vom 24. April
  1964 ist ein Beispiel dafür).

• Sammeln von Proben (Pflanzen, Steine, Wasser ...).

• Kommen auf Zeugen zu, kein körperlicher Kontakt (der oben
  erwähnte Fall Blackburn ist ein Beispiel hierfür).

• Nähern sich Fahrzeugen oder halten diese an und stellen,
  manchmal mit Gewalt, Kontakt zu den Insassen her.

Die Verhaltensmuster sind hier in einer Folge ansteigender
Aggressivität und einer direkten Konfrontation/Kontakt mit Menschen aufgeführt.
   Die Möglichkeit einer menschlichen Fehldeutung vertrauter oder
bekannter Objekte (und Wesen) reduziert sich in Berichten über
Humanoide auf Null. Folgt man dem ersten Anschein, so beschreiben die Berichte Ojekte, die eine »magische Technik« und seltsame
nichtmenschliche Wesen von auf der Erde unbekanntem Typus zeigen. Stimmen die Berichte, dann müssen UFOs intelligent gesteuerte Raumschiffe sein, die nicht von dieser Erde stammen – oder
zumindest nicht aus einem Reich, das wir kennen.
   Während der UFO-Sichtungswelle von 1967 ereignete sich ein
Beispiel aggressiven Verhaltens; ein Fall mit einem hohen »Seltsamkeitsgrad«, aber zugleich ein Fall, in dem ausführlich ermittelt wurde
und der verläßlich zu sein scheint. Zwei junge Indianer, Guy Tossie
und Will Begay, fuhren am 2. November etwa um 21.30 Uhr in der
Nähe von Ririe, Idaho. Plötzlich sahen sie einen blendenden Lichtblitz vor sich, und es erschien ein kleines, kuppelförmiges UFO, drinnen waren zwei kleine humanoide Wesen zu sehen. Der Wagen wurde
angehalten, ohne daß die Bremsen betätigt worden waren (Verlust
der Fahrzeugkontrolle), und die Gegend war in ein lebhaftes grünes

Die Humanoiden 61

Licht gebadet. Einer der Humanoiden schwebte herunter und erzwang sich Einlaß in den Wagen, der zu der Zeit auf eine unbestimmte Weise von der Straße bewegt worden war. Tossie stürzte aus dem Wagen und floh voller Schrecken zum nächsten Farmhaus.

Als Begay sich voller Furcht zusammemkauerte, stieß das Wesen, das etwa neunzig Zentimeter groß war, große Ohren hatte, ein faltiges oder zerknittertes Gesicht, kleine Augen und einen schlitzartigen Mund, *unverständliche Laute* aus. Dann verließ es den Wagen und *schwebte* wieder nach oben zu dem UFO, das in einem Zick-Zack-Kurs aufstieg. (Nähere Beschreibung, siehe Anhang Fallsammlung.) Später erfuhr der Ermittler, daß ein weiterer Mann in der Umgebung in dieser Nacht eine ähnliche Begegnung hatte, aber er weigerte sich, nähere Angaben dazu zu machen und bestand darauf, anonym zu bleiben.

Die Wesen in diesem Fall schienen keine Helme oder Kopfbedeckungen zu tragen, hatten aber so etwas wie Rucksäcke auf dem Rücken (es könnten »Lebenserhaltungssysteme« oder sogar »Levitationsgeräte« gewesen sein). In vielen Berichten über Humanoide ist die Rede von Wesen, deren Köpfe in durchsichtigen Kuppeln stecken, die Taucherhelmen ähneln.

Ein analoger Fall, in dem auch Aggressivität gezeigt wurde, ereignete sich am 21. August 1955 in Kelly, Kentucky. Isabel Davis hat ihn gut dokumentiert. Die Wesen belagerten mehrere Stunden lang ein Landhaus, näherten sich ihm immer wieder, kletterten sogar trotz des unfreundlichen Empfangs durch die erschrockenen Bewohner (einschließlich Gewehrschüssen) aufs Dach. Wieder besaßen sie offensichtlich die Fähigkeit zu schweben oder sich zu levitieren. Diese Wesen waren zwar ebenfalls nur knapp über neunzig Zentimeter groß, hatten aber große Ohren, die fast wie bei Elefanten abstanden, große, weit auseinanderstehende Augen, lange Arme und Hände mit Klauen und spindeldünne Beine. Sie »humanoid« zu nennen, hieße, die Bedeutung diese Wortes stark zu erweitern. Außer einer Symmetrie der Seiten hatten sie ein entschieden nichtmenschliches Aussehen und Verhalten, sie verwendeten zum Beispiel zuweilen ihre Arme zur Fortbewegung auf »allen Vieren«.

Die überraschende Vielfalt humanoider Formen bildet ein Hindernis bei einer umfassenderen Anerkennung der Berichte als zutreffende Beobachtungen. Einige Variationen mag man ja akzeptieren, die Sammlung der Berichte über Humanoide liefert jedoch eine wahre Zirkusmenagerie aller Typen. Dennoch sind die meisten in etwa humanoid und manche sogar sehr menschenähnlich. Man

62 Ungebetene Gäste

kann drei Grundtypen mit beträchtlichen Variationen innerhalb des Typs unterscheiden:

- Diminuitiv: typischerweise 90 cm bis 1,20 m groß, unproportional große Köpfe, schlanke Körper, oft in »Coveralls« gekleidet, manchmal mit durchsichtigen Helmen (humanoide Form).

- Durchschnitt: etwa 1,50 bis 1,80 m groß, in Erscheinung und Verhalten menschenähnlich, manchmal tatsächlich nur durch den Zusammenhang mit UFOs von einem Menschen zu unterscheiden (menschliche Form).

- Riese: vielleicht 2,40 m bis 3,60 m groß mit übergroßen, oft grotesken Gesichtszügen (Monsterform).

Die »Monster« sind kein sehr verbreiteter Typ, es wurde aber über sie berichtet, und sie sind daher zu berücksichtigen. Auch passen andere Fälle nicht genau in diese Kategorien (siehe zum Beispiel die Fälle von 1955 in Tabelle 2). Klar ist, daß noch sehr viel zu tun bleibt, will man ein Modell oder Modelle von Wesen im Zusammenhang mit UFOs erstellen, und verläßliche Daten sind nur schwer zu erhalten. Da über die Hälfte der Fälle skizzenhaft ist und nicht weiter untersucht wurde, muß jede Spekulation über die Bedeutung der Beobachtungen höchst vorläufig bleiben.

Eine vierte Kategorie der Sichtungen von Wesen läßt darauf schließen, daß einige Wesen im Zusammenhang mit UFOs nicht rein biologische Wesen sind. In einer Reihe von Berichten wird vermutet, daß die »Humanoiden« Roboter oder Androiden sind.

Die Wesen in dem weithin bekannten Fall vom 11. Oktober 1973 in Pascaguola, Mississippi, waren anscheinend Roboter, so auch – ganz eindeutig – zwei der Wesen in dem Fall vom 4. September 1964 in Cisco Grove, Kalifornien (siehe Anhang Fallsammlung). Unter anderen Umständen hatten die Wesen einen steifbeinigen Gang oder wandten ihren Kopf auf mechanische Weise.

In vielen anderen Fällen jedoch erschienen die Humanoiden eindeutig biologisch, es waren Gesichtszüge, Augen, Muskulatur und Hände zu sehen. Eine angemessene Vermutung wäre, daß wir es mit beidem, mit biologischen Wesen und mit Robotern, zu tun haben, die wahrscheinlich, wie in einigen Fällen berichtet, zusammenarbeiten.

Manche Forscher argumentieren, die Vielfalt der Formen lasse auf einen unterschiedlichen Ursprung schließen. Das kann der Fall sein,

Die Humanoiden 63

folgt aber nicht logisch aus den knappen Informationen, die uns gegenwärtig vorliegen. Wesen einer einzigen planetaren Kultur könnten leicht generelle ähnlichkeiten mit Unterschieden im Detail aufweisen und sich der Dienste von Robotern und/oder Androiden bedienen. Auch sprächen astronomische und verwandte biologische Argumente für die Unwahrscheinlichkeit dessen, daß viele verschiedene außerirdische Rassen uns finden, hierher kommen wollten und tatsächlich auch könnten, vehement gegen diese Möglichkeit ... außer daß die astronomischen Argumente verdächtig erscheinen, weil *niemand* hierher kommen können sollte oder wollte. Die Knappheit der uns zur Verfügung stehenden Informationen erlaubt keine Antwort, nicht einmal eine vernünftige Spekulation.

Ein möglicherweise fruchtbares Feld für Ermittlungen und Forschungen ist jetzt eine Verhaltensanalyse (Handlungen, Reaktionen, Fortbewegung) der Humanoiden in den Berichten. Dies wurde bis jetzt noch nicht systematisch oder in einem größeren Maßstab versucht. Die Weiterentwicklung von HUMCAT wird das Studium der Muster erleichtern.

Bei den heute vorliegenden Daten lautete eine geradlinige Interpretation, daß außerirdische Humanoiden nach Art von Wissenschaftlern die Erde und ihre Umwelt, einschließlich der Menschen, buchstäblich studieren. Einige Wissenschaftler haben jedoch den Eindruck, daß die Humanoiden, woher sie auch immer kommen mögen, nach fünfunddreißig Jahren des Probensammelns und anderer Studien alle Informationen haben sollten, die sie brauchen. Aber der exotische Reichtum an Lebensformen auf der Erde mag für Wissenschaftler aus einer (vermutlich) vollkommen anderen Biosphäre nicht so einfach zu katalogisieren oder zu verstehen sein. Wir nehmen dabei auch ohne weiteres Nachdenken an, daß die außerirdische Psychologie der unseren ähnlich wäre und ihre Absichten leicht zu entziffern sein sollten.

Wichtiger noch, wir neigen dazu anzunehmen, daß ihre Lebensspanne der unseren entspricht und daß fünfunddreißig Jahre für sie eine genauso lange Zeit sind wie für uns. Dann wieder schreiben wir ihnen gern eine Art monolithischer Absicht zu, wo doch manches Verhalten, das wir beobachten ein sporadisches »Freizeitverhalten« sein könnte und nicht ihre eigentliche »Mission«. Das alles sind vollkommen unbekannte Faktoren, und wir stellen auf eigenes Risiko einer groben Fehlinterpretation Vermutungen darüber an, was vor sich geht.

Es erscheint fragwürdig anzunehmen, daß die Humanoiden nur eine einzige Absicht haben oder in ihrer Haltung und ihrem Verhal-

64 Ungebetene Gäste

ten den Menschen gegenüber psychologisch uniform sind; die beobachteten Tatsachen (wenn wir sie als zutreffend anerkennen) lassen anderes vermuten. Was sich abspielt, mag bei jedem einzelnen Fall von der individuellen Psychologie oder den Interessen der jeweiligen UFO-Crew oder von dem jeweiligen Auftrag, den sie zu der Zeit gerade haben, abhängen.

Fälle der Konfrontation mit Fahrzeugen sind anscheinend aus unbekannten Gründen beabsichtigte, geplante Begegnungen mit Menschen. Die scheinbar zufälligen Begegnungen wie die in Socorro, New Mexico, haben einen völlig anderen Charakter, und die Landung könnte in diesem Fall eine Vielzahl Gründe gehabt haben. In der Mitte zwischen diesen beiden Extremen liegen zahlreiche Fälle, bei denen eine Auseinandersetzung mit Menschen ein »Gelegenheitsziel« gewesen sein könnte, ein kurzes Abweichen von anderen Dingen, um nach einem Menschen in der Nachbarschaft zu sehen.

Der Fall aus Ririe, Idaho, ist einer der Art, die zumindest vermuten lassen, daß einige Humanoiden (ob nun aus derselben oder aus unterschiedlichen Kulturen) keine Gewissensbisse dabei haben, wenn sie sich mit Gewalt in menschliche Angelegenheiten mischen oder Menschen erschrecken. Sie mögen die Klingonen unter den hier vorhandenen Gruppen sein, die sich nach anderen kulturellen Imperativen verhalten, oder vielleicht sind es nur die bösen Jungs in der Gruppe, die ihre Höllenspäße treiben. Andererseits könnte ihr Handeln Teil eines ausgeklügelten »übergeordneten Plans« sein, dessen letzte Absicht aus ein paar einzelnen Ereignissen nicht abzuleiten ist. Es könnte sein, daß wir verschiedene Taktiken beobachten, daß uns aber ausreichende Informationen fehlen, um die endgültige Strategie zu erkennen.

Im weitesten Sinne lassen die Indizien bis jetzt vermuten, daß wir es mit einer Vielzahl Wesen zu tun haben, die ein unterschiedliches Aussehen und unterschiedliche Ziele haben und in einem übergeordneten Plan unterschiedliche Rollen spielen, ein Teil oder Teile davon jedoch im Groben einer wissenschaftlichen Forschungsexpedition ähneln. Die am häufigsten erwähnte alternative »Theorie« oder Spekulation lautet, daß die verwirrenden Beobachtungen auf ein gewisses Maß an Täuschung, eine Vorführung oder psychologische Spiele hinweisen, die die Intelligenzen hinter den UFOs aufführen, um ihre wahren Ziele oder Absichten vor uns zu verschleiern, während sie einen geheimen »Spielplan« ausführen.

Da wir keinesfalls einschreiten können, erscheint das als eine eher sinnlose Übung. Die Vermutung, die diese alternative Interpretation

Die Humanoiden 65

etwas plausibel macht, ist, daß wir vorsichtig auf einen endgültigen friedlichen Kontakt vorbereitet oder konditioniert werden sollen, der nicht möglich wäre, wenn er uns plötzlich aufgezwungen würde.

Bis jetzt gibt es bei den Sichtungen von Humanoiden nichts, was uns überzeugt, auch nur eine dieser Theorien zu akzeptieren. Es läuft alles darauf hinaus, daß wir verfrühte Theorien im Übermaß und einen Mangel an entsprechend überprüften Daten haben. Bevor wir nicht viel mehr empirische Ermittlungen angestellt haben, sollten wir uns nicht zu sehr in unsere Theorien verlieben.

Die wichtigste Lektion der Berichte über Humanoiden ist, daß das gesamte Thema UFOs wesentlich komplexer und substantiierter ist, als die Skeptiker erkennen, und wahrscheinlich nicht so bald von Amateuren in ihrer Freizeit entschlüsselt werden wird. Die Fälle, denen nachgegangen wurde, sind jeder für sich glaubwürdig, und die Berichte stammen von Leuten aus allen Schichten des Lebens weltweit. Es geht hier nicht um undeutliche Lichter in der Ferne, sondern um Raumschiffe aus der Nähe und belebte Wesen. Der Faktor der Nähe, nach normalem Menschenverstand eine Interpretation unmittelbar erlebter Ereignisse, gibt uns beträchtliche Rätsel auf.

Unsere einzige versuchsweise Antwort lautet, daß das Universum von intelligenteren Lebensformen bewohnt wird als nur den Rassen der Erde. Wo immer sie auch herkommen mögen, menschliche Wesen sind anderen humanoiden Lebensformen begegnet, deren Absichten und Beziehung zu uns noch festzustellen bleiben.

BIBLIOGRAFIE

BANCHS, ROBERTO E. UND HEIDEN, RICHARD, W.: »The Humanoids in Argentina«, *Journal of UFO Studies,* Band II, 1980, Center for UFO Studies, Evanston, Illinois.

BLOECHER, TED (1): »A Catalog of Humanoid Reports for 1974« (mit Fallsammlung aus 1973) in *1975 MUFON Symposium Proceedings* (Seguin, Texas: MUFON, 1975).

BLOECHER, TED (2): »A Survey of CE III Reports for 1977« in *1978 MUFON Symposium Proceedings* (Seguin, Texas: MUFON, 1978).

66   *Ungebetene Gäste*

BLUM, RALPH: *Beyond Earth: Man's Contact with UFOs* (New York, Bantam, 1974) Kapitel 1 bis 3 über den Fall vom 11. Oktober 1973 in Pascaguola, Mississippi und andere Berichte über Humanoide.

BOWEN, CHARLES (HRSG.): »The Humanoids« (Chicago: Regenery, 1969).

DAVIS, ISABEL UND BLOECHER, TED.: *Close Encounter at Kelly and Others of 1955* (Evanston, Illinois: CUFOS, März 1978) Fall vom 21. August 1955 in Kentucky.

FOWLER, RAYMOND E.: »UFOs: Interplanetary Visitors« (New York: Exposition, 1974) Allgemeine Übersicht einschließlich Berichten über Humanoide.

HENDRY, ALLAN: »Kelly/Hopkinsville (Kentucky) Encounters« in *Encyclopedia of UFOs* (New York: Doubleday, 1980) Zusammenfasssung des Falls vom 21. August 1955 in Kentucky.

LORENZEN, JIM UND LORENZEN CORAL: *Encounters With UFO Occupants* (New York: Berkley, 1976) Übersicht, einschließlich Berichten über Humanoide aus den USA und dem Ausland.

MICHEL, AIME: *Flying Saucers and the Straight Line Mystery* (New York: Criterion, 1958) Zahlreiche Berichte über Humanoide während der Welle in Frankreich 1954 und der Welle in den USA 1957.

NICAP (1): *UFOs: A New Look* (Washington D.C., 1969) Kapitel mit Berichten über Humanoidem.
NICAP (2) »Strange Effects From UFOs« (Washington D.C., 1969) Abschnitt II »The Occupants«.

STORY, RONALD: »Cisco Grove (California) Encounter« in *Encyclopedia of UFOs* (New York, Doubleday, 1980). Fall vom 4. Sept. 1964 mit Humanoiden und Robotern.

WEBB, DAVE (1): *1973 – Year of the Humanoids* (Evanston, Illinois: CUFOS, Mai 1976).

Webb, Dave (2): »Analysis of Humanoid Reports« in *1976 MUFON UFO Symposium Proceedings* (Seguin, Texas: MUFON, 1976).

KAPITEL 4

AUSSERIRDISCHE KÖRPER IN DER LEICHENHALLE

Der endgültige Beweis, daß UFOs außerirdisch sind, wäre natürlich ein erbeutetes Raumschiff (das dann zu einem IFO – Identified Flying Object = identifiziertes fliegendes Objekt – würde) und/oder Leichen der außerirdischen Astronauten, die auf die Erde abgestürzt sind. Wer aber wollte ernsthaft behaupten, daß sich ein solches Ereignis wirklich abgespielt hat?

Die Gerüchte über ein solches Ereignis gehen auf 1947 zurück, das Jahr, in dem in den Vereinigten Staaten der Begriff »fliegende Untertassen« geprägt wurde. Im Juli dieses Jahres gab die örtliche Station der Air Force in Roswell, New Mexico, eine Presseverlautbarung heraus, in der es hieß, es seien Teile einer »fliegenden Untertasse« geborgen worden, nachdem diese explodiert und ihre Teile auf Wüstengebiet niedergegangen seien. Ein Rancher fand das ungewöhnliche Material – dünne, aber außergewöhnlich harte Stücke, offensichtlich aus Metall – und benachrichtigte die zuständigen Stellen der Air Force.

Dies wurde unter der Bezeichnung »der Roswell-Zwischenfall« bekannt, und 1980 veröffentlichten Charles Berlitz und William Moore ein Buch mit demselben Titel. Moore war dem Fall mit Hilfe des Wissenschaftlers Stanton T. Friedman verbissen nachgegangen und lieferte in regelmäßigen Abständen Zusammenfassungen der Ergebnisse ihrer Ermittlungen. Die Teile wurden angeblich zum Luftwaffenstützpunkt Wright Patterson in Ohio gebracht, und das unter der Tarngeschichte, das geborgene Material seien lediglich Bruchstücke eines Forschungsballons. (Die Geschichte ist komplex, und ich verweise den Leser hinsichtlich Quellen, anhand derer er sich ein unabhängiges Urteil bilden kann, auf die Bibliographie zu diesem Kapitel.)

Die Zeitschrift *Variety* enthielt in der Ausgabe vom Herbst 1949 einen Bericht von Frank Scully über Gerüchte von »abgestürzten

68 Ungebetene Gäste

Untertassen«. Scully schrieb später »Behind the Flying Saucers«, in dem er etliche Beispiele im Südwesten abgestürzter UFOs wiedergab, die ihm gemeldet worden waren. Als später einige seiner Informanten als Schwindler entlarvt und öffentlich bloßgestellt wurden, hielt man Scully für das Opfer eines Schwindels. Die pseudowissenschaftlichen Spekulationen, die er der Geschichte einverleibte, trugen auch nicht gerade zur Glaubwürdigkeit des Buches bei.

Im Nachhinein scheint es, daß Scully – als populärer Autor – sich auf dieselben weitverbreiteten Geschichten stützte, die später Forscher entdeckten, vielleicht aber etwas unvorsichtig war, als er Informationen aus fragwürdigen Quellen weitergab.

Die Zeitschrift *Time* vom 9. Januar 1950 berichtete über Gerüchte über »abgestürzte Untertassen« und kleine humanoide Leichen in New Mexico, und *Newsweek* vom 17. April 1950 enthielt einen ähnlichen Artikel.

Kürzlich wurde aufgrund eines Antrags nach dem Freedom of Information Act ein FBI-Dokument freigegeben. Es ist der Bericht eines Spezialagenten an das Hauptquartier des FBI in Washington D.C. vom 22. März 1950. Darin meldet er folgende Information, die er von einem Ermittler der Air Force erhalten hatte:

»In New Mexico waren drei sogenannte fliegende Untertassen geborgen worden ... von runder Form mit erhabener Mitte, etwa fünzehn Meter im Durchmesser. In jeder befanden sich drei Leichen menschlicher Gestalt, die jedoch nur neunzig Zentimeter groß waren. Sie waren in metallische Kleidung aus einem sehr feinen Gewebe gekleidet.« (Siehe Anhang B)

Gründete sich das auf die persönlichen Kenntnisse des Ermittlers der Air Force oder nur auf Hörensagen? Das Dokument spricht von seiner Quelle als einem »Informanten«, über dessen Rang nichts gesagt wird. Und es konnten keine zusätzlichen Dokumente des FBI oder der Air Force ausfindig gemacht werden, die weiteres Licht auf diese Frage oder nachfolgende Ermittlungen hätten werfen können.

Ähnlich gibt eine Meldung des Nachrichtendienstes der Air Force vom 16. Januar 1950 an das Hauptquartier Geschichten über im Südwesten abgestürzte Untertassen wieder, die in der Gegend um Denver, Colorado, umgingen und über die in einer Zeitung aus Kansas City berichtet wurde. Angeblich »entzog sich das Metall einer Analyse«. Es war von neunzig Zentimeter großen Leichen die Rede. Der nachrichtendienstliche Bericht wurde beim Bezirksbüro des Air Force Office of Special Investigations auf dem Luftwaffenstützpunkt Offutt in Omaha, Nebraska, eingereicht, das im Anschluß

Ausserirdische Körper in der Leichenhalle 69

daran Ermittlungen durchführte und den Bericht von GEHEIM auf VERTRAULICH herunterstufte. Diese Dokumente beweisen nicht, daß es tatsächlich geschah; aber in Verbindung mit den Berichten in den Nachrichtenmedien und anderen Quellen bestätigen sie die Tatsache, daß 1949 und 1950 Geschichten über »abgestürzte Untertassen« sowohl in journalistischen Kreisen wie auch in den Kanälen des militärischen Nachrichtendienstes umgingen. Durch den sogenannten Scully-Schwindel gelang es wenig später, das öffentliche Interesse an der Frage zu ersticken.

Trotz des uniformen Skeptizismus aller seriösen UFO-Forscher seit damals, erwachte die Möglichkeit, daß es in staatlichen Einrichtungen tatsächlich Leichen und Raumschiffe gibt, die geheimen Studien unterzogen werden, in den achtziger Jahren wieder zu neuem Leben – und das nicht ohne Grund. In jenen Tagen war es so gut wie unmöglich, unmittelbare Zeugen (oder Leute, die behaupteten, Zeugen gewesen zu sein) zu finden. Die Geschichten entwickelten sich immer aus Quellen zweiter oder dritter Hand.

Heute kennen eine Handvoll UFO-Forscher etliche Dutzend unmittelbare Zeugen. Zu den führenden Forschern in dieser Frage gehört Leonard H. Stringfield, pensionierter Firmensprecher aus Cincinnati, Ohio. Als konservativer Ufologe war auch er seit Scully skeptisch gewesen. Als er das Thema »abgestürzte Untertassen« in seinem 1977 erschienenen Buch ansprach, überraschte es ihn, daß eine Reihe angeblicher unmittelbarer Zeugen Kontakt mit ihm aufnahmen, er ihre Personalien und ihre Geschichte in bemerkenswerten Details erfahren konnte. Darunter befanden sich ehemalige Angehörige des militärischen Nachrichtendienstes, Gesetzeshüter und Bankangestellte. Stringfield war die Glaubwürdigkeit dieser Quellen klar, und sein Interesse an der Frage erwachte erneut.

Die Geschichten wurden ihm in dem gegenseitigen Einverständnis mitgeteilt, daß die Quellen vollkommen anonym bleiben würden. 1978 wandte er sich beim MUFON Symposium in Dayton, Ohio, mit diesen Informationen an die Öffentlichkeit. Dabei blieb er so weit wie möglich innerhalb der Grenzen des Zeugenschutzes. Aber seine Weigerung, Namen zu nennen, verwickelte ihn in Kontroversen. Um die Sache noch komplizierter zu machen, brachen seine öffentlichen Auftritte eine wahre Flut an Geschichten über fliegende Untertassen aus der Öffentlichkeit los – oder von Bruchstücken von Geschichten, die man von Freunden oder Verwandten gehört hatte – und nicht alle klangen plausibel oder waren nachprüfbar. Und doch fühlte er sich verpflichtet, über die Informationen, die er erhielt, zu berichten, und er berichtete über die Geschichten, »getürkte« und echte, in einer Serie von Artikeln und Monographien.

Als in einigen Geschichten Fehler gefunden wurden, wurde Stringfield Versagen bei den Ermittlungen und Leichtgläubigkeit vorgeworfen. Unter den UFO-Forschern herrschte immer noch stärkste Abneigung gegenüber der Vorstellung von »abgestürzten Untertassen«, und sie konnten seine Gründe, sich an die Öffentlichkeit zu wenden, nicht verstehen. Zunächst einmal hat Stringfield nicht die persönlichen Mittel, um jede Geschichte oder jeden Fall, der ihm zugetragen wird, erschöpfend zu recherchieren, und er wollte kein persönliches Urteil über sie fällen, bis vollständigere Ermittlungen durchgeführt werden konnten. Zweitens war sein wichtigster Beweggrund, warum er unvollständige oder fragwürdige Fälle veröffentlichte, daß er die Geschichten bekanntmachen wollte, um dadurch zu den erforderlichen Ermittlungen in Zusammenarbeit mit anderen zu ermutigen. Auf diese Weise hoffte er, einen Bericht entweder zu widerlegen oder Stichhaltiges dazu zu finden, statt sie in seinen Akten verstauben zu lassen.

Statt Zusammenarbeit erhielt Stringfield eine Menge Prügel, und es wurde ihm viel Leid zugefügt. Und doch ist seine nie in Frage gestellte persönliche Integrität wahrscheinlich einer der Gründe, warum sich einige der glaubwürdigeren Quellen ihn aussuchten und sich ihm anvertrauten.

Er widerstand auch jeder Versuchung, ein kommerzielles Buch zu schreiben, in dem er die Geschichten ausgeschlachtet hätte, denn das Interesse an ihnen hätte sie auch ohne vollständige Dokumentation zu Verkaufsschlagern gemacht. Stattdessen gab er alle nur möglichen Informationen über private Veröffentlichungen der Gemeinschaft der UFO-Forscher bekannt und machte damit keinerlei Profit.

Außer Stringfield, Moore und Friedman ermittelte Todd Zechel, ehemaliger Angestellter des Sicherheitsdienstes der Army, er überprüfte Geschichten über »abgestürzte Untertassen«, von denen er zum ersten Mal während seines aktiven Dienstes aus einer militärischen Quelle gehört hatte. Es gelang ihm, die ursprünglichen Quellen einiger weniger früher Geschichten, die dem National Investigations Committee on Aerial Phenomena vorgelegt worden waren, aufzuspüren und zu interviewen. Bis zu dem Zeitpunkt, an dem dies geschrieben wurde, konnte Zechel mir mitteilen, daß es ihm gelungen war, aus erster Hand stichhaltige Informationen über einen Fall, der sich 1950 in Mexiko, gegenüber von Del Rio, Texas (Fall B-7 in

Ausserirdische Körper in der Leichenhalle 71

Stringfields Monographie von 1980), ereignet hatte, zu erhalten, die er 1987 veröffentlichen wollte.

Auch Raymond E. Fowler, ein hochgeachteter Forscher aus Massachusetts, hat der Literatur einen möglicherweise wichtigen Fall hinzugefügt.

Über den Fall wird in seinem 1981 erschienenen Buch in Einzelheiten berichtet: ein Absturz aus dem Jahr 1953 in der Nähe von Kingman, Arizona, der von einem Spezialisten beschrieben wird, der angeblich zur Analyse des Raumschiffs an den Schauplatz gerufen wurde.

Wenn wir um der Diskussion willen einmal annehmen, daß es ein lange unterdrücktes Staatsgeheimnis gibt, dann würde es auch nicht überraschen, wenn Spezialisten für Fehlinformationen auf der Szene auftauchten, um das Thema mit gefälschten Geschichten und Versuchen, diejenigen zu diskreditieren, die zutreffende Informationen melden, noch verwirrender zu machen. Tatsächlich wurden ganz offensichtlich Versuche unternommen, Stringfield soweit in die Irre zu führen, daß er Fehlinformationen akzeptiert, um ihn zu diskeditieren. Und den Zeitungen und populären Nachrichtenmagazinen wurden lächerlich klingende Geschichten über Abstürze und Bergungen untergeschoben. Eine der größten Finten, der in der Öffentlichkeit großes Interesse entgegengebracht wurde, wurde zufällig in Cincinnati, Stringfields Heimatstützpunkt, veröffentlicht, verbunden mit persönlichen Angriffen gegen ihn aus derselben Quelle. Das Ergebnis solcher Manipulationen war, daß Berichte über Abstürze und Bergungen zu hitzigen Diskussionen führten, anstatt Licht in die Angelegenheit zu bringen, und sie blieben selbst unter UFO-Forscheren höchst kontrovers.

Auch die unterschiedlichen Persönlichkeiten spielen dabei eine große Rolle, und unter den Ermittlern bei Abstürzen und Bergungen gibt es wenig oder gar keine Zusammenarbeit. Manchmal verursacht der selbstsüchtige Wunsch, die größte Story in der Geschichte der Menschheit aufzudecken (was sie wäre, wäre sie wahr), Eifersüchteleien und »... ein zerstrittenes Haus ...«.

Was sollen wir glauben? Nach dem ich über die Frage der Abstürze und Bergungen lange in mich gegangen bin und sie immer und immer wieder erwogen habe, wurde ich von einem totalen Skeptiker zu einem Fürsprecher einer aufgeschlossenen Haltung und eines sorgfältigen Aussiebens der Indizien auf der Suche nach der Möglichkeit, daß schließlich doch etwas dran sein könnte. Zunächst eine Zusammenfassung einiger soweit glaubwürdiger Berichte, die – bis

72 Ungebetene Gäste

das Gegenteil bewiesen ist – die Realität »abgestürzter Untertassen« und außerirdischer Leichen zu untermauern scheinen:

2. Juli 1947; Roswell, New Mexico. Offiziere des militärischen Nachrichtendienstes, Rancher und andere melden aus ihrer Perspektive verschiedene Beobachtungen eines diskusförmigen UFOs, das in der Luft explodierte. Bruchstücke mit ungewöhnlichen Eigenschaften werden unter der Tarngeschichte von einem »Ballon« heimlich zum Luftwaffenstützpunkt Wright Patterson gebracht. Im Zusammenhang damit gab es Gerüchte um Leichen, die in zweihundertundvierzig Kilometern Entfernung gefunden wurden. Ermittler: William L. Moore und Stanton T. Friedman.

1950; Mexiko, jenseits der Grenze von Del Rio, Texas. Bergung einer »abgestürzten Untertasse« und außerirdischen Leichen, mit der, Berichten zufolge, Kräfte des mexikanischen Militärs und Einheiten der U.S. Air Force befaßt sind. Ermittler: Todd Zechel.

1952; New Mexico (Absturzstelle); Luftwaffenstützpunkt Wright Patterson, Ohio (Sichtungsstelle). Ein pensionierter Major der Air Force sagt, er habe, als er an einem hochrangigen geheimen Treffen auf dem Luftwaffenstützpunkt teilgenommen habe, in einer unterirdischen Kammer die tiefgefrorene Leiche eines Außerirdischen gesehen. Der angebliche Außerirdische war etwa 1,20 Meter groß, hatte graue Haut und einen großen Kopf. Ermittler: Leonard H. Stringfield.

1953; bei White Sands, New Mexico. Der Pilot eines Armeehubschraubers, der persönlicher Bediensteter eines Generals der Air Force war, sagt, es seien eine ovale »abgestürzte Untertasse« (etwa 5,50 m mal 9 m) und etwa 1,20 Meter große Leichen geborgen und später (zumindest zeitweise) auf dem Luftwaffenstützpunkt Langley, Virginia, verwahrt worden. Ermittler: Todd Zechel

1953; Arizona (Absturzstelle), Luftwaffenstützpunkt Wright Patterson (Sichtungsstelle). Der Kommandant der Nationalgarde Luft berichtet, er habe vier Leichen Außerirdischer in Kisten gesehen, die, in Trockeneis gepackt, in einen Hangar abgeladen wurden. Die Leichen waren etwa 1,20 Meter groß, große Köpfe. Der Bericht stimmt in allen wesentlichen Bestandteilen mit dem nachfolgenden Beispiel überein und könnte sehr wohl eine unabhängige Bestätigung dessen sein. Ermittler: Leonard H. Stringfield.

Ausserirdische Körper in der Leichenhalle   73

21. Mai 1953, bei Kingman, Arizona. Ein Projektingenieur, der im Auftrag der Air Force für die Atomenergiekommission arbeitete, berichtet, Mitglied einer Spezialistengruppe gewesen zu sein, die in einem Bus mit geschwärzten Fenstern zur Absturzstelle gebracht wurde, um das Raumschiff zu untersuchen. Er beobachtete in einem Zelt in der Nähe eine vermutlich außerirdische Leiche von etwa 1,20 Meter Größe. Ermittler: Raymond E. Fowler.

1966; Luftwaffenstützpunkt Wright Patterson. Geschäftsmann und ehemaliger Offizier des Nachrichtendienstes der Armee sagt, er habe in einem Glaskasten neun tiefgefrorene außerirdische Leichen von etwa 1,20 Meter Größe mit gräulicher Haut gesehen. Ermittler: Leonard H. Stringfield.

1973; Luftwaffenstützpunkt Wright Patterson. Ein Feldwebel der Air Force und Luftwaffenpolizist, der mitten in der Nacht zum Dienst gerufen wurde, sagt, er sei mit verbundenen Augen in ein Gebiet gebracht worden, wo er angewiesen wurde, drei Leichen zu bewachen, die ausgestreckt auf einem Tisch lagen. Die Leichen waren etwa neunzig Zentimeter groß, hatten große Köpfe und beige-weiße Haut. Ermittler: Leonard H. Stringfield.

18. Januar 1978; Luftwaffenstützpunkt McGuire, New Jersey. Ein Sicherheitspolizist der Air Force (»Blue Beret«) sagt, er habe im Dienst UFOs über dem nebenan gelegenen Fort Dix beobachtet, die ohne Berechtigung eine verlassene Landebahn des Stützpunktes benutzten. Dabei sei auf ein angeblich außerirdisches Wesen geschossen worden, das starb. Er behauptet, er habe ein Spezialteam der Blue Berets beobachtet, das übernommen und die Gegend abge-riegelt habe. Es habe die Leiche in eine Kiste gelegt und auf ein Spe-zialflugzeug aus Wright Patterson geladen. Ermittler: Leonard H. Stringfield und Richard H. Hall.

Wenn dieses magere Indizienmaterial auch bei weitem nicht in der Lage ist, für irgendetwas überzeugende »Beweise« zu liefern, ist es doch wichtig anzumerken, daß die wichtigsten Zeugen verläßli-che Personen zu sein scheinen. Es könnten noch weitere ähnliche Berichte zitiert werden, aber die oben erwähnten gehören zu den glaubwürdigeren Kernberichten. Zum größten Teil kommen sie von Angehörigen des militärischen Nachrichten- und Sicherheitsdien-stes, die dazu ausgebildet sind, unter Geheimhaltung zu arbeiten und angewiesen sind, auf keinerlei öffentlichem Forum über ihre Arbeit zu sprechen. Sie haben ihre Geschichten wohlweislich nur einem oder zwei Menschen erzählt und auf vollkommener Anonymität bestanden. Ihren Geschichten zufolge ist der einzige Grund, warum sie überhaupt darüber gesprochen haben, daß sie »es loswerden wollten« oder daß sie überzeugt waren, daß »die öffentlichkeit es wissen sollte.« Gelegentlich kam auch mal eine glaubwürdig klingende Geschichte von jemandem, der Freunden gegenüber damit geprahlt hatte, »Bescheid zu wissen«, der aber nicht wollte, daß die Geschichte veröffentlicht würde.

Was Behauptungen über Abstürze und Bergungen angeht, sind mögliche Schwindler recht einfach auszumachen. Um glaubwürdig zu sein, muß jemand eine berufliche Stellung oder einen Beruf gehabt haben, der ihn möglicherweise an eine Absturzstelle oder einen geheimen Verwahrungsort führen könnte. Und er muß in der Lage sein, Aufzeichnungen über seinen Militärdienst oder andere relevante Dokumente vorzulegen, die eine Verifikation der wichtigsten Einzelheiten erlauben. Darüber hinaus muß er die üblichen Tests seines persönlichen Charakters und seiner Verläßlichkeit bestehen können. Eine beträchtliche Anzahl von Leuten, die behaupteten, bei einem Absturz/einer Bergung dabeigewesen zu sein, konnten entweder die Tests nicht bestehen oder wollen nicht riskieren, daß sie versehentlich öffentlich bekannt werden, indem sie relevante Aufzeichnungen vorlegen (üblicherweise aus dem Grund, daß sie einen Geheimhaltungseid unterschrieben hätten oder ihre Pensionen und/oder ihr Lebensunterhalt in Gefahr sei). Die Personen, die in der kleinen oben angeführten Sammlung Behauptungen aufgestellt haben, haben diese Tests entschieden bestanden. Obwohl eine komplette Dokumentation nicht immer zu erhalten ist, haben sie doch genügend Informationen vorgelegt, um ihren Geschichten Glaubwürdigkeit zu verleihen und ihre beruflichen Positionen zu bestätigen.

Bedenkt man den Grad der Geheimhaltung, der dem auferlegt wäre, wenn die Berichte wahr wären, ist die vollständige Dokumentation ein unerreichbares Ziel. Die Lippen derer, die wahrscheinlich in der Position sein könnten, in der sie Raumschiffe und/oder Leichen beobachtet haben könnten, sind normalerweise schon durch die Art ihrer Arbeit fest verschlossen. Die Leute, die die Behauptungen in den Kernfällen aufstellen, passen ins Bild, das man erwarten würde.

Teilweise erhärtende Aussagen machte auch der prominente Physiker und Ingenieur Dr. Robert I. Sarbacher. William Steinmann,

Ausserirdische Körper in der Leichenhalle   75

Forscher aus Kalifornien, machte Dr. Sarbacher ausfindig und nahm Verbindung mit ihm auf. Seine Beschäftigung mit UFOs war zunächst von kanadischen Quellen aufgedeckt worden, später hatte Stringfield darüber berichtet (siehe Bibliographie, Quelle vom Juni 1982). In einem Brief an Steinmann bestätigte Sarbacher, daß er von Absturzfällen mit anschließender Bergung wisse.

Seither wurde er von William Moore, Stanton Friedman und Jerry Clark interviewt. Kern der Geschichte ist, daß er in den fünfziger Jahren Informationen über »abgestürzte Untertassen« von Wissenschaftlerkollegen erhielt, die direkt an den Ermittlungen teilgenommen hatten, und er nannte weitere prominente Wissenschaftler mit Namen. Er sagt auch, er sei persönlich mit der Analyse von Indizienbeweisen und Spuren an UFO-Landestellen befaßt gewesen. Angesichts Sarbachers Hintergrund und seiner Verdienste (siehe »Who's Who«) kann seine Bestätigung der schon lange kursierenden Gerüchte, obwohl sie mehr in der Art des Hörensagen kommt, nicht auf die leichte Schulter genommen werden.

Ich habe nun etliche derjenigen, die behaupten, Zeugen eines solchen Ereignisses gewesen zu sein, von Angesicht zu Angesicht, andere am Telefon interviewt, ich habe ihren persönlichen Hintergrund überprüft und ihre psychologische Strukturierung studiert. Darüber hinaus öffnete mir Stringfield vertraulich einige seiner Akten. Dadurch konnte ich viele Geschichten beurteilen und mir einen Eindruck von der Person verschaffen, die sie erzählten. Trotz des hohen »Geräuschpegels« der Behauptungen über Abstürze und Bergungen gibt es beunruhigende Indizien für ein stummes »Signal«.

Wenn alle Berichte Schwindel sind, dann muß jemand erklären: a) warum die glaubwürdigeren Informationen nur allmählich über einen Zeitraum von vierzig Jahren durchgesickert sind und oft nur nach umfangreicher Detektivarbeit zu erhalten waren; b) warum erfahrene Experten (die die wichtigsten Zeugen oft sind) ihre Karriere aufs Spiel setzen sollten, indem sie daran mitwirken; und c) welchem vernünftigen Zweck ein solcher Schwindel dienen könnte.

Vielleicht ist es ein vom CIA sorgfältig ausgebrüteter Schwindel, um die Sowjets glauben zu machen, wir hätten Zugang zu einem revolutionären Antriebssystem und andere fortgeschrittene Kenntnisse aus einer außerirdischen Quelle. Wie viele Vorgänger eines solch monolithischen, lang anhaltenden, einheitlichen Komplotts der Spionageabwehr ohne sichtbaren, produktiven Nutzen lassen sich aber finden? Dieser schlaue »Trick« hat in vierzig Jahren ein

76   Ungebetene Gäste

halbes Dutzend Präsidenten, fast so viele CIA-Direktoren und den ständigen Personalwechsel überlebt, und doch gelang es ihm nur, ein paar UFO-Forscher »an der Nase herumzuführen«, die diese Berichte auch erst seit kurzem ernsthaft in Erwägung ziehen.

Darüber hinaus konnten sowjetische Agenten in dem Zeitraum von vierzig Jahren leicht beobachten, daß die Vereinigten Staaten keine radikal neue, hochleistungsfähige Technologie, die zu einem Quantensprung geführt hätte, entwickelten. Das Spiel ergäbe daher keinen Sinn. Und doch ist etwas dieser Art anscheinend die einzige Alternative, will man die besseren Berichte nicht als im Wesentlichen den Tatsachen entsprechend, wenn auch möglicherweise in Einzelheiten aufgrund der verstrichenen Zeit oder einer begrenzten Sicht des Zwischenfalls etwas entstellt, akzeptieren.

Warum dann sollte eine so erstaunliche Entwicklung wie die Bergung außerirdischer Hardware so lange geheim gehalten werden? Warum würde diese dramatische Entwicklung nicht sofort der ganzen Welt bekanntgegeben? Solche Fragen sind naiv. Eine solche Ankündigung hätte, ganz besonders in den 50er Jahren, in der ganzen Welt Schockwellen verursacht, das Überleben unseres politischen Systems bedroht, unseres Glaubens, unserer Religionen, die Weltwirtschaft – unser ganzes Leben.

Darüber hinaus ist auch die militärische Bedeutung offensichtlich. Das Land, das die Energiequelle der außerirdischen Fahrzeuge ausfindig gemacht hätte, wäre dem Rest der Welt weit voraus. Betrachtet man das Klima des Kalten Krieges in den fünfziger Jahren, wäre eine totale Geheimhaltung schon allein aus diesen Gründen gerechtfertigt gewesen.

Raumschiffe und Leichen stellen den endgültigen Beweis für außerirdische Besucher dar. Wenn die Wissenschaftler aber keine Antworten auf die drängenden Fragen haben, die sich durch ihre Anwesenheit erheben (Woher kommen sie? Warum sind sie hier? Haben sie freundliche Absichten? Ist die Erdbevölkerung in Gefahr?), gibt es offensichtliche Gründe, warum vollkommene Geheimhaltung gewahrt wird, bis Antworten gefunden werden können.

Die Antworten sind möglicherweise auch vierzig Jahre später noch nicht gefunden, oder, wenn sie bekannt sind, vielleicht sind sie dann nicht leicht zu verdauen.

Wenn sich Abstürze und Bergungen ereignet haben, wie sehen die außerirdischen humanoiden Leichen dann aus? Im Laufe seiner Ermittlungen nahm Stringfield Verbindung zu einem Doktor (Doktor »X«) auf, der sagt, er habe in einer bedeutenden medizinischen

Ausserirdische Körper in der Leichenhalle 77

Einrichtung im Osten medizinische Tests durchgeführt. Stringfield besuchte Doktor »X« später an seinem Arbeitsplatz, einer medizinischen Einrichtung in einer anderen Stadt und fand so dessen berufliche Stellung bestätigt.

Stringfield war auch Gast im Hause eines Kollegen von Doktor »X«, der sagte, auch er habe eine außerirdische Gewebeprobe unter dem Mikroskop untersucht. Von diesen anscheinend unanfechtbaren Quellen (die ganz klar einen byzantinischen Schwindel ausschlossen, bei dem schlauerweise anerkannte Fachleute dazu benutzt würden, Stringfield aus unbekannten Gründen zu täuschen) erhielt er Informationen über wesentliche Teile der humanoiden Physiologie, wie er sie auch aus den Beschreibungen etlicher angeblicher Augenzeugen zusammenfügen konnte.

Doktor »X« weigerte sich, eine Reihe von Fragen zu beantworten und beachtete dabei offensichtlich Signale einer vorgesetzten Stelle, er bestätigte aber folgende allgemeine Beschreibung.

- 1 m bis 1,35 m groß
- etwa 18 kg schwer
- Großer Kopf, in etwa in der Proportion eines fünf Monate alten menschlichen Fötus
- Starker Brauenbogen
- Runde Augen ohne Pupillen, groß und von »orientalischem« Aussehen
- Eher Öffnungen als Ohren
- Kleine undeutliche Nase
- Kleiner, schlitzartiger Mund ohne Lippen
- Schlanker Körper und lange, dünne Arme
- Haut bräunlich oder gräulich und elastisch, reptilienartig
- Farblose Flüssigkeit im Körper, keine roten Blutkörperchen

Obwohl in ihrer allgemeinen Erscheinung weitgehend humanoid, hatten die Leichen folgende entschieden nicht-menschliche Züge: der Mund schien keine Funktion zu haben, keine Zähne, keine sichtbaren Geschlechtsorgane, allgemein eher klonenhaftes Aussehen, möglicherweise Androiden. Der Doktor wollte Fragen über das Gehirn nicht beantworten.

Der aktuelle Stand der Dinge ist folgender: einige wenige, teilweise dokumentierte Fälle und eine größere Anzahl unvollständiger

78   Ungebetene Gäste

oder vom Hörensagen bekannter Fälle, die jedoch bekanntermaßen aus glaubwürdigen Quellen stammen, die aus Furcht vor Repressalien zögern, offen zu sprechen und die Aussagen von Doktor »X« und Dr. Sarbacher. Ohne vollständigere Aussagen und Dokumentationen ist Skeptizismus vollkommen gerechtfertigt. Doch Stringfield denkt sich die Fälle, die ihm gemeldet werden, nicht aus, und das tun auch Friedman, Moore, Zechel oder Fowler nicht.

Die Kernberichte haben bis jetzt den Ermittlungen standgehalten, ergeben aber keinen vollkommen überzeugenden Beweis. Wir haben ein kleine Gruppe hoch glaubwürdiger Zeugen (üblicherweise wegen ihrer besonderen Ausbildung und ihrer sensiblen beruflichen Positionen), die eine höchst unglaubwürdige Geschichte erzählen. In der Hynek-Matrix sind dies Berichte mit Hohem Glaubwürdigkeits-/hohem Seltsamkeitsgrad. Wir können nun nur neue Indizien suchen und eine aufgeschlossene Haltung wahren.

Wie bei keinem anderen Aspekt des UFO-Themas laufen Ermittlungen zu diesen Berichten auf den Versuch hinaus, das Corpus Delicti zu finden. Mit Raumschiffen und Leichen ist möglicherweise das ganze Spiel schon gewonnen. Doch gerade bei diesem Aspekt des UFO-Themas ergeben sich auch einzigartige Probleme, »Indizien« und »Beweise« zu finden. Wir wissen nur, daß den Zeugen, wenn diese Dinge wirklich geschahen, aller Wahrscheinlichkeit nach strengste Auflagen erteilt worden wären. Höchstwahrscheinlich wäre es ihnen unmöglich mehr zu tun, als die Grundlagen der Geschichte jemandem wiederzugeben, dem sie vertrauen und sich dann in die Stille zurückzuziehen. Das Verhalten der wichtigsten Zeugen ist, gemessen an dem, was sie behaupten, zumindest plausibel.

Die gesamte Frage verdient genaueste Überprüfung, einschließlich energischer Ermittlungen und der öffentlichen Bloßstellung, wo es sich um einen Schwindel handelt. Die endgültige Lösung mag jedoch in dem Bemühen liegen, die Zeugen zu ermutigen, an die Öffentlichkeit zu gehen, getreu dem Prinzip »die Sicherheit liegt in der großen Zahl«, vielleicht mit einer Garantie von hoher Stelle, daß ihnen Immunität vor der Strafverfolgung gewährt wird, zumindest aber starker rechtsanwaltlicher Unterstützung und Schutz vor Repressalien. Vielleicht können die Berichte dann bestätigt oder ein für alle Mal zur Ruhe gebettet werden.

Nachschrift
Nachdem dieses Kapitel geschrieben war, veröffentlichten Bill Moore und seine Kollegen ein Dokument, das andere für den »rau-

Ausserirdische Körper in der Leichenhalle   79

chenden Colt« der Ufologie halten, andere für einen ausgemachten Schwindel. In der Gemeinschaft der UFO-Forscher sind die Meinungen zu »abgestürzten Untertassen« bereits vollkommen polarisiert, und die sogenannte MJ-12-Geschichte hat diese starke Spaltung nur noch verstärkt.

Das fragliche Dokument (siehe Anhang C) gibt vor, ein unter dem Datum vom 18. Nov. 1952 von einer Gruppe Spitzenwissenschaftler und militärischer Führer mit der Bezeichnung »Majestic 12« erstelltes »TOP SECRET/MAJIC EYES ONLY« Informationspapier, für den designierten Präsidenten Dwight D. Eisenhower zu sein. Die Mitglieder der Gruppe werden in dem Dokument namentlich aufgeführt, und es befinden sich damals sehr bekannte Persönlichkeiten darunter.

Das Dokument traf im Dezember 1984 anonym bei Jaime Shandera, einem Kollegen von Moore in Gestalt einer Rolle nicht entwickelten Films ein. Im Grunde bestätigt es den Fall aus Roswell, New Mexico und teilt dem kommenden Präsidenten mit, was über Raumschiff und Leichen bekannt ist. Die so wichtigen »Tabs«, die angeblich Informationen über die körperliche Analyse und die Autopsie enthalten, werden erwähnt, sind aber nicht beigefügt.

Zweieinhalb Jahre lang analysierte ein Team, das aus Moore, Shandera und Friedman bestand, das Dokument und suchte nach Bestätigungen für seine Echtheit. Das umfaßte auch schlaue Recherche in Dokumenten hinsichtlich der angeblichen Prinzipien und zu Fragen der Form und des Stils von Regierungsdokumenten aus dieser Zeit. Sie konnten nichts finden, was an dem Dokument nicht in Ordnung war; eine Reihe interner Hinweise schienen seine Echtheit tatsächlich zu bestätigen und es paßte zu bestimmten biographischen Schlüsselinformationen.

Bei ihren Forschungen entdeckten sie in den Nationalarchiven ein zweites Dokument in Regierungsakten, das sich auf MJ-12 bezieht: eine Notiz vom 14. Juli 1954 aus dem Büro von General Robert Cutler (einem Berater Eisenhowers) an General Nathan Twining (angeblich Mitglied von MJ-12), das ihn über eine Terminänderung für ein Treffen von MJ-12 informiert.

Andererseits hat die hoch angesehene Gruppe »Citizens Against UFO Secrecy« (CAUS) (Bürger gegen UFO-Geheimhaltung) eine ernstzunehmende Kritik vorgelegt, nach der der Fall »voller Schwächen« steckt und daß »... wir die MSF-Dokumente (Moore-Shandera-Friedman-Dokumente) nicht als überzeugenden Beweis der Gruppe MJ-12 für den Absturz bei Roswell betrachten. Es gibt noch zu viele wichtige Fragen, die nicht effektiv beantwortet wurden ...«.

Zum Zeitpunkt, zu dem dies geschrieben wurde (Januar 1988), kenne ich einige der MSF-Forschungsdaten, die noch nicht veröffentlicht wurden, und die scheinen zufriedenstellende Antworten auf die meisten Einwände von CAUS zu geben. Und doch ist die Authentizität des angeblichen Informationspapiers für Eisenhower ohne erhärtende Indizien noch immer fraglich.

CAUS hat vollkommen Recht, Fragen zu stellen, Skepsis auszudrücken und auf eine vollständigere Dokumentation zu warten. Diese Skepsis sollte aber Platz lassen für eine aufgeschlossene Neubewertung, wenn sich die Geschichte weiter entwickelt. Zum Zeitpunkt, zu dem dies geschrieben wird, ist MJ-12 weder bewiesen noch widerlegt und bleibt eine offene Frage.

Bis jetzt hat die Kontroverse um MJ-12 zwar die Gemüter erhitzt, nicht jedoch mehr Licht (es sei denn, man glaube dem ersten Anschein) in die Interpretation der Geschichten um die »abgestürzten Untertassen« gebracht. Das Einsenhower-Informationspapier, wenn es denn ein Schwindel ist, zeugt von einer unglaublich detaillierten Kenntnis der Geschichte der UFOs und versteckter Einzelheiten in Form und Stil der damaligen Regierungen. Das läßt mich glauben, daß der Schwindel, so es denn einer ist, von Leuten mit entsprechenden Kenntnissen aus den Nachrichtendiensten der Vereinigten Staaten zu deren eigenen obskuren Zwecken geschaffen wurde.

BIBLIOGRAFIE

BERLITZ, CHARLES AND MOORE, WILLIAM L: *Der Roswell Zwischenfall* (New York: Grosset and Dunlap, 1980) Fall eines Absturzes mit Bergung 1947 in New Mexico.

CITIZENS AGAINST UFO SECRECY: »The MJ-12 Fiasco« in *Just Cause*, Nr. 13, Sept. 1987.

FOWLER, RAYMOND E: *Casebook of a UFO Investigator* (New Jersey: Prentice-Hall, 1981). Kapitel 17, »Retrievals of the Third Kind«, behandelt den Bergungsfall in Arizona 1953.

Ausserirdische Körper in der Leichenhalle 81

FRIEDMAN, STANTON, T: »MJ-12: The Evidence So Far«, in *International UFO Reporter,* Band 12, Nr. 5 Sept.-Okt. 1987.

FRIEDMAN, STANTON T. UND MOORE, WILLIAM L: »The Roswell Incident: Beginning of the Cosmic Watergate« in *1981 MUFON Symposium Proceedings* (Seguin, Tex: MUFON, 1981).

HALL, RICHARD: »Crashed Disks – Maybe« in *International UFO Reporter,* Band 10 Nr. 4 Juli-Aug. 1985.

MACCABEE, BRUCE S: «The Roswell Incident,« Buchbesprechung, *MUFON UFO Journal,* Nr. 162, Aug. 1981.

»Documents and Supporting Information Related to Crashed Flying Saucers and Operation Majestic Twelve« (Washington D.C.: Fund for UFO Research, 1987).

MOORE WILLIAM L: »The Roswell Investigation: New Evidence, New Conclusions« *Frontiers of Science,* Band III, Nr. 5, Juli-Aug., 1981.

»Crashed Saucers: Evidence in Search of Proof«, in *MUFON 1984 UFO Symposium Proceedings* (Seguin, Tex.: MUFON, 1985) Detaillierte Untersuchung der Scully-Geschichte und Neues zum Roswell-Zwischenfall.

SCULLY, FRANK: *Behind the Flying Saucers* (New York: Henry Holt, 1950) Die Originalberichte über angeblich abgestürzte Untertassen und humanoide Leichen.

STRINGFIELD, LEONARD H: *Situation Red: The UFO Siege* (New York: Doubleday, 1977) »Retrievals of the Third Kind« in *1978 MUFON UFO Symposium Proceedings* (Seguin, Tex.: MUFON, 1978).

UFO Crash-Retrieval Syndrome (Seguin, Tex.: MUFON, Jan. 1980).

UFO Crash/Retrievals: Amassing the Evidence (Cincinnati, Ohio: Autor, Juni 1982).

»Fatal Encounter at Ft. Dix-McGuire: A Case Study« *in MUFON 1985 UFO Symposium* »Proceedings« (Seguin, Tex.: MUFON, 1985).

ZECHEL, W. TODD: Private Briefe an den Verfasser.

KAPITEL 5

DIE INTERVENIERER

Neuere Informationen von einem breiten Spektrum an Zeugen weltweit lassen einen verblüffenden Schluß zu: Wir sind – und das schon seit Jahrzehnten – biologische Testsubjekte für »Wesen von anderswo«. Manchmal sahen die Zeugen ein UFO und erlebten dann eine Erinnerungslücke oder einen Zeitverlust, und in der hypnotischen Regression entwickeln sich Szenen einer Entführung. In anderen Fällen, und das beträchtlich oft, haben die Zeugen auch ohne Einsatz von Hypnose sofort oder mit einer zeitlichen Verzögerung bewußte Erinnerungen an ein Entführungserlebnis.

Skeptische Einwände gegen Entführungsberichte konzentrieren sich auf die Unzuverlässigkeit der Hypnose als Mittel zur genauen Erinnerung an Ereignisse, die die bewußte Erinnerung angeblich verdrängt hat. Bekanntermaßen sind Subjekte in der Hypnose besonders empfänglich für Suggestionen und versuchen für gewöhnlich, »dem Hypnotiseur zu gefallen«, indem sie die Lücken mit anderen Erinnerungen oder gar mit glatten Erfindungen füllen, auch wenn sie sich dieses Vorgangs nicht völlig bewußt sein mögen. Dieser Vorgang wird als »Konfabulation« bezeichnet.

»Suggestibilität, ein Zustand stark verstärkter Empfänglichkeit und Annahmebereitschaft für Suggestionen und Stimuli, bezeichnet das zentrale Phänomen der Hypnose«, schreibt der Autor des Eintrags zum Stichwort Hypnose in der Encyclopedia Britannica (1969). »Die dabei entstehenden psychologischen Prozesse sind im wesentlichen eine Verdeutlichung von Erinnerungen, Ideen, Vorstellungen, Gefühlen ..., so daß sie subjektiv empfunden werden, als hätten sie sich aufgrund äußerer Ereignisse und nicht aufgrund innerer Vorgänge entwickelt.«

Absichtliche oder unbewußte Anreize durch den Hypnotiseur oder andere anwesende Personen können ein Subjekt leicht dazu veran-

84 Ungebetene Gäste

lassen, Einzelheiten auszuschmücken oder sogar zu erfinden, um eine sonst unvollständige Erinnerung an ein tatsächliches Ereignis zu füllen. Diese Argumentation spricht zwar dem produktiven Einsatz der Hypnose durch ausgebildete Fachkräfte ihren Wert nicht ab, sie zeigt aber, daß die Hypnose leicht mißbraucht werden kann und daß »Erinnerungen«, die in der Hypnose gewonnen wurden, im Kontext aller zur Verfügung stehenden objektiven Indizien sorgfältig bewertet werden müssen und nicht einfach wörtlich genommen werden dürfen. Die meisten populären Bücher über UFOs, die von Fällen berichten, in denen regressive Hypnose eingesetzt wurde, enthalten Beispiele recht offensichtlicher Beeinflussung der Zeugen, die sonst nicht mit einer Entführungsgeschichte herausrücken. *Caveat emptor.*

Weiter ist ein verwirrender Faktor, daß die meisten professionellen Anwender der Hypnose sie für gewöhnlich zur Therapie und nicht zur Wahrheitsfindung einsetzen. Im allgemeinen versucht ein Therapeut, dem Patienten Erleichterung bei unangenehmen Symptomen zu verschaffen. In diesem Zusammenhang ist es oft sogar angebracht, den Patienten zu beeinflussen oder zu »leiten«, um Ängste zu lösen. Ein Punkt, den UFO-Forscher oft übersehen, ist, daß der therapeutische Ansatz oft die Gefahr mit sich bringt, daß die Erinnerungen des Patienten an tatsächliche Ereignisse getrübt werden.

Zur Wahrheitsfindung wird Hypnose meist von Polizeipsychologen eingesetzt, in dem Versuch, verdrängte Einzelheiten an den Tag zu bringen, die mit der Ausführung eines Verbrechens zu tun haben. Eindeutige Erfolge wurden erzielt bei der Erhellung von Schlüsselfaktoren, wie zum Beispiel einem Autokennzeichen, die zur Lösung eines Verbrechens beigetragen haben. Diese Art der Hypnose verwendet die dabei zu Tage tretenden Informationen nur als Hinweise, deren Wahrheitsgehalt dann anhand objektiver Quellen, wie zum Beispiel Kraftfahrzeugverzeichnissen, überprüft wird. Tatsache bleibt, daß die Hypnose bei richtiger Anwendung die Erinnerung an tatsächliche Ereignisse verbessern kann.

Es scheint, als erfordere die Anwendung hypnotischer Regression auf UFO-Fälle eine Hybridtechnik, die jedoch etwas näher am Wahrheitsfindungsmodell orientiert sein müßte, da die kritische Frage sich an die Wahrheit oder Genauigkeit der dabei zu Tage tretenden Geschichte richtet. Die Opfer von Entführungen (»Entführte«) sind durch ihre Erlebnisse, so wie sie sie empfinden, jedoch oft sehr erschüttert und sie brauchen daher auch eine Therapie oder würden zumindest davon profitieren.

Die Intervenierer

Die Glaubwürdigkeit jeder individuellen Entführungsgeschichte, die in Hypnose zutage tritt, hängt vollkommen von den eingesetzten Techniken und der Fähigkeit des Hypnotiseurs ab, relevante, genaue Erinnerungen von echten, aber nicht damit zusammenhängenden Erinnerungen zu trennen und Konfabulationen des Subjekts zu erkennen. Dies alles erfordert höchste psychologische Fähigkeiten und klinische Kenntnisse, und man überläßt es daher am besten klinischen Psychologen und Psychiatern. In der UFO-Literatur wimmelt es von Entführungsgeschichten zweifelhafter Herkunft, hervorgerufen von Amateur-Hypnotiseuren.

Die bei weitem professionellste Anwendung der Hypnose in Entführungsfällen führt die klinische Psychologin Aphrodite Calmar durch, von der in Budd Hopkins aufschlußreichem Buch *Fehlende Zeit* berichtet wird. Die daraus hervorgegangene Information macht den Fall aus, der bis dato am stärksten für die objektive Realität der Entführungen spricht. Doch selbst hier gibt es einige Beispiele dafür, daß ein Subjekt möglicherweise unbemerkt unter Druck gesetzt wurde, eine Entführungsgeschichte zu erzählen (besonders »Philip Osborne« in Kapitel sieben, der selbst Zweifel an der unzusammenhängenden Geschichte hatte, die zutage trat).

Die Fälle mit bewußter Erinnerung sollten uns jedoch innehalten lassen, wenn wir alle Fälle mit Erinnerungen in Hypnose verwerfen wollen, nur weil die Hypnose tückisch ist. Ein wichtiges Beispiel einer Entführung mit bewußter Erinnerung, zu deren einleitender Begegnung mit einem UFO es zahlreiche Zeugen gibt, ist der weithin bekannte Fall Travis Walton vom 5. November 1975 (er wird hier nicht noch einmal wiedergegeben; siehe Bibliographie zu diesem Kapitel). Ein weiterer Fall ist der von Stabsfeldwebel Charles L. Moody vom 13. August 1975 in Alamogordo, New Mexico (siehe Anhang Fallsammlung – Anhang A).

Die problematische Zuverlässigkeit der Hypnose ist kein ausreichender Grund, um zu bezweifeln, daß Entführungen vorkommen. Höchstwahrscheinlich enthalten die Fälle, die in Hypnose zu Tage treten (und die nicht durch eine falsche Technik vollkommen kontaminiert sind), ein gewisses Maß an Konfabulationen, aber es besteht auch sehr wohl die Möglichkeit, daß sie bedeutende Elemente der objektiven »Wahrheit« enthalten. Das Problem – und es ist ernst und schwierig – liegt darin, beides voneinander zu trennen. Das weltweite Auftreten von Entführungsgeschichten und die Übereinstimmung bei spezifischen Details sprechen dagegen, daß Entführungen rein imaginär sind. Doch es besteht wenig Zweifel daran,

Ungebetene Gäste

daß imaginäre Elemente bei diesem Thema zu ernstlicher Verwirrung beitragen.

Entweder liegen wir wirklich unter dem Mikroskop außerirdischer Wesen, oder wir sehen uns hier einer Hysterie noch nie da gewesenen Ausmaßes gegenüber, die wiederum selbst eine Erklärung fordert. Tabelle 3 liefert einen Querschnitt der Entführungsberichte.

Repräsentative Berichte von Entführungen durch ein UFO

Datum, Ort	Ort	anfängliche Ohnmacht	Untersuchungstisch	Röntgenähnliches Untersuchungsgerät	Körpersonden	Zeitverlust	Standortveränderung	Kommunikation/ Mitteilungen
1964, Pennsylvania, »Osborne«:	i		•	?	•			
05.04.69, New York, »McMahon«	f		•		?			
Herbst 72, Maryland, »Kilburn«	f	•	•		•	•		
11.10.73, Mississippi, Hickson	a		•	•				• (später)
17.10.73 Mittlerer Westen, »Price«	i	•	•		•			
28.10.73, Brasilien, Yanco	a	•			•		•	•
Sommer 75, Oregon, Tony & Darryl M.	a	•	•	•		•		
13.08.75, New Mexico, Moody	a	•	•		•	•		•
21.01.76, Brasilien, Reis	f			•	•		•	•

Die Intervenierer

Datum, Ort	Ort	anfängliche Ohnmacht	Untersuchungstisch	Röntgenähnliches Untersuchungsgerät	Körpersonden	Zeitverlust	Standortveränderung	Kommunikation/ Mitteilungen
18.03.78, South Carolina, Hermann	a	•	•	•			•	•
30.08.78, Argentinien Freitas	a				•		•	•
11/78, Westdeutschland, Owens	f	•	•		•			•
06.12.78, Italien, Zanfretta	f	•	?		?	•	•	
25.07.79, Kalifornien, Shari N.	f	•	•		•	•		
04.08.79, Kanada, Sarah H.	a	•			•			•
06.10.79, New Jersey, »Rich«	i	•			•	•		
02.04.80, Finnland	f	•	•			•		•
22.08.80, Ost-Texas, »Megan Elliot«	f		•		•		•	•
19.11.80, Colorado, »Michael & Mary«	f	•	•	•		•		•
19 Fälle (7 Länder)	f-9 a-7 i-3;	13	14	6	14	8	6	12

Schlüssel Ort zu Beginn des Erlebnisses:
f – Fahrzeug; a – draußen; i – drinnen

• – Merkmal wurde im Bericht erwähnt (Bei den vorliegenden Informationen traten nicht immer alle Punkte auf.)

? – Merkmal möglich, aber nicht eindeutig

88   *Ungebetene Gäste*

DEFINITON

ANFÄNGLICHE OHNMACHT: Nach der Sichtung des UFOs und/oder der Wesen verlor das Subjekt das Bewußtsein und/oder erlitt einen Erinnerungsverlust.

KÖRPERSONDEN: Vielzahl beschriebener körperlicher Untersuchungen, oft mit Instrumenten oder »Nadeln«, mit denen in die Haut eingedrungen wurde.

ZEITVERLUST: Nach der UFO-Sichtung oder einem anderen außergewöhnlichen Ereignis merkte das Subjekt bewußt, daß eine Zeitspanne vergangen war, für die er/sie keine Erklärung hatte.

STANDORTÄNDERUNG: Nach einem Entführungserlebnis befindet sich das Subjekt an einem anderen Ort wieder als zu Beginn.

Der Prototyp aller Entführungsfälle ist die Begegnung, die Betty und Barney Hill 1961 in den White Mountains in New Hampshire hatten. Sie wurde Thema eines Buches von John Fuller und einer Fernsehdokumentation, die die weitreichenden Merkmale des Falles aufrichtig wiedergab. Nach einer Sichtung aus geringem Abstand, bei der Barney hinter dem Fenster eines UFOs humanoide Gestalten sah, hatte das Paar beunruhigende Träume. Sie hatten nach der Sichtung einen Zeitverlust erlebt und fragten sich, was während der verlorenen Stunden geschehen war.

Später schilderten Barney und Betty, beide in der Hypnose, kleine humanoide Wesen hätten sie mit Gewalt an Bord eines Raumschiffes entführt. Beide berichteten, sie seien von den Wesen einer körperlichen Untersuchung unterzogen worden, und Betty wurde eine Sternenkarte gezeigt, auf der angeblich zu sehen war, woher sie kamen. In Hypnose replizierte sie die Karte. Nachfolgende Recherchen ergaben, daß das Sternensystem von der Erde aus zu sehen war, aber nicht in der Konfiguration, in der es dargestellt wurde, so daß sie es also nicht unterbewußt nach zeitgenössischen Sternenkarten gezeichnet haben konnte. Das Sternensystem wurde damals als logischer Kandidat für intelligentes Leben in Erwägung gezogen. Neuere astronomische Informationen lassen an dieser Möglichkeit jedoch gewisse Zweifel aufkommen.

Liest man die hypnotischen Regressionen der Hills, die Dr. Benjamin Simon (inzwischen verstorben) durchgeführt hat, noch einmal durch, so stellen sie sich als deutliches Beispiel für die therapeutische Hypnosemethode dar, im Gegensatz zur wahrheitssuchenden. Als Psychiater behandelte Dr. Simon die Hills eindeutig (und richtigerweise) wegen ihrer Angstsymptome und versuchte nicht festzu-

Die Intervenierer

stellen, ob ihre Entführung objektiv real war. Dieser Unterschied hat große Bedeutung für die Genauigkeit oder Zuverlässigkeit des Inhalts der Geschichte. Viele Einzelheiten könnten leicht als Reflexionen der persönlichen Ängste und Sorgen des Subjekts gedeutet werden und nicht als tatsächliche »Interessen« oder Verhaltensweisen der angeblichen Aliens.

Mit Sicherheit können wir Dinge wie den plötzlichen Unmutsanfall des »Leiters«, als Betty die Sternenkarte nicht sofort verstehen konnte, nicht für bare Münze nehmen. Wahrscheinlicher ist, daß wir hier den Ausdruck eines leichten Gefühls der Unzulänglichkeit sehen, das Betty selbst empfand, weil sie nicht mehr vom Weltraum verstand. Eine ganze Reihe Einzelheiten des Falles läßt vermuten, daß wir individuelle Teile menschlicher Psychologie sehen, die über eine Erinnerung an ein tatsächliches Erlebnis projiziert wurden. Es gibt deutliche Hinweise darauf, daß die persönliche Psychologie Entführungsgeschichten »färbt«, aber gleichermaßen sicher ist auch, daß die Geschichten nicht vollkommen imaginäre Machwerke sind. Wären sie das, stünde zu bezweifeln, daß wir dann so viele Übereinstimmungen in Details finden würden.

Die Entführungsgeschichten sind verblüffend, weil sie nicht von einer närrischen Meute übersinnlicher Spinner und Tellerwäscher kommen wie die »Kontaktlergeschichten« in den fünfziger Jahren. In jenen Jahren präsentierte sich eine Vielzahl von Pfuschern und möchtegern-kosmischen-»Priestern« als »Auserwählte« der Weltraumbrüder; auserwählt, der Erde eine Botschaft des Friedens und der brüderlichen Liebe zu bringen. Die Kontaktler behaupteten, besonders privilegierte Beziehungen zu den Weltraumbrüdern zu unterhalten, die sie in Raumschiffen mitnähmen und zu exotischen Planeten brächten.

Leider widersprachen sich jedoch die »Botschaften« für die Erde, und jeder Kontaktler sprach von einem anderen Heimatplaneten der Weltraumbrüder. Sowohl die Kontaktler wie auch, im Umkehrschluß, die Weltraumbrüder verwickelten sich in Widersprüche. Sobald die Vereinigten Staaten und die Sowjetunion Menschen in den Weltraum schickten, erwiesen sich viele spezifische Behauptungen als unwahr. Die goldhaarigen Erlöser und Übermittler seichter Botschaften aus den fünfziger Jahren weisen wenig Ähnlichkeit mit den modernen Entführten auf.

Die Entführten beschreiben eine gänzlich andere Art »Weltraumbrüder«. Die Aliens sind gewöhnlich kleine, unbehaarte, manchmal groteske humanoide Kreaturen, die in aufdringlicher Weise in

90   Ungebetene Gäste

menschliche Angelegenheiten eingreifen. Die Weltraumbrüder der
fünfziger Jahre waren immer durch ein »universelles Gesetz« gebunden, wonach sie nicht eingreifen durften. Anders als die nordischen
universalistischen Philosophen, wie die Piloten der Raumschiffe der
fünfziger Jahre beschrieben wurden, erscheinen die modernen Entführer oft emotionslos mit »maskenhaften« Gesichtern, und anstatt
die Leute zu einer universellen Religion zu bekehren, unterwerfen
sie ihre Gefangenen furchterregenden und manchmal schmerzhaf-
ten physiologischen Sondierungen.

Die Entführer denken sich nichts dabei, wenn sie in ein Schlafzimmer eindringen oder einen Wagen anhalten, die erschreckten und sich
wehrenden Menschen kidnappen, sie lähmen oder wenn nötig
bewußtlos machen und – ohne Erklärung – ihren Körper mit Nadeln
oder anderen Instrumenten sondieren. In Anbetracht all dessen waren
die Weltraumbrüder der fünfziger Jahre wesentlich vornehmer und
liebenswerter, wenn sie auch etwas verstaubte Ansichten hatten.

Die Berichte der Kontaktler und der Entführten unterscheiden sich
in jeder Hinsicht fundamental, außer in einer: auch die Entführer
geben den Entführten gelegentlich Botschaften für die Erde mit
(oder die Entführten glauben das jedenfalls). Zwischen Bewachern
und Gefangenen entwickelt sich oft eine Art Kommunikation. Ist sie
zusammenhängend, ist es typischerweise eine »Botschaft«, in der
der Zweck ihres Hierseins beschrieben wird. Häufig ist die Kommunikation unzusammenhängend oder in pseudowissenschaftlichem
oder mystischem Jargon abgefaßt, was auf einen psychologischen
Ursprung schließen läßt.

Die Botschaften der fünfziger Jahre – und das überrascht nicht,
mitten in der Ära des Kalten Krieges – betrafen die drohende atomare Zerstörung. Ohne Zweifel lag diese sehr reale Angst im Unbewußten der idealistischen Kontaktler eingebettet (wenn sie denn
nicht bewußt als List zur Erregung der Aufmerksamkeit eingesetzt
wurde), und sie beschworen wohlwollende Weltraumbrüder herauf,
die uns vor uns selber retteten. Welcher neue kulturelle Zwang die
neueren »Botschaften« treibt, ist unklar, aber das überragende
Thema ist biologischer oder medizinischer Natur.

Oft scheinen die Entführten unfähig, das Erlebnis zu artikulieren,
das sie durchgemacht haben, und die »Botschaften« könnten sehr
wohl den vergeblichen Versuch der Subjekte darstellen, ein unfaß-
bares Ereignis im Rahmen ihrer persönlichen Erfahrungen und ihres
persönlichen Verständnisses in Begriffe des Verstandes einzuordnen. Der persönliche Lebenshintergrund der Entführten variiert von

Die Intervenierer 91

fundamental religiösen Menschen wie Betty Andreasson (Literaturangabe zu Fowler in der Bibliographie), deren Geschichte einen
stark religiösen Unterton aufweist, bis zu hochgebildeten Angehörigen anspruchsvoller Berufe. In manchen Fällen gibt es Indizien, die
vermuten lassen, daß die persönliche medizinische Geschichte des
Subjekts sich in seiner Entführungsgeschichte widerspiegelt.

Eine Reihe von Fällen läßt den Schluß zu, daß tiefsitzende
menschliche Ängste durch ein erschreckendes Erlebnis ins Bewußtsein dringen. Was aber ist dieses »erschreckende Erlebnis«? Im allgemeinen wird es als unwillkommener und gewöhnlich furchterregender physischer Eingriff in das eigene Leben durch manifeste
Alien-Wesen beschrieben. Darüber hinaus kann man nur sehr wenig
sagen. Die Kontaktler empfanden ihre Verbindungen ohne Ausnahme als eine erfreuliche Erfahrung, die ihnen schmeichelte, und infol-
gedessen machten sie auch Karriere in der »Glaubensverbreitung«.
Die Entführten sind gewöhnlich verschreckt, ihr Leben danach
zerrüttet; viele haben hinterher ernste psychologische Probleme
und Schwierigkeiten, damit umzugehen.

Die folgende kleine Sammlung gibt wieder, wie Entführungsberichte im allgemeinen aussehen. (Einige Fälle sind unvollständig,
nicht völlig erforscht, aber sie stimmen in vielen Einzelheiten mit
sorgfältig erforschten Fällen wie denen in *Fehlende Zeit* überein.)

28. Oktober 1973; Bahio Blanca, Brasilien

Dionisio Yanca, ein junger Lastwagenfahrer, hielt am frühen Morgen an, um einen platten Reifen zu wechseln. Ein UFO kam auf ihn
zu, schwebte in der Nähe auf der Stelle und entließ drei menschenähnliche Wesen, die silberne Kleidung trugen. Yanca verlor
das Bewußtsein und hatte keine bewußte Erinnerung daran, was als
nächstes geschah.

Seine nächste bewußte Erinnerung war, daß er fiel – er fiel langsam in einem Zustand geistiger Verwirrung auf eine Weide. Als er
später hypnotisiert wurde, beschrieb er, wie er an Bord eines Raumschiffes levitiert wurde, das »technologische« Instrumente hatte.
Seine Entführer schienen sich untereinander mit einem summenden
Geräusch zu unterhalten; mit ihm sprachen sie über ein »Funkgerät«
Spanisch und beschrieben dabei ihre Aufgabe, die Menschen zu studieren. Ein Wesen, eine Frau, nahm einen Handschuh mit stiftarti-
gen Dornen und stach ihn ... und als nächstes erinnerte er sich, daß
er auf die Weide fiel. Ärzte entdeckten später winzige Flecken oder

92 Ungebetene Gäste

Punkte auf Yancas linkem Augenlid. Sie fanden keine Anhaltspunkte für einen Schwindel. Selbst nach der Hypnose und dem Einsatz von Natriumpenthotal (dem sog. Wahrheitsserum) hatte Yanca
immer noch keine Erklärung für etwa zwei Stunden, eine Zeit von
offensichtlich totaler Amnesie.

13. August 1975; Alamogordo, New Mexico

Air Force Staff Sergreant Charles L. Moody hielt in der Umgebung
nach Meteoriten Ausschau, als sich ein diskusförmiges UFO näherte. Er hörte einen hohen Ton und sah durch ein Fenster des UFOs
schattenhafte humanoide Gestalten. Er fühlte sich benommen ...
und sah dann, wie sich das UFO entfernte. Als er zu Hause ankam,
stellte er fest, daß er für anderthalb Stunden keine Erklärung hatte.
Am nächsten Tag entzündete sich seine Haut, und er hatte eine
Stichwunde am Rücken.

Im Laufe der nächsten beiden Monate kam die Erinnerung an die
»verlorene« Zeit allmählich zurück (keine Hypnose), und er erinnerte
sich, daß er an Bord eines Raumschiffs gewesen war und mit zwei
humanoiden Wesen in telepathischer Kommunikation gestanden
hatte. Sie waren unter 1,50 Meter groß und hatten weißlich-graue
Haut, große Köpfe, große Augen und maskenhafte Gesichtszüge.
Moody lag auf einer glatten Tischplatte und konnte sich nicht bewegen. Diese Wesen arbeiteten mit einem Instrument an seinem Rücken.
Danach wurde er in dem Raumschiff herumgeführt, und es wurden
ihm Konstruktionsdetails gezeigt. Die Wesen sagten, sie hätten in
naher Zukunft in beschränktem Umfang Kontakt mit der Menschheit.

21. Januar 1976; Matles-Barbosa, Brasilien

Herminio und Bianca Reis hielten an der Straße an, um Rast zu
machen. Nach einiger Zeit wurde ihr Auto, ein VW, von einem intensiven bläulichen Licht erleuchtet und in ein Raumschiff gehoben. In
dessen Innern sahen sie technische Instrumente und kommunizierten
über »Kopfhörer«, die offensichtlich an einen Computer angeschlossen waren, mit zwei großen Wesen. Bianca wurde in einem kastenar-
tigen Gerät untersucht oder getestet, das rot glühte wie ein Grill.

Danach wurde ihnen eine grüne Flüssigkeit zu trinken gegeben,
und es erschienen noch mehr Wesen; eines war eine große, dunkelhaarige Frau. Sie sagten, sie führten medizinische Forschungen
durch und hätten in ihrer Welt Alter und Tod besiegt.

Die Intervenierer 93

18. März 1978; Charleston, South Carolina

Bill Hermann, Automechaniker, beobachtete in einer morastigen Gegend ein UFO durch ein Fernglas und wurde dabei von einem Lichtstrahl aus dem Objekt bewußtlos gemacht. Seine nächste bewußte Erinnerung war, daß er über zwei Stunden später an einem anderen Ort auf einem gepflügten Feld stand. Hysterisch rannte er auf eine Straße in der Ferne zu, auf der er Autos vorbeifahren sah. Ein Polizist rief seine Familie für ihn an, die kam und ihn abholte.

Später beschrieb Hermann in Hypnose, er sei auf einem niedrigen Tisch (fast ein Standard-Merkmal bei Fällen mit einer körperlichen Untersuchung) von drei kleinen Wesen untersucht worden, die dabei eine Art blinkendes Röntgengerät verwendet hätten. Die Wesen hatten Haut so weiß wie Marshmallows und Köpfe wie Föten. (In dem Fall der Entführung vom 5. November 1975 bei Heber, Arizona, beschrieb auch Travis Walton weißhäutige fötusähnliche Wesen, ein Merkmal, das auch in einigen Fällen von Budd Hopkins auftritt.)

Hermann erfuhr, es gebe drei Rassen von Weltraumwesen, die hier seien, um zu beobachten und Experimente durchzuführen. (Tatsächlich wurden weltweit drei verschiedene Wesentypen gemeldet: die kleinen Humanoiden; Wesen, die in Aussehen und Statur menschenähnlich sind und manchmal sehr große »monströse« Kreaturen. Es wurde auch von roboterähnlichen Wesen berichtet.)

November 1978; Trier, Westdeutschland

Pam Owens, die junge schwangere Frau eines U. S. Soldaten, sagte, sie seien nach einem Besuch bei Freunden mit nahezu zweistündiger Verspätung, die sie sich nicht erklären konnten, zu Hause angekommen, nachdem ein großes, ovales Objekt über ihrem Wagen geschwebt war. Später beschrieb sie in Hypnose, sie sei von zwei kleinen, unbehaarten Wesen mit großen Köpfen und tiefliegenden Augen auf einem Tisch untersucht worden. Ein Wesen führte unmittelbar über ihrem Nabel eine Nadel ein.

Nach der Nadel war ihre nächste Erinnerung, daß sie mit ihrem kleinen Sohn auf dem Arm neben ihrem Wagen stand und das UFO beobachtete, wie es davonflog. Die Tonbandaufzeichnungen ihrer Geschichte wurden einem psychologischen Belastungstest unterzogen, der ergab, daß sie die Wahrheit sagte.

2. April 1980; Pudasjarvi, Finnland

Aino Ivanoff fuhr frühmorgens über eine Brücke, als sie in einen »seltsamen Nebel« geriet, der die Scheinwerfer ihres Wagens nach oben richtete (einer der wenigen Fälle, in den Licht »gebogen« wird). Als sie bremste, um anzuhalten, sah sie ein silbernes, kuppelförmiges UFO mit Bullaugen. Drei »Männer« brachten sie hinein und untersuchten sie auf einem Tisch. (Die Männer wurden in der vorliegenden Information nicht näher beschrieben.)

Auch nachdem sie wieder zu ihrem Wagen gebracht worden war, hielt sich der Nebel, und sie mußte den größten Teil des Weges darin nach Hause fahren. Später fand sie fünf kleine Punkte auf ihrer rechten Schulter. Noch etwa eine Woche lang war sie sehr müde. Die Wesen gaben ihr eine Anti-Kriegs-Botschaft und erwähnten auch, daß sie keine Kinder bekommen könnten. Der größte Teil der Geschichte kam unter Hypnose zutage.

Die sechs Fälle von 1973 bis 1980 verdeutlichen die globale Natur der Berichte, in denen sich viele Ähnlichkeiten, aber auch Unterschiede finden. Die Entführungen widerfahren im allgemeinen – aber nicht immer – Autofahrern zu später Stunde und in vergleichsweise abgelegenen Gegenden. Sehr oft – aber nicht immer – erinnern sich die Zeugen, unmittelbar vor einer amnesischen Periode ein UFO gesehen zu haben. Bei der Mehrzahl der Fälle kommen körperliche »Untersuchungen« unterschiedlicher Art vor. (Zum Vergleich der Fälle siehe Tabelle 3).

Eine kritische Frage, die zugleich einige innere Widersprüche in den Entführungsberichten beleuchtet, lautet, warum manche angebliche Aliens, wie es heißt, Telepathie zur Kommunikation benutzen, während andere technische Hilfen benötigen. Eine weitere kritische Frage lautet, warum manche »Aliens« sich überhaupt äußern, während andere sich wie Zombies verhalten und ihre Absichten hinter einer Maske des Schweigens verbergen. Entweder handelt es sich dabei um verschiedene »Persönlichkeiten«, oder die Berichte spiegeln in gewisser Weise die Psychologie des Entführten wider. Manche Zeugen mögen eine Kommunikation erwarten, weil ihnen das unter den gegebenen Umständen logisch erscheint, andere wiederum erwarten das Gegenteil.

In vielen Geschichten werden verschiedene sexuelle Untertöne deutlich; das mag freudianischen Deutungen Nahrung geben oder auch nicht. Darunter fallen offenes Interesse an unserer Fortpflanzung (Pam Owens, Nov. 1978) und Außerirdische, die sagen, sie

Die Intervenierer 95

könnten keine Kinder bekommen (Aino Ivanoff, 2. April 1980). In den angeführten Schriften von Druffel und Roge (siehe Bibliographie) finden sich auch Fälle mit stark sexuellem Unterton, am deutlichsten wird das in der berühmten sexuellen Verführung des brasilianischen Landarbeiters Antonio Villas Boas durch eine außerirdische Frau. Selbst beim Prototyp aller Entführungen 1961 in den Vereinigten Staaten findet sich etwas, das der damals noch wenig bekannte amniotische Schwangerschaftstest gewesen sein könnte, wobei eine Nadel durch Betty Hills Nabel eingeführt wurde.

Kommt eine ehemalige Rasse von der Erde oder eine sehr menschenähnliche Rasse von anderswo, deren Physiologie durch ständiges Fliegen im Weltraum degeneriert ist, nun zu genetischen Ingenieursarbeiten hierher? Sind wir ein genetischer Vorrat – künstliche Labortiere – für ihre Forschung? Die beschriebenen Manipulationen an menschlichen Wesen lassen auf ein umfassendes Vorwissen über die menschliche Physiologie und Psychologie schließen. Der Zweck wäre daher wahrscheinlich nicht, etwas über die Menschen als solche zu erfahren, und viele Berichte sprechen von der Entnahme von Gewebeproben.

Man könnte sich vorstellen, daß die außerirdischen Wesen sich unserem Aussehen mehr angleichen wollen, um den Weg zu offenen Kontakten und zur Kommunikation zu ebnen oder schlicht, um ihre physischen Vorräte aufzustocken (die blassen, dürren »Fötus-Wesen«), die vielleicht eine evolutionäre Degeneration erlitten haben, als sich ihre Gehirne (große Köpfe) weiterentwickelten – ein bekanntes Leitmotiv in der Science Fiction. Eine weitere Möglichkeit ist, daß die menschlichen Wesen in gewisser Weise »programmiert« oder »implantiert« werden, um den Weg dafür zu ebnen, daß die Menschen die Aliens akzeptieren.

Obwohl die Aliens (so sie das denn sind), wie in den Entführungsberichten dargestellt, Mitgefühl zu empfinden scheinen und manchmal Schmerzen stillen, wenn die Gefangenen sie zeigen, ist das Gefühl unvermeidlich, daß es die Art Mitgefühl ist, die Menschen gegenüber Labortieren entwickeln. Aus den Geschichten geht hervor, so scheint es, daß, so wie die Menschen Ratten oder Hamster studieren, um medizinische Erkenntnisse zu gewinnen, die sich auf die menschliche Rasse übertragen lassen, wir in vivo studiert werden, damit die Aliens Erkenntnisse gewinnen können, die ihnen wichtig sind. Im allgemeinen werden wir freundlich behandelt und dann mit ein paar Narben und (wenn wir die scheinbar induzierte Amnesie durchbrechen) einem psychischen Trauma entlassen.

96 Ungebetene Gäste

Weiter kann aus den Berichten geschlossen werden, daß die Aliens unsere Psyche vielleicht doch nicht ganz so gut verstehen wie sie glauben, wenn sie absichtlich versuchen, uns vor geistigen Qualen aufgrund ihrer Experimente zu bewahren. Beunruhigende Träume und Erinnerungslücken sind für die Entführten oft Veranlassung, sich einer Hypnose zu unterziehen, wobei dann unerfreuliche und schmerzliche Erlebnisse wieder ins Bewußtsein gebracht werden. Furcht, Verwirrung und psychische Qualen sind das Los vieler Entführter.

Wie die Berichte über Humanoide im allgemeinen werden auch die Berichte über Entführungen selten sorgfältig und fachmännisch untersucht, weil sie so zahlreich und komplex sind. Nur zu oft »kontaminieren« Amateur-Hypnotiseure und voreingenommene Ermittler die Fälle durch den Einsatz unangebrachter Methoden. Wurde ein möglicherweise wertvolles Subjekt eines Falles erst einmal dazu verleitet, eine »gute Geschichte« zu erzählen, kann es hinterher unmöglich sein, die Wahrheit (wenn es denn eine gibt) dahinter aufzustöbern, weil die Wahrheit in den Gedanken des Subjekts nur nebelhaft bleiben wird – eine Mischung aus Suggestion, Einbildung und möglicher Wahrheit.

Wegen der Zerbrechlichkeit des menschlichen Verstandes/ Erinnerungsvermögens und dessen Empfänglichkeit für Suggestionen angesichts furchterregender oder aufwühlender Ereignisse können Amateure bei der Einmischung in Ermittlungen zu Entführungsfällen mehr Schaden anrichten als bei allen anderen Berichten. Solche Fallermittlungen werden am besten Fachleuten überlassen oder doch zumindest unter fachmännischer Aufsicht durchgeführt.

Die Wahrscheinlichkeit ist groß, daß (zumindest) ein Teil der Geschichten aus mentalem Flickwerk und von den »Opfern« eingesetzten Füllseln bestehen, in dem verzweifelten Versuch, dem, was ihnen geschah, einen Sinn abzugewinnen. Klinische Kenntnisse und ein scharfes Urteilsvermögen sind vonnöten, um Fakten von Einbildung oder Phantasie zu unterscheiden, und oft bedarf es auch psychologischer Fachleute, die den »Opfern« eine Therapie zukommen lassen können.

Budd Hopkins warf (in Literaturangabe B) die wichtige Frage auf, wieviele Entführungsberichte noch zu entdecken bleiben. Er vermutet, daß die bekannten Fälle nur »die Spitze des Eisbergs« sind. HUMCAT (der in Kapitel drei erläuterte Humanoiden-Katalog) führt über dreihundert tatsächliche oder mögliche Entführungsfälle bis 1979 auf, informelle Schätzungen nennen eine Zahl von eintausend oder

Die Intervenierer

mehr Fällen bis heute. Da die Zahl der Fälle, die ans Licht kommen, in geradezu geometrischen Ausmaßen wächst, sind diese Schätzungen raschen Korrekturen nach oben zu unterwerfen.

Hopkins hat bestimmte Richtlinien für Elemente eines Falles aufgestellt, die vermuten lassen, daß es sich dabei möglicherweise um eine Entführung handelt.

William Chalker (siehe Bibliographie) führte in Australien eine Reihe von Fällen auf, die alle Elemente enthalten, die gewöhnlich zu einem Entführungsbericht führen. Die folgenden Fallbeispiele (Zusammenfassungen in der Fallsammlung in Anhang A) sind typisch für die weit verbreiteten Prototypen von Entführungsberichten:

1. August 1971; Queensland, Australien

Ein Ehepaar, das nachts im Auto unterwegs war, erlebte eine veränderte Umgebung, einen Zeitverlust, Amnesie und physische Markierungen an ihrem Wagen. »Wir hatten das Gefühl, daß uns etwas Seltsames passiert war«, sagten sie. Der Versuch der hypnotischen Regression wurde aufgegeben, weil sie jedesmal stark zitterten.

16. Juni 1977; Middelburg, Südafrika

Ein Zeitungsauslieferer begegnete am frühen Morgen einem UFO, sein Lieferwagen war dabei ganz in Licht getaucht. Motor und Scheinwerfer fielen aus, als das UFO in der Nähe des Wagens schwebte. Der Fahrer konnte sich nicht mehr erinnern, was dann geschah. »Ich hatte das Gefühl, es geschähe etwas«, sagte er, »aber ich kann mir nicht denken, was.«

5. Februar 1979; Lawitta, Tasmanien

Ein Mann fuhr am Abend nach Hause und bemerkte, daß sein Autoradio nicht mehr spielte. Sein Auto war in Licht gehüllt, Motor und Scheinwerfer fielen aus. Er verlor das Bewußtsein, und als er wieder »aufwachte«, fuhr er auf der Schnellstraße. Schließlich hielt ihn die Polizei an, weil er ohne Licht fuhr. Er konnte nicht sagen, wer er war und wohin er fuhr und wurde deshalb ins Krankenhaus gebracht. Später stellte man ausgedehnte physische Spuren an seinem Wagen fest.

31. Juli 1981; Lieksa, Finnland

Zwei männliche Urlauber in einem Boot sahen am frühen Abend ein UFO mit dazu gehörenden Lichtern, und ein Objekt kam auf das Boot zu. Einer der Männer fühlte sich gelähmt, aber die beiden konnten miteinander sprechen. Als das Objekt verschwunden war, bemerkten die Männer, daß sie nicht mehr an derselben Stelle im Boot saßen wie zuvor und daß sieben Stunden vergangen waren, für die sie keine Erklärung hatten. Später erlebten sie physiologische Auswirkungen, darunter ein gestörter Gleichgewichtssinn. Versuche, sie zu hypnotisieren, verliefen erfolglos.

Berichte wie diese werfen die ernste – ja erschreckende – Frage nach den Dimensionen des Eisbergs auf. Selbst zuvor skeptische Ufologen (wie der Verfasser) haben erkannt, daß trotz des manchmal unsinnigen Inhalts der Geschichten in Entführungsberichten etwas von möglicherweise enormer Bedeutung geschildert wird ... und sei es auch nur »dunkel wie durch eine Scheibe«.

1985 wurde eine wichtige psychologische Studie neun angeblicher Entführter, finanziell unterstützt vom Fund for UFO Research, veröffentlicht. Dazu gehörte auch die »blinde« Anwendung einer ganzen Batterie psychodiagnostischer Tests. Dr. Elizabeth Slater führte die Tests durch und bewertete sie, bevor sie erfuhr, was die Subjekte eigenen Angaben zufolge erlebt hatten.

Danach schrieb sie eine Ergänzung zu ihrem Bericht in der sie der Frage nachging, ob die Erlebnisse, von denen die Subjekte berichteten, psychopathologischen Befunden oder einer Geistesstörung zuzuschreiben seien. *»Die Antwort lautet entschieden Nein«*, sagte sie. »Die Tests können zwar keineswegs den Wahrheitsgehalt der Berichte über Entführungen durch UFOs feststellen, man kann aber doch daraus schließen, daß die Ergebnisse der Tests der Möglichkeit nicht widersprechen, daß sich die Entführungen, von denen berichtet wird, tatsächlich ereignet haben. Mit anderen Worten, es gibt für diese Berichte keine offensichtlich psychologische Erklärung.«

Budd Hopkins' Buch *Eindringlinge* stellt auf der Grundlage eines detaillierten Studiums von Berichten über Entführungen und neuer Fälle seit *Fehlende Zeit* eine noch verblüffendere These auf. Er findet Merkmale für mehrfache Entführungen einzelner Personen im Laufe der Zeit, darunter auch Fälle mit mehr als nur einem Mitglied einer Familie und wiederkehrender Berichte über eine Art »Gentechnik«. Treffen die Berichte zu, lassen die Indizien vermuten, daß die »Aliens« (woher sie auch sein mögen) menschliche Föten verändert

Die Intervenierer 99

oder entfernt und Hybriden aus Aliens und Menschen geschaffen haben!

So seltsam das auch klingen mag, die »Indizien« lassen sich kaum anders deuten. Aber sind die Indizien zutreffend? Die Dezemberausgabe 1987 der Zeitschrift *Omni* berichtet sowohl über Hopkins' Werk als auch über einige Versuche zu alternativen Interpretationen (psychologischer Natur) durch Skeptiker.

Ebenfalls 1987 gab der Fund for UFO Research eine umfassende neue Studie über Entführungsberichte heraus, die Dr. Thomas Bullard auf der Grundlage eines Computer-Kataloges erstellt hatte, den er mit Mitteln des Fund zusammengestellt hatte. Als ausgebildeter Folklorist analysiert Dr. Bullard wiederkehrende Muster in Entführungsberichten. Unter anderem schließt er:

»Entführungszeugen stellen einen normalen Querschnitt der Gesellschaft dar ... (sie) scheinen keinerlei psychologische Abnormalitäten aufzuweisen, die sie dazu neigen ließen, sich eine solche Geschichte auszudenken ... wenn Entführungen wortwörtlich wahr sind, dann ist das die größte Geschichte aller Zeiten. Sind sie subjektiv, bieten sie eine selten in dieser Form vorhandene Möglichkeit, Einsicht in die geistigen Funktionen des Menschen zu nehmen, in das Verhältnis von Glauben und Erleben und die soziale Übertragung von Vorstellungen.«

Sollten Entführungsszenarien eine Art psychopathologischer Vorgänge darstellen, dann ist das eine weltweit wütende Manifestation, deren Dynamik schon allein aus diesem Grund sofort untersucht werden sollte. Und wenn sich Entführungen wirklich ereignen, dann unterliegen wir offensichtlich der Gnade von Intervenierern von anderswo, deren Absichten uns gegenüber in Rätsel gehüllt bleiben.

BIBLIOGRAPHIE

APRO. »Higdon Experience« in *Encyplopedia of UFOs* (New York, Doubleday, 1980) 25. Oktober 1974, Fall der Entführung von Rawlins, Wyoming.

100   Ungebetene Gäste

BARRY, BILL: *Ultimate Encounter* (New York, Pocket Books, 1978) Die Entführung des Travis Walton am 5. November 1975 bei Heber, Arizona.

BLOECHER, TED (et al.): *Final Report on the Psychological Testing of UFO »Abducties«* (Washingtin D.C., Fund for UFO Research, 1985).

BLUM, RALPH: »UFOs« An Issue Whose Time Has Almost Come« in *1974 MUFON UFO Symposium Proceedings* (Seguin, Texas, MUFON 1974) Bericht über Ermittlungen zu dem Entführungsfall vom 11. Oktober 1973 in Pascaguola, Mississippi.

BONDARCHUK, YURKO: *UFO Sightings, Landings and Abductions* (Agincourt, Ontario, Methuen Publications, 1979).

BULLARD, THOMAS E: »On Stolen Time: A Comparative Study of the UFO Abduction Mystery« (Washington D.C., Fund for UFO Research, 1987) Vom Fund for UFO Research können sowohl der vollständige Bericht wie auch eine zusammengefaßte Version bezogen werden.

CHALKER, WILLIAM C: »Australien Interrupted Journeys« *MUFON UFO Journal* Nr. 150, August 1980. Fälle von Begegnungen vom Fahrzeug aus, die eine Entführung vermuten lassen.

CLAMAR, APHRODITE: »Missing Time: A Psychologist Examines the UFO Evidence« in *1981 MUFON UFO Symposium Proceedings* (Seguin, Texas, MUFON, 1981). Ergebnisse hypnotischer Regression und psychologischer Tests, die an Menschen durchgeführt wurden, die behaupteten, entführt worden zu sein.

DICKINSON, TERENCE: »Zeta Reticuli Connection« in *Encyclopedia of UFOs* (New York, Doubleday, 1980) Besprechung einer Sternenkarte, die Betty Hill in dem Entführungsfall vom 19. September 1961 in New Hampshire gezeigt worden war.

DRUFFEL, ANN and ROGO, D. SCOTT: *The Tujunga Canyon Contacts* (New Jersey, Prentice-Hall, 1980) Ausführlich beschriebene Serie von Entführungberichten miteinander verwandter Personen über mehrere Jahre in Kalifornien.

FISH, MARJORIE E: »Journey Into the Hill Star Map« in *1974 MUFON UFO Symposium Proceedings* (Seguin, Texas, MUFON, 1974) Artikel der ursprünglichen Analytikerin der Sternenkarte, die Betty Hill bei dem Entführungsfall vom 19. September 1961 in New Hampshire gezeigt wurde.

Die Intervenierer   101

FOWLER, RAYMOND E: *The Andreasson Affair* (New Jersey, PrenticeHall, 1979) Detaillierter Bericht über den Entführungsfall vom 25. Januer 1967 in South Ashburnham, Massachusetts.

FOWLER, RAYMOND E: »Andreasson Affair« in *Encyclopedia of UFOs* (New York, Doubleday, 1980).

FULLER, JOHN G: *Die unterbrochene Reise* (Rottenburg, Kopp Verlag 1996) Detaillierter Bericht des Entführungsfalles von Betty und Barney Hill am 19. September 1961 in New Hampshire.

GANSBERG, JUDITH and GANSBERG, ALAN: *Direct Encounters* (New York: Walker & C., 1980) Untersuchung über Menschen, die behaupten, entführt worden zu sein.

HARTMANN, TERRY A: »Another Abduction by Extraterrestrials?« *MUFON UFO Journal* Nr. 141, November 1979. Bericht eines Paares über eine Entführung im Sommer 1975 bei Owyhee River, Oregon.

HOPKINS, BUDD (A): *Fehlende Zeit – Von Ufos entführt* (Rottenburg, Kopp Verlag, 1993) Ergebnisse intensiver persönlicher und psychologischer Ermittlungen bei einer Auswahl Menschen, die behaupten, von einem UFO entführt worden zu sein.

HOPKINS, BUDD (B): »UFO Abductions: The Invisible Epidemic« in *1981 MUFON UFO Symposium Proceedings* (Seguin, Texas, MUFON, 1981).

HOPKINS, BUDD (C): *Eindringlinge – Die unheimlichen Begegnungen in der Copely Wools* (Hamburg, Kellner Verlag, 1991) Weitere Ermittlungen bei Menschen, die behaupten, von einem UFO entführt worden zu sein, einschließlich Indizien für die Anwendung von »Gentechnik«.

LORENZEN, JIM and LORENZEN, CORAL: *Abducted!* (New York, Berkley Medaillon Books, 1977) Überblick über Entführungsberichte.

LORENZEN, CORAL E: »Walton Abductiuon« in *Encyclopedia of UFOs* (New York: Doubleday, 1980) Zusammenfassung der Entführung von Travis Walton am 5. November 1975 bei Heber, Arizona.

RUEGER, RUS A: »Villas Boas Abduction« in *Encyclopedia of UFOs* (New York, Doubleday, 1980). Zusammenfasung der angeblichen Entführung und sexuellen Verführung von Antonio Villas Boas durch eine weibliche Außerirdische im Oktober 1957.

102 Ungebetene Gäste

SMITH, GARY: »Unspeakble Secret: What Happened on the Night Michael Shea Can Neither Forget Nor Believe?« in *Washington Post Magazine*, 3. Jan. 1988. Regierungsbevollmächtigter und Entführter »rückt mit der Sprache heraus«.

SPRINKLE, R. LEO (HRSG.): *Proceedings of the Rocky Mountain Conference on UFO Investigation* (Laramie, Wyoming, 1980) Zusamenfassungen von dreizehn Entführungsfällen in den Worten der Entführten.

STRINGFIELD, LEONARD H. *SITUATION RED: The UFO Siege* (New York, Doubleday, 1977) Bericht über die Entführung vom 6. Januar 1976 in Stanford, Kentucky, S. 198-212.

WALTON, TRAVIS: *Feuer am Himmel* (Rottenburg, Kopp Verlag, 1996) Persönlicher Bericht über den Entführungsfall vom 5. November 1975 bei Heber, Arizona.

WEBB, WALTER N.; STORY, RONALD; SHEAFFER, ROBERT: »Hill Abduction« in *Encyclopedia of UFOs* (New York, Doubleday, 1980) Zusammenfassung des Entführungsfalles von Betty und Barney Hill vom 19. September 1961 in New Hampshire.

WEINTRAUB, PAMELA: »Secret Shares« in der Zeitschrift *Omni* vom Dezember 1987. Eine Übersicht über Entführungsberichte, einschließlich dem Werk von Budd Hopkins und alternativer Ansichten.

TEIL 2
ENTDECKUNG

»Entdeckung beginnt damit,
daß man sich einer Anomalie bewußt wird ...
Sie setzt sich dann mit einer mehr oder weniger ausgedehnten Erforschung des anomalen
Gebietes fort.
Und sie ist erst beendet, wenn die Paradig-
mentheorie soweit angepaßt wurde,
daß das Anomale zum Erwarteten wird.«

Thomas S. Kuhn
The Structure of Scientific Revolutions
(Die Struktur wissenschaftlicher Revolutionen)

KAPITEL 6

DIE UFO-ANOMALIE

Die Daten aus den UFO-Meldungen, die in Teil I näher beleuchtet wurden, stellen eine bedeutende Anomalie dar, die im Laufe der Jahre auf verschiedene weltliche und exotische Weisen »erklärt« oder rational erfaßt wurde. (Siehe Tabelle 4) Abgesehen von den Skeptikern, die die Daten verwerfen und UFO-Meldungen Fehlwahrnehmungen zuschreiben, haben sich drei grundlegende Erklärungsweisen entwickelt:

- Heiße-Luft-Theorien (Postulat eines Phänomens, das etwas Bekanntem ähnelt, wobei es mit den zur Erklärung der Daten notwendigen Eigenschaften versehen wird).

- Ursprungstheorien (Postulat einer Quelle für UFOs, d. h. außerirdisch oder aus anderen Dimensionen).

- Theorien über Absichten oder Zwecke (Postulat der Motive oder Absichten der angeblichen Intelligenzen hinter UFOs).

TABELLE 4
UFO-Theorien

Urprungstheorien	
Ort:	**relevante Daten/Tests:**
außerirdisch	Fähigkeiten, die über die irdische Technik hinausgehen, Humanoide, Kontakt/Kommunikation, Benutzung der Atmosphäre, Erkundung des Weltraums

Urprungstheorien	
Ort:	**relevante Daten/Tests:**
Andere Dimensionen/ Paralleluniversum	plötzliches Erscheinen oder »Materialisieren« und plötzliches Verschwinden, Auftreten wie in einer Erscheinung, Bewegung durch Materie hindurch
Zeit	Verhalten/Aktivitäten spiegeln menschliches Denken und Verhalten wider
das menschliche Denken (das Kollektive Unbewußte)	Anomalien bei der Wahrnehmung von Zeit
das kosmische Denken	verblüffende Phänomene; Fehlen klarer Kommunikation

Theorien über Absichten	
Absicht:	**relevante Daten/Tests:**
Hilfe (Schutzengel)	engelhaftes, helfendes Verhalten
Schaden (Dämonen)	dämonisches Verhalten
Manipulation (Lügner und Betrüger, verbergen Absicht oder Spielplan ihrer wahren Motive)	widersprüchliches und verwirrendes Verhalten
Kontrolle (kriegsähnlich, zur Verteidigung, wir stellen eine Bedrohung dar)	Verbindungen zwischen Militär und Weltraum, Begegnungen mit Militärflugzeugen, Überwachung militärischer Einrichtungen
Eroberung (Übernahme)	?
Kontakt (Vorbereitung auf Kontakt oder Besiedlung)	?
Scherz (kosmische Witzbolde)	kapriziöses Verhalten, Dummheit
Studium (analog einem wissenschaftlichen Erforschungstrupp)	Gewinnung von Proben, Interesse an der menschlichen Physiologie, Technologie usw.

Diese Theorien behaupten, Zeugenaussagen zu erklären, die von Begegnungen aus nächster Nähe und abruptem Gegenübertreten sprechen und von verschiedenen physischen und physiologischen Auswirkungen auf Fahrzeuge und Menschen. Dies sind die Kerndaten, ihnen müssen wir die »magische Technologie« (das beobachte-

Die Ufo-Anomalie

te Flugverhalten von UFOs), die dazu gehörenden humanoiden Wesen und die Wahrnehmungen vieler Zeugen hinzufügen, wonach sie entführt und von Humanoiden untersucht oder Experimenten unterzogen wurden. Letzteres muß entweder als psychologische Störung erklärt oder als Erweiterung der anderen Daten betrachtet werden.

Und schließlich sind da noch die angeblichen, jedoch noch nicht ausreichend dokumentierten Beweise für geborgene Raumschiffe und Leichen von Humanoiden. Sind sie echt, würden diese Meldungen über jeden Zweifel erhaben einen nicht-menschlichen (alien) Ursprung der UFOs bestätigen.

Es bedarf nicht langer Vergleiche zwischen Theorien und Daten, um zu erkennen, daß die meisten Theorien vollständig gegen die elementaren Regeln wissenschaftlicher Erklärungen verstoßen. Das ist um so schädlicher, wenn solche Theorien von »Anwälten der Wissenschaft« kommen, die über populäre Erklärungsversuche für UFOs höhnisch lachen.

Wissenschaft geht nach der hypothetisch-deduktiven Methode vor. Empirische Daten (die beobachtet und gemessen wurden) werden mit den Begriffen existierender wissenschaftlicher Theorien analysiert. Passen sie nicht, muß entweder die existierende Theorie modifiziert oder eine neue entwickelt werden. Jede neue Theorie oder Hypothese impliziert bestimmte Dinge, die aus ihr abgeleitet werden können, oder sie sagt sie voraus. Daran kann man sie dann mit neuen Daten testen. Es ist dies ein fortwährender Prozeß, bei dem sie (die Theorie) immer weiter verfeinert wird. Auf komplexen Gebieten der Wissenschaft gibt es keine abschließende oder endgültige physikalische Theorie, die besagen würde, daß wir über das Universum alles wüßten, was es zu wissen gibt.

Das Wort »Theorie« bezieht sich, wenn es auch oft im Austausch für »Hypothese« verwendet wird, auf die der Wissenschaft zugrunde liegenden Prinzipien, die die Prüfungen der Zeiten überstanden haben und wiederholt durch Beobachtungen oder Experimente bestätigt wurden. Sie sind Teil eines systematischen Wissensgebäudes, das in sich durch Vorhersagbarkeit und Anwendbarkeit verbunden ist.

»Hypothese« bedeutet eine erste grobe Vermutung oder Annäherung und ist das Wort, das die bisherigen Erklärungsversuche für UFOs treffender bezeichnen würde. Das *Britannica World Language Dictionary (1960)* definiert »Hypothese« als »eine Reihe von Vermutungen, die provisorisch als Grundlage für weitere Überlegungen,

Ungebetene Gäste

Experimente oder Forschungen angenommen werden ... bis sich die Gelegenheit ergibt, alle dazu gehörenden Fakten miteinander zu vergleichen ... eine Erklärungsvermutung.« Ein Synonym ist »Spekulation«.

Anomalien stellen für die Wissenschaft ein besonderes Problem dar, denn per defintionem sind sie Beobachtungen oder Fakten, die die Ausnahme zur Regel bilden und zu keiner geltenden Theorie passen. Es besteht die natürliche Neigung, Anomalien als wahrscheinlich falsch gedeutete Beobachtungen abzutun, insbesondere wenn sie allgemein anerkannten Theorien zu widersprechen scheinen (sie müssen das in Wirklichkeit gar nicht) und ihre Bedeutung umwerfend und möglicherweise revolutionär ist. Aber diese Reflexreaktion ist nicht wissenschaftlich. UFOs haben, sind sie echt, möglicherweise revolutionäre Bedeutung, und meiner Überzeugung nach ist das der wahre Grund, warum Wissenschaftler das Problem nicht in den Griff bekommen haben. Treten jedoch Anomalien mit denselben Kennzeichen oder Eigenschaften Jahr für Jahr immer wieder auf, wie das bei den UFO-Meldungen der Fall ist, dann wird es Zeit, daß die Wissenschaft darauf aufmerksam wird. Die Geschichte der Wissenschaft zeigt, daß Anomalien bisweilen den Weg zu wichtigen neuen Entdeckungen weisen.

Nehmen wir einmal an, daß nach Aussagen von Zeugen aus fünfundzwanzig Staaten über einen Zeitraum von vielen Monaten roter Schnee auf die Vereinigten Staaten gefallen ist, aber schmolz, bevor jemand so geistesgegenwärtig war und etwas davon für Labortests einfror. Schnee sollte nicht rot sein, also sind das anomale Beobachtungen.

Folgten die Wissenschaftler derselben Logik, die sie oft auf UFOs anwenden, würden sie die Berichte verwerfen und (ohne weitere Ermittlungen) annehmen, daß die Zeugen durch rot getönte Sonnenbrillen blickten oder die Farben des Sonnenuntergangs sahen, die sich im Schnee spiegelten. Würden sie auf das Ausmaß des Phänomens hingewiesen, schrieben sie die Meldungen einer Massenhysterie, Schwindlern oder Leuten zu, die unbedingt in die Schlagzeilen wollten. Wiese man sie darauf hin, daß sich unter den Zeugen auch geübte Beobachter fänden, beriefen sie sich auf angenommene, örtlich beschränkte besondere Bedingungen als Erklärung und brummten etwas über die Schrullen der Allgemeinheit.

Etwas wissenschaftlichere Wissenschaftler würden Zeugen befragen, in den Beobachtungen zutage tretende Muster und den Wind überprüfen und gute Zeugen und physische Beweise suchen. Wären sie dann hinsichtlich der Gültigkeit der Berichte zufriedengestellt, würden sie versuchen, eine Hypothese zu bilden und diese danach testen – anstatt verfrüht Schlüssen zu ziehen oder die Frage voreilig zu beurteilen, wie das ständig bei UFO-Meldungen geschieht. Wichtig ist bei diesem Beispiel, daß seit Jahrhunderten verläßliche Beobachter roten Schnee und Regen melden und daß es für diese Tatsache keine glaubwürdige wissenschaftliche Erklärung gibt. Die Schriften von Charles Fort gehören zu den ersten, in denen Daten zu verschiedenen, immer wieder auftretenden Anomalien gesammelt werden, darunter auch roter Schnee und Regen, unerklärter Niederschlag großer Eisbrocken ... und UFOs.

Bedauerlicherweise leidet das Thema UFOs unter einem Übermaß an Spekulationen von Möchte-gern-Theoretikern, deren verworrene Ansichten intelligente Menschen, insbesondere Wissenschaftler, befremden. Das Thema leidet jedoch auch unter simplistischen Daten-Leugnern, die in ihrem Eifer, die ärgerliche Anomalie loszuwerden, das ganze Spektrum irriger Wahrnehmungen, »Massenignoranz« und sogar einzigartige, besondere Bedingungen bemühen, wo das nötig ist.

HEISSE LUFT-THEORIEN

Sobald er es einmal als zutreffend akzeptiert hatte, daß Zeugen unerklärliche Leuchtphänomene sahen, die sich unvorhersehbar verhielten, entwickelte Philip Klass, Luftfahrtredakteur der *Aviation Week and Space Technology*, 1966 die Theorie, daß ein Plasmaphänomen, ähnlich einem Kugelblitz, den größten Teil der wichtigsten UFO-Fälle erklären könnte. Er stellte sogar Vermutungen über einen Mechanismus an, wie Lichtbälle in der Umgebung von Flugzeugen auftauchen und ihnen scheinbar folgen und wie Koronarentladungen um elektrische Überlandleitungen eine damals recht populäre Verbindung zwischen UFOs und elektrischen Überlandleitungen erklären konnten. Vor Zeugen sagte Klass dem Verfasser, wenn Plasma nicht die Antwort sei, dann seien UFOs höchstwahrscheinlich außerirdisch.

Als seine Plasmatheorie in Verruf geriet, beerdigte Klass sie in aller Stille, aber er wurde dadurch nicht gerade zu einem sonderlichen Fürsprecher der extraterrestrischen Hypothese (ETH). Stattdessen nahm Klass, als sich seine Theorie als mangelhaft herausstellte, von seinem früheren Vertrauen zu Zeugenberichten Abstand und berief sich nun in zunehmendem Maße auf irrtümliche Wahrnehmungen und Fälschungen als Erklärungen.

110 *Ungebetene Gäste*

Der Kugelblitz selbst bleibt ein umstrittenes Phänomen – eine Anomalie, für die bisher noch keine angemessene wissenschaftliche Erklärung gefunden wurde. Klass postulierte einen angeblichen Cousin zweiten Grades des Kugelblitzes, um damit UFOs zu erklären. Der Bequemlichkeit halber ignorierte er dabei Berichte über strukturierte, raumschiffartige Objekte ... ganz zu schweigen von physikalischen und physiologischen Effekten und so unplasmahaften Dingen wie Humanoiden.

Ähnlich entwickelte Donald Robey (Literaturhinweis A) 1959 die Theorie, daß viele UFO-Berichte (einschließlich der über Scheiben mit Kuppeln) als Eismeteoriten (Kometoiden) erklärt werden könnten, die aus dem Weltraum in die Erdatmosphäre eindrängen. In der populären Version, die die meisten Amerikaner in der *Saturday Review* lasen, schien Robey den hypothetischen Eismeteoriten alle Eigenschaften zu verleihen, die zur Erklärung der gewöhnlich in den Berichten erwähnten Diskusform, des Drehens, Schwankens, der Farben, des pfeifenden Geräuschs und des schnellen Verschwindens vonnöten sind. Als er 1981 wegen dieser Theorie befragt wurde, bestritt Robey, daß der Artikel in der *Saturday Review* seine Ansicht zutreffend dargestellt habe.

Eisiger Niederschlag ist eine weitere, immer wieder auftretende Anomalie, die weithin noch nicht akzeptiert und noch viel weniger erklärt ist. Die bekannten großen Eisbrocken, deren Niederschlag beobachtet oder die am Boden gefunden wurden, zeigten keines der angenommenen Merkmale, und ihr Verhalten wies, soweit es beobachtet wurde, keinerlei Ähnlichkeit mit den Meldungen über UFOs auf.

Zu weiteren Heiße-Luft-Theorien, wie sie gelegentlich entwickelt werden, gehören Schwärme glühender Insekten, die sich in Wellen am Himmel bewegen und »Weltraumtiere«. Diese Haltungen sind so einfältig, daß sie keinerlei weitere Besprechung erfordern.

Den Heiße-Luft-Theorien ist gemeinsam, daß sie sich einen Teil der UFO-Daten heraussuchen, dann ein bekanntes Naturphänomen extrapolieren, um damit eine Variante zu schaffen, die, welch rascher Wandel, die notwendigen Eigenschaften aufweist, um sie zu ein und demselben wie die UFOs werden lassen ... oder zumindest wie die UFO-Merkmale, die der Vorkämpfer der Theorie sich herausgesucht hat. Robeys Theorie ist, gemessen an den Daten, die sie zu erklären sucht, die bei weitem ehrgeizigste, und daher ist sie im technischen Sinne auch wissenschaftlicher.

Im Grunde stellen Heiße-Luft-Theorien den Versuch dar, UFOs als »ein natürliches Phänomen abzutun, das wir noch nicht kennen.«

Im Endeffekt möchten sie UFOs als etwas relativ Triviales abschreiben, wobei sie der Bequemlichkeit halber wichtige Teile der Daten
ignorieren. Keine kann E-M-Effekte, Lichtstrahlen, Verbrennungen,
Lähmungen, Sichtungen von Humanoiden ... oder Entführungen
erklären (oder auch nur zu erklären suchen).

Das Höchstmaß an Absurdität bei einer Heiße-Luft-Theorie entwickelte ohne Zweifel ein Wissenschaftler im Abschlußbericht der
UFO-Studie der Universität Colorado (im *Condon Report*), der über
die Sichtung eines »Mutterschiffs« und dazu gehörender kleinerer
Objekte durch den Piloten einer Fluggesellschaft sagte: »Diese ungewöhnliche Sichtung sollte daher der Kategorie eines mit großer
Sicherheit natürlichen Phänomens zugeordnet werden, das so selten
ist, daß offensichtlich weder davor noch danach je darüber berichtet wurde.« (Ausgabe *Bantam*, S. 140.) Wenn es uns gestattet ist, ein
einmaliges Phänomen zu beschwören, wann immer wir das wollen,
dann können wir ganz offensichtlich nicht nur alle UFO-Berichte,
sondern auch jedes andere Rätsel der Wissenschaft »erklären«!

Darüber hinaus irrte sich dieser Wissenschaftler hinsichtlich der
Seltenheit dieser Beobachtung. Ein größeres UFO, zu und von dem
und um das herum sich kleinere bewegen, ist ein wohl bekannter
Fall-Typus (Vallee: Typ II-B; Hall: »Satellitenobjekt« Fälle)

URSPRUNGSTHEORIEN

Vorrang vor allen anderen Ursprungstheorien, wenn wir akzeptieren, daß UFOs echt sind, hat die ETH. Einschließlich ihrer Varianten
umfaßt die ETH mit Ausnahme einer Handvoll alle Theorien. Wenn
»ETH« als nicht-irdischer Ursprung – im weitesten Sinne – verstanden wird, dann sind die einzigen Konkurrenten die Theorien vom
Natürlichen Phänomen und von den Anderen Reichen. Und selbst
»Andere Reiche« könnte nach landläufiger Auffassung als »nicht
von dieser Erde« verstanden werden. Zeitreisende oder Wesen aus
einer anderen Dimension oder einem Paralleluniversum könnten als
aus »Anderen Reichen« der Raum-Zeit betrachtet werden, wie wir
dieses Konzept heute vage verstehen.

Wenn es überhaupt andere Dimensionen oder ein Paralleluniversum gibt, könnte man argumentieren, daß sie mit uns coexistieren
und in diesem Sinne eine Facette unserer Erde und ihrer Umgebung
sind, die wir einfach nicht als solche erkennen. Da wir nichts Greif-
bares über diese angeblichen Reiche wissen, ist diese Unterschei-

112   Ungebetene Gäste

dung rein semantisch. Wir können nicht wissen, wie viele Leute aus
einer anderen Dimension oder einem Paralleluniversum mittels
eines UFOs durch unsere Raum-Zeit tanzen können.

Streng genommen wäre die Theorie von einer Projektion des Kollektiven Unbewußten vermutlich als Naturphänomen zu betrachten.
Die Theorie vom Kosmischen Verstand andererseits ist allumfas-
send; sie postuliert, daß wir Teil eines größeren Ganzen sind, das
seinen Willen an uns ausübt.

Ein erwähnenswertes Merkmal der Ursprungstheorien ist, daß ihre
Weissagungen nicht ganz so spezifisch sind wie die der Absichtstheorien. Im Prinzip könnte die ETH mit ausgeklügelten Instrumenten getestet werden, die Raumschiffe (oder was es auch sei) entdecken, die von außen in die Atmosphäre eindringen oder sie verlassen. Und es ist vorstellbar, daß unsere Weltraumforschung
Beweise für außerirdische Intelligenzen finden oder mit ihnen Kontakt aufnehmen könnte. Wie aber sollte ein Test für Zeitreisende,
Menschen aus anderen Dimensionen, Paralleluniversen oder einen
kosmischen Verstand aussehen?

ABSICHTSTHEORIEN

Absichtstheorien akzeptieren, daß uns eine Art Intelligenz von
außen »besucht« und konzentrieren sich auf deren vermutliche
Absichten. Der eine oder andere Vertreter hat den UFO-Intelligen-
zen folgende Absichten zugeschrieben. Ihre Absicht ist: zu helfen,
zu schaden, zu manipulieren, zu kontrollieren, zu erobern, Kontakt
aufzunehmen, uns zum Narren zu halten oder uns zu studieren.
Diese Meta-Theorien haben zumindest den Vorteil, daß sie in den
meisten Fällen Weissagungen sind. Wenn die UFOs hier sind, um
uns zu helfen (die Hüter der Menschheit), dann sollten wir doch
ein engelsgleiches Verhalten erwarten. Sind sie hier, um uns zu
schaden (Dämonen), dann sollten wir dämonisches Verhalten
erwarten.

Sucht man sich hier und da ein paar Indizien heraus, kann man
jede dieser Theorien bestätigen – oder widerlegen. Warum sollten
zum Beispiel Engel jemanden einer Strahlung aussetzen? Und
warum sollten im Gegensatz dazu Dämonen kranke Menschen »hei-
len«, wie in einer Reihe von Fällen berichtet wurde? Religiöse Fana-
tiker können natürlich behaupten, es handle sich dabei um den letzten Kampf zwischen den Kräften des Guten und des Bösen.

Die Ufo-Anomalie

Wenn UFOs das Produkt von Intelligenzen sind, die in der beschriebenen Weise mit uns agieren, dann muß es einen Grund für ihre Taten geben. Es ist daher eine natürliche Reaktion des Menschen, daß er versucht, die Psychologie der Aliens zu analysieren. Wahrscheinlich ist dieses Bemühen aber zum Scheitern verurteilt, es sei denn, sie entschließen sich, uns etwas darüber mitzuteilen. Absichtstheorien versuchen voreilig, endgültige Antworten auf die tiefgründigen Fragen zu geben, die sich durch die UFOs stellen, aber leicht haben sie mit den Heiße-Luft-Theorien die Schwäche gemein, daß sie zu allen oder zum Großteil der wichtigsten Daten nicht passen. Auch haben sie denselben ad-hoc-Geruch nach erzwungenen Schlüssen.

Die Vorstellung, daß die Intelligenz hinter den UFOs uns aus einem verborgenen Grund absichtlich täuscht oder unseren Glauben manipuliert, hat Jacques Vallee in gewisser Weise in *Messengers of Deception* vorgetragen (siehe auch die Erläuterung seiner Position in *Encyclopedia of UFOs*) und der Soziologe Ron Westrum in einer Debatte mit dem Verfasser im *MUFON UFO Journal* erklärt.

Westrum zitierte aus Büchern von Vallee und John Keel zum »Problem der Täuschung« und sprach sich in seinem ersten Artikel dafür aus, beim Studium von UFOs eher eine »strategische« denn eine »wissenschaftliche« Perspektive einzunehmen. Er sagte, das »könne sich zum Verständnis des Verhaltens der UFO-Besatzungen als sehr nützlich erweisen«. Er führte dann verschiedene Täuschungspraktiken an, die die Besatzungen von UFOs anwenden könnten, darunter auch das, was man heute im Geheimdienstjargon »Desinformation« nennen würde.

Er ordnete diese Bemerkungen so ein, daß er »... versuchte, den Leser dazu anzuleiten, zu bedenken, was ein vernunftbegabter Gegner tun würde, nicht aber behaupten wolle, daß eine dieser Methoden tatsächlich angewandt würde.« Da die Menschen gewohnheitsmäßig solche Täuschungsmanöver ausführen, vermutete er, daß wir in Betracht ziehen sollten, daß Aliens zu ähnlichen Bosheiten fähig wären, wenn es ihren Zwecken diente.

Meine Entgegnung lautete, daß eine solche Annahme die Möglichkeit zu wissenschaftlicher Forschung ausschließt, denn sollte sie zutreffen, sind wir mit Sicherheit unterlegen, und jeder Versuch, eine »Gegenstrategie« zu entwickeln, wie Westrum vorgeschlagen hatte, würde sich als vergeblich erweisen. Wir könnten unseren Sinnen nicht mehr trauen und auch nichts, was wir entdecken, und wir hätten keine Möglichkeit mehr, die Gültigkeit von Dingen nachzuweisen.

114 Ungebetene Gäste

In der sich daraus entwickelnden Debatte argumentierte ich, »... wir können unmöglich wissen, welche Strategie wir anwenden wollen, ohne zunächst zu wissen, wo wir im Hinblick auf die ETIs (extraterrestrische Intelligenzen) stehen.« Nur wenn sie uns sehr ähnlich wären, hätte »strategisches« Denken Aussicht auf Erfolg, und wie ihre Meisterschaft über die Naturkräfte zeigt, läge eine große Lücke zwischen unseren verschiedenen Intelligenzniveaus.

Westrum entgegnete, wir hätten keinerlei Grund zu der Annahme, ETIs wären allwissend und allmächtig, er ziehe es vor, anzunehmen, daß sie das nicht sind. »Ich möchte hier von der vernünftigen Annahme ausgehen«, sagte er, »daß sie sowohl intellektuell fehlbar wie auch körperlich verwundbar sind ... Ich denke, die Behauptung, daß wir von den ETIs in verschiedener Weise im Dunkeln gelassen und verwirrt werden, was ihre Identität, ihre Fähigkeiten und ihre Zahl anbelangt, ist angesichts der Sichtungen, die wir alle kennen, sehr wohl gerechtfertigt.«

Ich stimmte ihm insoweit zu, daß seine Ansicht »... eine interessante Vorstellung war, die man im Hinterkopf behalten sollte«, bemerkte dann aber, daß »... dieselben verblüffenden Phänomene, die (er) auf diese Weise erklären zu müssen glaubt, meiner Ansicht nach einfacher und direkter verstanden werden können, wenn man sie als Zeichen einer Kultur und Technik betrachtet, für die wir in unserer Gesellschaft ... des zwanzigsten Jahrhunderts keine entsprechenden Analogien haben; daher verblüffen sie uns.«

Die Debatte war sehr lehrreich, und am Ende wurde mir klar, daß unsere verschiedenen Vermutungen ganz logisch zu verschiedenen Ansichten über die Interpretation des beobachteten »Verhaltens« und sogar über die Art der Ermittlung bei UFO-Berichten geführt hatten. Er nahm eine recht kleine Lücke bei Intelligenz und Technologie an, ich eine wesentlich größere, die an sich schon die Daten erklären konnte, die er absichtlichen Täuschungsmanövern zuschrieb. Ich konnte nicht bestreiten, daß er recht haben könnte, aber letztendlich kam alles auf die Vermutungen an, die man anstellte.

Tatsächlich interpretierten wir beide die bis dahin gesammelten Daten und konstruierten auf ihrer Grundlage eine Hypothese. Jede Hypothese floß aus einer bestimmten Lesart der Daten. Dies deutete auf ein ernstes und wichtiges Problem in der Methodik der UFO-Forschung hin: Welche Daten innerhalb der großen Sammlung gemeldeter UFO-Daten sollen wir als gültigen Teil des zu erklärenden Problems akzeptieren? Ufologen neigen in diesem Punkt zu großer Uneinigkeit, was jede Diskussion in ihren Grundfesten berührt.

Die Ufo-Anomalie

Wie sorgfältig wurde bei bestimmten Berichten ermittelt und sorgfältig deren Wahrheitsgehalt festgestellt? Zu den kontroversen Datengebieten – manche akzeptieren sie als zutreffend, andere nicht – gehören Berichte über Manifestationen »übersinnlicher Phänomene« im Zusammenhang mit UFO-Sichtungen, die Verbindung von Bigfoot-Sichtungen mit UFOs und Verbindungen zwischen Viehverstümmelungen und UFOs. Sind diese Verbindungen richtig und gehören sie zu den Daten, die zu erklären sind, dann haben sie weitreichende Folgen für unser Verständnis von der Bedeutung der UFOs für die Menschheit.

Bevor nicht ein breiterer Konsens darüber erreicht ist, was die legitimen Daten zum UFO-Rätsel ausmacht, ist jede Theorie verdächtig, soweit sie von der Gültigkeit vieler bizarrer Phänomene, über die berichtet wurde, ausgeht und nicht einen Katalog sorgfältig erforschter und überprüfter Beispiele vorlegen und dokumentieren kann.

Die beiden nach den Maßstäben eines breiten Interesses und starker Kontroversen heute vorherrschenden Berichtstypen sind Prachtbeispiele für das Datenproblem: Berichte über Entführungen und über Abstürze und Bergungen. Bei jedem läßt sich nur äußerst schwer nachweisen, daß er sich tatsächlich ereignet hat. Die Berichte sind äußerst interessant, werden aber zurecht kontrovers betrachtet. Jeder Berichtstyp würde uns, wäre er wahr, etwas höchst Wichtiges sagen und die Richtung unseres Denkens stark beeinflussen.

Wenn wirklich Menschen entführt würden, dann scheint es, als seien die »Weltraummenschen« sehr fortgeschritten in Intelligenz und Technik und hätten großes Interesse an der menschlichen Physiologie. Sind UFOs abgestürzt und wurden Leichen geborgen, dann erschienen die »Weltraummenschen« Ron Westrums »fehlbarem« und »verwundbarem« Modell doch wesentlich ähnlicher. Auch wüßte die Regierung der Vereinigten Staaten (und wahrscheinlich auch andere Regierungen) sehr viel über die Beschaffenheit der UFOs und ihrer Besatzung, was der Öffentlichkeit dann etwa vierzig Jahre vorenthalten wurde.

Treffen beide Berichtstypen zu, dann fehlt ein Stück des Puzzles, das die Diskrepanz zwischen der »Fehlbarkeit« abgestürzter UFOs auf der einen und der fast magischen Technik und Fähigkeiten, die die Besatzungen der UFOs an den Tag legen, auf der anderen Seite erklären würde. Treffen beide Berichtstypen zu, hat das noch eine weitere überraschende Bedeutung: Beide Seiten haben in einer Art außerirdischen »Kalten Krieges« »Gefangene« genommen und deren biologischen Aufbau studiert.

116   Ungebetene Gäste

Könnte es auf beiden Seiten »Kriegsgefangene« geben, die immer noch festgehalten werden? Und wenn dem so ist, welches wahnsinnige Spiel spielt die Regierung dann, daß sie das ihren Bürgern nicht anvertraut, für die der Ausgang Leben oder Tod, Freiheit oder Gefangenschaft bedeuten könnte? Es ist ganz klar, daß bei diesen Berichten wegen ihrer erschütternden Konsequenzen peinlichst genau nachgeforscht werden muß.

Ebenso könnten auch bestimmte Schlüsse daraus gezogen werden, wenn die »Weltraummenschen« Tiere verstümmeln (biologische Studien parallel zu ihren Erforschungen der Menschen?) und/oder Bigfoot-Wesen in gewisser Weise benutzen, und unsere Theorien müßten entsprechend modifiziert werden. Persönlich bin ich der Ansicht, daß keine dieser angeblichen Verbindungen ausreichend dokumentiert wurde, um ihre Akzeptanz als Teil der UFO-Daten zwingend dazustellen. »Mysteriöse Hubschrauber«, gleichfalls eine Randerscheinung der akzeptierten Daten im Zusammenhang mit UFOs, passen in dasselbe Bild. Es wurde behauptet, sie seien Teil des Rätsels um die Viehverstümmelungen.

Beim heutigen Stand der Dinge sind die Daten des einen der Fluch des anderen, was alle Bemühungen um einen Interpretationsversuch von Bedeutung und Wichtigkeit der UFOs ernstlich erschwert. Die Dimensionen der UFO-Anomalie sind uns nicht klar. Meine Schlußfolgerung in der Debatte zwischen Westrum und Hall ist auch noch heute meine Schlußfolgerung:

»Meiner Ansicht nach können wir gegenwärtig keinesfalls die Antwort finden, wir können nur unter einer Reihe Möglichkeiten vermuten. Bevor wir nicht sehr viel mehr Daten sammeln und analysieren ..., sollten wir uns einer allzu großen Neigung zu einer möglichen Erklärung enthalten; stattdessen sollten wir objektiv Daten über diese verblüffenden Phänomene, über deren Existenz wir uns alle einig sind, sammeln und studieren und so viel wie möglich über sie erkennen. Bei diesem Prozeß sollten wir ständig verschiedene Hypothesen prüfen und erforschen. In diesem Geiste ist die Erforschung der Folgen verschiedener möglicher Erklärungen für die Menschheit ein lohnendes Unterfangen.«

Die Ufo-Anomalie   *117*

BIBLIOGRAPHIE

ALDRICH, HAL R.: »Rainbows Keep Falling on My Head«, *INFO Journal* Nr. 24, Juli/August 1977. Berichte über farbigen Regen und Schnee.

CAMPBELL, STUART: »The Credibility of UFO Hypotheses«, *MUFON UFO Journal* Nr. 156, Feb. 1981.

FORT, CHARLES: *Complete Books of Charles Fort* (New York, Dover, 1974), Sammlung von Berichten über Eis-Niederschlag, UFO-Berichten und anderen Anomalien.

GILLMOR, DANIEL S.: (Hrsg.). *Scientific Study of Unidentified Flying Objects* (New York, Bantam Books, 1969.) Der Bericht der Universität Colorado über ihr UFO-Studien-Projekt, das von Dr. E. U. Condon geleitet wurde.

GREENWELL, J. RICHARD: »Theories, UFO« in *Encyclopedia of UFOs* (New York, Doubleday, 1980).

HALL, RICHARD H.: *The UFO Evidence* (Washington D.C., NICAP, 1964) Fälle mit Satellitenobjekten, S. 15-17.

HALL, RICHARD H.: »Recapping and Commenting«, *Skylook (jetzt MUFON UFO Journal)* Nr. 83, Oktober 1974. Zur UFO-Täuschungstheorie.

HALL, RICHARD H.: »Recapping and Commenting«, *Skylook* Nr. 86, Jan. 1975 Zur UFO-Täuschungstheorie.

HALL, RICHARD H.: »How Do We Cope With Specemen?«, *Skylook* Nr. 93, August 1975.

HYNEK J. ALLEN UND VALLEE, JACQUES: »Brainstorming« Kap. 9 in *Edge of Reality* (Chicago, Henry Regnery, 1975).

JAMES, TREVOR: *They Live In the Sky* (Los Angeles, New Age Publications Co., 1958). Theorie über Weltraumtiere.

KLASS, PHILIP J: »Plasma Theory May Explain Many UFOs«, *Aviation Week and Space Technology,* 22. August 1966.

KLASS, PHILIP J: »Many UFOs Are Identified as Plasmas«, *Aviation Week and Space Technology,* 3. Oktober 1966.

118 *Ungebetene Gäste*

KUHN, THOMAS S.: *Structure of Scientific Revolutions* (University of Chicago Press, 1962).

ROBEY, DONALD H.: (A) »A Theory on Flying Saucers« *Saturday Review*, 5. September 1959 (In einem persönlichen Briefwechsel mit dem Verfasser sagte Robey, daß er nie behaupten wollte, daß seine »Eiskometoidentheorie«, die hier populärwissenschaftlich erklärt wird, für alle UFOs gelte; der Wissenschaftsredakteur habe seinen Artikel neu geschrieben. Tastsächlich nimmt er eine bestimmte Form der außerirdischen Hypothese ernst.)

ROBEY, DONALD H.: (B) »An Hypothesis on Slow Moving Green Fireballs« *Journal of the British Interplanetary Society*, Band 17, 1959-60, S. 398-411. Bezieht sich auf »bestimmte groteske Feuerbälle«, darunter die grünen Feuerbälle 1948 und 1949 über New Mexico (siehe Kapitel 11). Eine technischere Erläuterung der »Eiskometoidentheorie«, die deren begrenzte Anwendbarkeit auf UFO-Berichte deutlich macht.

SAGAN, CARL: »UFOs: The Extratrerrestrial and Other Hypotheses« in *UFOs. A Scientific Debate* (Cornell Univ Press, 1972), S. 265-275.

VALLEE, JACQUES UND VALLEE, JANINE: *Challenge to Science: The UFO Enigma* (Chicage, Henry Regnery, 1966) UFO-Berichte über Typ II-B, S. 176.

VALLEE, JACQUES: »The Psycho-Physical Nature of UFO Reality: A Speculative Framework« in *Thesis-Antithesis*, A. D. Emerson (Hrsg.) (Vortrag auf dem Gemeinsamen Symposium des Amerivan Institute of Aeronautics and Astronautics und des Los Angeles Chapter of World Future Society, AIAA Los Angeles Section, 1975).

WESTRUM, RON: »Question of Deception by UFOs a Possibility«, *Skylook*, Nr. 81, August 1974.

WESTRUM, RON: Leserbrief, *Skylook* Nr. 84, November 1974. Zur UFO-Täuschungstheorie.

WESTRUM, RON: »Matching Wits With Extra-terrestrials«, *Skylook* Nr. 91, Juni 1975. Zur UFO-Täuschungstheorie.

KAPITEL 7

ANDERE REICHE

Sind die UFOs Wesen aus einer anderen Welt von Zeit und Raum als die der Wissenschaft bekannten? Könnten es Zeitreisende sein, oder könnten sie aus anderen Dimensionen oder einem Paralleluniversum kommen? Bekannte Autoren haben diese Motive weidlich ausgebeutet, insbesondere da die ETH wegen Mangels an Beweisen auf der Stelle tritt, aber sie bleiben im Wesentlichen Science Fiction, die sich einer Verifikation durch die Wissenschaft entzieht. Bis zu welchem Grad dieser Griff nach alternativen Erklärungen nur Ungeduld ist, die nicht auf die endgültigen Antworten warten will, wird sich noch erweisen. Solche Auffassungen fanden Fürsprecher auch unter seriösen Ufologen, denen es schwerfällt, die Daten nur mit »schlichten« Raumschiffen aus Schrauben und Bolzen in Verbindung zu bringen.

Zwei Indizienarten, die oft angeführt werden, sind das abrupte Erscheinen und Verschwinden von UFOs (manchmal wird das als »Materialisierung« und »Dematerialisierung« bezeichnet) und das geisterhafte, erscheinungsgleiche Verhalten mancher Wesen im Zusammenhang mit UFOs, darunter einige wenige, die laut den Berichten durch feste Materie gehen oder gleiten! Wenn man die Berichte als zutreffende Beobachtungen akzeptieren kann (im Gegensatz zu einer rein psychologischen Erklärung), dann könnte man daraus auf die Existenz einer Welt schließen, die die Wissenschaft bis jetzt noch nicht zur Kenntnis hat.

1980 assistierte der Verfasser Elizabeth Philip und Fred Whiting von der Zeitschrift *Frontiers of Science* (Grenzen der Wissenschaft), damals noch *Second Look* (Auf den zweiten Blick), bei Ermittlungen über Berichte zweier Schwestern in Maryland, wonach sie im Abstand von fünf Monaten humanoiden Wesen begegnet seien, die beiden als »Schlafzimmerbesucher« erschienen. Obwohl keine der

Ungebetene Gäste

Schwestern ein UFO sah oder sich an eine Entführung erinnerte, ähnelten die Berichte in anderen Punkten stark vielen bekannten Berichten über Humanoide oder Entführungen.

Die Wesen glitten durch die Hauswand und sahen allgemein eher wie eine Erscheinung und nicht wie fleischliche Wesen aus. Sie zeigten das typische physiologische Interesse an beiden Schwestern, wobei sie die Brüste der einen untersuchten (einer glücklich verheirateten Frau Mitte dreißig, die ihren Platz im Leben scheinbar gefunden hatte). Offensichtlich kommunizierten sie durch Telepathie. Interessant war, daß bei einem langen Interview, währenddessen die Schwestern frei über ihr Leben erzählten, keine die Wesen mit Berichten über UFOs in Zusammenhang brachte, und anscheinend wußten sie auch nicht, daß andere Menschen ähnliches berichtet hatten.

Im Fall von Betty Andreasson, von Raymond Fowler erschöpfend erforscht und dokumentiert, traten die Wesen durch die Wand ins Haus, erschienen aber sonst wie »typische«, fleischliche Humanoiden.

Am frühen Morgen des 15. Oktober 1973, während der größten UFO-Welle jenes Jahres in den Vereinigten Staaten, fand in Omro, Wisconsin, ein weiterer »Schlafzimmerbesuch« statt. Der Zeuge wachte an einem hohen Geräusch auf, das Zimmer war von einem hellen orange-roten Glühen erfüllt. Er sah, wie sich drei unbehaarte Humanoiden mit faltiger grau-weißer Haut materialisierten und mechanisch umherbewegten. Der Zeuge verlor das Bewußtsein. Er wachte kurz auf und bemerkte, daß die Wesen ihn mit einem ovalen Objekt untersuchten; dann verlor er wieder das Bewußtsein bis zum Morgen.

Am 3. Februar 1964 um 2 Uhr morgens wachte in Gum Creek, im Süden Australiens, eine Frau auf und sah, wie sich vor ihrem Fenster eine Gestalt matieralisierte »... wie auf einer Kinoleinwand, die sich herabsenkt.« Die Beleuchtung war taghell.

Etwa im Februar 1976 waren in Hobart in Tasmanien ein Mann und seine Frau etwa um 23 Uhr zu Bett gegangen, die Frau schlief bereits. Der Mann bemerkte, daß die geschlossene Tür anscheinend dunkler wurde und drei Gestalten durch die geschlossene Tür kamen (wieder ein »Schlafzimmerbesuch«). Einer berührte den Mann am Bein, das sich danach taub anfühlte. Sie versuchten, etwas über seine Beine zu legen. Er wehrte sich und weckte seine Frau, worauf die Wesen »... über das Bett zum Fenster hinausstiegen, das in einem orangefarbenen Glühen aufzuspringen schien.«

Andere Reiche

Es wäre an diesem Punkt einfach und vielleicht auch angemessen, solche Berichte als zutreffende »Daten« abzulehnen, und einige Fälle öffnen sich auch tatsächlich einer psychologischen Interpretation. Allgemein gesagt sind viele dieser Berichte so schlecht erforscht, daß keiner mit Sicherheit weiß, wie sie zu deuten sind. Wirklich wissenschaftliches Vorgehen erlaubt aber nicht, sie abzutun, nur weil sie nicht zu unseren Überzeugungen passen. Andererseits befinden sich aber auch die, die solche Berichte als Sprungbrett zu exotischen Theorien benutzen, auf ebenso schwankendem Boden.

Insgesamt gibt es genügend solcher »nicht-materialistischer« Berichte, daß man innehalten sollte, bevor man annimmt, sie seien alle Unsinn. Bedauerlicherweise verschmelzen sie leicht bis zur Ununterscheidbarkeit mit den vielen Berichten über »Erscheinungen« und »übersinnliche« Erlebnisse, die mit einer gewissen Vorbelastung behaftet sind. Aber es ist auch nicht damit getan, sie des Mitläufertums schuldig zu sprechen.

Vielleicht sind die Fälle im Zusammenhang mit UFOs einfach »weitere in der Art«, Berichte über verblüffende Phänomene, die früher mit übersinnlichen oder religiösen Erlebnissen in Verbindung gebracht wurden und nun im Umfeld von UFO-Berichten aus dem Boden schießen. Wie immer wir sie auch etikettieren wollen, gelegentlich berichten Menschen über Begegnungen mit erscheinungsgleichen Wesen, die sich zuweilen verhalten, als bestünden sie nicht aus fester Materie.

Einstein lehrte uns das Denken in den Begriffen des vierdimensionalen Universums: Länge, Breite und Tiefe sind die bekannten Dimensionen, Zeit die vierte. Mathematiker sprechen von multiplen Dimensionen und analysieren deren mathematische Eigenschaften.

Eine völlig andere Frage ist jedoch, ob diese theoretischen Konstruktionen der physischen Realität entsprechen oder gar erst einem Existenzbereich, den fühlende Wesen bewohnen. Und schließlich, wenn *wir* von anderen Dimensionen sprechen, dann sprechen wir über etwas, das theoretisch von *uns* entdeckt und gemessen werden kann, etwas, das vermutlich in einer Beziehung zu *unserem* Begriffssystem existiert. Nur woraus es bestehen könnte, ist recht unklar. Aber es sich als Land vorzustellen, wie Oz, das wir besuchen – oder dessen Bewohner uns besuchen können – erscheint nicht gerechtfertigt.

Etwas ansprechender, wenn auch in vieler Hinsicht ein gleichermaßen unklares Konzept, ist die Vorstellung von Paralleluniversen. Im Wesentlichen wird dabei von einer multiplen Existenz fühlender

Lebewesen ausgegangen, die in gewisser Weise mit uns dieselbe oder einander überlappende Raumzeiten bewohnen. Sie unterscheiden sich von uns zunächst darin, daß sie aus einer Materie anderer Dichte oder vielleicht variabler Dichte bestehen. Bei dieser Sichtweise ist die natürliche Umgebung bisweilen so beschaffen, daß sie für uns und umgekehrt wir für sie sichtbar werden können. Oder es ist ihnen mit Hilfe der Technik möglich, die Umgebung zu verändern, damit sie mit uns umgehen können.

Auf die UFOs bezogen würde das bedeuten, daß eine technisch fortgeschrittene Gesellschaft, die UFO-Raumschiffe benutzt, immer wieder (und manchmal sehr regelmäßig) in die Bereiche unserer Wahrnehmungsfähigkeit eindringt und sie wieder verläßt, wobei sie die ganze Zeit über »hier« (in unserer Raum-Zeit-Sphäre) waren, aber für uns unsichtbar. Hin und wieder erreichen sie eine ähnliche oder dieselbe Dichte und tun dann all das, was über UFOs berichtet wird, sie stellen sich Fahrzeugen in den Weg und zeigen ein starkes Interesse an einzelnen Menschen.

Befinden sie sich im für ihre Existenz natürlichen Zustand, leben sie vermutlich auch im selben Raum wie wir; ihre Raumschiffe bewegen sich ohne wahrnehmbare Kollision durch die Atome unserer physischen Realität. Während des Übergangs aus ihrer Welt in unsere könnte es ein Zwischenstadium geben, in dem sie für uns bereits sichtbar werden, aber immer noch durch die Dichte unserer Materie dringen können. Alternativ ist auch möglich, daß sie, wenn sie ihre Dichte wie bei einem Thermostat kontrollieren können, sich »an-« und wieder »aus«-schalten, wenn sie durch unsere Wände gehen. Und wenn sie dicht genug werden, daß wir sie sehen können, aber immer noch weniger dicht als wir, würden sie dann nicht gelegentlich in unserer Atmosphäre schweben? Auch wenn sie Fahrzeuge oder Menschen levitieren, könnte es sein, daß sie dabei ihre überlegene Kenntnis der Materie anwenden. Weniger Masse entspricht geringerer Anziehung durch die Schwerkraft.

Es macht Spaß, sich ein Paralleluniversum vorzustellen, das von den UFO-Wesen bewohnt ist, die uns eines Tages entdeckten. Vielleicht gab es in ihrer Gesellschaft lange Zeit Berichte über Geister und Erscheinungen (verspottet von ihren Wissenschaftlern), oder vielleicht schickten unsere Atomtests erkennbare Partikel in ihre Welt. Jedenfalls entwickelten sie zu einem bestimmten Zeitpunkt in ihrer Evolution die Kenntnisse und die Technik, die es ihnen erlaubte, die Materie zu manipulieren, und – sieh einer an – sie entdeckten die Existenz eines Paralleluniversums. Hätten sie die geistige Hal-

Andere Reiche

tung eines Wissenschaftlers, würde sie das sicher zu den fieberhaften Forschungen und Studien anregen, von denen bei UFO-Berichten berichtet wurde oder die in sie hineingelesen werden können.

Wollen wir die Welt dieser hypothetischen Wesen »Dimension« nennen, ist das in Ordnung. Wollen wir die Wesen als »ätherische Wesen« bezeichnen, ist das auch in Ordnung. Aber wir haben doch bestimmte Begriffe zumindest allgemein definiert und können daher nun etwas sinnvoller darüber sprechen. Die Essenz dieses Konzeptes ist, daß fühlende Lebensformen, die aus Massen verschiedener Dichte bestehen, parallel zueinander leben und sich – entweder auf natürliche Weise oder durch technische Manipulation – manchmal auf ein den anderen in etwa entsprechendes Niveau verändern, so daß sie vom anderen gesehen und berührt werden können.

ZEITREISENDE

Wie aber würden Zeitreisende aussehen, wenn es sie gäbe? Kämen sie uns vor wie eine Erscheinung? Würde die Tatsache, daß sie durch die Zeit reisen, die »Festigkeit« der Reisenden beeinträchtigen, so daß ihre Materie weniger dicht wäre als unsere? Ergeben solche Fragen überhaupt einen Sinn?

»Zeit« ist ein sehr schlüpfriger Begriff, und es ist schon schwierig, nur darüber zu sprechen, ohne in einen semantischen Morast zu geraten, in dem die Worte und ihre Bedeutung dem Verständnis geradezu im Weg zu stehen scheinen. Noch dazu scheint es, als würden die dem Zeitreisen inhärenten Paradoxa es verbieten (es sei denn, es gibt eine Lösung, die augenblicklich noch jenseits unseres Vorstellungsvermögens liegt). Zeitreisen nach vorne setzt eine feste Ereignisfolge voraus, was unsere Vorstellung vom freien Willen und daher auch der Moral untergräbt.

Wenn es, die richtige Technik vorausgesetzt, möglich ist, in der Zeit vorwärts zu reisen und Ereignisse in der Zukunft zu sehen (oder vielleicht daran teilzuhaben), dann setzt das die Existenz einer bestimmten Zukunft voraus, die so sein wird, ungeachtet unseres Verhaltens und der Entscheidungen, die wir treffen. Das ist die Idee von der »Vorbestimmung«, durch die wir alle zu Schauspielern werden, die einem Drehbuch folgen, ob wir unsere Rolle nun kennen oder nicht. »Gut und Böse« werden dann zu reinen Illusionen, weil weder der edelste Heilige noch der brutalste Mörder über sein Verhalten zu entscheiden hat.

124 Ungebetene Gäste

Zeitreisen rückwärts in die Vergangenheit (die bereits abgeschlossen ist) bergen ein anderes Problem: Wir könnten mit unseren Ahnen aus Furcht, den Lauf der Geschichte zu ändern, nicht in Handlungsaustausch treten. Das klassische Paradoxon beschreibt einen Zeitreisenden, der sich in die Vergangenheit begibt und versehentlich einen Ahnen direkter Linie tötet. Damit unterbricht er die Linie, die zu seiner Existenz führte! Und wenn die Vergangenheit »bereits geschehen« ist, dann erscheint außerdem angesichts dessen jeder sinnvolle Handlungsaustausch mit Menschen der Vergangenheit unmöglich. Bestenfalls könnten Zeitreisende in die Vergangenheit erwarten, nur Bilder vergangener Ereignisse zu sehen; sie könnten keine physischen Effekte erzeugen oder Menschen der Vergangenheit entführen und Experimente an ihnen durchführen, denn das würde ja das verändern, was »bereits geschehen« ist.

Der Film *The Final Countdown* aus dem Jahre 1980 (mit Kirk Douglas, Martin Sheen und James Farrentino) macht die logischen Paradoxa einer Zeitreise in die Vergangenheit deutlich. Ein moderner atomkraftgetriebener Flugzeugträger mit fortschrittlichen Jets und Waffensystemen gerät in eine »Zeitverwerfung« und findet sich in der Nähe von Pearl Harbor, Hawaii, wieder, als die japanische Flotte herankommt, um am 7. Dezember 1941 anzugreifen. Sollen sie versuchen einzugreifen? Was würde geschehen, wenn sie es versuchten? Der Film ist faszinierend und sehr empfehlenswert.

Wir müssen uns auch mit der Frage des »Vorwärts«- oder »Rückwärtsreisens« in der (durch die?) Zeit beschäftigen. Ist Zeit eine Richtung? Wir reisen »in« die Vergangenheit oder die Zukunft. Ist Zeit ein Ort? In der Praxis wird die Zeit, wie wir sie mittels unserer Uhren messen (eine Erdrotation ist gleich vierundzwanzig Stunden), dazu verwendet, um erlebte Ereignisse in eine Sequenz einzuordnen, die wir normalerweise als »gestern«, »heute« und »morgen« bezeichnen. Streng genommen ist aber »jetzt« – das, was unsere Sinne in diesem Moment sagen – die einzige »Zeit«, die wir kennen oder direkt erleben. Gestern ist nur Erinnerung, und morgen ist nur Erwartung oder Vorstellung. Vergangene und künftige »Zeit« existieren nur im Verstand.

Wir scheinen einen Fluß der Ereignisse zu erleben, der der Zeit gleicht und auf den wir Zeitmaße anwenden ... die »Vergangenheit« (Erinnerung), das »Jetzt« (Erlebnis) und die »Zukunft« (Erwartung). Wenn heute der 4. Juli 1983 ist und die Uhr 17.45 Uhr zeigt und die Sonne am 5. Juli um 5.45 Uhr aufgehen soll, dann liegt das Ereignis des Sonnenaufgangs zwölf Stunden in der Zukunft. Wir erleben

Andere Reiche

den erwarteten Moment, es kommt die Stunde Null, und es ist »jetzt«. Danach »entweicht« dieses bestimmte Ereignis des Sonnenaufgangs in die Vergangenheit. Schließlich »entweicht« es um Tage, Monate, Jahre, ... Jahrtausende.

War der Sonnenaufgang vom 5. Juli aus irgendeinem Grund besonders bemerkenswert, kann er uns jahrelang in Erinnerung bleiben. Und doch ergibt die Vorstellung keinen Sinn, daß dieses bestimmte Ereignis eines Sonnenaufgangs je noch einmal körperlich betrachtet und tatsächlich erlebt werden könnte, außer vielleicht als Bild. Und es ergibt auch keinen Sinn, wollte man denken, daß wir, wenn wir morgen eine Zeitmaschine entdeckten, irgendwie »in« die Zukunft reisen und den Sonnenaufgang des 5. Juli 2083, einer Zeit, zu der die Erde etwa 36.500 weitere Umdrehungen abgeschlossen hätte, beobachten könnten.

Versteht man die Zeit als vom Menschen geschaffenes Maß des Verhältnisses erlebter Ereignisse, scheinen wir gedanklich eine zeitliche Linie zu entwickeln, die sich aus der Gegenwart in die Vergangenheit erstreckt und sich vorwärts in die erwartete Zukunft »bewegt«. Das ist, als beobachte man den Kondensstreifen eines Jets in großer Höhe, der sich hinter der Stelle herzieht, an der sich der Jet momentan (»jetzt«) befindet, sich aber im Verlaufe von Minuten Zentimeter für Zentimeter über den Himmel an eine neue momentane Stelle bewegt. Die Gegenwart (»jetzt«) ist der Schnittpunkt der Wirklichkeit, und doch erwarten wir, daß der Streifen sich am Himmel fortsetzen wird.

Es scheint, als wollten wir, wenn wir vermuten, daß UFOs Zeitreisende transportieren, tatsächlich nahelegen, daß sie irgendwie in der Lage sind, vergangene Ereignisse nachzuerleben, indem sie sich an die Stelle »begeben«, an der sie sich abgespielt haben (das setzt einen Ort voraus) und daß wir Teil ihres vergangenen Erlebens sind. Oder, wenn sie aus unserer Vergangenheit kommen, daß wir ihre Zukunft sind, und daß sie irgendwie Ereignisse erleben können, die – bezogen auf ihre Gegenwart – erst noch eintreten werden.

Weiter ist Folgendes semantisch verwirrend: Ob die Zeitreisenden nun unsere Ahnen oder unsere Nachfahren sind, wenn sie »hierherkommen« und uns erleben, scheint es, als würden wir ... bei den bisher verwendeten Definitionen ... automatisch zum Teil ihrer Gegenwart, die sie in ihrem unmittelbaren »Jetzt« erleben. Und doch kamen sie vermutlich von ... einem anderen Punkt ihrer Gegenwart.

Kehrten unsere Ahnen (die in der Zeit vorwärts reisen) danach wieder in ihre vorherige Zeit zurück, würden ihre Erlebnisse mit uns

126   Ungebetene Gäste

dann für sie zu einer Erinnerung an die Vergangenheit? Eine »Erinnerung an ihre Zukunft«? Das Ereignis der Zeitreise ließe für den Reisenden Zukunft und Vergangenheit verschmelzen, und wenn dasselbe Erlebnis dann im natürlichen Lauf der Ereignisse einträte, und das »Jetzt« käme, dann wären Vergangenheit, Gegenwart und Zukunft alle »Jetzt«!

Interessant ist auch festzustellen, daß aus unserer »Jetzt«-Perspektive sowohl die Gegenwart wie auch die Zukunft nur eine endliche Existenz haben (bevor sie Teil unserer Vergangenheit werden), wohingegen sich die Vergangenheit unendlich »nach hinten« erstreckt, solange sie sich eine persönliche oder kulturelle Erinnerung wieder ins Gedächtnis rufen kann.

Bei alledem ist es sehr wohl möglich, daß unsere vagen Vorstellungen von der Zeit sämtlich falsch sind und daß sie gar nichts damit zu tun hat, einen nicht richtungsgebundenen Fluß erwarteter, erlebter und erinnerter Ereignisse zu messen. Es ergäben sich unterschiedliche Konsequenzen daraus, wären unsere Vorstellungen vom Universum und unserer gesamten Existenz/unseres Erlebens fehlerhaft, was sie wahrscheinlich auch sind. Wenn alles Erleben eine Mobiuskurve ist, die wieder zu sich selbst zurück führt, dann könnte die Zeit in gewissem Sinne ein Punkt auf dieser Kurve sein, der – die richtige Technik vorausgesetzt – aufgesucht werden kann, und die Vorstellung vom Zeitreisen ergäbe einen Sinn.

»Vergangenheit« und »Zukunft« könnten menschliche Verstehensfehler sein, und es wäre möglich, daß alle Existenz einfach *ist*. »Zeit« wäre für uns dann unsere unmittelbar verfügbare Scheibe des Erlebens, unsere unmittelbaren Wahrnehmungen, wo immer wir uns auch gerade auf der Kurve befinden mögen. Die »Wirklichkeit« wäre eine feste Schriftrolle, die an uns vorbeirollt, und wenn wir die Rolle nach unserem Willen weiterrollen oder uns an den richtigen Ort für unsere Beobachtungen begeben könnten, dann könnten wir vielleicht tatsächlich jenen Sonnenaufgang vom 5. Juli 1983 noch einmal sehen und erleben. Vielleicht gibt es einen feststehenden Ereignishintergrund, vor dem uns eine gewisse Bandbreite der Wahlmöglichkeiten zugestanden ist, wie wir reagieren, wenn wir an jenem Punkt auf der Kurve vorbeikommen. Vielleicht gibt es alternative »Vergangeheiten« und »Zukünfte«, so daß wir »parallele Wirklichkeiten« haben ... eine unendliche Zahl Schriftrollen.

Das alles weißt darauf hin, daß die gängige Auffassung von Zeitreisen extrem vereinfachend sind und die ernsten, wissenschaftlichen, logischen und paradoxen Probleme übersehen, die sich daraus

Andere Reiche 127

ergeben. Die Theorie von den Zeitreisen wird wahrscheinlich, auch wenn sie zutreffend sein sollte, kein Licht auf UFO-Berichte werfen. Wenn sie zutrifft, dann sehen wir uns mehr Rätseln gegenüber als zu Beginn, und es gibt keine ersichtliche Möglichkeit, wie echte Zeitreisende als solche erkannt werden könnten.

Wenn wirklich Zeitreisende hier sind, dann befolgen sie eindeutig das Gesetz der Nichteinmischung nicht (da sie viele Veränderungen im Leben einzelner Menschen bewirkt haben). Kommen sie aus unserer Zukunft (d.h. aus Ereignissen, die erst noch eintreten werden), laufen sie Gefahr, Ereignisse zu beeinflussen, die zu ihrer Existenz führten. Und wenn sie aus unserer Vergangenheit kommen, (d.h. unsere Ahnen sind), dann ist uns die Technik unserer Vorväter eindeutig verlorengegangen.

BIBLIOGRAPHIE

BASTERFIELD, KEITH: »A Possible Psychological Explanation for Certain Close Encounters With the UFO Phenomena«, September 1978, nicht veröffentlichte UFO-Forschung aus Südaustralien. Zusammenfassungen der Fälle vom 15. Oktober 1973 in Omro, Wisconsin, vom 3. Februar 1964 in Gum Creek, Südaustralien und vom Februar 1976 in Tasmanien.

FOWLER, RAYMOND E: *The Andreasson Affair* (Englewood Cliffs, New Jersey, Prentie Hall, 1979).

FRAZIER, J. T.: *Of Time, Passion and Knowledge* (New York, George Braziller, 1975) Diskussionen über das Wesen der Zeit.

GREENWELL, J. RICHARD: »Time Travel Theory« in *Encyclopedia of UFOs* (New York: Doubleday, 1980).

SWORDS, MICHAEL D: »Are There Parellel Universes?« *International UFO Reporter*, Band 12, Nr. 6, November-Dezember 1987. Überblick über wissenschaftliche Theorien und Spekulationen im Zusammenhang mit der möglichen Existenz eines oder mehrere paralleler Universen.

KAPITEL 8

DER ÜBERVERSTAND

Eine weitere Erklärungskategorie, die für UFO-Sichtungen entwickelt wurde, dreht sich um die Vorstellung, UFOs würden durch ein kollektives Unbewußtes geschaffen oder materialisiert, durch eine Massenpsyche oder eine Art Überverstand. Die Theorien unterscheiden sich in den Einzelheiten der dabei ablaufenden Mechanismen und der Reichweite des Überverstandes.

Auf der Grundlage der Jung'schen Vorstellung eines kollektiven Unbewußten postulierten Jerome Clark und Loren Coleman, UFOs seien eine Art globaler Poltergeist; Manifestationen übersinnlicher Energie, die eine kollektive Menschheit oder manchmal auch einzelne Menschen projizieren. (Clark kam inzwischen zu dem Schluß, daß Erklärungen dieser Art unzutreffend sind.) Sie vermuteten, daß alte archetypische Bilder, die die Menschen brauchten, um an etwas glauben zu können, vom UFO-Phänomen absorbiert wurden und daß die vermuteten Projektionen eine nicht gerade sehr gesunde Sache sind. Tatsächlich könnte das unterdrückte Unbewußte aufbrechen und die menschliche Gesellschaft erschüttern.

Michael Persinger und Gyslaine Lafreniere vermuten in ihrer ehrgeizigen Computerstudie über Fort-Phänomene die Existenz einer »Geopsyche« – eine Wesenheit, die biologische Systeme und ihre geomagnetische Umwelt in sich vereint –, die UFOs und andere Phänomene schafft. An einer kritischen Stelle besagt ihre Theorie, daß biologische Einheiten eine Matrix schaffen, die mit Energie aufgeladen werden kann, und »... diese Matrix erwirbt das Potential, eigene Verhaltensmuster zu zeigen.«

Bei beiden Theorien ist nichts Außerirdisches an UFOs, sie wären vielmehr entschieden irdischen und/oder menschlichen Ursprungs. In beiden Fällen wären es – streng genommen – natürliche Phänomene, die aber mit Verstand und Materie in einer Weise umge-

130   *Ungebetene Gäste*

hen, wie es zuvor nicht bedacht wurde. Gemeinsam ist ihnen die Ansicht, daß ein kollektiver Verstand oder eine kollektive Psyche (wenn biologisch zentriert) sich materialisieren oder Materie zu seinen/ihren eigenen, vermutlich undeutlichen und unterhalb des Bewußtseins angesiedelten »Zwecken« bilden oder manipulieren kann. Das Spektrum der dabei gezeigten Phänomene hätte wahrscheinlich für den Verstand des einzelnen Menschen keinen rationalen Zweck, und es wäre auch nicht die »Absicht« des Überverstandes, einzelnen Menschen etwas kommunikativ zu übermitteln. Es wäre ein niederes Ungeheuer, möglicherweise gefährlich, weil es nicht vernunftbegabt ist; eine Art Über-Ich.

Eine solche Theorie mag zwar ihre Verdienste haben, wenn es darum geht, die scheinbare Kapriziosität vieler UFO-Phänomene wie auch die angebliche Verbindung zwischen übersinnlichen Phänomenen und UFOs und die amorphe Erscheinung einiger Phänomene zu erklären. Überfordert erscheint sie jedoch, wenn sie auf Fälle mit soliden Raumschiffen und Humanoiden, wie zum Beispiel Socorro, New Mexico, und andere Aspekte der UFO-Daten angewandt wird. Die Vorstellung von einer Geopsyche könnte bei der Anwendung auf andere Fort-Phänomene, die sich um Seltsames in der physischen Natur drehen, eher von Nutzen sein.

Von einem anderen, wesentlich umfassenderen Überverstand, ähnlich der Ansicht von Aime Michel, ging Terry Hansen aus. Bei ihm sind die UFOs nur das Nebenprodukt einer zunehmend komplexeren Intelligenz, die sich in gigantischem Umfang organisiert. Michel vermutete, daß sich in den Weiten des Universums ein »kosmisches übersinnliches Milieu« entwickelt hat. Er spricht von der Notwendigkeit eines neuen Paradigmas, bei dem das Phänomen des Bewußtseins als mit der Physik verwoben betrachtet wird, bevor wir diese so ganz andere, möglicherweise allgegenwärtige Art der Intelligenz verstehen können, um die es bei den UFO-Phänomenen geht.

Im *MUFON UFO-Journal* schrieb Hansen über neue Erkenntnisse der Gehirnforschung, aus denen hervorgeht, daß Intelligenz nichtkörperlich sein könnte. Er schlägt vor, wir sollten »... an verfeinerte Arten denken, in denen sich eine fortgeschrittene Intelligenz manifestieren könnte.« Hansen übernimmt J. E. Lovelocks Vorstellung von der Erde als einer Art »Kolonialorganismus«, dessen untergeordnete Teile unwissentlich zusammenarbeiten, damit im Laufe der Zeit eine gewisse Stabilität erreicht wird, und postuliert, daß auch die menschliche Rasse solch ein Kolonialorganismus sein könnte, der wiederum untergeordneter Teil eines gigantischen Organismus

Der Überverstand

»da draußen« ist: der Intelligenz hinter den UFOs. Bei dieser Sicht besteht eine so riesige Lücke zwischen dem Intelligenzniveau der Menschen und dem des Kosmischen Verstandes, daß wahrscheinlich außer Frage steht, daß wir mit ihm kommunizieren, geschweige denn ihn verstehen können.

So wie die Zellen des menschlichen Körpers Funktionen für ihren größeren Organismus erfüllen und dabei (soweit wir wissen) nur eine vage Vorstellung von ihm haben, könnte es auch sein, daß die menschliche Rasse undeutlich erlebt, wie sie einen viel größeren Organismus, dessen Teil sie ist, wahrnimmt. »So wie ich nicht auf die Idee kommen würde, mit meinen Leberzellen über Physik oder Musik zu diskutieren«, bemerkt Hansen, »können sich die höheren Organisationsebenen im Universum nicht auf Deutsch (resp. Englisch) mit uns unterhalten. Eine Kommunikation (wenn man es denn so nennen kann) zwischen weit voneinander abweichenden Organisationsebenen, ist wesentlich subtiler und feiner, aber sie findet statt.«

Aber auf einer organisatorischen Zwischenebene zwischen dem Kosmischen Verstand und uns könnte sich, so vermutet Hansen, eine nichtphysische Intelligenzform finden, die mit uns von Verstand zu Verstand über subjektive, bewußte Erlebnisse kommunizieren kann. Der Empfänger einer solchen Kommunikation mag nur unter Verwendung begrenzter Analogien oder Symbole in der Lage sein, einem anderen die »Botschaft« weiterzugeben. Oder vielleicht ist die Information dem einzelnen nicht einmal in seinem Bewußtsein verfügbar, entweder, weil sie aufgrund eines Schocks verdrängt wird oder weil die Kommunikation zunächst nur für das Unterbewußtsein bestimmt war.

Hansen sagt das nicht ausdrücklich, aber es könnte sein, daß er hier die Erlebnisse von Entführten beschreibt, die etwas Schockierendes oder Erschütterndes erlebt zu haben scheinen, denen aber oft die Worte zu fehlen scheinen, um es schildern zu können. Tatsächlich könnten die manchmal sinnlosen »Botschaften« oder Kommunikationen, die sie anderen zu übermitteln suchen, ein Beispiel für ein vollkommen subjektives Erlebnis sein, das sich nicht objektiv beschreiben läßt. Die »Botschaft« könnte nur den vergeblichen Versuch des einzelnen darstellen, das Unbeschreibliche zu beschreiben.

Wendet man die Theorie vom Kosmischen Verstand auf UFOs an, ergeben sich interessante Konsequenzen. Was könnte er uns zu sagen versuchen, wenn er uns UFOs zeigt? Oder, wenn er nicht versucht zu kommunizieren, wie versucht er dann, uns zu beeinflussen? Sind wir vielleicht so etwas wie seine Leberzellen, die sich auf eine für ihn bedrohlichen Art und Weise verhalten? Stellen UFOs seine »chirurgischen Instrumente« dar, die an uns eine Art Operation durchführen? Oder sollen die UFOs und ihr expliziter oder impliziter Symbolismus eine Art »Lebermedizin« sein, damit wir wieder »normal« funktionieren wie es der größere Organismus braucht?

Der eindringliche Symbolismus von Entführungsberichten ist physiologischer Natur – medizinische Untersuchungen und biologische Sondierungen. Die Botschaften, die Entführten übermittelt werden, konzentrieren sich, wenn verständlich, typischerweise um das Thema Leben und Tod. Stellen sie den offenen Versuch eines Überverstandes dar, das menschliche Verhalten zu ändern? Oder lauern Ängste um das Überleben der Menschheit unmittelbar unterhalb unserer Bewußtseinsschwelle und werden dann durch furchterregende Begegnungen mit UFOs ... mit dem Unbekannten gezündet? Mit anderen Worten: manipuliert uns die Psyche eines Überverstandes oder unsere eigene Psyche?

Man kann nur sagen: Wenn die Vorstellung vom Überverstand zutrifft, sind wir vollkommen abhängig von dessen Fähigkeit zur Kommunikation oder Manipulation. Es erscheint unmöglich, rational zu verstehen, was er von uns will oder mit uns vorhat, und wir können nur passiv darauf warten, was dabei herauskommt. Wegen der großen Lücke zwischen unserer Wissenschaft – unseren Mechanismen zum Verständnis der Natur – und dem Umfang seiner Intelligenz wären wir in diesem Schachspiel nur die Bauern. Es wäre sinnlos, auch nur versuchen zu wollen, seine Manifestationen zu verstehen, es sei denn, wir entschlössen uns, ihn wie einen Gott zu verehren. Messen wir ihm aber religiöse Bedeutung bei, dann können wir auch auf seine göttliche Offenbarung oder Führung warten. Dann wird der Kosmische Verstand Gegenstand der Verehrung, er wird Gott.

Für die grundlegende Vorstellung von Gott als dem Überverstand, dessen Teil wir sind, trat die antike Philosophie des Pantheismus ein, die besagt, daß Gott die Gesamtheit der Existenz, die Natur, ist. Statt ein transzendentes Wesen ist Gott immanent – in allem. Die moderne Version der Theosophie, dargestellt durch Helena P. Blavatsky in den Vereinigten Staaten, ist eine Religion, die ihre Wurzeln im Pantheismus hat. Sie spricht von einem Verstandespool, an dem wir teilhaben. Die Theosophie umfaßt auch Reinkarnation und Seelenwanderung, wobei Karma als Leitprinzip fungiert.

Der Überverstand 133

Betrachten wir einen Überverstand als »Erklärung« für UFOs, zwingt uns das unvermeidlich zu philosophischer und religiöser Spekulation statt wissenschaftlicher Ermittlung. Unsere Beziehung zum Überverstand und der Rahmen, der unseren unabhängigen Entscheidungen gesetzt ist, richtiges und falsches Verhalten werden zu den entscheidende Fragen ... und alle traditionellen Probleme von Moral und Religion. Ist unser Verhalten vorbestimmt? Sind wir Teile des Überverstandes, die seinem Willen blind gehorchen? Leitet oder beeinflußt der Überverstand unser Verhalten? Es scheint, als lägen die Antworten jenseits des Reichs der Wissenschaft.

ENGEL UND DÄMONEN

Presbyterianerpater Dr. Barry H. Downing sagte, die Erklärung für UFOs liege im Reich des Glaubens. Er zitiert Beispiele aus der Bibel für UFO-ähnliche Phänomene und argumentiert, UFOs seien Teil eines »himmlischen Transportsystems«, das die Engel Gottes befördere, die mit den Menschen Umgang pflegen, und es werde nie den absoluten wissenschaftlichen Beweis geben – nur das Annehmen im Glauben – bis Gottes Plan es anders bestimmt.

In seinem Vortrag beim MUFON UFO Symposium 1981 am Massachusetts Institute of Technology zitierte er verschiedene Bibelstellen (Revised Standard Version), um zu verdeutlichen, daß Engel, die aus einem Himmel kommen, der vage als »... irgendwo außerhalb der Erde« beschrieben wird, sehr menschenähnlich erscheinen. Abraham traf »drei Männer«, deren angelische Natur später enthüllt wird (Erster Mose 18, 1-5). Die Bibel sagt auch (Brief an die Hebräer 13, 2): »Gastfrei zu sein, vergesset nicht, denn dadurch haben etliche ohne ihr Wissen Engel beherbergt.«

Zu den UFO-ähnlichen Objekten, von denen die Bibel berichtet, gehören auch Eliahs »Feuerwagen«, die »Wolkensäule« und die »Feuersäule« im Zweiten Buch Mose (Zweites Buch Mose, 12, 21-22). Im Zweiten Buch Mose, bemerkte Downing, führten Gottes Engel Moses und bewirkten Wunder wie die Teilung des Roten Meeres . Stets wurde Moses von der »Wolkensäule bei Tag« und der »Feuersäule bei Nacht« geleitet, die sich bisweilen vorwärts bewegte, bisweilen stille schwebte. UFOs erscheinen bei Tageslicht oft wolkenartig, bei Nacht oft leuchtend.

Eliah wurde in einem »Feuerwagen« in den Himmel erhoben, und Jesus begegneten Moses und Eliah am Berg der Verklärung »... in

134 Ungebetene Gäste

einer ›hellen Wolke‹, die ihnen offensichtlich als Transportmittel zum Berg gedient hatte.« (Mathäus 17, 5) Die biblischen Beispiele, schließt Downing, lassen »... auf eine Art himmlischer Transportmittel schließen, die die Engel zwischen Erde und Himmel hin und her bringen ...«.

Downings religiöse Ansichten, die, wie er selbst einräumt, selbst unter führenden Persönlichkeiten in der Religion umstritten sind, weil er UFOs mit Engeln identifiziert, verschmelzen mit den Ansichten derjenigen, die an »andere Welten« denken.

Die Darstellung seiner Position in der *Encyclopedia of UFOs* deutet auf den Glauben, daß UFOs aus einem Paralleluniversum »mitten unter uns« kommen. Er zitiert damit eine Aussage Jesu (Lukas 17, 21). Das moderne UFO-Rätsel ist seiner Ansicht nach nur eine Ausdehnung von Ereignissen, die bereits in der Bibel und anderen historischen Berichten geschildert werden und aus denen hervorgeht, daß Engel »... immer noch bei uns sind und ihre Aufgaben als Hirten erfüllen – bei Tag und Nacht.«

Daher haben wir eine ganze Bandbreite an »Überverständen«, aus denen wir wählen können, ein Spektrum, das von rudimentärem Bewußtsein (die Geopsyche) über das subhumane Über-Ich und den evolutionären Kosmischen Verstand zu Engeln und Gott führt. Am unteren Ende des Spektrums passen die Theorien nur zu ausgewählten Daten, am oberen Ende hört Erklärung auf, und es übernimmt der Glaube. In der Mitte ... wer kann es wissen? Es scheint, als sei keine Theorie in der Lage, in wissenschaftlich sinnvoller Weise Licht auf Beschaffenheit und Folgen von UFOs zu werfen.

BIBLIOGRAPHIE

CLARK, JEROME UND COLEMAN, LOREN: *The Unidentified* (New York, Warner 1975) Theorie übersinnlicher Projektionen.

DOWNING, BARRY H.: *Bible and Flying Saucers* (New York, Lippincott, 1968). Ausarbeitung der Engel-Theorie.

DOWNING, BARRY H.: »Angels, Biblical«; »Biblical UFO Sightings«; »Demonic Theory of UFOs«; »Religion and UFOs« in *Encyclopedia of UFOs* (New York, Doubleday 1980).

Der Überverstand   135

DOWNING, BARRY H.: »Faith, Theory and UFOs«, *1981 MUFON UFO Symposium Proceedings* (Seguin, Texas: MUFON 1981).

FORT, CHARLES: *Complete Books of Charles Fort* (New York, Dover, 1974) Pionier der Chronisten nicht erklärter Phänomene, darunter auch UFO-Berichte aus dem 19. und beginenden 20. Jahrhundert, die unter der Bezeichnung Fort-Phänomene bekannt wurden.

HANSEN, TERRY W: »The Mind-Body Problem an Its Importance to UFO Research« *MUFON UFO Journal* Nr. 163, September 1981. Theorie vom Kosmischen Verstand.

MICHEL, AIME: Positionsbeschreibung in *Encyclopedia of UFOs* (New York, Doubleday, 1980). »Übersinnliches kosmisches Milieu« oder Theorie vom Kosmischen Verstand.

MICHEL, AIME: »Pantheismus« Eintrag in *Encyclopedia Britannica,* Band 17, S. 233 (1969).

PERSINGER, MICHAEL A. UND LAFRENIERE, GYSLAINE F: *Space-Time Transients and Unusual Events* (Chicago, Nelson-Hall, 1977). Computeranalyse von Fort-Phänomenen, einschließlich UFOs.

PINOTTI, ROBERTO: »Control System Theory« (Vallee) in *Encyclopedia of UFOs* (New York, Doubleday, 1980).

PINOTTI, ROBERTO: »Theosophy« Eintrag in *Encyclopedia Britannica,* Band 21, S. 1000 (1969).

KAPITEL 9

SCHRAUBEN UND BOLZEN

Die populärste Theorie, die auch die Mehrheit der UFO-Forscher, darunter viele Wissenschaftler, vertritt, besagt, daß UFOs eine Hardware aus »Schrauben und Bolzen« darstellen und von intelligenten Wesen einer Zivilisation im Weltraum gesteuert werden, die die Erde besuchen. Welche Technologie – und welche geistigen Kräfte – solche Wesen erreicht haben, kann nur aus Berichten über Beobachtungen und anhand der Indizien abgeleitet werden, die Instrumente und Fotos liefern.

Warum eine solche Zivilisation die Erde besuchen wollte oder warum ihre Technologie und ihr Verhalten uns unverständlich scheinen, sind Fragen, auf die es gegenwärtig noch keine Antwort gibt. Obwohl Skeptiker oft auf das verblüffende Verhalten der UFOs verweisen, wenn sie die Vorstellung zurückweisen, UFOs könnten außerirdisch sein, geht eine solche Argumentation doch sehr stark von festen Erwartungen aus, wie Außerirdische zu sein haben und wie sie sich verhalten sollten.

Dr. James E. McDonald, ein inzwischen verstorbener, international hoch geachteter Atmosphärenphysiker, der im wissenschaftlichen Beirat der National Academy of Sciences und der National Science Foundation wirkte, betrieb sehr detaillierte UFO-Studien. Bei einem Symposium des Kongresses (und auf vielen anderen Foren) sagte McDonald 1968: »Ich gehöre zu denjenigen, die stark zur Extraterrestrischen Hypothese (ETH) neigen.« Und »... sind die UFOs nicht außerweltlichen Ursprungs, dann vermute ich, daß sie sich als etwas noch viel Groteskeres erweisen werden, etwas, das für die Wissenschaft von vielleicht noch viel größerem Interesse wäre als außerirdische Maschinen.« Er untermauerte seine Argumente mit einer umfassenden Besprechung bestimmter Fälle.

1969 sprach Dr. Robert L. Hall – Soziologe – bei der Versammlung der American Association for the Advancement of Science die Frage

138   *Ungebetene Gäste*

an, warum Naturwissenschaftler die UFOs für gewöhnlich psychologischen Ursachen zuschrieben. »Ich spreche als Verhaltenswissenschaftler, wenn ich sage, daß es ein echtes physisches Phänomen geben muß (wohingegen Naturwissenschaftler sagen, es sei alles nur psychologisch bedingt). Wir schieben uns daher stets gegenseitig den schwarzen Peter zu und kommen zu keiner angemessenen Erklärung, sei sie nun physisch oder verhaltensbedingt.« Auch Dr. Hall zitierte bestimmte Fälle, die zu seiner Einschätzung geführt hatten.

Bei beiden Foren vermieden Wissenschaftler, die die skeptische Seite vertraten, insbesondere Dr. Sagan, eine Besprechung einzelner Fälle und argumentierten im Wesentlichen aus der Theorie heraus. Beim Symposium des Kongresses räumte Dr. Sagan zwar ein, daß »... es in der Physik nichts gibt, was den Weltraumflug zwischen den Sternen verbietet«, und daß Besuche möglich seien, fand jedoch die Indizien nicht sehr überzeugend.

Jeder Versuch zu beweisen, daß UFOs real und möglicherweise Raumschiffe sind, erfordert die Besprechung und Analyse einzelner Fälle. Ebenso auch jeder Versuch, alle UFO-Meldungen als »psychologisch bedingt« oder menschliche Wahrnehmungsfehler abschreiben zu wollen. Und doch haben viele Wissenschaftler und auch Laien keine Geduld für Einzelfallberichte ... ja, sie langweilen sie sogar. Das ist ein ziemlich sicheres Zeichen für eine voreingenommene Haltung, die nicht mit den Tatsachen belästigt werden will. Der Laie, der bereits glaubt, daß UFOs außerirdische Raumschiffe sind, möchte im Sprung zu der Frage nach Absichten oder Motiven kommen. Diese läßt sich aber gegenwärtig noch nicht beantworten. Und der skeptische Wissenschaftler »weiß« bereits, daß alle Berichte, ungeachtet deren Einzelheiten oder der Glaubwürdigkeit der Zeugen, eine konventionelle Erklärung haben – haben müssen.

Für die Annahme, daß es sich bei UFOs um außerirdische Raumschiffe aus »Schrauben und Bolzen« handelt, sprechen vierzig Jahre der Beobachtung diskusförmiger Objekte mit Kuppeln oder anderer geometrischer Formen, die ungeheure Geschwindigkeiten fliegen (manchmal durch Radar bestätigt) und außergewöhnliche Manöver durchführen können, wie zum Beispiel scharfe Kurven und abrupte Starts und Stops. Ein breites Spektrum physischer Indizien, darunter Eindrücke auf dem Boden, hat über jeden Zweifel erhaben bewiesen, daß UFOs etwas physisch Reales sind. Seit langem gibt es Berichte über UFOs, die mit Flugzeugen oder Raketen Schritt halten, sie umkreisen und fliehen, wenn sie mit Militärjets verfolgt werden.

Schrauben und Bolzen 139

Das läßt auf eine gewisse Intelligenz und Neugier schließen. Die Fälle, bei denen UFOs plötzlich Fahrzeugen gegenüberstehen (siehe Kapitel eins und zwei) bestätigen sowohl die Plötzlichkeit wie auch die Außergewöhnlichkeit der UFOs. Da ein irdischer Ursprung für Maschinen, die sich schon seit so vielen Jahren so verhalten, ausgeschlossen werden kann, wird die ETH zur einfachsten und direktesten hypothetischen Erklärung.

Dr. McDonald kam teilweise aufgrund von Berichten von Wissenschaftlern zu seiner Überzeugung; diese Wissenschaftler sprachen nur mit ihm, weil sie befürchteten, von ihren skeptischen Kollegen lächerlich gemacht zu werden. Er verwandte auch sehr viel Zeit darauf, Piloten von Fluggesellschaften und andere kompetente Beobachter ausfindig zu machen und noch einmal zu befragen, und es beeindruckte ihn, was er bei dieser einzig wissenschaftlichen Vorgehensweise – der direkten Ermittlung – erfuhr.

In San Jose, Kalifornien, sahen am 25. April 1952 zwei Wissenschaftler, die zuvor UFO-Meldungen skeptisch gegenübergestanden hatten, einen kleinen, metallisch erscheinenden Diskus, der um seine Achse rotierte und schwankte. Dr. McDonald machte sie ausfindig und befragte sie vertraulich. Während sie den kleinen Diskus beobachteten, sahen sie hoch über sich ein großes rundes schwarzes Objekt, zu dem zwei ähnliche Objekte gehörten, die aus der Bewölkung kamen. Der kleine Diskus beschleunigte und flog nach oben, und eines der größeren schwarzen Objekte von vielleicht dreißig Metern Durchmesser flog scheinbar auf einem Konvergenzkurs hinter ihm her; dann verschwanden beide in den Wolken.

Danach hob eines der beiden verbleibenden schwarzen Objekte ab und flog nach Norden, während das letzte Objekt in die Wolken aufstieg. Zögernd kamen die erschütterten Wissenschaftler zu dem Schluß, daß sie etwas Außerirdisches gesehen hatten, das »... eine Antriebsmethode einsetzte, die nicht in den Physikbüchern steht«. Sie machten sich Sorgen über die Bedeutung dieser Sichtung, berichteten aber nur einer Handvoll wissenschaftlicher Kollegen davon.

Eine der spektakulärsten UFO-Wellen aller Zeiten spielte sich 1952 ab; dabei gab es zahlreiche Sichtungen durch militärische und zivile Piloten, die häufig auf Radar bestätigt wurden.

Am 13. Juli 1952 befand sich Flug Nummer 611 der National Airlines von Jacksonville, Florida, auf dem Weg nach Washington D.C. Dabei begegnete er um 3 Uhr morgens etwa fünfundneunzig Kilometer südwestlich der Stadt einem nicht identifizierten, runden, bläulich-weißen Licht. Das Licht schwebte im Westen auf der Stelle,

140   *Ungebetene Gäste*

»kam dann auf elftausend Fuß (3355 Meter)« auf gleiche Höhe mit dem Flugzeug, einer DC-4 und flog mit gleicher Geschwindigkeit neben der linken Tragfläche des Flugzeugs her. Der besorgte Pilot, Kapitän Bruen, schaltete alle Lichter des Flugzeugs an, und das Objekt »flog davon wie ein Stern« mit einer geschätzten Abfluggeschwindigkeit von 1610 Stundenkilometern. Die Sicht war ausgezeichnet. (Bericht des Nachrichtendienstes der Air Force aus den Akten von Projekt Blue Book, unterschrieben von Lt. Col Frank M. Allen, Nationalarchive der Vereinigten Staaten.)

In der folgenden Nacht beobachtete Kapitän William B. Nash von Pan American Airways in einer der berühmten klassischen Sichtungen acht glühende, rote, diskusförmige Objekte, die unter seinem Linienflugzeug eine scharfe Wende ausführten.

Das ganze Jahr über starteten militärische Abfangjäger, um nicht identifizierte Ziele auf Radar zu jagen und zu identifizieren, oft sahen sie etwas vor sich, das auch auf ihrem Bordradar auftauchte. In den Nächten vom 19. auf den 20. und vom 26. auf den 27. Juli versammelten sich UFOs über der Hauptstadt des Landes. Ziviles und militärisches Radar spürte sie an exakt den Stellen auf, an denen Piloten berichteten, sie sähen nicht identifizierbare Lichter, die auf der Stelle schweben, plötzlich beschleunigen und scharfe Wenden vollziehen könnten. Ein solches Verhalten war natürlich »unmöglich« (für menschliche Verhältnisse), und die Sichtungen wurden als Wettererscheinungen wegerklärt – zumindest öffentlich. Vor kurzem freigegebenes Material der Central Intelligence Agency zeigt, daß die Sichtungen des Jahres 1952 die CIA zu der Empfehlung veranlaßten, eine große wissenschaftliche Studie zur Identifizierung der UFOs durchzuführen.

Ist es ein Wunder, daß Piloten, die beobachteten, wie UFOs weit über die Möglichkeiten jedes bekannten Flugzeugs oder jeder Rakete hinaus manövrieren konnten, daß Radarbeobachter, die sie verfolgten, der Nachrichtendienst der Air Force und auch die CIA die ETH ernst nahmen? Die Verantwortung für Ermittlungen über UFOs wurde der Air Force übertragen, und diese stellte schnell fest, daß die Sowjetunion, immer noch im Wiederaufbau nach dem Zweiten Weltkrieg begriffen, keinen wundersamen technologischen Durchbruch erzielt hatte, dem die Sichtungen zugeschrieben werden könnten. Was blieb da noch?

Aber UFO-Wellen (anhaltende Sichtungsperioden) sind nicht allzu häufig – obwohl es auch während der Intervalle dazwischen sporadische Meldungen gibt – und die Erinnerung währt nur kurz. Insbe-

Schrauben und Bolzen 141

sondere, wenn es leichter fällt, zu denken – und zu hoffen – daß ein verrücktes Naturphänomen die Sichtungen hervorgerufen haben müsse. Schließlich landete kein Raumschiff, und ein offener Kontakt oder eine andere Kommunikation fand nicht statt, vielleicht also waren verrückte Wetterverhältnisse und ein Anfall von Hysterie des Kalten Krieges an allem Schuld. Der Gedanke, daß Raumschiffe hier sein könnten, war ... erschreckend, und Wissenschaftler, die konsultiert wurden, wiesen die Vorstellung entschieden zurück.

Der Zyklus von UFO-Wellen und Ruheperioden, konzentrierter Aufmerksamkeit auf die Möglichkeit außerirdischer Besucher und ein schwaches Gedächtnis, wenn die Welle zu Ende geht, wiederholte sich immer und immer wieder. Die erste Welle spielte sich 1947 ab und führte zu der Einschätzung des Nachrichtendienstes der Air Force, daß UFOs Raumschiffe seien. Die nächste folgte 1952. Bei der Welle von 1954, die hauptsächlich in Europa stattfand, gab es zum ersten Mal verbreitet Berichte über humanoide UFO-Piloten. Sie wurden überall in Frankreich und Italien beobachtet. Presseorgane wie das *LIFE* Magazin behandelten die europäische Welle mit Sarkasmus, und es war leicht, sie als kontinentale Verrücktheit abzuschreiben. 1957 dann, nach dem Start von Sputnik, wurden UFOs wieder verbreitet in den Vereinigten Staaten gesehen. Hervorstechendes Merkmal der Welle von 1957 waren verbreitet auftretende Meldungen über E-M-Effekte an Autos.

Während einer langen Ruhephase danach schwand das Interesse der Öffentlichkeit, und erst 1964 sorgte ein »Auslöserfall« wieder für ausführliche Berichte über UFO-Sichtungen in den Medien. Am 24. April sah der Polizeibeamte Lonnie Zamora in Socorro, New Mexico, ein elliptisches Objekt, das auf stelzenartigen Beinen in einem Arroyo (ausgetrocknetes Flußbett) stand. In seiner Nähe standen zwei humanoide Gestalten. Während er es beobachtete, gab das fahrzeugähnliche Objekt ein lautes Donnern, einen Flammenstoß und Rauch von sich und hob ab. Sobald es den Boden verlassen hatte, war es geräuschlos. Ermittler fanden vier deutliche rechteckige Eindrücke im Sand und versengte Blätter in der Nähe der Stelle, an der es abgehoben hatte. Projekt Blue Book (die auf dem Luftwaffenstützpunkt Wright Patterson stationierte UFO-Ermittlungseinheit der Air Force) unternahm ausgedehnte Anstrengungen ein Experimentalflugzeug ausfindig zu machen, das zu der Sichtung geführt haben könnte, aber es gab keines.

Wieder ein flugzeugähnliches Objekt, mit zunehmender Häufigkeit am Boden beobachtet, wobei humanoide Wesen in der Nähe

142 Ungebetene Gäste

oder im Innern gesehen werden, keine menschlichen Flugzeuge. Was sollten sie sein, wenn nicht außerirdisch? Die Aliens jedoch, wenn sie es denn waren, waren auch weiterhin äußerst schüchtern, was einen offenen Kontakt oder eine Kommunikation mit Erdlingen anbelangte.

Wie bei jedem neuen oder neu entdeckten Merkmal in UFO-Berichten, ist es nicht leicht, festzustellen, wer historisch »der erste« war. Spätere Forschungen zeigten, daß bereits vor 1957 E-M-Effekte im Zusammenhang mit UFOs aufgetreten, bis dahin aber relativ selten waren. 1960 trat zum ersten Mal ein scheinbar neues Merkmal in UFO-Meldungen hervor: die Begegnung mit Fahrzeugen. Sicher hatten Piloten einige relativ nahe Begegnungen mit UFOs gehabt, aber nun berichteten allmählich immer mehr Bürger über recht verblüffende Begegnungen vom Auto aus, eher in der Art einer Konfrontation. 1970 begannen dann ernsthaft Berichte über Menschen, die an Bord von UFOs entführt wurden, wenn auch hier wiederum einige frühere Fälle bekannt sind.

Die UFO-Welle, die 1964 begann, steigerte sich 1966 und 1967 (zu Lebzeiten der von der Air Force finanzierten UFO-Studie der Universität Colorado, die in Wirklichkeit das Ergebnis politischen Drucks war, der aufgrund der Sichtungen in den sechziger Jahren entstanden war) zu einem Crescendo und ebbte dann 1968 wieder ab. Eine weitere Ruhephase dauerte etliche Jahre an. Die nächste Welle und die damit verbundene Publicity in den Medien gab es erst wieder 1973, darunter auch die Begegnung mit einem Hubschrauber-UFO am 18. Oktober über Ohio, E-M-Effekte, zahlreiche Sichtungen von Humanoiden und den oft veröffentlichten Entführungsfall vom 11. Oktober in Mississippi. Immer wieder dasselbe, aber keine Lösung zu der grundlegenden Frage: Wenn diese raumschifffartigen Objekte und die Humanoiden keine irdischen Geschöpfe sind, was sind sie dann?

Echte außerirdische Besucher auf der Erde könnten tiefgreifende Folgen für uns haben ... unter gewissen Umständen. (Wenn der Unterschied zwischen unseren Intelligenzniveaus zu groß ist, könnten ein sinnvoller Kontakt und sinnvolle Kommunikation unmöglich sein. Dieser und andere Faktoren, die Hindernisse zu einem Kontakt darstellen könnten, werden in den abschließenden Kapiteln besprochen.) Die Wissenschaft und Technik, die beobachtet wurden, lassen vermuten, daß uns Aspekte der Natur und der Physik eröffnet werden könnten, die bisher noch jenseits des für uns Faßbaren liegen, wenn »sie« willens sind, diese Informationen preiszugeben.

Schrauben und Bolzen 143

Unsere kriegerische Art könnte andererseits einen Grund für ihr offensichtliches Zögern darstellen, offen mit uns zu kommunizieren und in einen kulturellen Austausch einzutreten.

Vorstellbar ist, daß eine fortgeschrittene Zivilisation Heilmittel für biologische Krankheiten und das Geheimnis langen Lebens gefunden hat (wie es in einigen »Botschaften« der Entführten heißt). Die Gesellschaft könnte sogar zufriedenstellende Lösungen für politische Stabilität gefunden haben – vielleicht ist das ja tatsächlich die Voraussetzung für Reisen und Forschungen im Weltraum. Stellen Sie sich nur einmal vor, daß einem Kontakt mit fortgeschrittenen Wesen von anderswo das Potential zur Lösung der unversöhnlichsten Probleme der Menschheit innewohnen könnte.

Die Kehrseite der Medaille ist, daß die fortgeschrittene Technologie, die ungeheuren Energien, die die ETIs offensichtlich kontrollieren, dazu eingesetzt werden könnten, um uns zu unterwerfen oder zu zerstören, wenn sie dazu konstruiert sind und wenn unser Verhalten sie zu diesem Schluß führt. Die Tatsache, daß in vierzig Jahren keine offene Intervention stattgefunden hat, ist kein Beweis, daß das nicht morgen geschehen könnte, denn wir haben keinerlei Vorstellung von ihrer generellen Absicht oder ihrem Zeitplan. UFOs haben bereits ihre Fähigkeit demonstriert, unsere Fahrzeuge und Waffen außer Funktion zu setzen, ja sogar, die Kontrolle über sie zu übernehmen. Diese Aktionen können leicht als Demonstration gedeutet werden.

In jedem Fall könnte die Bedeutung der UFOs darin liegen, daß unser Schicksal in den Händen von Wesen von anderswo liegt, zum Guten oder zum Schlechten. Wenn dem so ist, dann werden uns sozusagen ihre Macht und ihre Fähigkeiten gezeigt, ihre Geisteshaltung und ihre Gedanken jedoch bleiben im Rätselhaften verborgen. Wenn UFOs fortgeschrittene Wesen einer anderen Zivilisation im Weltraum transportieren, dann könnten sie sehr wohl ein Damoklesschwert sein, das über unseren Köpfen schwebt.

Die Entführungen könnten, will man ihnen Glauben schenken, der Anfang eines Kontaktes sein – streng nach ihren Regeln. »Sie« demonstrieren eine Fähigkeit, psychologisch einzugreifen, unseren Verstand zu manipulieren und vielleicht unsere Wahrnehmung zu verändern. Die Entführungsberichte verdienen Studien, die so intensiv sind wie nur möglich. Entweder wird dann festgestellt, daß es sich dabei nur um eine hysterische Seuche handelt oder daß sie echt sind. Denn wenn sie echt sind, bilden sie ohne Zweifel den Schlüssel zu bisher nicht zu beantwortenden Fragen nach Motiven und Absichten.

144 *Ungebetene Gäste*

Auf den ersten Blick würden die Entführungsberichte bedeuten, daß wir der Gnade von Wesen ausgeliefert sind, die uns nach Belieben kontrollieren und manipulieren können, Wesen, die die Natur wesentlich besser beherrschen und die, aus Gründen, die sie nur selbst kennen, eine Begegnung eins zu eins einem Kontakt mit den Menschen vorziehen. Aber selbst wenn die Entführungsberichte nur ein psychologisches Abfallprodukt des UFO-Problems sind und keine physisch realen Ereignisse, es bleibt der Kern des Rätsels um die UFOs.

Raumschiffe aus Schrauben und Bolzen bleibt zurecht nach wie vor die tragbarste Hypothese aus der Auswahl, die uns bis jetzt zur Verfügung steht. Ist sie die Antwort? Und wenn ja, warum vermeiden die Außerirdischen dann den offenen Kontakt?

BIBLIOGRAPHIE

COMMITTEE ON SCIENCE AND ASTRONAUTICS: Repräsentantenhaus der Vereinigten Staaten. *Symposium on Unidentified Flying Objects,* 29. Juli 1968.

GERSTEN, PETER: »What the U.S. Government Knows About Unidentified Flying Objects«, *Frontiers of Science,* Band 3, Nr. 4. Mai-Juni 1981. CIA-Domukente, die erntse Besorgnis über die UFO-Sichtungen des Jahres 1952 zeigen.

GREENWELL, J. RICHARD: »Extraterrestrial Hypothesis« in *Encyclopedia of UFOs* (New York, Doubleday, 1980).

HALL, RICHARD H: (Hrsg.). *The UFO-Evidence* (Washington, D.C.: NICAP, 1964) Geschichte der UFOs bis heute, darunter Sichtungen von Piloten und Wissenschaftlern und Zusammenfassungen über UFO-Wellen.

HALL, RICHARD H: »Chronology of Important Events in UFO History«, in *Encyclopedia of UFOs* (New York, Doubleday, 1980).

JACOBS, DAVID M: *UFO Controversy in America* (Indiana Univ Press, 1975). Soziale und politische Geschichte der Kontroverse um UFOs, einschließlich Projekt Blue Book der Air Force.

Schrauben und Bolzen 145

KEYHOE, DONALD, E.: *Flying Saucers From Outer Space* (New York, Henry Holt, 1963). Umfaßt unter anderem radarvisuelle UFO-Sichtungen aus dem Jahre 1952 aus Berichten des Nachrichtendienstes der Air Force.

RUPPELT, EDWARD J.: *Report on Unidentified Flying Objekts* (New York, Doubleday, 1956) Geschichte der UFO-Forschungsprojekte der Air Force einschließlich der UFO-Fälle des Jahres 1952.

SAGAN, CARL UND PAGE, THORNTON (Hrsg.): *UFOs: A Scientific Debate* (Cornell Univ Press, 1972) Niederschrift des Syposiums der A.A.A.S. über UFOs 1969.

U.S. AIR FORCE: *Unidentified Aerial Objects: Project »Sign«*, Feb. 1949 Air Materiel Command Technical Report Nr. F-TR-2274IA.

WOOD, ROBERT M.: »Testing the Extraterrestrial Hypothesis« in *Thesis-Antithesis* (A. D. Emerson, Hrsg.) Niederschrift des Gemeinsamen Symposiums von Teilen des American Institute of Aeronautics and Astronautics und des Verbandes Los Angeles der World Futures Society (AIAA Los Angeles Section, 1975).

TEIL 3

DIE BEURTEILUNG DES UNBEKANNTEN

»Wenn der Mensch die Wahrheit erfahren will, wird sein erstes Bestreben sein, sich vorzustellen, wie die Wahrheit aussehen könnte ... ungezähmte Vorstellungskraft wird ihn dabei jedoch mit Sicherheit vom richtigen Wege abbringen. Und doch ... ist es schließlich nur die Vorstellungskraft, die ihm eine Ahnung von der Wahrheit vermitteln kann. Er kann stumpfsinnig Phänomene anstarren, aber wenn ihm die Vorstellungskraft fehlt, werden sie sich nie auf vernünftige Weise miteinander verbinden.«

C. S. Peirce

KAPITEL 10

SKEPTISCHE MUTMASSUNGEN

Die Daten in den Berichten über UFO-Sichtungen enthalten entweder die Bestandteile der größten wissenschaftlichen Revolution aller Zeiten oder der durchtriebensten Massentäuschung der menschlichen Geschichte. In keinem Fall aber demonstriert das wissenschaftliche Establishment Führungsqualitäten bei der Lösung des Problems. Nur wenige Wissenschaftler, die UFOs skeptisch gegenüberstehen, machen sich die Mühe, die Ansammlung hieb- und stichfester, unerklärter Berichte über UFOs zu untersuchen, die detaillierten Fälle der besten und glaubwürdigsten Zeugen. Stattdessen reagieren sie auf die Haltung, UFOs könnten außerirdische Besucher sein, in einer Weise, die dem Kniescheibenreflex sehr ähnlich ist, oder sie suchen sich die Spinner unter den UFO-Anhängern aus und lachen über deren Unwissenheit oder beides.

Außer dem »wissenschaftlichen Untergrund«, den es bekanntlich an jeder größeren wissenschaftlichen Einrichtung in den Vereinigten Staaten gibt, mit seinem Netzwerk an Wissenschaftlern, die still und leise ihr Bestes tun, um in ihrer Freizeit unter Verwendung rein privater Mittel UFOs zu studieren, sind die etablierten Wissenschaftler nur damit befaßt, UFOs wegzutheoretisieren, ohne sich mit den Daten auseinanderzusetzen, die sie zu erklären behaupten. Im allgemeinen gehen sie dabei so vor: (a) entweder sie leugnen, daß die Berichte zutreffen, oder (b) sie argumentieren, daß in den Berichten, sollten diese doch zutreffen, nicht außerirdische Besucher beschrieben werden könnten, »weil ...«.

Diese skeptischen Wissenschaftler zeigen die bedauerliche Tendenz, das Pferd von hinten aufzuzäumen, wenn sie argumentieren, die Daten könnten nicht zutreffend sein, weil Besuche durch Außerirdische unmöglich oder unwahrscheinlich sind. »Unmöglichkeit« wird dabei offensichtlich nach dem gegenwärtigen Stand unserer

150   *Ungebetene Gäste*

wissenschaftlichen Erkenntnisse definiert. Diese Wissenschaftler
verwechseln »Unmöglichkeit« oder »Unwahrscheinlichkeit« mit
»Unvereinbarkeit«. Die UFO-Daten sind offensichtlich mit dem
gegenwärtigen Stand unserer wissenschaftlichen Erkenntnisse in
einer Reihe von Punkten nicht vereinbar.

Wenn UFOs tatsächlich in der Weise manövrieren wie berichtet
wurde, dann verletzen sie (scheinbar) das Gesetz der Trägheit, unsere kosmologischen Theorien, unsere Vorstellungen von Antrieb ...
von wissenschaftlichen Empfindlichkeiten und irdischem Provin-
zialismus ganz zu schweigen. Wir können sie nicht bequem in unsere Schemata einordnen, weil jede Hypothese, die die Daten als
zutreffend akzeptiert, einem liebgewonnenen Glauben Gewalt antut.
Jeder, der glaubt, daß unsere kosmologischen Theorien verdienen,
als Glaubensartikel übernommen zu werden, hat Arthur Koestlers
The Sleepwalkers (Die Schlafwandler) nicht gelesen, ein vernichten-
der Kommentar zu den »Modeerscheinungen« in der Wissenschaft
und der historisch belegten Unterwürfigkeit der Wissenschaft unter
die Winde der Politik (oder – in früherer Zeit – der Religion).

Kein Argument der skeptischen Wissenschaftler beweist die
Unmöglichkeit der UFOs oder auch nur, daß Kontakt mit Außerirdischen unwahrscheinlich ist, nur weil wir uns nicht vorstellen können, wie der erfolgen könnte. Dr. James E. McDonald faßte das 1968
in einer Rede vor Luftfahrtwissenschaftlern treffend zusammen:

»Sicher haben wir noch keine glänzende Idee, wie wir zum Tau
Ceti kommen können, das Tempo unserer wissenschaftlichen Entwicklung sollte aber jene zum Schweigen bringen, die behaupten, es
gäbe keine Tau Cetianer, die das können, was wir immer noch für
unmöglich erachten.«

Jene hypothetischen Tau Cetianer würden, sollten sie sich entschließen, uns zu besuchen, schon allein durch die Tatsache, daß sie
hierher kommen können, die Wissenschaftler von der Erde wieder
ans Zeichenbrett zurückschicken, um ein paar eilige Korrekturen
vorzunehmen. Den Wissenschaftlern von der Erde fällt es wohl
schwer, sich vorzustellen, daß es »da draußen« intelligentere Wesen
mit überlegenen Kenntnissen der Naturgesetze geben könnte. Keinesfalls können wir jedoch wissen, welche technischen Möglichkeiten andere intelligente Wesen haben mögen – möglicherweise
einschließlich der Fähigkeit, die Erde zu erkunden, wenn sie das wollen.

Man kann das UFO-Problem nicht objektiv beurteilen, wenn man
von der Annahme ausgeht, daß unsere Wissenschaft den Gipfel des

Skeptische Mutmassungen 151

Erreichbaren im Universum darstellt. Es ist nicht wissenschaftlich, Daten abzulehnen, weil sie nicht zu den heutigen Theorien passen. Die Fragen, wie »sie« die Antriebstechnik meistern konnten, um hierher zu kommen oder warum sie uns überhaupt besuchen wollen, oder warum sie nicht offen Kontakt aufnehmen, sind irrelevant, wenn sie zur Widerlegung der UFO-Berichte angeführt werden. Doch das sind die zentralen Argumente der Skeptiker.

1949 verrieten die Wissenschaftler, die Projekt *Sign,* die erste UFO-Studie der Air Force, konsultiert hatte, im Abschlußbericht des Projekts ihre Voreingenommenheit gegenüber einer außerirdischen Psychologie:

»Verschiedentlich wurde vermutet, daß eine fortgeschrittene Rasse vom Mars oder von der Venus die Erde in Intervallen von Jahrzehnten oder Äonen besucht. Berichte über Objekte am Himmel wurden von Generation zu Generation weitergegeben. Träfen sie zu, dann hätte eine Rasse mit solchen Kenntnissen und Fähigkeiten doch einen direkten Kontakt in der einen oder anderen Form eingerichtet ... zumindest hätten sie versucht zu kommunizieren. Es fällt schwer zu glauben, daß eine Rasse mit solchen technischen Fähigkeiten hierher kommen sollte, ihre Fähigkeiten auf rätselhafte Weise zur Schau stellt und dann einfach wieder verschwindet. Darüber hinaus wäre doch eine Rasse, die genug Initiative hat, die Planeten zu erkunden, kaum zu feige weiterzumachen, wenn die Aufgabe erfüllt ist.«

Als dann von der größeren Wahrscheinlichkeit die Rede ist, daß es intelligentes Leben außerhalb unseres Sonnensystems gibt, heißt es:

»Vorstellbar ist, daß unter den Myriaden Sonnensystemen in der Galaxie eine oder mehrere Rassen Methoden der Fortbewegung entdeckt haben, die nach unseren Verhältnissen phantastisch anmuten. Doch je größer das Volumen des Weltraums, das heißt die Entfernung, die einbezogen werden muß, um diese Möglichkeit wahrscheinlicher zu machen, desto geringer wird die Chance, daß die entsprechende Rasse die Erde je findet ... Superrassen (es sei denn, sie kämen häufig vor) würden wahrscheinlich nicht über Planet III von Sol stolpern, einem Stern fünfter Ordnung in den dünn besiedelten Außenbezirken der Galaxie.

Zur Beschreibung der wahrscheinlichen Funktionen von Raumschiffen muß von der Annahme ausgegangen werden, daß es Raketen sind, denn das ist die einzige Antriebsform, von der wir wissen, daß sie im Weltraum funktioniert ... Verblüffend ist auch das Fehlen jeglicher Absichten, wie aus den verschiedenen Geschichten ersichtlich wird. Es kann dem nur ein Motiv zugeschrieben werden: die

152 *Ungebetene Gäste*

Weltraummenschen spionieren unsere Verteidigung aus, ohne kriegerisch erscheinen zu wollen. Wenn dem so ist, dann müßten sie eigentlich schon lange zufrieden sein, da wir sie nicht fangen können. Es erscheint nutzlos, wenn sie dasselbe Experiment immer wiederholen ...

Wir halten Besuche aus dem Weltraum zwar für möglich, aber unwahrscheinlich. Insbesondere scheint das Verhalten, das den ›fliegenden Objekten‹ 1947 und 1948 zugeschrieben wurde, unvereinbar mit den Voraussetzungen der Raumfahrt.«

Diese Analyse ist unterschrieben von J. F. Lipp, Abteilung Raketen, Projekt Rand. Sie wurde zwar vor nahezu vierzig Jahren verfaßt, aber Wissenschaftler unter den Skeptikern führen bis heute im wesentlichen dieselben Argumente an. Haben sie erst einmal all die Vermutungen aufgestellt, die Besuche durch Außerirdische ausschließen sollen – die astronomischen Entfernungen und die nichtmenschengemäße Wissenschaft und das Verhalten, das sie zeigen – schreiben die Skeptiker einmütig die fortwährenden Meldungen über raumschiffähnliche Objekte den Launen der menschlichen Psychologie zu. So wagen sich Physiker und Ingenieure weit über ihr Fachgebiet hinaus, um ihr Urteil über UFOs abzugeben; wobei sie dann den Verhaltensforschern »den Schwarzen Peter zuschieben«. Sie gehen nicht nur davon aus, daß sie die menschliche Psychologie gut genug kennen, um schließen zu können, daß sie der Ursprung der UFOs ist, sie gehen sogar davon aus, daß sie die Psychologie der Außerirdischen kennen!

In Form von Frage und Antwort verläuft ihr Dialog folgendermaßen:

F: Warum muß eine außerirdische Rasse auf den Raketenantrieb beschränkt sein?

A: Weil das das einzige ist, von dem wir wissen, daß es im Weltraum funktioniert.

F: Warum betrachten Sie das »mysteriöse« Verhalten der UFOs als Beweis dafür, daß sie keine außerirdischen Besucher sind?

A: Weil wir uns nicht so verhalten würden, wenn wir andere Planeten erforschten.

F: Warum ist das Verhalten der UFOs »unvereinbar mit den Voraussetzungen der Raumfahrt«?

A: Weil die Technik, die sie dabei zeigen, nicht die ist, die wir einsetzen würden, wenn wir versuchten, zu anderen Planeten zu gelangen.

Skeptische Mutmassungen

Diese Wissenschaftler würden bei meinem Logik-Kurs durchfallen, es sei denn, ich wollte ihrer grundlegenden Prämisse zustimmen: »Der Mensch ist das Maß aller Dinge.« Dann ist ihre Logik fehlerlos.

Andernfalls aber zeigen kompetente Wissenschaftler deutlich eine Unfähigkeit, sich von einem Denken in menschlichen Analogien zu befreien und Berichte über UFOs objektiv zu betrachten. Finden sie die ETH anstößig, sollen sie die Daten studieren und eine bessere Hypothese formulieren. Eine haltlose Vermutung, daß noch nie jemand ein wirklich unerklärliches UFO gemeldet hat, ist nicht einmal eine Hypothese; es ist die Leugnung der Notwendigkeit einer Hypothese. Daher erklären die Skeptiker nie die Daten; sie leugnen lediglich, daß es eine aussagekräftige Datensammlung gibt. Stehen ihren Vermutungen Fakten im Weg, beschwören sie ein neues, bisher unbekanntes »Naturphänomen«, das für die Fakten herhalten muß. Ich vermute, bei ihrer Denkweise sähen sie sich, sollten sie die Gültigkeit der UFO-Daten anerkennen müssen, wahrscheinlich einem »unnatürlichen Phänomen« gegenüber.

Es bedarf nicht allzu großer Vorstellungskraft, um zu vermuten, daß wir es hier mit einer Wissenschaft und Technik zu tun haben könnten, die sich in einer uns unbekannten Richtung entwickelt hat. Das allein könnte der Grund dafür sein, daß uns das Verhalten, das sie zeigen, rätselhaft erscheint und so gar nicht nach dem Muster des »angemessenen« Verhaltens Außerirdischer, wie es uns die Science Fiction weismachen wollte.

Eine Vorstellung, die bis jetzt noch Science Fiction ist (obwohl sich Wissenschaftler von der Erde mit der Frage befaßt haben), ist die Antigravitation. Wenn wir annehmen, daß Außerirdische sich ein besseres Verständnis der Schwerkraft erarbeitet und gelernt haben, sie für ihre Zwecke zu nutzen, wird vorstellbar, daß sich dadurch einige verwirrende Merkmale der UFO-Berichte in ein konzeptionelles Schema einordnen lassen. Zu diesen Merkmalen gehören das breite Spektrum der E-M-Effekte, die Bewegung großer Massen (besonders von Fahrzeugen), Levitationen und vielleicht sogar die Fähigkeit der UFOs zu »unmöglichen« Drehungen und Manövern. Berichte über UFOs, die »nach oben zu fallen« schienen und anscheinend in einem unsicheren Gleichgewicht auf der Stelle schwebten, kommen einem hier gleichfalls in den Sinn.

Eine Kontrolle der Schwerkraft könnte für die Insassen eines Fahrzeugs zu einem Luftkisseneffekt führen, der ihnen ermöglicht, bei den scharfen Drehungen und raschen Beschleunigungen auf Hyper-

154   *Ungebetene Gäste*

geschwindigkeiten, die in UFO-Berichten beschrieben werden, die Auswirkungen der Trägheitskräfte zu überleben. Könnte ein Gravitationsfeld geschaffen werden, das auf die Insassen und das Raumschiff gleichermaßen als eine Einheit wirkt, dann würden die Insassen nicht gegen die Wände des Raumschiffs geschleudert. Zusätzlich könnte das wolkenartige Glühen, das oft um UFOs gesehen wird, ein Plasma sein, das das Raumschiff gegen die Reibung und die Hitze abschirmt, die beim Flug durch die Erdatmosphäre entstehen.

Skeptische Wissenschaftler könnten sich begierig auf solche Spekulationen stürzen und sie als ungeheuren Unsinn und den offensichtlichen Versuch abtun, »das Phänomen zu retten«, tun sie das aber, haben sie nicht verstanden, worum es dabei geht. Die Spekulationen sollen keine Antworten sein, sie sollen einfach verdeutlichen, daß Wissenschaftler von der Erde vielleicht doch nicht alles wissen, was man über die sogenannten »Naturgesetze« wissen muß. Wissenschaftlich fortgeschrittene Wesen von anderswo könnten unserer Wissenschaft leicht sehr weit voraus sein, fähig, Dinge zu tun, die wir nicht tun können, nicht durch Magie, sondern einfach durch die technische Umsetzung von Wissen, das wir erst noch erlangen müssen.

Der Vorrang der Daten vor der Theorie sollte Wissenschaftler davon überzeugen, eine bessere Erklärung für Berichte über UFOs zu finden, wenn sie glauben, daß sie das können, und nicht die UFO-Daten zurückzuweisen. Sollten wir tatsächlich von außerirdischen Intelligenzen besucht werden, dann gibt es irgendwo Lücken oder Fehler in unseren wissenschaftlichen Erkenntnissen. Diese Möglichkeit sollte niemanden besonders überraschen. Pragmatisch wissen wir, daß unsere Wissenschaft hier und im Weltraum funktioniert, soweit wir das erforscht haben. Aber, wie Dr. J. Allen Hynek deutlich machte, würde nur ein Dummkopf behaupten, daß die Wissenschaft des zwanzigsten Jahrhunderts hier auf der Erde den Gipfel der Errungenschaften im Universum darstellt oder sogar, daß sich die irdische Wissenschaft in weiteren zwanzig Jahrhunderten nur wenig verändert haben wird.

Die Möglichkeit, daß UFOs unser Verständnis der Natur richtigstellen könnten, ist eine der potentiellen Revolutionen des menschlichen Denkens, die der UFO-Frage inhärent sind. Sollten sich UFOs als etwas herausstellen, das noch exotischer ist als Raumschiffe, dann könnte das tatsächlich eine Revolution werden, die alles hinwegfegt.

Skeptische Mutmassungen

Die Skeptiker unter den Wissenschaftlern scheint die Verteidigung des Status quo gegen feindliche Einfälle durch »Gläubige« oder Science Fiction Fans, wie sie uns bezeichnen, umzutreiben, die die Wissenschaft mit Behauptungen überfallen, die auf schlampigen Beobachtungen und geringem wissenschaftlichem Verständnis basieren. Die bedeutende Ansammlung von Daten, die sie übersehen (die keineswegs nur anekdotisch ist), ist vielleicht nur durch eine Theorie zu erklären, die eine gründliche Korrektur wissenschaftlicher Konzepte erforderte. Wir werden es erst wissen, wenn die Wissenschaft sich wirklich mit den Daten auseinandersetzt, statt sie nur zu leugnen.

Einige von uns sind überzeugt, daß die Gesamtheit unserer wissenschaftlichen Erkenntnisse wichtige Daten ausschließen oder kosmologische Fragen falsch interpretieren könnte. Einige UFO-Daten könnten auf den ersten Blick vermuten lassen, daß unsere grundlegenden Konzepte der Wahrnehmung, der »Realität« und der Frage des Verhältnisses zwischen Körper und Geist falsch sind; daß ein eingebauter »Filter« dafür sorgt, daß wir einen Teil des Universums um uns herum falsch wahrnehmen oder übersehen. Die Antwort, wenn wir sie denn je erfahren werden, könnte die Einfachheit selbst sein.

Keiner – am wenigsten Wissenschaftler – sollte das Ergebnis der Anwendung wissenschaftlicher Mittel auf das UFO-Problem vorwegnehmen. Da keine konzertierten Bemühungen angestellt wurden, UFO-Daten systematisch zu sammeln und zu studieren, können wir nicht sagen, wie weit wir mit unseren Instrumenten und Konzepten kommen, wenn wir UFOs verstehen wollen. Jede Behauptung, die Wissenschaft habe, *durch wissenschaftliche Studien*, UFOs als Fehlwahrnehmungen bekannter Phänomene oder als irgend etwas anderes erklärt, entbehren jeder Grundlage. Die traurige Wahrheit ist, daß Wissenschaftler es vermieden haben, ein schwieriges Problem anzugehen, indem sie es in einer Weise rationalisiert haben, die der Wissenschaft nicht gut ansteht. Voreilige persönliche Urteile auf der Grundlage unzureichender Informationen und Lächerlichmachen des Themas sind keine Wissenschaft.

Einem Astronomen, der, ohne Zeugen zu benennen, die zufällige Beobachtung eines hellen Meteors meldet, glaubt man, obwohl viele Astronomen wenig über Meteore wissen und sich auch nicht besonders für sie interessieren. Zeugen unerklärlicher Scheiben mit Kuppeln und Bullaugen glaubt man nicht, weil es Scheiben mit Kuppeln und Bullaugen »nicht geben kann«, es sei denn, wir stellten sie her,

156 *Ungebetene Gäste*

was wir aber nicht tun. Beobachten zwei oder drei Menschen einen Diskus mit einer Kuppel und Bullaugen, verdächtigt man sie der Verschwörung. Wird derselbe Diskus auf Radar erfaßt, muß etwas mit dem Gerät nicht in Ordnung sein.

Warum es Wissenschaftlern so schwerfällt zuzugeben, daß anomale Dinge gemeldet werden und die Ereignisse dann objektiv zu studieren, ist an sich schon eine bedeutende Frage. Die Neutralität und Objektivität der Wissenschaft, mit der sie immer prahlt, war bei der Reaktion auf Berichte über UFOs nicht ersichtlich. Die Reaktionen der »Wissenschaft« waren im Gegenteil weithin Vermutungen statt Studien und Lächerlichmachen statt Offenheit.

Mit den Worten des amerikanischen Philosophen Charles Sanders Peirce: »Der erste Schritt, etwas herauszufinden, ist zuzugeben, daß man etwas noch nicht zur Genüge kennt ...« Wir freuen uns auf den Tag, an dem Wissenschaftler erkennen, daß UFO-Anomalien vorkommen und ihre wichtigen Begabungen einem sorgfältigen Studium widmen, an dem, mit den Worten von Thomas Kuhn, »... das Anomale zum Erwarteten wurde ... und die Entdeckung abgeschlossen ist.«

Bis die Wissenschaft die UFOs »entdeckt«, wird das Problem wahrscheinlich weiterhin unbeachtet vor sich hindämmern, ungelöst. Bis jetzt waren Wissenschaftler (im allgemeinen) eher Teil des Problems als Teil der Lösung. Eine der Einsichten von Dr. McDonald lautete, daß die Wissenschaftler, die von den für Ermittlungen über UFOs zuständigen Militärs konsultiert worden waren, diese stets schlecht beraten hätten, einzig auf der Grundlage von Vorurteilen und nicht von soliden wissenschaftlichen Prinzipien.

Mutmaßungen sind das genaue Gegenteil dessen, was die Wissenschaft sein soll.

BIBLIOGRAPHIE

CONDON, EDWARD U: »Summary of the Study« in *Scientific Study of Unidentified Flying Objects,* Daniel S. Gillmor, Hrsg. (New York, Bantam Books, 1969) S. 7-50.

CONDON, EDWARD U: »UFOs I Have Loved and Lost« in *Bulletin of the Atomic Scientists* Dezember 1969.

Skeptische Mutmassungen

HYNEK, J. ALLEN: *The UFO Experience: A Scientific Inquiry* (Chicago, Henry Regnery, 1972).

MACCABEE, BRUCE S.: »Still in Default« in *MUFON 1986 Symposium Proceedings* (Seguin, Texas, MUFON, 1986) S. 131-160.

MCDONALD, JAMES E: Aussage vor dem House Committee on Science and Astronautics, *Symposium on Unidentified Flying Objects,* 29. Juli 1968, S. 18-85.

MCDONALD, JAMES E: »Science in Default: Twenty-Two Years of Inadequate UFO Investigations« in *UFOs: A Scientific Debate* (Cornell Univ Press, 1972), S. 52-122.

MENZEL, DONALD H.: Dem House Committee of Science and Astronautics vorgelegte Stellungnahme, *Symposium on Unidentified Flying Objects,* 29. Juli 1968, S. 199-205.

MENZEL, DONALD H.: »UFOs: The Modern Myth« in *UFOs: A Scientific Debate* (Cornell Univ Press, 1972) S. 123-182.

MURRAY, BRUCE: »The Limits of Science« in *UFOs and the Limits of Science* (New York, William Morrow, 1981) S. 255-266.

U.S. AIR FORCE: *Unidentified Aerial Objects: Project* »Sign«, Feb. 1949.

KAPITEL 11

DAS GROSSE GEHEIMNIS

Die Vorstellung, daß die Regierung der Vereinigten Staaten (und wahrscheinlich auch andere Regierungen) alles über UFOs weiß und dieses Wissen vor der Öffentlichkeit verbirgt, ist unter »Ufologen« fast ein Glaubenssatz. Die Frage ist kompliziert und erfordert ein genaues Studium der amerikanischen UFO-Geschichte von Anfang an und die Erwägung bruchstückhafter Indizien, die verschiedenen Interpretationen unterworfen sind.

Hält die Regierung wichtige – vielleicht entscheidende – Informationen über UFOs zurück? Meine Antwort ist ein unzweideutiges »Ja!« Die Anzeichen für eine Geheimhaltung sind überwältigend, dazu gehören auch »durchgesickerte« Informationen über spektakuläre Fälle mit einer Verwicklung des Militärs, die der Öffentlichkeit vorenthalten wurden und Fälle, die aufgrund von Gerichtsverfahren auf der Grundlage des Freedom of Information Act (FOIA = Gesetz über die Informationsfreiheit) erzwungenermaßen an die Öffentlichkeit kamen. Die wichtigere Frage ist: Wieviel weiß die Regierung über UFOs?

Warum werden UFO-Informationen geheim gehalten? Wenn es jemanden gibt, der es weiß, dann spricht der- oder diejenige nicht darüber. Die Möglichkeiten reichen von einer eigennützigen Klassifizierung durch staatliche Behörden, die damit die Tatsache verbergen wollen, daß sie mit dem Problem nicht fertig werden und es seit Jahren falsch eingeschätzt haben, bis zur Bergung von Material und Leichen von Außerirdischen, die in staatlichen Einrichtungen geheimen Studien unterzogen werden. Treffen die Geschichten über Abstürze und Bergungen zu, werden die Gründe für eine hochrangige Geheimhaltungspolitik offensichtlicher.

Jeder, der die staatliche Bürokratie kennt, vermutet jedoch, daß der Stempel GEHEIM öfter eingesetzt wird, um Schlamperei oder

160   Ungebetene Gäste

möglicherweise peinliche Enthüllungen über bestimmte Vorgänge
zu verdecken als um legitime Geheimnisse zu schützen. Das FOIA
hat zwar viele Beispiele für diese Praxis aufgeführt, aber es hat auch
so spektakuläre UFO-Berichte entdeckt, daß vernünftige Leute sie
durchaus als Indizien für eine Verschwörung des Schweigens deuten können. Es bleibt die Frage: warum?

Meine Ansichten über die Geheimhaltung durch die Regierung
haben sich im Laufe der Jahre verändert. Viele Jahre schenkte ich
der Frage kaum Aufmerksamkeit, ich sammelte und analysierte
Berichte über UFOs, wobei ich wußte, daß die Regierung der Öffentlichkeit gegenüber nicht gerade ehrlich war, weil von verschiedenen
offiziellen Stellen Informationen zu mir durchsickerten. Ich war
damals Acting Director des National Investigations Committee on
Aerial Phenomena (NICAP) in Washington, D.C., der bedeutendsten
zivilen UFO-Organisation der sechziger Jahre. In diesem Stadium
der UFO-Geschichte war wenig Zeit für große Theorien.

Einmal erhielt ich einen Anruf vom State Department, in dem ich
darüber informiert wurde, ein Nachrichtenreporter aus Argentinien
wolle mich interviewen. Als der »Nachrichtenreporter« in Begleitung
eines Dolmetschers vom State Department bei mir eintraf, stellte sich
heraus, daß er Offizier der argentinischen Luftwaffe war, der seine
Aufzeichnungen mit den meinen vergleichen wollte, was wir ausgie-
big taten. (Seiner Aussage zufolge gab es auch in Argentinien Fälle
mit Humanoiden und andere groteske Fälle.) Auch wollte er wissen,
wie NICAP vorging, weil seine Regierung vorhatte, eine Gruppe aus
Wissenschaftlern und Militärs zu bilden, die UFOs studieren sollte.

Mehr als nur ein leitender Angestellter des State Department übergab mir Kopien von Mikroluftpostbriefen und anderen diplomati-
schen Nachrichten von Botschaften im Ausland, in denen von UFO-
Sichtungen berichtet wurde, die nicht in den Zeitungen gestanden
hatten. Vertrauliche Berichte kamen auch von aktiven Soldaten der
Air Force, von Wissenschaftlern und Ingenieuren der NASA (von
denen einige nebenher Ermittlungsgruppen von NICAP leiteten)
und aus vielen anderen Abteilungen. Klar war, daß UFO-Berichte,
die über staatliche Kanäle liefen, nicht für die Öffentlichkeit
bestimmt waren – zumindest nach offizieller Einschätzung.

Obwohl »Lecks« in Washington eine Institution sind und in diesem
Falle lediglich dem persönlichen Interesse derjenigen in den verschiedenen Behörden gedient haben mögen, die die Informationen
durchsickern ließen, hatte NICAP prominente Fürsprecher – Militärs
und Zivilisten – in Exekutive und Legislative. Ihr Einfluß hatte ohne

Das große Geheimnis 161

Zweifel etwas mit dem Informationsfluß zu tun. Ich arbeitete in dem vielleicht naiven Glauben, daß die Regierung nicht zeigen wollte, daß sie dahinter steckte, NICAP aber zutraute, die Öffentlichkeit in verantwortungsbewußter Weise zu informieren. Tatsächlich veröffentlichten wir die Informationen aus den Berichten, schützten aber zugleich sorgfältig unsere Quellen.

Mitte der sechziger Jahre entwickelte Dr. James E. McDonald, ein hochgeachteter Atmosphärenphysiker an der Universität Arizona, ein Interesse an Berichten über UFOs und begann wie ein Wirbelsturm mit Ermittlungen. Wir wurden daraufhin gute Freunde und verbrachten viele Stunden mit der Diskussion über alle Aspekte der UFO-Frage. Unter seinem Einfluß wog ich zum ersten Mal das Für und Wider einer »Vertuschung« bzw. »Verwirrung« gegeneinander ab. Das war seine Kurzformel für die entscheidende Frage, wieviel die Regierung wußte.

Gab es eine bewußte Vertuschung entscheidender UFO-Indizien auf hohem Niveau, wie zum Beispiel, daß die Regierung sehr wohl von UFOs wußte und nur vorgab, sie wisse nichts? Oder war die offizielle Politik eher Verwirrung, das Unvermögen, das UFO-Problem zu erkennen oder in den Griff zu bekommen, weil es so grotesk und möglicherweise revolutionär war? Für beide Seiten gab es starke Argumente.

Jim neigte eher zur »Verwirrung«, und zwar wegen der unleugbaren Anzeichen für schlampige Ermittlungen und eine generelle Unfähigkeit in den Akten der Air Force, während ich wegen der mir zugeschobenen Informationen eher zur »Vertuschung« neigte. Und doch wußte ich, daß auch »Verwirrung« vorgekommen war, und Jim machte sich Gedanken wegen der Berichte, die er von höchst glaubwürdigen Zeugen erhielt, die nach seinen Vorträgen an wissenschaftlichen und militärischen Einrichtungen im ganzen Land auf ihn zu kamen.

Wir waren beide weder vom einen noch vom anderen vollkommen überzeugt, aber ich spielte den Advocatus Diaboli. Die Kurzformel für meine Ansicht hieß: »Die können nicht dumm sein.« Zu viele Piloten waren gestartet, um UFOs zu jagen, die von Bodenradar erfaßt worden waren, hatten visuell etwas gesehen und es dann mit ihrem Bordradar verfolgt. Es gab zu viele Filme, zum Teil von an Abfangjäger montierten Geschützkameras aufgenommen, von Objekten, die jede konventionelle Erklärung übertreffen. Zu viele Piloten von Fluggesellschaften und andere qualifizierte Beobachter hatten von Begegnungen mit eindeutig unerklärlichen Dingen berichtet. »Sie« (höchste Regierungsvertreter) mußten wissen, daß etwas Reales und äußerst Seltsames entdeckt worden war.

162   Ungebetene Gäste

Seit den sechziger Jahren konnten durch Gerichtsverfahren aufgrund des FOIA und aus anderen Quellen große Mengen neuer Informationen zur Frage der Geheimhaltung durch die Regierung gewonnen werden. Sie genügen jedoch nicht, um über einen begründeten
Zweifel hinaus festzustellen, daß wirklich eine Vertuschung statt-
findet. Es bleibt die Möglichkeit, daß die Regierung nur wenig mehr
weiß als wir; daß UFOs nicht ernst genommen werden (außer bei
periodischen Untersuchungen, die durch neue Sichtungen erzwun-
gen werden) und daß niemand den Überblick hat. Ich bezweifle es
ernstlich, erkenne aber an, daß die Möglichkeit besteht.
   Es gibt etliche plausible Szenarien, abhängig davon, wie kontinu-
ierlich die Regierung das Thema verfolgt hat und welche »stichhaltigen« Beweise gefunden wurden. Die erste größere UFO-Welle in
den Vereinigten Staaten spielte sich 1947 ab, worauf ein streng
geheimes Ermittlungsprojekt der Air Force eingerichtet wurde. Es
wurde befürchtet, die Sowjetunion habe einen dramatischen technischen Durchbruch erzielt, der unsere nationale Sicherheit bedrohe.
Dringende Ermittlungen durch das Air Technical Intelligence Center
schlossen das rasch aus, konnten aber auch die Sichtungen nicht
erklären. Da die Ermittler der Air Force die Berichte ernst nahmen,
dachten sie über die extraterrestrische Hypothese nach, befürworte-
ten sie, konnten sie aber nicht »beweisen«.

SZENARIO 1

Was immer die UFOs sein mochten, offensichtlich stellten sie keine
Bedrohung dar. Sie griffen nicht an, regten zwar die Phantasie der
Bevölkerung an, hatten aber sonst wenig oder gar keinen Einfluß
auf die Gesellschaft. Wissenschaftliche Berater der Air Force ver-
höhnten die Vorstellung, sie könnten außerirdisch sein. Daher kam
man zu dem Entschluß, die Meldungen zu ignorieren.
   Sobald die Verwaltung ihre Haltung erst einmal eingenommen
hatte – in diesem Falle, daß UFOs keiner weiteren Bemühungen wert
waren – setzte Trägheit ein. Erst müßten spektakuläre neue Indizien
gefunden werden, mehr als die »üblichen« UFO-Berichte, harte Fakten, bevor die Air Force sich danach noch einmal umdrehen würde.
So konnten Sichtungen der Jahre 1948 bis 1951 leicht als verirrte
Flugzeuge, ungewöhnliche Wettererscheinungen oder als von leicht
erregbaren Zeugen gesichtet rationalisiert oder »wegerklärt« werden. Das, so der ehemalige Chef von Projekt Blue Book, Edward J.
Ruppelt, geschah, bevor er die Leitung des Projekts übernahm.

Das große Geheimnis   163

1951 wurde Ruppelt mit Informationen von hochgeachteten Experten überschwemmt, die darüber verärgert waren, wie die Air Force ihre Berichte abtat. Dies und verschiedene andere Einflüsse führten zu einer Wiederbelebung des Projekts und zu größeren Anstrengungen bei Ermittlungen und der Pflege der Beziehung zu guten Zeugen. Vielleicht war es Zufall, vielleicht auch nicht, daß 1952 die bis heute größte UFO-Welle folgte. Dazu gehörten spektakuläre Begegnungen von Militärjets mit UFOs in der Luft, Verfolgung mit Radar und Filmaufnahmen von UFOs mit Geschützkameras.

Solche Indizien konnte man nicht mehr ignorieren, also wurden wieder Wissenschaftler konsultiert und die CIA hinzugezogen. Ruppelts Buch und auch die Dokumente der CIA, die ich im Wege von FOIA-Anfragen besorgt habe, zeigen eindeutig, daß beide Behörden UFOs Ende 1952 sehr ernst nahmen. Tatsächlich empfahl die CIA dem National Security Council (Nationaler Sicherheitsrat), eine große wissenschaftliche Untersuchung einzuleiten, um feststellen zu können, was UFOs sind. Und doch wurden schon im darauffolgenden Jahr UFOs offiziell wieder als Unsinn abgetan. Warum? War das eine Verschwörung?

Anfang 1953 berief die CIA eine Gruppe angesehener Wissenschaftler zusammen (das »Robertson Panel«), die die von der Air Force gesammelten Indizien durchsehen sollten. Bei ein paar wenigen Treffen sahen sie sich die vielbeschäftigten Wissenschaftler rasch durch, fanden keine »Beweise« und empfahlen, das Thema als Unsinn abzutun. Dabei gingen sie sogar so weit, die Motive ziviler UFO-Gruppen in einer Sprache zu hinterfragen, die die McCarthy-Hysterie jener Zeiten widerspiegelte. Einige Wissenschaftler waren bei keinem Treffen anwesend. Wie Dr. McDonald feststellte, haben Wissenschaftler mit nur oberflächlichem Wissen über UFO-Meldungen, die ihre Aufgabe eindeutig mit einer äußerst negativen Voreingenommenheit angingen, die Air Force wiederholt schlecht beraten.

Nach 1952 verringerte sich die Zahl der Sichtungen wieder, und die Behandlung darauffolgender Wellen (die nächste folgte Ende 1957) war eine Reprise des »Wegerklären«-Verfahrens. Wissenschaftler (obwohl Naturwissenschaftler) bestanden darauf, die grundlegende Ursache für UFO-Meldungen liege im Bereich des Psychologischen, und jede neue Welle wurde als eine weitere »Volksverrücktheit« wegerklärt. Aktive Soldaten der Air Force dachten anders darüber, wer aber waren sie, daß sie angesehenen Wissenschaftlern widersprechen konnten?

164 Ungebetene Gäste

In diesem Szenario haben die Air Force wie die CIA UFOs immer wieder ernst genommen, aber auf wissenschaftlichen Rat von außen gehört. Sie haben das Problem nicht fortwährend beobachtet, es vielmehr zu den Akten gelegt und sich auf ihre Hauptaufgaben in der Verteidigung und der nationalen Sicherheit konzentriert. Bestimmte Fälle wurden als geheim eingestuft und vertuscht, sowohl weil sie verblüffend waren als auch, weil ihre Veröffentlichung sich ohne überzeugende Erklärungen als peinlich erwiesen hätte. Die Geheimhaltung erfolgte eher zum Selbstschutz als im Sinne einer Verschwörung. Sähe man nur die Akten von Projekt Blue Book durch, neigte man wohl zu dieser Ansicht.

SZENARIO 2

Wegen wiederholter Meldungen von Militärpiloten, Piloten von Fluggesellschaften, Radarbeobachtern und anderen glaubwürdigen Zeugen hat die Regierung (auf hoher Ebene) alle ernstzunehmenden Indizien über UFOs systematisch zusammengestellt und behält den Überblick durch ein Geheimprojekt. Das Projekt sammelt auch weiterhin Radardaten, Filme, körperliche Beweise und ähnliches. Die Berichte gelten als verwirrend, möglicherweise als Indizien für Besuche durch Außerirdische, aber sie zeigen keine offene Bedrohung der nationalen Sicherheit oder der Gesellschaft an sich, und bisher wurde noch kein direkter Kontakt, keine Kommunikation – oder ein anderer absoluter Beweis – gefunden.

Die Regierung nimmt dabei eine Haltung ein, bei der sie die Situation im Auge behält, ohne die Öffentlichkeit zu alarmieren und, wenn es Außerirdische sind, alle möglichen technischen Informationen zu sammeln, die es uns ermöglichen, ihr Antriebssystem nachzubauen, bevor die Sowjetunion das tut. Politiker streiten darüber, wieviel der Öffentlichkeit zu sagen sei, und diejenigen, die für umfassendere Veröffentlichungen eintreten, lassen von Zeit zu Zeit Informationen »durchsickern«.

SZENARIO 3

Die Regierung weiß aufgrund stichhaltiger Beweise, was UFOs sind (ob nun außerirdisch oder etwas anderes). Diese Beweise könnten in unzweideutigen Filmen bestehen, in Radardaten, in einer Tri-

Das große Geheimnis 165

angulation durch multiple optische und elektronische Sensoren, andere körperliche Beweise oder »Hardware«. Die Art dieser »stichhaltigen« Indizien oder Beweise bestimmt die Politik. Wenn starke Indizien – oder der Beweis – dafür gefunden wurden, daß Entführungen wirklich stattfinden, liefe das auf einen »geheimen Kriegszustand« hinaus, bei dem die Aliens nach Belieben in die Angelegenheiten der Menschen eingreifen. Ohne effektive Gegenmaßnahmen oder Möglichkeiten zur Kontrolle der Lage würde die politische und militärische Führung die Wahrheit wahrscheinlich nicht preisgeben.

Je nach dem Grad der vorliegenden Indizien oder Beweise bedeuteten die Szenarien zwei und drei, daß die Regierung befürchtet, eine vollständige Preisgabe würde die Weltwirtschaft, den Aufbau der politischen Strukturen und die Religionen erschüttern. Daher praktizieren sie eine nahezu totale Geheimhaltung und versuchen derweil herauszufinden, was zu tun ist. Gewisse sorgfältig kontrollierte Informationen für die Öffentlichkeit, bei denen aber der Ernst der Lage nicht offiziell eingeräumt wird, könnten Teil ihres Planes sein.

Nimmt man an, daß die Szenarien zwei oder drei zutreffen – wonach die Regierung seit den vierziger Jahren von UFOs und deren möglicher Bedeutung weiß – würde man erwarten, daß im Laufe von vierzig Jahren doch einige Hinweise auf die Wahrheit »durchsickern« oder sich gerüchteweise verbreiten. Mit wenigen Ausnahmen sprechen sich in einer demokratischen Gesellschaft mit einer starken freien Presse gewöhnlich selbst große Geheimnisse herum. Die »absolute Wahrheit« mag zwar entstellt sein, aber Spuren davon müßten in zeitgenössischen Quellen doch zu erkennen sein.

EIN KRITISCHER WENDEPUNKT?

Mein Verdacht geht dahin, daß bestimmte Ereignisse Ende 1948 und 1949 zu einem wichtigen Wendepunkt in der Regierungspolitik führten, namentlich zum Beginn einer echten Vertuschung auf der Grundlage verblüffender Informationen, die in dieser Zeit gewonnen wurden. Zu den Indikatoren hierfür gehören sowohl dokumentierte Fakten, Kandidaten für die »Lecks« und Gerüchte, die auf ein großes Geheimnis in den Händen der Regierung deuten.

In der Lagebeurteilung der ATIC vom September 1948, eingestuft als STRENG GEHEIM, kam man zu dem Schluß, UFOs seien interplanetarische Raumschiffe. Ungeachtet dessen, daß dieser Schluß

166   Ungebetene Gäste

»offiziell« nicht akzeptiert wurde (aus Mangel an »Beweisen«), zeigt
er doch, was die Angehörigen des Nachrichtendienstes der Air Force
glaubten, die am intensivsten mit Ermittlungen über UFOs befaßt
waren, und offensichtlich glaubten sie den für die Öffentlichkeit
bestimmten Stellungnahmen der Air Force nicht. In den fünfziger
und sechziger Jahren stritten Sprecher der Air Force im Pentagon
wiederholt ab, daß es die Lagebeurteilung von 1948 überhaupt gegeben habe, aber sowohl Captain Ruppelt wie auch Major Dewey Fournet (ehemaliger Beobachter des Pentagon beim Projekt Blue Book)
bestätigten, daß es sie gab.

Der Bericht von Projekt Sign (oder »Saucer«) mit den Analysen der
UFO-Sichtungen bis zum Jahre 1948 wurde im Februar 1949 mit
der Geheimhaltungsstufe GEHEIM herausgegeben. Ende April wurde
eine zweiundzwanzigseitige Zusammenfasung für die Presse veröffentlicht, in der man zu dem Schluß kam, UFOs seien »... kein Witz«,
und in der eingeräumt wurde, daß viele verblüffende Fälle nicht
erklärt werden konnten. Das war fraglos die aufgeschlossenste Stellungnahme zu dem Problem, die die Air Force je herausgegeben hat,
und das trotz des gegenteiligen Rates der beratenden Wissenschaftler. Etwa um diese Zeit wurde der Name des UFO-Projektes zu Grudge geändert.

Im Dezember 1949 gab Projekt Grudge einen »Abschlußbericht«
heraus, in dem behauptet wurde, alle UFO-Sichtungen seien erklärt
worden, und das Projekt würde nun eingestellt (das war an sich
schon eine Mini-Verschleierung, weil das Projekt nicht eingestellt
wurde). Warum die plötzliche Kehrtwendung ohne vernünftige
Erklärungen für die vielen verblüffenden Fälle, die damals studiert
wurden und die (wie wir noch sehen werden) vielen neuen Fälle seit
dem Bericht von Projekt Sign? Entweder hatten die Vertreter der Air
Force oder der Regierung gewonnen, die für eine strenge Geheimhaltung eintraten und bestimmten nun die Politik, oder es hatte sich
etwas ungewöhnlich Bedeutendes ereignet, das zu einer drastischen
Wende in der offiziellen Politik hin zu einer extremen Geheimhaltung führte. Eine Durchsicht der Berichte aus den Jahren 1948 und
1949 läßt ernstliche Zweifel an der Glaubwürdigkeit der Erkenntnisse von Projekt Grudge entstehen und läßt Gründe für die Kehrtwendung vermuten.

Ende 1948 wurden über Geheimdienstkanäle eine Reihe beeindruckender Begegnungen zwischen Militärpiloten und UFOs gemeldet. Zur selben Zeit machten sich rätselhafte »grüne Feuerbälle« (die
normalen Meteoren überhaupt nicht ähnelten) über militärischen

Das große Geheimnis   167

Einrichtungen in New Mexico breit. Astronomen und Raketenexperten konnten sie nicht erklären. Ruppelt sagte (S. 75):
»Während des gesamten Dezembers 1948 und Januars 1949 drangen die grünen Feuerbälle in den Himmel über New Mexico ein. Jeder, einschließlich Offizieren des Nachrichtendienstes auf dem Luftwaffenstützpunkt Kirtland, Leuten vom ADC (Air Defense Command), Dr. (Lincoln) LaPaz und einige der geachtetsten Wissenschaftler in Los Alamos, hatte mindestens einen gesehen.« Dr. LaPaz (Experte für Meteoriten), stellte er fest, war überzeugt, daß die grünen Feuerbälle kein Naturphänomen waren.
Im Nachrichtenaustausch des Geheimdienstes der Air Force im letzten Quartal 1948 fand sich folgendes:

1. Oktober: Ein Pilot der Air National Guard in Fargo, North Carolina, der eine F-51 flog, jagte in einem siebenundzwanzig Minuten dauernden »Nahkampf« ein glühendes, flaches, rundes Objekt. Objekt vollzog scharfe Kurven, frontale Vorbeiflüge, bevor es »schnurstracks in die Luft« abflog. Das Objekt wurde auch vom Personal des Kontrollturms und einem privaten Piloten gesehen.

15. Oktober: Crew eines F-61 »Black Widow« Nachtkampfflugzeugs untersuchte in Japan ein UFO-Ziel auf Radar, sah die Silhouette eines länglichen Objekts, das mit etwa 320 Stundenkilometern flog. Die Crew unternahm sechs Abfangversuche, jedesmal beschleunigte das Objekt auf schätzungsweise 1.900 Stundenkilometer und begab sich außerhalb der Reichweite des Abfangjägers, bevor es seine Geschwindigkeit wieder verlangsamte.

18. November: Pilot der Reserve der Air Force jagte in einer T-6 ein ovales Objekt in einem zehnminütigen »Nahkampf« über dem Luftwaffenstützpunkt Andrews, Maryland. Objekt wurde auch vom Personal einer Fluglinie gesichtet. Das Objekt veränderte plötzlich seine Höhe und Geschwindigkeit (von 120 Stundenkilometern auf 970 Stundenkilometer). Pilot manövrierte, um die Landebeleuchtung direkt auf das Objekt richten zu können. Dabei glühte es weiß auf und schoß mit einer Geschwindigkeit von über 900 Stundenkilometern nach Osten davon.

23. November: Der Pilot einer F-80 fing in der Nähe des Luftwaffenstützpunktes bei Fürstenfeldbruck in Deutschland ein Ziel ab,

168   *Ungebetene Gäste*

das vom Bodenradar entdeckt worden war, als es in einer Höhe von 8.235 Metern schnell kreiste. Der Pilot sah ein helles, rotes Objekt. Objekt stieg plötzlich auf 15.250 Meter auf, Geschwindigkeit 1.500 Stundenkilometer. Bericht vom Piloten einer zweiten F-80 bestätigt.

5. Dezember: Der Air-Force-Pilot einer C-47 in 5.490 Meter Höhe über Albuquerque, New Mexico, beobachtete um 21.27 Uhr einen riesigen grünen Feuerball, der im Bogen nach oben flog und sich dann auf eine horizontale Flugbahn einpendelte. Um 21.35 Uhr sah der Pilot einer DC-3 der Frontiers Airlines ein orangerotes Objekt in der Größe des Vollmondes. Es veränderte sich zu grün, kam in einer flachen Flugbahn frontal auf ihn zu, schwenkte zur Seite und fiel dann Richtung Boden.

Auch wenn dem Projekt offiziell die »Beweise« für seine Lagebeurteilung vom September fehlten, brauchten die Analytiker doch keine besondere Intelligenz, um solche Berichte als starke Indizien dafür zu werten, daß UFOs etwas Reales sind, das eine ungewöhnliche Manövrierfähigkeit zur Schau stellt und nicht als Naturphänomen erklärt werden kann. Der Bericht von Projekt Sign, veröffentlicht im darauffolgenden Februar, gab ihr Erstaunen vorsichtig wieder.

Zu ähnlichen Berichten aus dem Jahre 1949, die weitere Indizien für offensichtlich gesteuerte, hoch manövrierfähige UFOs hinzufügten, gehörten folgende:

24. April: Wissenschaftler und Techniker, die in der Nähe von Arrey, New Mexico, einen Ballon verfolgten, sahen und verfolgten ein weißes, diskusförmiges Objekt mit einem Theodolit. Es bewegte sich so schnell, daß Einzelheiten der Oberfläche nicht deutlich zu erkennen waren. Die Geschwindigkeit wurde auf 30.000 Stundenkilometer geschätzt. Das Objekt veränderte den Kurs und verschwand in einem steilen Aufstieg.

10. Juni: Bei einem Raketentest der Navy in der Oberen Atmosphäre bei White Sands, New Mexico, hatte die Rakete im Steigflug eine Geschwindigkeit von 610 Metern pro Sekunde (über 2.000 Kilometer pro Stunde) erreicht, als sie plötzlich zwei kleine runde Objekte begleiteten, die mit ihr Schritt hielten, eines auf jeder Seite. Ein Objekt flog dann durch den Ausstoß der Rakete zum

Das große Geheimnis 169

anderen hinüber, und zusammen beschleunigten sie nach oben und ließen die Rakete hinter sich. Captain Robert McLaughlin, der über den Zwischenfall in einem Zeitschriftenartikel berichtete, sagte, er habe schon bald danach Berichte von fünf verschiedenen Beobachtungsposten aus verschiedenen Richtungen des Kompaß erhalten; alle hatten die Vorstellung der beiden runden UFOs gesehen.

In einem ähnlichen Zusammenhang fragte Ruppelt: »Was macht einen Beweis aus?« Zwei nicht ganz vollständig festgehaltene Berichte aus dem Jahre 1949 kämen, sollten sie wahr sein, einem Beweis sehr nahe. Am 5. Juni 1949 berichtet Walter Winchell in seiner Kolumne folgendes:

»Das New York World-Telegram hat folgenden Exklusivbericht dieses Reporters über fliegende Untertassen von vor einigen Wochen bestätigt. Zeitungsleute hatten ihn zuvor abgelehnt. ... Auf der Titelseite des World-Telegram hieß es: ›Leute von der Air Force sind der Überzeugung, der fliegende Diskus ist echt. Das ausschlaggebende Argument kam, als die Air Force kürzlich ein Bild von drei Scheiben erhielt, die in Formation über Stephensville, Neufundland, flogen. Sie flogen unseren schnellsten Flugzeugen davon.‹«

Der andere Bericht betrifft eine Radarzielverfolgung im Herbst 1949 über einer »zentralen Atomwaffenbasis« (die genaue Lage wurde nicht angegeben, es ist aber sehr gut möglich, daß es sich um New Mexico handelt, wo in diesem Zeitraum so viele UFOs gemeldet wurden). Er verlangt ein Wort der Erklärung.

Im April 1952 veröffentlichte die Zeitschrift *LIFE* einen Artikel von H. B. Darrach und Robert Ginna mit dem Titel »Flying Saucers: Have We Visitors From Space?« (»Fliegende Untertassen: Haben wir Besuch aus dem Weltraum?«) Der Artikel tendierte stark zu einer bejahenden Antwort und ließ auch anklingen, er vertrete, da auf der Grundlage von Fallakten der Air Force verfaßt, die Sichtweise der Air Force. In diesem Artikel wurde eine Reihe spektakulärer Fälle beschrieben, die sich angeblich in den Akten der Air Force befänden. Fall Nr. 14 war die Radarzielverfolgung über der Atomwaffenbasis.

Captain Ruppelt, dessen Buch über die internen Abläufe bei der Air Force Pflichtlektüre ist sowohl für Vertreter der Vertuschungswie auch für Vertreter der Verwirrungstheorie, war Leiter von Pro-

170   *Ungebetene Gäste*

jekt Blue Book, als Darrach und Ginna die Recherchen für ihren
Artikel betrieben. Ruppelt hatte folgendes dazu zu sagen (S. 177):

»Als Antwort auf jegliche Fragen, ob der Artikel denn nun von der
Air Force angeregt worden sei, sagte ich spitzfindig, wir hätten
LIFE ein paar grobe Daten über bestimmte Sichtungen zur Verfügung gestellt. Meine Antwort war absichtlich spitzfindig, weil ich
wußte, daß die Air Force den Artikel inoffiziell angeregt hatte.
Das ›vielleicht sind sie interplanetarischen Ursprungs‹, wobei das
›vielleicht‹ ganz dicht bei dem ›sind sie‹ steht, war die persönliche
Meinung etlicher sehr hochrangiger Offiziere im Pentagon – so
hochrangig, daß deren persönliche Meinung schon fast Politik
war ... Ich wußte, daß einer, ein General, Bob Ginna seine Auffassungen weitergegeben hatte.«

Der Radarfall vom Herbst 1949 entzog sich einer vollständigen
Dokumentation, weil das genaue Datum und der Ort nicht bekanntgegeben wurden, aber es bestehen keinerlei Zweifel an seiner Authentizität. Wie in dem Artikel in *LIFE* angegeben, hatte der Offizier
der Air Force, der die Meldung gemacht hatte, Zugang zu Informationen der höchsten Geheimhaltungsstufe. Früher war er für das
Radar verantwortlich, das die atomare Einrichtung überwachte, nun
aber bekleidete er einen höheren Posten. Die Reichweite des Radars
auf dem Stützpunkt erfaßte knapp 500 Kilometer Himmel bis zu
einer Höhe von 30500 Metern. Die Meldung lautete im wesentlichen, ein einwandfreier Radarkontakt habe in großer Höhe fünf
anscheinend metallische Objekte aufgespürt, die sich nach Süden
bewegten und den 500 Kilometer breiten Überwachungsraum in
weniger als vier Minuten überquerten (das ergibt eine Durch-
schnittsgeschwindigkeit von etwa 7250 Stundenkilometer). Dieser
Fall gehört zu den vielen, die in den archivierten Akten von Projekt
Blue Book fehlen.

Die plötzliche »Entdeckung« von Erklärungen für alle zuvor rätselhaften und auch diese neuen Fälle in dem kurzen Zeitraum zwischen den beiden Berichten der Air Force läßt doch stark vermuten,
daß die Ereignisse eine Änderung der Politik erzwangen. Meine
»Lageeinschätzung« ist, daß hier auf einer hohen Ebene eine Politik
einsetzte, die die Wahrheit vor der Öffentlichkeit verschloß (die
Gründe seien dahingestellt.)

Ruppelts Darstellung, wonach hochrangige Generäle der Air Force
1952 *LIFE* zu der Vermutung angeregt hatten, UFOs seien außerirdische Raumschiffe, ist eine Bestätigung der Ansicht, die Donald E.

Das große Geheimnis   *171*

Keyhoe oft vertreten hat. Auf der höchsten Ebene der Geheimdienste und des militärischen Establishments existieren zwei Lager: diejenigen, die meinen, der Öffentlichkeit sollte alles gesagt werde, was man sicher über UFOs weiß und diejenigen, die meinen, diese Informationen sollten unter Verschluß gehalten werden (Keyhoes »Gruppe des Schweigens«), entweder, weil sie die Gesellschaft zerstören könnten oder weil die Indizien zweideutig und nicht schlüssig sind.

Die Geschichte der staatlichen Reaktionen auf UFO-Meldungen ist am ehesten verständlich, wenn man sich klar macht, daß bereits in den ersten Jahren klar erkannt wurde, daß UFOs außerirdischen Ursprungs sein könnten. Die sich daraus ergebenden Folgen waren erschreckend und beeinflußten die Entscheidungen der Politik, unabhängig von den persönlichen Überzeugungen der Politiker, stark. Offensichtlich waren viele der Meinung, daß zumindest die Möglichkeit ihres außerirdischen Ursprungs der Öffentlichkeit verständlich gemacht werden müsse. Ob diejenigen, die den Artikel in *LIFE* anregten, auch »Beweise« hatten oder nicht, ist eine andere Frage.

Die ersten weithin publizierten Geschichten, in denen behauptet wurde, nach dem Absturz von UFOs seinen Raumschiffe und Leichen geborgen worden, tauchten ebenfalls 1949 und Anfang 1950 auf. In der damaligen Alltagssprache hießen sie »abgestürzte Untertassen und kleine Männchen«. Die ersten Geschichten sind nicht so gut dokumentiert wie die Berichte gegen Ende der fünfziger Jahre, sehen aber eindeutig so aus, als sei da etwas »durchgesickert«, wenn es denn wirklich Abstürze und Bergungen gab. Andernfalls, falls die Geschichten Schwindel sind, erlangte damals der erste Schwindel die Aufmerksamkeit der Öffentlichkeit.

Die Veröffentlichungen aus dem Jahre 1950 verweisen im allgemeinen auf Ereignisse des Jahres 1949 (oder früher): Gerüchte über »abgestürzte Untertassen und kleine Männchen« am 9. Januar (New Mexico) und 3. April (Mittelamerika und Mexiko) in der Zeitschrift *TIME* und ähnliche Meldungen in *NEWSWEEK* vom 17. April. Diese Berichte, Frank Scullys Artikel 1949 in *Variety* und sein 1950 erschienenes Buch, das sich ausführlich mit Meldungen über angebliche Abstürze und Bergungen in New Mexico befaßt, und die Notiz des FBI (siehe Kapitel vier), die eine Geschichte über »abgestürzte Untertassen« in New Mexico einer Quelle aus der Air Force zuschreibt, zeigen deutlich, daß an diesem entscheidenden Punkt in der UFO-Geschichte sowohl die Nachrichtenmedien als auch die nationalen Geheimdienste solche Meldungen erhielten.

172 Ungebetene Gäste

In fast allen ersten Berichten und Gerüchten über Abstürze/Bergungen und in fast allen besser dokumentierten Fällen tauchen Mexiko und der amerikanische Südwesten auf. Wenn sie seit Beginn im Jahre 1949 alle nur Schwindel sein sollten, wer hat sie dann erdacht und zu welchem Zweck? Und sind dieselben Schwindler bei den Fällen, die in den achziger Jahren auftauchen, immer noch am Werk? Daß sich solche Berichte über einen Zeitraum von fünfunddreißig bis vierzig Jahren gehalten haben und dabei auf der Grundlage allmählich auftauchender Aussagen unmittelbarer Zeugen vom Status »wilder Gerüchte« zu dem einer teilweisen Glaubwürdigkeit eskaliert sind, ist beeindruckend.

Am 31. Mai 1955 berichtete die Korrespondentin des New Yorker *Journal American,* Dorothy Kilgallen, aus London:

»Britische Wissenschaftler und Angehörige der Luftwaffe sind nach der Untersuchung des Wracks eines mysteriösen Flugschiffs der Überzeugung, daß diese seltsamen Luftobjekte keine optische Täuschung sind, (sondern) von einem anderen Planeten kommen. Meine Informationsquelle ist ein britischer Regierungsvertreter von Kabinettsrang, der nicht genannt werden möchte. ›Auf der Grundlage unserer Ermittlungen glauben wir bis jetzt, daß die Untertassen mit kleinen Männchen bemannt sind – wahrscheinlich unter 1,20 Meter groß‹, sagte mir mein Informant. ›Es ist angsterregend, aber wir können nicht leugnen, daß die fliegenden Untertassen von einem anderen Planeten kommen.‹«

Viel wurde seit den unbestätigten Gerüchten der Jahre 1949 und 1950 bei den Berichten über Abstürze/Bergungen erreicht, aber immer noch gibt es längst keine vollkommen überzeugende Dokumentation. Ich habe selbst mit einigen Personen gesprochen, die behaupten, Zeugen eines Absturzes gewesen zu sein, und in anderen Fällen habe ich Dokumentationen gesehen, beides reicht aus, um mit großer Wahrscheinlichkeit anzunehmen, daß 1949 erlangte Hardware das große Geheimnis ist, das hinter der UFO-Politik der Regierung steckt.

Auch ungeachtet möglicher endgültiger physischer Beweise im Besitz der Regierung, bestätigen alle Indizien, daß Anfang der fünfziger Jahre eine strikte Politik zur Anwendung kam, wie mit jeder neuen Sichtungswelle umzugehen sei, einmal für die Öffentlichkeit und einmal – bei weitem ernsthafter – im Geheimen. In der Öffentlichkeit wurden UFO-Meldungen keiner besonderen Aufmerksamkeit für wert befunden. Verdeckt aber wurden geheime Kanäle für

Das große Geheimnis   173

eine schnelle Sammlung von Sichtungen durch Piloten, Filme und Radarmeldungen eingerichtet.

Sowohl die Dienstanweisung 200-2 der Air Force (Anweisungen zur Vorgehensweise bei TWX-Meldungen an das Air Technical Intelligence Center und Verbot der öffentlichen Diskussion nicht erklärter Meldungen) wie auch ein Handbuch für Stabs- und Nachrichtendienstoffiziere der Air Force über den Umgang mit UFO-Meldungen wurden 1953 herausgegeben, *nachdem* das Robertson Panel bereits empfohlen hatte, UFOs nicht ernst zu nehmen. Es spricht für die führenden Militärs, daß sie die hastigen und auf der Grundlage falscher Informationen gewonnen Urteile der wissenschaftlichen »Wochenendberater« trotz deren beachtlicher wissenschaftlicher Verdienste anscheinend nicht akzeptierten.

Auch die durch Gerichtsverfahren nach dem FOIA erhaltenen Dokumente konnten die dunkle Rolle der CIA bei den Ermittlungen über UFOs nicht sonderlich erhellen, aber hier und da tauchte doch ein entscheidender Informationsleckerbissen auf. In den Dokumenten befinden sich Verweise auf Akten über »abgeschlossene Geheimdienstberichte« über UFO-Fälle und auf Akten über Radarfälle, die bei der Abteilung für Physik und Elektronik der CIA geführt wurden. Wo sind diese Akten, die die CIA am Ende des Jahres 1952 dazu veranlaßten, eine große wissenschaftliche Untersuchung von UFOs zu empfehlen?

Ein ehemaliger Leiter von Projekt Blue Book sagte, in den sechziger Jahren seien Filme aus Geschützkameras, die bei der Verfolgung von UFOs mit Abfangjägern aufgenommen wurden, »routinemäßig« zur Analyse an das National Photographic Interpretation Center der CIA (NPIC) weitergeleitet worden. Ich kann das im Augenblick nicht belegen, aber ich habe gehört, wie er es zu einem Kollegen in der UFO-Forschung sagte. Daten aus diesen Photoanalysen wurden nie freigegeben, und auch die Existenz dieser Filme wurde nie eingeräumt.

Bei NICAP erreichten mich mindestens drei weitere Hinweise auf eine Beschäftigung mit UFOs auf höchster Ebene:

1. Fünf voneinander unabhängige Quellen – zum größten Teil ehemalige Militärpiloten – sagten, sie hätten in den fünfziger und sechziger Jahren geheimen Abfangjägereinheiten angehört, die für die Verfolgung und Fotografie von UFOs besonders ausgerüstet gewesen seien.

2. In den sechziger Jahren verbrachte ein Sozialwissenschaftler (und Reserveoffizier des Militärs), der bei einer prominenten Bera-

terfirma beschäftigt war, im Rahmen eines geheimen Projekts viele Wochen bei NICAP. Er sah unsere Akten durch und suchte nach einer bestimmten Art von Informationen. Er konnte weder über die Behörde sprechen, die die Studie in Auftrag gegeben hatte (zweifelsohne entweder das Department of Defense oder die CIA) noch über deren genauen Gegenstand. Aber es ging dabei um die Reaktionen von UFO-Zeugen auf ihre Sichtung, einschließlich Anzeichen für Furcht und Panik.

3. Einer meiner Bekannten, ein Wissenschaftler – damals bei einer anderen Regierungsbehörde angestellt – bewarb sich Mitte der 60er Jahre um eine Stelle bei einer Einrichtung des National Bureau of Standards (Normenbehörde) und erkundigte sich dabei über die Arbeit in einem geheimen Gebiet, das neben der Einrichtung lag, in der er arbeiten sollte. Er erfuhr, daß in dem Gebiet nicht nur eines, sondern zwei Geheimprojekte zur Analyse von UFO-Radar-Fällen durchgeführt wurden. Bei einem ging es um die Analyse von UFO-Fotografien von Radarschirmen.

Die Abwägung aller Indizien – von belegten Tatsachen bis zu nicht überprüfbaren privaten Informationsquellen – läßt mich zu einem Schluß kommen: Die höchste politische Regierungsebene weiß weit mehr über UFOs als sie sagt, und es gibt wirklich eine Vertuschung – eine Verschwörung des Schweigens. Zuallermindest wurden in großem Umfang Indizien in Gestalt von Fotografien und Radaraufzeichnungen analysiert und die Erkenntnisse (viel weniger noch die Daten) nie veröffentlicht.

Hätten sich alle als fehlerhaft herausgestellt, hätte die Geheimhaltung der Ergebnisse aufgehoben und diese veröffentlicht werden können, womit dem »UFO-Mythos« dann ein für alle Mal ein Ende gesetzt worden wäre. Stattdessen aber bestätigt jedes neue »Leck«, jeder neue Fall, der durch Gerichtsverfahren nach FOIA ans Licht geholt wird, jede neue Enthüllung von Menschen, die in der Vergangenheit in Fälle involviert waren, daß sich verblüffende Ereignisse abgespielt haben und immer noch abspielen und daß seit mindestens drei Jahrzehnten auf höchster Ebene geheime Studien betrieben werden.

Ohne Zugang zu allen verborgenen Informationen und allen Analyseergebnissen sind die wahren Dimensionen des großen Geheimnisses nicht auszumachen. Private Informationen deuten jedoch zunehmend darauf hin, daß diese Dimensionen kolossal sein könnten.

Das große Geheimnis 175

BIBLIOGRAPHIE

Bloecher, Ted: *Report on the UFO Wave of 1947* (Eigenverlag, 1967). Detaillierter Bericht einschließlich Karten und Analysen der ersten großen UFO-Welle in den Vereinigten Staaten.

Center for UFO Studies: *UFO Information Service Catalog.* Bietet den Bericht von Projekt »Saucer«, den Bericht des Robertson Panels der CIA, JANAP-146 und zahlreiche andere Dokumente im Zusammenhang mit staatlichen Ermittlungen über UFOs.

Catoe, Lynn E.: *UFOs and Related Subjects: An Annoted Bibliography* (Library of Congress, 1969).

Citizens Against UFO Secrecy: Mitteilungsblätter und Informationen über Gerichtsverfahren nach FOIA und anderweitige Geheimhaltung der Regierung im Zusammenhang mit UFOs.

Darrach, H.B. und Ginna, Robert: »Have We Visitors From Space?« *LIFE,* 7. April 1952. Auf der Grundlage von UFO-Meldungen der Air Force, einschließlich des Falles einer Radarzielverfolgung über einer atomaren Einrichtung vom Herbst 1949.

Durant, F.C.: *Report of Meetings of Scientific Advisory Panel on UFOs* (U.S. Air Force, 1953) Der von der CIA finanzierte Bericht des Robertson Panel.

Fawcett, Lawrence und Greenwood, Barry J.: *Clear Intent: The Government Coverup of the UFO Experience* (New Jersey, Prentice Hall, 1984).

Fournet, Dewey J. jun.: Brief, der die Existenz des Lageberichts der Air Force von 1948 bestätigt, in *The UFO Evidence* (NICAP, 1964), S. 110.

Fowler, Raymond E.: *Casebook of a UFO Investigator* (New Jersey, Prentice-Hall, 1981) Enthält wichtige Kapitel über Ermittlungen der Air Force über UFOs und Indizien für eine Vertuschung.

Fund for UFO Research: Dokumente der Air Force, des FBI, der CIA und anderer Regierungsbehörden über UFOs.

Gersten, Peter: »What the U.S. Government Knows About Unidentified Flying Objects« *Frontiersof Science,* Band III, Nr. 4 Mai-Juni 1981. Analyse staatlicher Dokumente über UFOs.

Greenwell, J. Richard: »Conspiracy Theories« in *Encyclopedia of UFOs* (New York, Doubleday, 1980).

Hall, Richard H.: »Is the CIA Stonewalling?« *Frontiers of Science* Band III, Nr. 4 Mai-Juni 1981. Analyse von CIA-Dokumenten über UFOs.

176   *Ungebetene Gäste*

HALL, RICHARD H.: »The Air Force Investigation« in *The UFO Evidence* (NICAP, 1964) Abschnitt IX. Überblick über offizielle UFO-Ermittlungen, einschließlich Positionsbeschreibungen der Air Force und voraussichtlichen Entwicklungen.

HYNEK, J. ALLEN: *The Hynek UFO Report* (New York, Dell Books, 1977) Gibt die Erfahrungen des Autors als wissenschaftlicher Berater bei einem UFO-Projekt der Air Force wieder.

JACOBS, DAVID M.: *UFO Controversy in America* (Indiana University Press, 1975) Historische Analyse der UFO-Ermittlungen der Air Force, der Rolle von NICAP und Anhörungen vor dem Kongreß.

KEYHOE, DONALD E.: *Flying Saucers From Outer Space* (New York, Holt, 1953) Daten aus Berichten des Geheimdienstes der Air Force mit Schwerpunkt auf der Sichtungswelle von 1952, Fälle mit Abfangjägern und radarvisueller Beobachtung.

KEYHOE, DONALD E.: *Flying Saucer Conspiracy* (New York, Holt, 1955) Die Beschreibung der Vertuschung. Im Anhang JANAP-146 (B), AFR 200-2 und weitere Dokumente.

MCLAUGHLIN, ROBERT: »How Scientists Tracked a Flying Saucer«, *TRUE,* März 1950. UFO-Sichtungen vom 24. April und 10. Juni 1949 in New Mexico.

NATIONAL INVESTIGATIONS COMMITTEE ON AERIAL PHENOMENA: *Berichte Nr. 1-12 (1951-1953) der Projekte Grudge und Blue Book der U.S. Air Force, 1968.* Nachdrucke der Originaldokumente.

RUPPELT, EDWARD J.: »What Our Air Force Found Out About Flying Saucers«, *TRUE,* Mai 1954.

RUPPELT, EDWARD J.: *Report on Unidentified Flying Objects* (New York, Doubleday, 1956) Der ehemalige Projektleiter liefert entscheidende Hinweise auf UFO-Ermittlungen der Air Force.

SHALETT, SIDNEY: »What You Can Believe About Flying Saucers« *Saturday Evening Post,* Teil. I, 30. April 1949, Teil II, 7. Mai 1949. Besprechung der UFO-Ermittlungen der Air Force nach der Veröffentlichung des Berichts von Projekt »Saucer« (Sign).

KAPITEL 12

ETH UND DIE INTELLIGENZLÜCKE

Angesichts der Mischung aus rohen Informationen und überprüften Meldungen, die die »Datensammlung« über UFOs ausmachen, kann jeder Versuch einer genauen Bestimmung dessen, was UFOs sind, nur eine Schätzung sein – bestenfalls eine grobe Annäherung. Eine sorgfältige Durchsicht belegter Fälle und Berichte der glaubwürdigsten Zeugen jedoch verengt das Feld auf eine Handvoll Hypothesen, die bis jetzt am besten zu den Daten passen.

Die Hypothese vom sich irrenden Beobachter, die skeptische Ansicht, alle Zeugen hätten sich in der einen oder anderen Weise getäuscht und es sei nichts Außergewöhnliches beobachtet worden, wurde schon zu Beginn verworfen. Die Aussagen der Menschen, die Indizien durch Radar und die körperlichen Beweise sind einfach zu stark und stimmen zu sehr überein, als daß die Daten so pauschal abgelehnt werden könnten. UFOs sind etwas Reales, das ein immer wiederkehrendes Erscheinungs- und Verhaltensmuster an den Tag legt.

Die stichhaltigen Fälle widerlegen auch die Vorstellung, daß die Antwort in so schlichten Dingen wie auf der Erde gebauten geheimen Geräten oder »nicht erkannten Naturphänomenen« liegen könnte, und doch sind diese beiden die einzigen ernsthaften Konkurrenten zu »Wesen von anderswo«, wenn die Menschen denn sehen, was sie zu sehen behaupten.

Geometrische UFOs wurden spätestens seit 1904 gesichtet, als die Mannschaft der U.S.S. Supply, ein Navy-Schiff, vor der Westküste sie in einer Formation beobachtete, die zunächst abtauchte und dann wieder aufstieg. Wenn nicht die Gebrüder Wright oder Santos Dumont plötzlich einen wundersamen Durchbruch bei der Antriebsentwicklung erzielt hatten, der seither der Geschichte der Luftfahrt wieder verlorenging, konnten das keine geheimen Geräte gewesen sein. Und auch die strukturierten, raumschiffartigen Objekte, die seit

178 Ungebetene Gäste

vierzig Jahren auf kontrollierten Flugrouten und über städtischem Gebiet beobachtet werden, können keine geheimen Geräte sein, es sei denn, ihre Piloten sind ganz schön verrückt geworden.

UFOs wurden weltweit beobachtet, auf jedem Kontinent und unter jedem Himmelsstrich. Welcher Staat sollte sie fliegen und zu welchem mysteriösen Zweck? In der Praxis ist bis jetzt noch kein Einsatz eines Gerätes mit den Fähigkeiten eines UFOs bekannt geworden. Wären sie zum Beispiel geheime Geräte der Vereinigten Staaten, dann wären sie doch bei der Befreiung der Geiseln aus dem Iran nützlich gewesen anstatt der schwerfälligen, Staub aufwirbelnden Hubschrauber.

Das Verhalten der UFOs würde einen revolutionären Durchbruch in der Physik voraussetzen, der geheim gehalten wurde und nur zum angeblich grundlosen dichten Überfliegen von Fahrzeugen und zur Belästigung von Menschen eingesetzt wird. Dieselben Argumente, die skeptische Wissenschaftler anführen, wenn sie sagen, daß UFOs nicht außerirdisch sein können, gelten umgekehrt auch für die Hypothese von den geheimen Geräten. Ihr Verhaltensmuster und scheinbare Zwecklosigkeit (für unsere Verhältnisse), die sie seit über vierzig Jahren zeigen, passen einfach nicht zu der Vorstellung, daß es sich dabei um geheime irdische Geräte handelt.

Die einzige Vorstellung von einem »nicht erkannten Naturphänomen«, die einige Aufmerksamkeit auf sich zog, war die Theorie von den »atmosphärischen Plasmateilchen«, die der Laie Philip Klass entwickelte und später wieder verwarf. Zunächst einmal machte diese Hypothese eine Ablehnung all jener Bestandteile von UFO-Meldungen erforderlich, die sie nicht erklären konnte, darunter Kuppeln, Bullaugen und andere strukturelle Merkmale, die bei raumschiffartigen Objekten beobachtet worden waren. Und zum zweiten ergaben die angeblichen Plasmateilchen aus wissenschaftlicher Sicht keinen Sinn.

Am 12. März 1968 stellte Dr. James E. McDonald bei einem Vortrag am Canadian Aeronautics and Space Institute in Montreal fest: »(Klass' Theorie) kann quantitativ Teilen des Arguments nicht genügen, die, nach Begriffen wissenschaftlicher Erkenntnisse, einer quantitativen Analyse unterworfen sind.« McDonald verdeutlichte die Unvernunft der Behauptungen von Klass, Plasma-UFOs würden von Flugzeugen elektromagnetisch angezogen und es schiene daher, als hielten sie mit ihnen Schritt. Privat teilte McDonald dem Verfasser mit, er habe keinen einzigen Wissenschaftler finden können, der Klass' Vorstellung ernst nehme, da sie eine vollständige Unkenntnis der relevanten physikalischen Gesetze zeige.

Eth und die Intelligenzlücke 179

Und schließlich, wenn ein anderes »nicht erkanntes Naturphänomen« (was UFOs streng genommen zweifelsohne sind) alles kann, was UFOs nachgewiesenermaßen können, dann sollte es Gegenstand eines intensiven wissenschaftlichen Studienprogramms über diese bedeutende Anomalie sein, die unser körperliches und geistiges Wohlbefinden in verschiedenster Weise bedroht. Wissenschaftler, die der Vorstellung vom »Naturphänomen« nahestehen, sind sich eindeutig des Umfangs und des Inhalts der stichhaltigen UFO-Berichte nicht bewußt.

Wenn UFOs aber »nichts von alledem« sind, was bleibt dann? Kurz gesagt, es bleibt: »Wesen von anderswo« ... weil die raumschiffartigen UFOs und die humanoiden Wesen integraler Bestandteil der Indizien sind, die eine Erklärung verlangen. Die einzige Frage, die noch bleibt – und die ist von gewichtiger Bedeutung für die Menschheit – ist die nach dem Ort des »anderswo«.

Die Daten lassen stark vermuten, daß Wesen, die nicht von der bekannten physikalischen Erde stammen, ausgedehnt und manchmal sehr vertraulich mit uns Umgang pflegen. Wir können die theoretisch bestehende Möglichkeit nicht ausschließen, daß sie aus einer heute noch unbekannten Welt kommen, wie zum Beispiel aus einem Paralleluniversum, das in bestimmter Weise in unsere Realität eindringt; daß sie durch Raum und Zeit reisen (obwohl wir nicht fähig sind zu verstehen, wie das sein kann); oder daß es Marionetten oder Androiden sind, die von einer Superintelligenz manipuliert werden, die selbst wiederum eine völlig nicht-menschliche Form angenommen haben könnte.

Der erfahrene Ufologe Ted Bloecher, der Berichte über Humanoiden und UFOs intensiv studiert hat, vermutete (vielleicht doch mehr als nur halb ernsthaft), daß UFOs von »hinter der Bühne« kommen könnten. Sein Konzept beschreibt sorgfältig die mögliche Alternative zu Besuchern »mit Schrauben und Bolzen« von einem anderen Planeten. Heute bin ich der Auffassung, daß es der exotischeren Alternativen zu »Schrauben und Bolzen« gar nicht bedarf, um UFO-Phänomene in ein konzeptionelles Schema einzupassen, das allen verläßlich gemeldeten Daten Rechnung trägt.

Bis die hinter den Phänomenen vermutete Intelligenz sich entschließt, die notwendigen Beweise zu liefern, sind die Alternativen im wesentlichen nicht überprüfbar und daher, im wissenschaftlichen Sinne, bedeutungslos. Die ETH selbst ist auch nicht leicht zu überprüfen, aber im Prinzip ist sie überprüfbar, weil vorstellbar ist, daß unsere Raumsonden und zunehmend empfindlicheren Sensoren in

180   Ungebetene Gäste

Erdsatelliten Indizien für außerirdisches Leben finden könnten, das in unser Sonnensystem eindringt oder es verläßt, wenn sie systematisch zur Suche nach UFOs eingesetzt würden.

Oft schleichen sich Vermutungen darüber, wie Außerirdische auszusehen haben, unerkannt in die Gedanken derer, die die ETH für unangemessen halten. Sie stellen – ungerechtfertigte – Vermutungen darüber an, welche Absichten oder Pläne Außerirdische haben müßten, wie sie sich verhalten sollten, damit wir sie als Außerirdische erkennen können und wie ihr galaktischer Stundenplan auszusehen hätte. Sie neigen zu denselben Vermutungen wie die skeptischen Wissenschaftler, betrachten die Daten aber immer noch als gültig und sehen sich daher anderswo nach einer Antwort um. Darüber hinaus akzeptieren sie wahrscheinlich einen größeren Teil des gesamten Spektrums aller Meldungen als mehr oder weniger gleichermaßen gültige, nachgewiesene Daten. Sollten sie mit ihrer letzteren Vermutung richtig liegen, dann haben sie sicher auch recht, wenn sie die Gültigkeit der ETH bezweifeln.

Läßt man die Frage beiseite, welche Daten akzeptiert werden können, sind ihre Argumente gegen die ETH in allen anderen Punkten schwach. Für wissenschaftlich fortgeschrittene Außerirdische könnten vierzig Jahre vielleicht nur ein kosmischer Lidschlag sein. Ihr (für uns) »verblüffendes« Verhalten könnte schlicht der Hinweis auf eine fortgeschrittene Technologie sein, die nach uns bis jetzt noch unbekannten Prinzipien arbeitet und, wie Arthur C. Clarke vermutete, von Magie nicht zu unterscheiden wäre.

Verhalten sich die Wesen in den UFOs nicht nach dem Muster, das wir für sie entworfen haben, verlieren diese Ufologen die Geduld und bezweifeln, daß es sich um Außerirdische mit »Schrauben und Bolzen« handeln könnte. Dann stellen sie sich vor, es müsse etwas Groteskeres dahinter stehen. Es ist zwar enttäuschend, keine Antworten zu haben, verfänglich ist es aber, daraus zu schließen, daß Antworten erst möglich sind, wenn wir exotischere Erklärungen heraufbeschwören. In der Wissenschaft gibt es keine Abkürzungen.

Der Sprung zu exotischen Theorien zeigt den naiven Glauben, wissenschaftliche Konzepte könnten sofort die Antwort liefern; ja sogar, die Wissenschaft habe es versucht und sei gescheitert, wo doch in Wirklichkeit die Wissenschaftler zögerten, UFOs überhaupt zu studieren. Es gibt hier eindeutig ein wissenschaftliches Vakuum, das Laien zu füllen versuchen, oft fehlt ihnen aber das wissenschaftliche Denken, mit dem Wissenschaftler das Problem angehen könnten.

Eth und die Intelligenzlücke   *181*

Der amerikanische Philosoph William James hätte, als er über
»Ausnahmebeobachtungen« sprach, die die Wissenschaft gerne
ignoriert, folgende Worte heute auch auf das UFO-Problem anwenden können:

> »Stehen sie (die Ausnahmebeobachtungen) erst einmal unbestreit-
> bar fest und sind sicher, dann sind akademische und kritische Gei-
> ster bei weitem die Geeignetsten, sie zu interpretieren und zu dis-
> kutieren ... andererseits zeigt uns aber die Geschichte, mit welch
> äußerster Langsamkeit der gewöhnliche akademische und kriti-
> sche Geist anerkennt, daß Tatsachen wirklich existieren, die sich
> als wilde Tatsachen ohne Schublade oder Ablagefach oder als Tat-
> sachen präsentieren, die das akzeptierte System aufzubrechen
> drohen. ...«
>
> Aus »The Will to Believe« (Der Wille zu glauben)

UFO-Daten sind »wilde Tatsachen«, die in keine »Schublade« passen und haben das Potential, das akzeptierte Wissenschaftssystem
zu revolutionieren, und daher akzeptieren Wissenschaftler die Ausnahmebeobachtungen nur mit äußerster Langsamkeit. Die an ihrer
Stelle einspringenden Laien jedoch akzeptieren vielleicht zu vieles
zu bereitwillig, und in manchen Fällen mag ihnen die erforderliche
kritische Begabung fehlen.

Was erwarten wir, wenn Außerirdische zu Besuch kommen? Unsere Vorstellungen verdienen an diesem Punkt eine nähere Betrachtung. Es scheint, man hat sich nur wenig Gedanken darüber
gemacht, wie verwirrend eine wirkliche Begegnung mit einer außerirdischen Kultur wahrscheinlich wäre. Bei einer UFO-Tagung im
Jahre 1960 verwandte ein Anthropologe die Analogie zu den nordamerikanischen Indianern, als die ersten Europäer kamen:

> »Hätte es eine Art indianischer CIA gegeben, die alle Meldungen
> über Kontakte mit Europäern gesammelt und analysiert hätte,
> wären die Indianer hinsichtlich der Absichten der Europäer wahr-
> scheinlich gerade so verwirrt gewesen wie sie es anscheinend
> tatsächlich auch waren. Ihnen fehlten die wissenschaftlichen,
> technischen und geographischen Kenntnisse, die zu einer Inter-
> pretation der Kontakte nötig gewesen wären, und sie hätten das
> Motiv hinter den Aktivitäten zur Erforschung und Kolonisierung
> des Landes nie erraten ... Die Art der Schiffe, der Kleidung, der
> Ausrüstung und des Verhaltens der Mannschaften, die Orte, an

denen sie auftauchten und die Routen, denen sie folgten, hätten sich zum größten Teil ihrer Analyse entzogen. Und so mag es sich auch mit UFOs und deren Besatzung verhalten.«

Wie Irving Washington in seiner umfassenden Kolumbus-Biographie beschreibt, hielten die Eingeborenen in der Karibik, als sie beobachteten, wie die Schiffe der Spanier über den Horizont kamen, die spanischen Eroberer für Götter, die vom Himmel gekommen seien und behandelten sie mit Ehererbietung.

Dr. James E. McDonald verwendete 1968 bei einem Seminar an den United Aircraft Research Laboratories in Connecticut eine ähnliche Analogie. Stellen Sie sich einmal die Verblüffung der Eingeborenen der Salomon-Inseln im Zweiten Weltkrieg vor, lautete sein Vorschlag, die doch bis dahin nur am äußersten Rande mit der wissenschaftlich-industriellen Technik des zwanzigsten Jahrhunderts in Berührung gekommen waren, wenn sie plötzlich 1942 Zeugen einer Landeinvasion geworden wären. Wie sollte ihr steinzeitlicher Verstand die Ankunft riesiger Schiffe aller möglichen Gestalt fassen, die Feuer, Rauch und Explosionen entfesseln, worauf kleinere Schiffe auf den Strand auslaufen, die wiederum eine verwirrende Vielzahl von Männern und Gerätschaften ausspeien:

»Stellen Sie sich dann ihre Verwirrung vor, wenn Dutzende Flugzeuge herüberkommen, Bomben abwerfen, sie mit Bordwaffen beschießen und sich dann mit wieder anderen Flugzeugen einen harten Luftkampf liefern ... Was die verwirrende Vielfalt und Zahl der UFOs angeht, die glaubwürdigen Berichten zufolge in unserer Umwelt operieren, könnten wir die Steinzeitmenschen von den Salomon-Inseln sein. Wir können nicht verstehen, wie eine Gesellschaft solche Geräte herstellen, solche Kunststücke vollbringen und so viele Maschinen mit einem noch nie dagewesenen Verhalten zeigen und Dinge tun kann, die für uns ans Wunderbare grenzen.«

Diese Verwirrung mag aber in einem Punkt, den wir gerne übersehen, durchaus gegenseitig sein. Die Ufologin Isabel Davis vermutete 1969:

»... vielleicht sind die Außerirdischen trotz ihrer Besuche und Beobachtungen immer noch so verblüfft über unser Verhalten wie wir weiterhin über das ihre.«

Warum nehmen wir automatisch an, daß Außerirdische allwissend sein müssen, nur weil sie uns technologisch überlegen sind?

Eth und die Intelligenzlücke 183

Wenn sich ihre Technik in einer ganz anderen Richtung entwickelt hat, dann könnten unsere »primitiven« Kolben- und Düsenmotoren und Raketen für sie genauso verblüffend sein (was vielleicht ihre Faszination gegenüber unseren Fahrzeugen erklärt). In jedem Falle könnten Entwicklungsunterschiede unsere Verblüffung leicht erklären ... und vielleicht gilt dieses Argument ja auch in umgekehrter Richtung.

Wenn Außerirdische vor langer Zeit eine andere Art der Energieaufnahme gelernt haben als den Nahrungszyklus und die Verwendung fossiler Brennstoffe (vielleicht die Nutzung kosmischer Strahlen oder die Kontrolle der Schwerkraft) oder eine andere physiologische Evolution durchlaufen haben, was zu anderen Fortbewegungs- und Kommunikationsmechanismen führte, könnte das alleine schon der Grund sein, warum uns ihre Erscheinung und ihr Verhalten unerklärlich scheinen. Wir betrachten unsere evolutionären und kulturellen Grundlagen gern als maßgebend, als die »Norm«, aber es gibt keinerlei Grund zu der Annahme, daß eine außerirdische Evolution und Technologie parallel verlaufen und noch viel weniger, daß sie so ähnlich sein müßten, daß sie für uns leicht zu erkennen und zu verstehen wären.

Einige mögliche Kennzeichen (im Gegensatz zu Absichten) von Außerirdischen können verdeutlichen, warum wir ihr Verhalten nur schwer fassen können:

- Wissenschaftliche/technologische Unterschiede. Möglicherweise verwenden sie Energiequellen und technologische Verfahren, die unserer Wissenschaft unbekannt sind.
- Mentale/psychologische Unterschiede. Möglicherweise haben sie ein hoch entwickeltes Gehirn oder vielleicht sogar übersinnliche Fähigkeiten, die über unsere Erfahrungen weit hinausgehen.
- Kulturelle/philosophische Unterschiede. Möglicherweise folgen sie kulturellen Werten und Überzeugungen, die uns völlig unbekannt sind.
- Vielfältige Herkunftsorte. Möglicherweise kommen sie aus etlichen verschiedenen Zivilisationen oder repräsentieren verschiedene Gruppen einer polyglotten Gesellschaft, womit die Auswirkungen eines jeden der zuvor genannten Faktoren noch verstärkt würden.

Diese sehr wahrscheinlichen Möglichkeiten stellten, jede für sich oder im Zusammenwirken, ein starkes Hindernis für eine leichte und sofortige Kommunikation und ein gegenseitiges Verstehen dar. Wollte man annehmen, daß sie in all diesen Punkten uns sehr ähnlich wären, hieße das wiederum, den Menschen zum Mittelpunkt des Universums machen, zur Norm, an der sich alle Wesen auszurichten haben.

Die kritische Frage hinsichtlich der Möglichkeit eines sinnvollen Kontakts könnte das unterschiedliche Intelligenzniveau sein; der Grad ihres (vermutlich) höheren Verständnisses der Kontrolle und des Einsatzes der Naturkräfte. Ist der Unterschied groß, könnte eine Kommunikation und ein Kontakt in einer für uns verständlichen Weise sogar unmöglich sein. Vielleicht können sie nach ihren Maßstäben kein intelligentes Leben auf der Erde finden, nur seltsame Kreaturen, die anscheinend vorhaben, ihr eigenes Nest mit gefährlichen Abfallprodukten zu verschmutzen.

Wir beschäftigen uns auch mit Präriehunden, die eine sehr »fortgeschrittene« Form der sozialen Organisation und ein ausgeprägtes Gemeinschaftsleben haben, aber es steht doch zu bezweifeln, daß wir ihnen etwas übermitteln, uns mit ihnen über unsere Kulturen oder Vorstellungen austauschen.

Erst vor kurzem haben wir entdeckt, daß die Intelligenz der Entenwale (Tümmler) und einiger »höherer« Säugetiere (wie wir sie definieren) der unseren recht nahe kommt. Wir glauben nun, daß es uns vielleicht möglich sein könnte, einmal sinnvoll mit Tümmlern zu kommunizieren, vielleicht sogar kulturelle Informationen auszutauschen, aber es hat sich als nicht einfach erwiesen.

Die Teilnehmer einer Podiumsdiskussion bei einem Symposium über »Kommunikation mit außerirdischer Intelligenz«, darunter Dr. John C. Lilly, berühmt für seine Forschungen an Tümmlern, wiesen 1965 darauf hin, daß die Möglichkeit einer Kommunikation wahrscheinlich eine direkte Funktion der beteiligten Intelligenzniveaus ist.

Dr. William O. Davis, ehemaliger Physiker der Air Force und an deren UFO-Programm beteiligt, der damals bei der Huyck Corporation beschäftigt war, sagte, eine verbale Kommunikation wäre das unwahrscheinlichste Mittel eines Erstkontakts, weil uns der gemeinsame kulturelle Hintergrund fehlt. Die wahrscheinlichsten Besucher wären seiner Meinung nach Wesen mit einer höheren Intelligenz als der unseren. Befänden sie sich auf einem ähnlichen Intelligenzniveau, was er aber für unwahrscheinlich hält, wären sie uns höchst gefährlich.

Wesen auf einer höheren Ebene, sagte Dr. Davis, wäre klar, daß ihr Kontakt mit uns, ernsthafte psychologische Probleme für uns auf-

Eth und die Intelligenzlücke
185

werfen würde. Daher würden sie versuchen, uns nicht zu erschrecken, sondern stattdessen Schritte unternehmen, um uns an ihre Präsenz zu gewöhnen, damit wir uns gelassen auf eine Kommunikation vorbereiten könnten. Bei einem solchen Kontakt trügen die intelligenteren Wesen die schwerere Last, weil sie wahrscheinlich eher unsere Sprachen und etwas über unsere Kultur lernen würden als wir über sie.

Im Fall der Tümmler sind wir angeblich der überlegene Intellekt mit der fortgeschrittenen Technologie, und es ist uns immer noch nicht gelungen, eine sinnvolle Kommunikation einzurichten.

Der primitive Stamm der Tasady, der 1971 auf den Philippinen entdeckt und von Anthropologen studiert wurde, wußte offensichtlich bis dahin nicht, daß es hochtechnisierte Kulturen überhaupt gab. Zweifelsohne verstehen sie noch immer wenig von diesen Kulturen außerhalb ihrer Welt. Zufällige Sichtungen von Hubschraubern oder Flugzeugen könnten bei den Tasady sehr wohl zu UFO-Meldungen führen. Zögen wir uns zurück und überließen sie sich selbst, dann gäbe es in künftigen Generationen der Tasady wahrscheinlich Legenden über seltsame humanoide Wesen, die seltsam gekleidet waren und wundersame Maschinen benutzten und ihre Ahnen besuchten.

Wenn wir von außerirdischen Anthropologen untersucht werden, die uns wissenschaftlich weit voraus sind, werden wir ihr Kommen und Gehen, dessen technologische Mittel, ihre kulturellen Werte und Überzeugungen oder ihre endgültigen Absichten wahrscheinlich auch nicht verstehen. Eine kulturelle/technologische Lücke könnte das verblüffende Verhalten und die unverständliche Technik, die wir sehen, eher erklären als eine exotischere Herkunft.

Die quälendste Frage hinsichtlich Art und Umfang der postulierten kulturellen/technologischen Lücke kann in einer Verhältnisgleichung ausgedrückt werden. Heißt das, westliche Kultur = Tasady? Menschen = Tümmler? Menschen = Präriehunde? Oder vielleicht sogar: Menschen = Ameisen? Wahrscheinlich bestimmt die Antwort auf diese Frage unsere gesamten künftigen Beziehungen zu jeglichen Besuchern aus dem Universum, ob sie nun aus heute bekannten oder unbekannten Reichen kommen.

Dr. McDonalds abschließende Stellungnahme beim UFO-Symposium des Kongresses 1968 ist der Wiederholung wert, da seine Beobachtungen auch heute noch Gültigkeit haben. Die ETH, sagte er, erscheint als die Hypothese, »die sich am wahrscheinlichsten als die zutreffende erweisen wird«. Er fügte hinzu: »Mein wissenschaftli-

186   *Ungebetene Gäste*

cher Instinkt läßt mich diese Vorhersage nur insoweit einschränken, als ich vermute, daß UFOs, sollten sie nicht außerweltlichen Ursprungs sein (d.h. außerirdische Aufklärungsgeräte), sich als etwas wesentlich Groteskeres erweisen werden, als etwas, das vielleicht für die Wissenschaft noch viel interessanter ist als außerirdische Geräte.«

BIBLIOGRAPHIE

Davis, Isabel: »Extraterrestrials: Sugested Motives and Origin.« *UFOs: A New Look* (Washington D.C., NICAP 1969).

Hall, Richard H.: *The UFO Evidence* (Washington D.C., NICAP 1964). Sichtung manövrierender UFOs in Formation durch U.S.S. Supply 1904. S. 13.

Irving, Washington: *Life and Voyages of Columbus,* Band I (New York, G. P. Putnam, 1859).

McDonald, James E.: »Science, Technology and UFOs« Rede vom 26. Januar 1968 vor einem General Seminar der United Aircraft Research Laboratories in East Hartford, Connecticut. Analogie zu den Bewohnern der Salomon-Inseln.

McDonald, James E.: »UFOs: An International Scientific Problem.« Rede vom 12. März 1968 vor dem Astronautics Symposium am Canadian Aeronautics and Space Institute in Motreal, Kanada. Darin eine Kritik der »Plasmateilchen-Theorie« von Klass.

NICAP: »Scientists Discuss Space Communications.« *U.F.O. Investigator* Band III Nr. 4, August-September 1965. Zusamenfassung einer Podiumsdiskussion über »Kommunikation mit außerirdischen Intelligenzen«, die bei der Konferenz über militärische Elektronik vom 22.-24. September 1965 in Washington D.C. stattfand. Die Vorträge wurden vom Institute of Electrical and Electronic Engineers veröffentlicht.

NICAP: NICAP Panel Studies Occupant Reports« *U.F.O. Investigator,* Band V Nr. 1, September-Oktober 1969. Kommentar eines Anthropologen zur Reaktion der nordamerikanischen Indianer auf Kontakte mit Europäern.

»Tasady Stone Age Tribe of Mindanao«, *1973 Britannia Yearbook of Science and the Future,* Encyclopedia Britannica, Chicago, Illinois.

KAPITEL 13

AUSSERIRDISCHE PSYCHOLOGIE

Wenn wir annehmen, daß UFOs Besucher von anderswo hierher bringen (Extraterrestrische Intelligenzen oder der Bequemlichkeit halber abgekürzt ETIs), warum sind sie dann hier? Enthalten die bisher gesammelten Daten Hinweise auf ihre Interessen oder Absichten? Die Suche nach Antworten mag fast dem Lesen im Kaffeesatz gleichen, aber wir verfügen nun über vierzig Jahre umfassende beschreibende Informationen. Wenn wir die Umstände der UFO-Sichtungen analysieren, ergibt das möglicherweise ein Bild, das uns etwas von der Psychologie der ETIs enthüllt.

Wir wissen, daß es in der langen Geschichte der Besuche nur sehr wenige Indizien für offene Feindseligkeit gibt. Flugzeugunfälle und quälende psychologische Effekte könnten Anzeichen eines unbeabsichtigten Schadens oder der Notwehr sein. Vielleicht sind die ETIs für uns, was wir für Ameisen sind, und wenn wir sie bei ihrem Picknick stören, zertreten sie uns. Aus der offensichtlich hoch entwickelten Technologie, die sie zur Schau stellen, kann man schließen, daß sie, wäre es ihr Ziel, uns zu zerstören oder zu unterwerfen, das schon längst getan hätten.

Wenn man UFO-Ereignisse über einige Jahrzehnte hinweg beobachtet, bekommt man den Eindruck, es spiele sich hier ein loses oder langfristiges »Programm« ab, das zu Zeiten der UFO-Sichtungswellen seinen Höhepunkt fast zu erreichen scheint, ihn aber nie wirklich erreicht. Plötzliche Häufungen eines konfrontierenden Verhaltens und direkter Eingriffe in menschliche Vorgänge, als stünde ein endgültiger Kontakt oder eine Kommunikation unmittelbar bevor, weichen langen Ruheperioden, während derer die Wellen in Vergessenheit geraten – bis zum nächsten Mal. Für gewöhnlich sind die Wellen ausreichend spektakulär, um international für Schlagzeilen zu sorgen, aber wiederum nicht spektakulär genug, um unsere

188   Ungebetene Gäste

kulturelle Trägheit bis zu dem Punkt zu durchdringen, an dem sie das Alltagsleben der Gesellschaft verändern oder vielleicht sogar eine umfassendere wissenschaftliche Studie anregen würden.

Die Menschen reagieren auf die Ereignisse und verinnerlichen sie, wobei sie, wie Gallup-Umfragen zeigen, UFOs große Bedeutung zumessen. Aber die Regierung tut das nicht. Die wenigen Male, die die Regierung reagiert und Ermittlungen veranlaßt hat, gingen die Anfragen in einem Meer der Verwirrung darüber unter, was man denn nun glauben und wie man eine Studie durchführen solle. Vielbeschäftigte Wissenschaftler sahen sich das Thema halbherzig an, erkannten dessen Verebben und erneutes Anschwellen und nahmen an, es müsse etwas mit Massenpsychologie zu tun haben.

Fast jeder weiß, daß es UFOs gibt und daß sie außerirdischen Ursprungs sein könnten, aber man hält das eher für einen populären Glauben als für eine seriöse Theorie, die Dinge erklärt, die beobachtet wurden. Und so marschiert die Gesellschaft unbeirrt von den geisterhaften Erscheinungen weiter durch die Erdölkrise, den Nahostkrieg, den Zusammenbruch von Wirtschaftssystemen und die verschiedensten Formen menschlicher Gewalt und Unruhen.

Wollten die ETIs unser Bewußtsein heben, ohne die Regierungen der Welt zu verärgern, dann könnten sie sich keinen besseren Plan zurecht gelegt haben, als die Art und Weise, in der sie sich uns bis jetzt zu erkennen gegeben haben.

Zu den wesentlichen Erscheinungen, die eine UFO-Welle ausmachen (siehe Tabelle 6) gehören üblicherweise Episoden des aufdringlichen Umgangs mit Menschen und ihren Fahrzeugen. Dieser Faktor der Aufdringlichkeit, der in eine UFO-Welle eingebettet ist, wechselt mit Perioden, während derer das Verhalten der UFOs subtiler, ja verstohlen erscheint. In den Ruhephasen, während derer die konventionellen Medien das Interesse an dem Thema verlieren, sind Informationen über Sichtungen nur schwer zu erhalten, und Ufologen können sie nur langsam und mühsam unter Einsatz ihrer eigenen begrenzten Mittel rekonstruieren. Liegt die Information dann vor, erfahren wir, daß sich auch weiterhin verblüffende Ereignisse abgespielt, aber aus unbekannten Gründen nicht dieselbe Aufmerksamkeit auf sich gezogen haben. Vielleicht sind die Reaktionen der Menschen auf UFO-Sichtungen eher einem Zyklus unterworfen als die Sichtungen selbst.

Wie Tabelle 6 zeigt, entsprach jede Welle grob einem großen historischen Ereignis. Es bedarf noch einer wesentlich umfassenderen Studie solcher historischer Zusammenhänge, bevor man ihnen

Ausserirdische Psychologie 189

größere Bedeutung zumessen kann. Vielleicht fallen Nachrichten über Krisen und umwälzende Ereignisse nur zufällig mit UFO-Meldungen zusammen. Aber man kann in diese scheinbaren Zufälle durchaus auch einen Grund für das Interesse der ETIs an der sich explosionsartig entwickelnden Weltraumtechnologie der Menschen hineinlesen.

Bei ihren wiederholten Manifestationen im Zusammenhang mit spezifischen menschlichen Verhaltensweisen haben UFOs offensichtlich Interesse gezeigt an:

- Fahrzeugen
- Kriegsgerät
- Strategischer Technologie
- Energie
- Menschlicher Physiologie

Über die in den Kapiteln 1 und 2 beschriebenen Fälle von Begegnungen mit Fahrzeugen hinaus gehören zu den ersten UFO-Sichtungen in den Aufzeichnungen auch Fälle, bei denen UFOs über Testgeländen wie White Sands in New Mexico und später bei Cap Canaveral in Florida neben Flugzeugen und Raketen herflogen.

Bei jedem größeren Krieg in der Moderne gab es UFO-Sichtungen an den Kampfschauplätzen. Die »Foo-Fighters« des Zweiten Weltkriegs waren die ersten UFOs des zwanzigsten Jahrhunderts, die im breiten Rahmen gemeldet wurden.

William D. Leet, der verstorbene Arkansas State Director des Mutual UFO Network, war während des zweiten Weltkriegs Bomberpilot. Während eines »Einsamer-Wolf«-Bombardierungsflugs am 24. November 1944 über Klagenfurt in Österreich, waren er und seine Mannschaft in der B-17 gerade im Anflug zum Bombenabwurf, als ihr Flugzeug plötzlich zwei bis drei Sekunden lang in einem blendenden Licht gefangen war. Leet verspürte Hitze. Wären es Suchscheinwerfer gewesen, hätten die Deutschen den Kontakt sicher nicht abgebrochen. Sie schlossen das Bombardement unbehelligt von Flak sicher ab und wendeten dann, um so rasch wie möglich zu ihrem Heimatflughafen in Amendola in Italien zurückzukehren.

Plötzlich tauchte neben der linken Tragfläche der B-17 ein bernsteinfarbenes Licht mit einem vollkommen runden Umriß auf. Es flog etwa fünfundvierzig Minuten lang neben dem Flugzeug her,

190   Ungebetene Gäste

bevor es abrupt verschwand. Bei seiner Meldung erfuhr Leet, daß es bei Klagenfurt keine Suchscheinwerfer gab. Der Geheimdienstoffizier vermutete, daß die bernsteinfarbene Scheibe ein neues deutsches Kampfflugzeug oder ein ferngesteuertes Gerät war, das Flugabwehrkanonen die Position über Funk übermittelte. Aber Leet erwiderte, das Objekt habe nicht auf sie gefeuert, und sie hätten auch keine Flak angetroffen.

Auch auf Kriegsschauplätzen in Asien wurden »Foo-Fighters« gesichtet. Am 10. August 1944 flog Kapitän Alvah M. Reida eine B-29 auf einem Bombardierungsflug über Sumatra. Als sie das Zielgebiet wieder verlassen hatten, sahen er und seine Mannschaft ein orangefarbenes kugelförmiges Objekt mit einem Halo, das steuerbord neben der Tragfläche herflog. Reida versuchte, ihm auszuweichen, aber das UFO folgte etwa acht Minuten lang jedem Manöver. »Als es wegflog«, sagte er, »vollzog es eine plötzliche Wende um neunzig Grad nach oben und beschleunigte schnell.«

Auch Wayne Thomas jun., ehemaliger Geheimdienstoffizier eines bei Tinian stationierten B-29-Geschwaders, bestätigte, daß es an asiatischen Kriegsschauplätzen oft Meldungen über »Foo-Fighters« gab. Für gewöhnlich flogen sie etliche Minuten lang neben den Bombern her und drehten dann ab.

In den Akten des Air Force Projekts Blue Book, die sich nun auf Mikrofilm im Nationalarchiv befinden, tauchen eine Reihe ganz ähnlicher UFO-Sichtungen während des Koreakrieges auf. In Bericht Nr. 4 von Projekt Grudge (Grudge war der unmittelbare Vorgänger von Blue Book) findet sich folgende Meldung:

»Am Abend des 29. Januar 1952 beobachteten drei Mannschaftsmitglieder einer B-29 fünfzig Kilometer West-Süd-West von Wonson, Korea, fünf Minuten lang eine hellorangefarbene Kugel. Das Objekt befand sich auf einem Parallelkurs zu der B-29 bei 8 Uhr. Die Farbe des Objekts wurde weiter als die Farbe der Sonne beschrieben, gelegentlich mit einer bläulichen Färbung. Der Umriß des Objekts erschien undeutlich, im Innern erfolgte anscheinend eine lodernde Bewegung wie bei Flammen oder brennenden Gasen. Das Objekt kam bis auf eine unbestimmte Entfernung an die B-29 heran und verblaßte dann in der Ferne.«

Der Bomber befand sich um 23 Uhr Ortszeit bei 22.500 Fuß (6.862,5 m) in CAVU Wetter (klar, unbegrenzte Sicht). Um 23.24 Uhr beobachtete eine weitere B-29 bei Sunchon ein identisches Objekt.

Ausserirdische Psychologie

Bei seiner Aussage vor dem UFO-Symposium des Kongresses 1968 gab Dr. Robert L. Hall folgendes Erlebnis wieder:

»Als ich an der Fakultät der Universität Minnesota war, kam ein Student zu mir, der gehört hatte, daß ich ein gewisses Interesse an dieser Frage habe. Er informierte mich darüber, daß sein Vater, Artillerieoberst in Korea, ... in seinem Aufklärungsflugzeug über einen Hügel in Korea geflogen sei und (buchstäblich direkt neben ihm) ein typisches nicht identifiziertes fliegendes Objekt in der üblichen Konfiguration entdeckt habe. Sofort zog es sich nach oben zurück. Es hatte ihn erschreckt, aber er war ein erfahrener und geschulter Aufklärer, und so machte er sich Notizen darüber ... Als er zurückkehrte machte man sich so lange über ihn lustig und lachte ihn aus, bis er den Versuch aufgab, jemanden zu finden, der das ernst nehmen würde. Er weigerte sich, darüber zu sprechen.«

Im Oktober 1973, als UFOs nach einer langen Ruhephase wieder einmal Schlagzeilen machten, sagte General George S. Brown, Stabschef der Air Force, bei einer Pressekonferenz: »Ich weiß nicht, ob jemand diese Geschichte schon einmal erzählt hat, aber UFOs setzten uns in Vietnam während des Krieges ganz schön zu.« Er zitierte einen Zwischenfall im Frühsommer 1968, als eine ganze Reihe von Sichtungen »eine ganz hübsche Schlacht einleiteten, bei der ein australischer Zerstörer einen Treffer abbekam« und einen weiteren aus dem Jahre 1969, der zu »einer Schießerei« führte.

Eine spektakuläre Sichtung ereignete sich im Juni 1966 bei Nha Trang, einem aktiven Stützpunkt an der Küste Südvietnams. Etwa um 21.45 Uhr erschien ein Lichtblitz, ein UFO kam heran, ging vor den Augen zahlreicher Soldaten herunter und schwebte ein paar Hundert Fuß über dem Boden, wobei sein Glühen die gesamte Gegend erhellte. Der Generator auf dem Stützpunkt fiel aus, und der Stützpunkt war ohne Strom. Flugzeugmotoren im Leerlauf, Bulldozer, Lastwagen, einfach alles (einschließlich ein paar Dieselmotoren) fiel etwa vier Minuten lang aus. Schließlich »flog das UFO geradewegs nach oben« und verschwand schnell außer Sichtweite.

Colonel Robert M. Tirman, Flugarzt bei der Air Force, gehörte zu den Männern, die am 14. März 1969 über Südostasien ein »riesiges« zylindrisches UFO beobachteten. Tirman war Passagier einer KC-135, deren Piloten und Mannschaft das Objekt ebenfalls sahen. Der Zylinder schwebte in einer vertikalen Ausrichtung in etwa 15.000 Fuß (4.575 m) Höhe und in einer Entfernung von dem Flugzeug von

192   *Ungebetene Gäste*

etwa drei Kilometern. Als sie versuchten, einen Bogen zu fliegen, um es näher betrachten zu können, verschwand das UFO. Abfangjäger stiegen auf, aber sie konnten das UFO nicht ausmachen.

STRATEGISCHE TECHNOLOGIE

Bei groß angelegten NATO-Manövern (Operation Mainbrace) im September 1952 in der Nordsee sichteten Schiffe und Flugzeuge der Flotte über eine Woche lang UFOs. Von Deck des U.S. Flugzeugträgers *Franklin D. Roosevelt* wurden Farbfotos eines nicht identifizierten, silbernen, kugelförmigen Objekts gemacht, das sich mit großer Geschwindigkeit fortbewegte. Technische Analysen der Fotos oder anderer Sichtungen wurden nie veröffentlicht.

Dokumente der Air Force und der CIA, die Rechtsanwalt Peter Gersten nach dem Freedom of Information Act erhalten hat, spiegeln die Tatsache wieder, daß die Regierung der Vereinigten Staaten Anfang der fünfziger Jahre besorgt war über die regelmäßig wiederkehrenden UFO-Sichtungen an strategisch wichtigen Orten. (Gersten, Literaturangabe A in der Bibliographie)

Am 25. Mai 1950 meldete das Bezirksbüro des Air Force Office of Special Investigations (OSI) in Kirtland, New Mexico, dem Direktor des OSI eine Reihe von UFO-Sichtungen durch Wissenschaftler, Piloten, Sicherheitspersonal und anderen und sprach seine Besorgnis über »das fortdauernde Auftauchen unerklärter Phänomene dieser Art in der Nähe sicherheitsrelevanter Einrichtungen ...« aus.

In einer Notiz vom 2. Dezember 1952 (zum Ausklang der großen UFO-Welle jenes Jahres) alarmierte der stellvertretende Direktor für den wissenschaftlichen Nachrichtendienst der CIA den Direktor der CIA, Walter B. Smith, wegen der wiederkehrenden Sichtungen an strategisch wichtigen Orten: »Die Sichtungen unerklärter, sich mit großer Geschwindigkeit fortbewegender Objekte in großen Höhen in der Nähe wichtiger Verteidigungseinrichtungen der Vereinigten Staaten sind dergestalt, daß sie weder Naturphänomenen noch bekannten Luftfahrzeugen zugeschrieben werden können.«

Während der Welle des Jahres 1952, zu der auch die radarvisuellen Sichtungen in Washington D.C. gehörten, erhielt der Nachrichtendienst der Air Force unablässig Meldungen von Piloten von Abfangjägern, die aufgestiegen waren, um auf Radar entdeckte, nicht identifizierte Objekte zu jagen. Wieder und wieder hatten die Piloten visuelle Sichtungen der UFOs, sahen sie oft auf ihrem Bord-

Ausserirdische Psychologie

radar, konnten sie aber nicht erreichen. Manchmal spielten die UFOs ein Katz-und-Maus-Spiel, sie flohen gerade außerhalb der Reichweite des Kampfflugzeugs, wendeten dann und folgten dem Flugzeug auf dem Rückweg zum Stützpunkt.

Während der Sichtungen über Washington D.C. stiegen etliche Male Abfangjäger vom Luftwaffenstützpunkt Dover in Delaware auf und donnerten über den Himmel über Washington. Genau im Moment ihrer Ankunft verschwanden die UFOs von den Radarschirmen. Spätere Recherchen in einem Zeitungsarchiv in Maryland an der Ostküste erbrachten Berichte über UFOs, die sich nur Momente, nachdem sie in Washington verschwunden waren, dort zeigten, etwa einhundertzehn Kilometer südöstlich von Washington.

In einem Fall wurde eine Ausnahme gemeldet, als der Pilot einer F-94 eine Gruppe UFOs abfing, nachdem er von Radarbeobachtern zu ihrer Position geleitet worden war. Eine Gruppe ziviler und militärischer Luftfahrtexperten am National Airport beobachtete am Radar, wie die UFOs die F-94 umzingelten. Sie hörten, wie der erschrockene Pilot mit schwacher Stimme über Funk um die Erlaubnis bat, den Kontakt abzubrechen und zum Stützpunkt zurückzukehren. Seine persönliche Zeugenaussage, die jedoch nie freigegeben wurde, wäre eine faszinierende Ergänzung dieser Aufzeichnungen. Was hat er gesehen und erlebt?

Die unheimliche Wahrheit ist, daß UFOs auf bewaffnete militärische Abfangjäger anders reagiert haben als auf zivile Flugzeuge. 1952 flogen sie buchstäblich hinter Linienmaschinen her, wenn diese sich dem Washington National Aiport näherten, manchmal schwebten sie dabei in deren unmittelbaren Sichtweite. Aber für gewöhnlich gingen sie Militärjets aus dem Weg, ja sie verhielten sich fast so als testeten sie deren Fähigkeiten oder machten sich über sie lustig.

Die Akten der CIA für das Jahr 1952, die damals von der Abteilung für Physik und Elektronik geführt wurden, wurden nie für die Öffentlichkeit freigegeben. Enthalten sie Meldungen über Auswirkungen auf die Abfangjäger oder andere seltsame Vorfälle? In dem weithin veröffentlichten Fall vom 19. September 1976 mit iranischen Jets stiegen in den USA gebaute F-4 auf, um UFOs zu jagen, die »eine Manövrierfähigkeit ungewöhnlichen Ausmaßes« zur Schau stellten. Und sie zeigten auch ihre Fähigkeit zur Selbstverteidigung: Als der Pilot einer F-4 versuchte, auf ein UFO zu feuern, wurden seine Instrumente zur Bedienung der Waffen plötzlich »unbenutzbar«. Ein weiterer Pilot erlebte den Totalausfall aller Instrumente, als er sich einem UFO näherte. In einer Bewertung durch die Defen-

194   *Ungebetene Gäste*

se Intelligence Agency wurde dies als »eine herausragende Meldung« bezeichnet.

Diese Meldungen kommen einem Beweis schon sehr nahe, daß die ETIs wissen, was unsere Waffen sind und vielleicht sogar auch wissen, wann wir bereit sind, sie einzusetzen. Ein weiterer Hinweis auf die Kenntnis unserer Waffen sind die SAC-Stützpunktberichte, die der Öffentlichkeit ebenfalls erst spät durch Gerichtsverfahren aufgrund des FOIA bekannt wurden. Ich zitiere Rechtsanwalt Peter Gersten (Literaturangabe B in der Bibliographie):

> »Dokumente des DOD, der USAF und der CIA zeigen, daß im Oktober, November und Dezember 1975 zuverlässiges militärisches Personal wiederholt in der Nähe von Atomwaffenlagern, Gebieten mit Flugzeugalarm und Einrichtungen zur Kontrolle von Atomraketen auf den Luftwaffenstützpunkten Loring in Maine, Wurtsmith in Michigan, Malmstrom in Montana, Minot in North Dakota und der Station der Kanadischen Luftwaffe in Ontario nicht konventionelle Objekte in der Luft gesichtet hat. Viele Sichtungen wurden durch Radar bestätigt. Auf dem Luftwaffenstützpunkt Loring demonstrierte der Eindringling ›eindeutige Absichten hinsichtlich der Waffenlager.‹ ... Ein Dokument der Air Force besagt, daß 'Sicherheitsplan III' in Kraft gesetzt und die Sicherheitsmaßnahmen mit fünfzehn Luftwaffenstützpunkten von Guam bis Neufundland abgestimmt wurden.«

Es ließen sich aus der UFO-Geschichte noch viele weitere Beispiele zitieren, die zeigen, daß sich daraus ein Bild der ETIs ergibt, die offensichtlich unsere technische Entwicklung »beobachten« und dabei ganz besonders unsere Fähigkeiten bei Antriebssystemen, unser Verhalten bei der Kriegsführung, unsere Atomtechnologie ... und unser Eindringen in den Weltraum. Woher sie auch kommen mögen, es könnte sein, daß wir allmählich eine Bedrohung für sie darstellen, weil wir (a) jetzt Raumschiffe zu den äußeren Planeten und darüber hinaus schicken können, (b) kriegerisch sind und (c) Atomwaffen haben.

TABELLE 5
Erfolgreiche Starts von Weltraumraketen in aller Welt

(Aus dem Bericht des Forschungsdienstes des Kongresses »Aktivitäten der Vereinigten Staaten, der Sowjetunion und anderer Staaten im Weltraum: 1957-1986« vom Oktober 1987.)

Ausserirdische Psychologie

Jahr,	UdSSR	USA	China	Japan	ESA	Indien	Frankr.	Austr.	Großbrit.	Gesamt
1957	2									2
1958	1	5								6
1959	3	10								13
1960	3	16								19
1961	6	29								35
1962	20	52								72
1963	17	38								55
1964	30	57								87
1965	48	63					1			112
1966	44	73					1			118
1967	66	58					2	1		127
1968	74	45								119
1969	70	40								110
1970	81	29	1	1			2			114
1971	83	32	1	2			1		1	120
1972	74	31		1						106
1973	86	23								109
1974	81	24		1						106
1975	89	28	3	2			3			125
1976	99	26	2	1						128
1977	98	24		2						124
1978	88	32	1	3						124
1979	87	16		2	1					106
1980	89	13		2		1				105
1981	98	18	1	3	2	1				123
1982	101	18	1	1						121
1983	98	22	1	3	2	1				127
1984	97	22	3	3	4					129
1985	97	17	1	2	3					120
1986	91	6	2	2	2					103
Total	1,921	867	17	31	14	3	10	1	1	2,865

* Beachten Sie, daß Frankreich, Australien und Großbritannien keine eigenen Satelliten mehr starten. Frankreich und Großbritannien sind Mitglieder der European Space Agency (ESA), die die Weltraumrakete Ariane baute, deren erster Start 1979 erfolgte.

Italien führte von 1967 bis 1975 acht Starts mit amerikanischen Scout-Raketen von der Abschußrampe San Marco vor der Küste Kenias durch. Da es amerikanische Abschußraketen waren, führt die NASA sie in der amerikanischen Statistik, und wir behandeln sie hier genauso.   Zusammengestellt vom CRS.

Bereits 1968 sagte Dr. Harold D. Lasswell, Sozialwissenschaftler an der Universität Yale, über die Raumfahrt:

»Die Bedeutung der nicht identifizierten fliegenden Objekte (UFOs) könnte darin liegen, daß uns eine fortgeschrittenere Zivilisation bereits argwöhnisch beobachtet und daß unsere Versuche, unseren Fuß anderswo hinzusetzen, als Bedrohung anderer Systeme öffentlicher Ordnung strikt zurückgewiesen werden.«

ENERGIE

Daß ETIs sich für unsere Energiequellen und unsere Anwendung von Energie interessieren, folgt logisch aus ihrem Interesse an unserer strategischen Technologie, aber es ist schwierig, eine klare Korrelation herzustellen. Meine privaten Studien überzeugen mich, daß Interesse an Atomenergie-Einrichtungen und Aktivitäten ums Erdöl zur Schau gestellt wurde. Eine Darstellung auf der Karte zeigt eine deutliche Konzentration von Sichtungen in New Mexico, die der Entwicklung der Einwohnerzahl gegenläufig ist. In New Mexico gibt es sowohl außergewöhnlich viele strategische Einrichtungen wie auch eine ungewöhnlich hohe Mineralproduktion.

Missouri ist ein weiterer Staat mit einer bemerkenswerten Zahl von UFO-Sichtungen aus der Nähe im Vergleich zu seiner Einwohnerzahl (siehe Tabelle 7). Eine unabhängige Studie von Ted Phillips, in der er 2108 Fälle physischer Spuren nach einer CE II untersuchte, zeigt, daß Missouri bei der Anzahl solcher Berichte den dritten, bei der Einwohnerzahl jedoch den dreizehnten Platz einnimmt. In Missouri befinden sich wichtige Einrichtungen der Luftfahrt, eine führende Waffenfabrik und es ist ein wichtiger Produzent strategischer Metalle und Minerale. Zum größten Teil jedoch, das zeigt Tabelle 7, spiegelt die Sichtungshäufigkeit die Bevölkerungszahl wieder.

Die Fälle einer Begegnung mit einem Fahrzeug könnten, als Ganzes gesehen, dahingehend gedeutet werden, daß sie ein Interesse an unserer Verwendung von Energie zeigen, daran, was unsere Fahrzeuge bewegt. Dasselbe gilt für die zahlreichen Fälle, bei denen UFOs neben Flugzeugen und Raketen herflogen.

Eine mögliche Zunahme des Interesses im Laufe der Zeit wäre überzeugend, bleibt aber Intuition. In den vierziger und fünfziger Jahren wurden UFOs insbesondere in der Nähe von Flugzeugen und

Ausserirdische Psychologie

Raketen beobachtet. In den Sechzigern kamen Fälle von Begegnungen mit Autos hinzu. Gleichfalls 1960, als unser Weltraumprogramm das Stadium der Mondraketen und Weltraumsonden erreicht hatte, ereigneten sich nach einer Ruhephase von sieben Jahren große UFO-Sichtungswellen. In den siebziger Jahren dann zeichnete sich die Verbindung zum Erdöl ab.

Fast war es, als hätten die ETIs allmählich die Antriebskraft unserer Fahrzeuge entdeckt und überwachten nun die Orte, an denen fortgeschrittene Antriebstechnologien zur Anwendung kamen (White Sands, Cape Canaveral), überprüften unsere Energieressourcen und spürten unserer besonderen Abhängigkeit von fossilen Brennstoffen bis in die Ölfelder im Westen und Südwesten der USA (z.B. die Sichtungen bei Levelland und Damon in Texas) und die arabischen Nationen des Nahen Ostens nach. Ob sich in anderen Ländern ein ähnliches Bild zeigte, ist mir nicht bekannt.

Jedenfalls fiel die UFO-Welle von 1973 mit dem Ölembargo der OPEC und dem Beginn der Ölversorgungskrise in den Vereinigten Staaten zusammen, und die Sichtungswelle 1978 in der östlichen Hemisphäre (über die in den USA weitgehend nicht berichtet wurde) konzentrierte sich auf die ölreichen arabischen Nationen. War das nur Zufall?

Mit dem 9. November 1978 begann in Kuwait eine Reihe von UFO-Sichtungen. P. G. Jacob, Meeresbiologe am kuwaitischen Institut für wissenschaftliche Forschung, berichtet: »Alle Sichtungen ereigneten sich über den Ölfeldern der Kuwait Oil Company, dem größten Ölkonzern in Kuwait.« Die letzte Sichtung erfolgte am 21. November über dem Ölfeld Al Sabriyah nahe der Grenze zum Irak. Das UFO wurde fotografiert, als es über einem sechs Meter hohen Wasserturm flog und dreißig Minuten über der Gegend schwebte.

Einmal beobachteten die Techniker der Kuwait Oil Company Landung und Abheben eines geräuschlosen, kuppelförmigen UFOs mit einem aufblitzenden roten Licht am Rumpf. Während der Sichtung war der Sprechfunkverkehr unterbrochen, und eine elektrisch betriebene Ölpumpstation in der Nähe der Landestelle funktionierte nicht mehr. Auch bei den anderen Sichtungen fielen ähnliche E-M-Effekte auf.

Von November 1978 bis Januar 1979 wurden über einem weiten Gebiet an der Küste des Persischen Golfs gegenüber dem Iran von etlichen arabischen Ländern aus UFOs gesehen und fotografiert. Im selben Zeitraum gab es verbreitet Sichtungen in Australien und Neuseeland, darunter auch der berühmte Film aus Neuseeland, der

198 *Ungebetene Gäste*

im Dezember aus einem Flugzeug heraus aufgenommen wurde. Der Film erregte das Interesse der internationalen Medien, nicht aber die Sichtungen und die Landung in den arabischen Ölfeldern, zumindest nicht in den Vereinigten Staaten.

Anfang 1979 wurde auch eine UFO-Landung in einem großen argentinischen Ölfeld gemeldet. Am 1. Mai wachten die Ingenieure auf den staatlichen Ölfeldern YPF bei Vizcacheras in einem abgelegenen Gebiet, zu dem nur Angestellte der Gesellschaft Zutritt hatten, um 4 Uhr morgens vom Lärm der Ziegen in einem Korral auf. Als sie nach draußen gingen um nachzusehen, sahen sie ein UFO, das in etwa siebzig Metern Entfernung von dem Lager geräuschlos etwa zwanzig Meter über dem Boden schwebte. Sie schwenkten eine Laterne, und es schien, als antworte das UFO mit einem Lichtblinken; dann landete es langsam in der Nähe. Weitere Lichtsignale wurden ausgetauscht, dann hob das UFO wieder ab und verschwand um 4.35 Uhr in Richtung Anden.

Die Gruppe ging zur Landestelle, um sie zu untersuchen und fand einen großen Kreis, in dessen Innerem der Sand versteinert oder zu großen Brocken zusammengeklumpt war. Einem Professor Coradi wurden Bodenproben zur Analyse übergeben. Coradi, der als der Direktor des Instituts für außermenschliche Studien bezeichnet wurde, sagte, die Proben seien vom Bergbauamt analysiert worden. Er betonte, daß sich die Ziegen (etwa 4500) nach der Sichtung geweigert hätten, wieder in ihren Korral zurückzugehen.

Coradi wies auf eine strategische Verbindung hin, von der in der Vergangenheit auch andere südamerikanische Forscher gesprochen hatten:

»Seit einiger Zeit schon stelle ich fest, daß die ständige Präsenz von UFOs über den Uranminen in La Pintada und Cuesta de los Terranos in San Rafael und nun in Vizcacheras kein Zufall ist.«

Am 10. März 1977 sahen Besatzungsmitglieder zweier Öltanker, die in einer Meile Entfernung voneinander in dem Offshore Ölfeld Arjuna vor Indonesien vor Anker lagen, um 19.40 Uhr ein großes dunkles Objekt mit einem roten Licht am Rumpf, das gelblichweiße Lichtstrahlen aussandte. Das UFO kam von Westen unter einer Wolkendecke in dreihundert Metern Höhe heran, umkreiste das Ölfeld zweimal und flog nach Osten weg.

Die Verbindung zum Öl könnte von Bedeutung sein oder auch nicht. Es besteht immerhin die Möglichkeit, daß die ETIs eine großangelegte Studie der menschlichen Technologie durchgeführt haben,

Ausserirdische Psychologie

von der unter anderem das Erdöl genauso betroffen war wie andere Faktoren im Zusammenhang mit Energie. Die Studie mag so groß angelegt, so umfassend sein, daß sich aus unserer breit angelegten Analyse der Daten kein bestimmtes Bild ergibt, und UFO-Sichtungen mit fast allem unter der Sonne in Verbindung stehen. Geht man die Angelegenheit aber skeptisch an, dann wird gar keine Wissenschaft betrieben, und uns bleiben nur Spekulationen. Es scheint aber der Mühe wert, in den Daten nach einem solchen Bild zu suchen.

Bis dahin bleibt der Versuch einer Analyse der außerirdischen Psychologie eine spekulative Disziplin, die notwendigerweise an verschiedenen Stellen kritische Annahmen einschließt. Das hier vorgestellte Szenario gipfelt in einer gebildeten Vermutung und einer Übersicht über vernünftige Möglichkeiten. Wir werden kaum eine endgültige Antwort erhalten, solange nicht alle Möglichkeiten der Wissenschaft auf das Problem angewandt werden ... oder die ETIs ihre Absichten enthüllen.

TABELLE 6
Das Auftreten von UFOs und die Weltgeschichte

1939-1946: Zweiter Weltkrieg; die deutsche Raketen- und Düsentechnologie entwickelt sich fort; Atomtests auf dem Bikini-Atoll; Bomben auf Hiroshima und Nagasaki 1945-46

1944-46: UFOs (»Foo-Fighters«) beobachtet von Piloten der Alliierten und der Achsenmächte.

1947: V-2 und andere Raketentests; Atombombentests in Nevada; Flug von X-1, dem ersten Überschallflugzeug.

1947: Erste große Welle von UFO-Sichtungen in den Vereinigten Staaten, konzentriert sich anfänglich auf den Nordwesten.

25. Juni 1950 – 26. Juli 1953: Koreakrieg; erste amerikanische Wasserstoffbombe detoniert am 1. November 1952.

1952: Große UFO-Welle von Juni bis Dezember, darunter radarvisuelle Sichtungen, Sichtungen von Piloten und Verfolgungen mit Abfangjägern; im September Sichtungen während der NATO-Manöver in der Nordsee.

1954: Beim Wasserstoffbombentest vom 1. März im Bikini-Atoll verletzt radioaktiver Niederschlag japanische Fischer; Höhepunkt des Kampfes über das künftige Schicksal Deutschlands während des Kalten Krieges; Technische Ausreifung der Interkontinentalraketen durch verbessertes Trägheitsleitsystem; am 1. November Beginn des Krieges in Algerien.

1954: Große UFO-Sichtungswelle im September-Oktober, vorwiegend in Europa, darunter zum ersten Mal auch zahlreiche Sichtungen von Humanoiden.

1957: 15. Mai britischer Wasserstoffbombentest bei den Weihnachtsinseln; am 26. August erster erfolgreicher Abschuß einer sowjetischen Interkontinentalrakete; am 4. Oktober Start von Sputnik I, dem ersten Erdsatelliten; am 3. November Start von Sputnik II (mit Hund an Bord).

1957: Große UFO-Welle von Oktober-Dezember, vorwiegend konzentriert auf den Südwesten und den Mittleren Westen der Vereinigten Staaten.

Oktober 1958-September 1961: Atomtestmoratorium der Großmächte; September-Oktober 1959 sowjetische Mondflüge, einschließlich Aufsetzen von Lunik II auf dem Mond am 13. September; Start der sowjetischen Venussonde am 12. Februar 1961; Beginn der sowjetischen Atomtests am 29. August 1961

12. April 1961-16. Juni 1963: Erste bemannte Flüge in der Erdumlaufbahn, zwölf Flüge in sechzehn Monaten; Beginn der britischen und amerikanischen Atomtests 7. Februar 1962; 26. April 1962: Ranger IV setzt auf dem Mond auf; 27. August 1962: Start der Venussonde Mariner 2; September-November 1962: Kubakrise

Herbst 1963: 5. August: Abkommen über das Verbot von Kernwaffentests unterzeichnet; 22. November: Attentat auf Präsident Kennedy.

1959-1963: Deutliche Ruhephase in Meldungen über UFO-Sichtungen.

Ausserirdische Psychologie 201

1964-67: Landungen auf dem Mond und Weltraumsonden; mehrfach bemannte Flüge im Erdorbit: 13 zwischen Oktober 1964 und April 1967; Nahostkrieg; Höhepunkt des amerikanischen Einsatzes im Vietnamkrieg.

1964: 31. Juli: Ranger VII setzt auf dem Mond auf; 16. Oktober: Erste Atombombenexplosion des kommunistischen China; 28. November: Start der Marssonde Mariner 4.

1965: 17. Februar: Start von Ranger VIII zum Aufsetzen auf dem Mond; 21. März: Start von Ranger IX zum Aufsetzen auf dem Mond; 12. November: Start der sowjetischen Venussonde.

1966: 3. Februar: erste erfolgreiche »sanfte Landung« der Sowjetunion auf dem Mond; 1. März: sowjetische Sonde setzt auf der Venus auf; 31. März: sowjetische Luna 10 in Mondorbit gebracht; 9. Mai: Detonation der chinesischen Wasserstoffbombe; 30. Mai: Start von Surveyor 1, Landung auf dem Mond; 24. Dezember: Mondlandung der sowjetischen Luna 13.

1967: 19. April: Mondlandung von Surveyor 3; 5. Juni: Beginn der dritten israelisch-arabischen Krieges; Start der sowjetischen Venera 4 und »sanfte Landung« auf der Venus; 19. Oktober: Mariner 5 passiert die Venus.

1964-67: Erneut UFO-Sichtungen nach siebenjähriger Ruhephase; 1966-67 umfangreichste Sichtungswelle der UFO-Geschichte; 1966 Anhörung vor dem Kongreß und Bildung des Colorado UFO-Projekts.

24. August 1968: Erster französischer Wasserstoffbombentest.

29. Juli 1969: Amerikaner landen auf dem Mond.

1973: Ölembargo der OPEC; Erdölkrise und politische Unruhen in den Vereinigten Staaten; Rücktritt von Agnew; 6.-21. Oktober Israelisch-Arabischer Krieg.

1973: Oktober-November: große UFO-Welle nach vier- bis fünfjähriger Ruhephase, dabei zahlreiche Sichtungen von Humanoiden und Entführung von Hickson und Parker.

202 *Ungebetene Gäste*

1978: Nahostkrise setzt sich fort, Erdölknappheit, Preissteigerungen der OPEC.

1978: Oktober-Dezember: Sichtungswelle im Nahen Osten und Australasien (in den Vereinigten Staaten wenig publiziert), darunter auch Sichtungen in arabischen Ländern und Landung auf einem Ölfeld.

(Quellen: NASA Space Activities Summaries für die sechziger Jahre; »Chronology of Major European Events« University of South Carolina, 8. Februar 1978; Encyclopedia Britannica, 1969: Einträge zu Atomenergie und Erforschung des Weltraums)

TABELLE 7
die zehn Staaten mit den meisten Meldungen über
Nahbegegnungen mit UFOs im Vergleich zur Einwohnerzahl
(Auf der Grundlage von 379 Fällen
von CE II und CE III bis 1967)

Staaten in der Rangfolge der Sichtungen
(in Klammern: Rangfolge des Staates nach der Einwohnerzahl)

1. Kalifornien (1)	6. Illinois (5)
2. Ohio (6)	7. New Mexico (37)
3. New York (2)	8. Indiana (11)
4. Pennsyvania (3)	9. Missouri (13)*
5. Texas (4)	10. Florida (9)

*In einer von Ted Phillips durchgeführten Studie (siehe Bibliographie), in der er 2108 Fälle physischer Spuren nach einer CE II bis 1981 untersuchte, war Missouri Nr. 3 nach der Häufigkeit der Fälle und Nr. 13 nach der Einwohnerzahl.

BIBLIOGRAPHIE

»Argentine Oil Field Landing« (Auszüge aus der Zeitschrift *Radiolanda 2000* vom 25. Mai 1979, Buenos Aires) *MUFON UFO Journal* Nr. 139, September 1979.

BROWN, GENERAL GEORGE S.: zitiert von UPI (Chicago) über UFO-Sichtungen während des Vietnamkrieges, *Washington Star-News,* 17. Oktober 1973.

FAWCETT, LAWRENCE UND GREENWOOD, BARRY J.: *Clear Intent: The Government Coverup of the UFO Experience* (New Jersey: Prentice-Hall, 1984) UFO-Sichtungen auf dem Stützpunkt SAC.

GERSTEN, PETER (A): »What the Government Would Know About UFOs If They Read Their Own Documents«, *1981 MUFON UFO Symposium Proceedings* (Seguin, Texas: MUFON, 1981). Einschließlich des Falles mit den iranischen Jets vom 19. September 1976.

GERSTEN, PETER (B): »What the U. S. Government Knows About Unidentified Flying Objects«, *Frontiers of Science,* Band III, Nr. 4, Mai-Juni 1981.

HALL, RICHARD H.: *The UFO Evidence* (Washington D.C.: NICAP, 1964) Bericht über »Foo-Fighters« von Reida (S. 23), Brief von Thomas über »Foo-Fighters« (S. 26); Sichtungen 1952 über Washington D.C. (S. 159); Sichtungen durch NATO 1952 (S. 162).

HALL, RICHARD H.: »UFOs in Arab Nations« *MUFON UFO Journal* Nr. 133, Januar-Februar 1979. Siehe auch *Arab Times* vom 23. und 25. November. 5. und 10. Dezember 1978, 20., 21. und 24. Januar 1979; *Kuwait Times* vom 16. und 18. November 1978.

HALL, ROBERT L.: Aussage vor dem Komitee für Wissenschaft und Astronautik des Weißen Hauses, *Symposium on Unidentified Flying Objects,* 29. Juli 1968, S. 103-104.

International UFO Reporter, Band 3, Nr. 2, Februar 1978 (Center for UFO Studies, Evanston, Illinois) Fall auf indonesischem Ölfeld, Offizier der idonesischen Luftwaffe berichtet CUFOS.

LASSWELL, HAROLD D.: »Men In Space«, *Annals of the New York Academy of Sciences,* Band 72, Art. 4, 10. April 1958

LEET, WILLIAM D.: »The Flying Fortress and the Foo-Fighter«, *MUFON UFO Journal* Nr. 133, Januar-Februar 1979.

204 Ungebetene Gäste

MACCABEE, BRUCE S.: »Photometric Properties of an Unidentified Bright Object Seen Off the Coast of New Zealand«, *Applied Optics,* Band 18, Nr. 15, 1. August 1979; Kommentare (Band 18, Nr. 23) und Antwort des Verfassers (Band 19, Nr. 11) zum Film, der am 31. Dezember 1978 von einem Flugzeug aus gedreht wurde.

PHILLIPS, TED R.: »Close Encounters of the Second Kind: Physical Traces«, *1981 MUFON UFO Symposium Proceedings* (Segiun, Texas, MUFON 1981)

SINCLAIR, WARD UND HARRIS, ART.: »What Were Those Mysterious Craft?« *Washington Post,* 19. Januar 1979, Eindringen in Stützpunkt SAC 1975 und Fall mit iranischen Jets 1976.

TIRMAN, OBERST ROBERT: Bericht über UFO-Sichtung in Südostasien aus Jacksonville *Daily News,* Arkansas, 27. März 1969. Einzelheiten in einem von Dr. James E. McDonald geführten Interview bestätigt.

KAPITEL 14

IST DER BOTE DIE BOTSCHAFT

Eines der auffallendsten Merkmale des weiterhin bestehenden Rätsels um die UFOs ist das Wellenphänomen: die sporadischen Sichtungsausbrüche, zwischen denen Ruhephasen liegen. Sind die Wellen »echt«? Legen UFOs wirklich gelegentlich Aktivitätsspurts ein und verschwinden dann für ein paar Jahre, oder spielt dabei etwas anderes eine Rolle?

Die Erfahrung, jede moderne UFO-Welle seit der ersten 1947 miterlebt und an deren Untersuchungen teilgenommen zu haben, hat mich von folgendem überzeugt: Eine UFO-Welle spiegelt zu etwa sechzig Prozent tatsächlich eine Zunahme an Sichtungen wider und zu vierzig Prozent ein periodisches Wiedererwachen der Nachrichtenmedien, wenn einer oder mehrere spektakuläre »Auslöserfälle« deren Aufmerksamkeit erregen.

Nachträgliche Studien haben in den meisten Fällen gezeigt, daß eine Zunahme der Sichtungen bereits deutlich vor Erscheinen der ersten Schlagzeilen eingetreten war. Die Vorliebe der Nachrichtenleute für Sensationen könnte erklären, warum Sichtungen zu Beginn einer Welle »Lokalnachrichten« bleiben, bis etwas ausreichend Spektakuläres geschieht, das dann einer »landesweiten Berichterstattung« für würdig befunden wird und in den Meldungen der Nachrichtenagenturen und der überregionalen Fernsehsender erscheint. Bedauerlicherweise bedarf es eines steten Sensationsnachschubs, wenn etwas längere Zeit in der »landesweiten Berichterstattung« bleiben soll. Nach einiger Zeit klingt eine UFO-Sichtung fast wie die andere, und die publicityträchtige »Paukenschlag«-Komponente der Welle verhallt. Die Sichtungen jedoch werden nicht weniger.

Die Berichte des Nachrichtendienstes der Air Force zeigten Anfang 1952 eine sehr ungewöhnliche Ereignisfolge, Fälle eines Katz-und-

206 _Ungebetene Gäste_

Maus-Spiels mit Abfangjägern und Sichtungen über militärischen Einrichtungen und das deutlich vor der »Invasion« der Hauptstadt im Juli. Wenn UFOs in den gesperrten Luftraum über Washington eindringen, von Radar erfaßt werden und sich Verfolgungsjagden mit Abfangjägern liefern, dann ist das eine Sensation. Die Folge waren landesweite Schlagzeilen und eine große Pressekonferenz der Air Force (es hieß, sie sei die größte seit dem Zweiten Weltkrieg gewesen), um »die Wogen zu glätten«.

Die Welle von 1957 brach am 23. November los mit Sichtungen durch Patrouillenjeeps der Army bei White Sands, New Mexico und zahlreichen Sichtungen großer, roter, elliptischer Objekte in Levelland, Texas, die auf Straßen landeten und Meldungen über elektromagnetische Ausfälle in Fahrzeugen, die ihnen zufällig begegneten. Die Meldungen hielten etwa zwei Wochen lang an, weil überall aus dem Land Berichte glaubwürdiger Zeugen über E-M-Effekte kamen, klangen danach aber aus. Tatsächlich hatten die Sichtungen schon seit etwa Juni zugenommen.

Die Landung vom 24. April 1964 in Socorro, New Mexico, die der Beamte Lonnie Zamora beobachtete, weckte eindeutig das Interesse der landesweiten Nachrichtenmedien ... ein Polizist von gutem Ruf, Abdrücke und versengte Stellen an der Landestelle ... aber die Aufzeichnungen der Air Force und privater UFO-Gruppen weisen für die zweite Hälfte des Jahres 1963 und Anfang 1964 eine große Zahl substantiierter UFO-Meldungen aus.

Ein besonders deutliches Beispiel für die Verbindung zwischen einer Welle und dem publicitywirksamen »Paukenschlag« ereignete sich, als ich stellvertretender Direktor des National Investigations Committee on Aerial Phenomena (NICAP) war, der damals größten und effektivsten UFO-Gruppe. Über unser »Nachrichtendienst«-Netzwerk an der Basis, bestehend aus Ermittlern und Berichterstattern, wußten wir von einer steten Zunahme von Sichtungen während des ganzen Jahres 1965, aber es bedurfte der Sichtungen vom März 1966 in Michigan (Objekt überflog Patrouillenfahrzeuge in geringem Abstand, glühendes Objekt landete im Wald), um das Interesse der wichtigen Nachrichtenmedien zu wecken.

Die Wahrnehmung einer UFO-Welle durch die Öffentlichkeit ist daher eher eine Funktion der Art der Berichterstattung als eine exakte Wiedergabe dessen, was wirklich geschieht. Die Vorstellung davon, was eine »Nachrichtenmeldung« ausmacht, ist daher eindeutig Teil des Problems. Die Berichterstattung über UFOs war und ist im breiten Rahmen eher reaktiv (es wird nur Spektakuläres berich-

Ist der Bote die Botschaft 207

tet und die Meinung von »Amtspersonen« zitiert) als investigativ. Reporter vom alten Schlag gingen einer Geschichte auf den Grund, aber die moderne Berichterstattung wurde in einem Maße mechanisiert und homogenisiert, daß die Nachrichtenmedien wenig Anlaß zu der Hoffnung geben, sie könnten wesentlich zu einer Lösung des Problems beitragen.

Weiterhin erfuhren wir, daß es in den sogenannten Ruhephasen (und insbesondere zwischen 1959 und 1963 *gab* es Tiefpunkte bei den UFO-Sichtungen) sehr wohl einen steten Fluß substantiierter Fälle gibt, die aber aus unerfindlichen Gründen keine Funken schlagen. Die Meldungen in den Ruhephasen enthalten genau dieselben Merkmale, erfolgen aber weniger häufig. Rückblickend erscheinen viele genauso »spektakulär« und überzeugend wie die berühmteren Fälle, die eine Welle auslösten.

Die Einrichtung einer zentralen Anlaufstelle für UFO-Meldungen schafft einen großen Unterschied bei der Wahrnehmung der UFO-Aktivität. Ich erinnere mich deutlich, daß ich mir in den sechziger Jahren leicht schizophren vorkam, wenn ich den Unterschied betrachtete zwischen dem, was mir NICAP zuleitete und dem, was in den großen Nachrichtenmedien berichtet wurde.

Wenn es möglich wäre, schlechte UFO-Berichte auszumerzen, die die Nachrichtenmedien groß aufgespielt haben oder umgekehrt einen Nachladefaktor für die Ruhephasen einzubauen, wenn die Presse UFOs keine Aufmerksamkeit schenkt, würden die Spitzen in den grafischen Kurven der UFO-Aktivität wahrscheinlich abgeflacht, aber nicht ganz ausgeglichen. UFO-Sichtungen ereignen sich nicht jahrelang mit uniformer Häufigkeit, was in der Grafik eine gerade Linie ergäbe; aber sie verschwinden auch nicht lange Zeit völlig (wie man glauben könnte, bezöge man seine Informationen nur aus den konventionellen Nachrichtenmedien) und tauchen dann plötzlich in ganzen Horden wieder auf. Die Wahrheit liegt irgendwo dazwischen. Die Wellen der Jahre 1947, 1952, 1954, 1957, 1966-67 und 1973 waren alle echt in dem Sinne, daß sie eine deutliche Zunahme der Zahl der Sichtungen und manchmal auch der Art der Sichtungen darstellten.

Die Nahbegegnungen von Militärjets mit UFOs in der Luft, die kennzeichnend waren für die Welle des Jahres 1952, hatte es zuvor nicht gegeben, zumindest nicht mit derselben Häufigkeit oder Intensität. Die Welle von 1954 begleiteten die ersten verbreiteten Sichtungen von Humanoiden. Die Welle von 1957 umfaßte Berichte über Sichtungen von Humanoiden, und es wurden weithin zum

208 Ungebetene Gäste

ersten Mal E-M-Effekte gemeldet. Fälle der Begegnung mit Autos brandeten in den sechziger Jahren auf, Entführungsberichte in den Siebzigern. Ob das eine Zunahme der Aktivitäten der ETIs darstellt, ist nicht bekannt, aber mit jeder Welle scheint es, als tauchten ein oder zwei neue Merkmale auf oder als träten die Merkmale verstärkt hervor.

Ein gemeinsamer Aspekt jeder Welle ist ein recht offenkundiges Verhalten auf Seiten der UFOs, das die Aufmerksamkeit auf solche Meldungen lenkt, der Sensationsfaktor, der Publicity bringt. 1952 waren das die dreiste Verletzung des gesperrten Luftraums über Washington D.C., die Zielverfolgung auf Radar und die Begegnungen in der Luft. 1954 waren es die humanoiden Wesen, die sich kühn den Bürgern zeigten oder sie ansprachen; das war »aufsehenerregend«! Seltene Massenlandungen auf den Straßen der texanischen Ölstadt Levelland und Sichtungen über oder in der Nähe von militärischen Einrichtungen in New Mexico regten die Presseberichterstattung über die Welle von 1957 an, desgleichen das »technologische« Merkmal der E-M-Effekte.

Eine Konzentration von Sichtungen, dichtes Überfliegen von Autos und Landungen in Hillsdale und Dexter, Michigan, erregten 1966 zunächst die Aufmerksamkeit des *LIFE Magazine* der Nachrichtenagenturen und der Fernsehsender. Ein UFO landete im Wald bei Dexter, stand still und pulsierte, während Sheriffs und neugierige Bürger um es herumstanden. Ein wichtiger Fall aus der Welle von 1973, der im ganzen Land Interesse weckte, war die »Entführung« von Charles Hickson und Calvin Parker am 11. Oktober von ihrem Angelplatz an einem Fluß in Pascaguola, Mississippi, in ein schwebendes UFO, wo sie mit einer Art Röntgengerät untersucht wurden. Ein weiterer war die Begegnung eines Hubschraubers der Army-Reserve mit einem deutlich strukturierten UFO über Ohio; das UFO schwebte in der Nähe des Hubschraubers auf der Stelle, leuchtete mit einem grünen Lichtstrahl in die Kabine und beeinflußte die Steuerung des Hubschraubers.

Verfügen die ETIs über ein so ausgeprägtes Verständnis der menschlichen Psychologie, daß sie wissen, wie sie die Aufmerksamkeit auf sich ziehen können, wenn sie das wollen? Oder was sollen solch aufdringliche Vorführungen bedeuten? Eine Vermutung lautet, es könnte eine Art Bewußtseinsanhebung sein, vielleicht in Vorbereitung auf einen offenen Kontakt. Sind die ETIs von nicht-humanoider Erscheinung und nach unseren Maßstäben furchterregend, dann spielen sie uns vielleicht ein humanoides Erscheinungsbild

Ist der Bote die Botschaft 209

vor, während sie ein im wesentlichen freundliches Verhalten an den Tag legen; damit gewöhnen sie uns allmählich an die Vorstellung, daß sie hier sind ... und daß Intelligenz auch in anderen Formen vorkommt als nur in der menschlichen Physiognomie.

Im ganzen kann man sich nur schwer der Vorstellung entziehen, daß die ETIs versuchen, »uns etwas zu sagen«, wenn sie Demonstrationen vorführen wie Konfrontationen mit unseren Fahrzeugen, einschließlich E-M-Effekten, das Anheben von Fahrzeugen vom Boden, Landungen en masse in Levelland, das Überfliegen der Hauptstadt der Vereinigten Staaten und sich mit Militärjets ein Spielchen erlauben. Vielleicht ist der Bote die Botschaft, und die Antworten liegen in der Interpretation der diesen nonverbalen Vorführungen innewohnenden Kommunikation. In seinem Bericht über eine mikrokosmische UFO-Welle im Uintah-Becken in Utah beschreibt der Biologe Frank Salisbury folgende Beobachtung:

»Mit mir konnten sich auch einige Zeugen des Eindrucks nicht erwehren, daß die UFOs gesehen werden wollten. Wenn dem nicht so wäre, warum tauchten sie dann auf Joe Ann Harris' Wagen hinab, folgten den Autos von Thyrena Daniels und vielen anderen, tanzten ziemlich lange Zeit vor den Augen Dutzender Zeugen herum und so weiter? Warum sollten sie die schwierigen Manöver vollführen, die damit verbunden sind? Warum blinken ihre Lichter oder verändern die Farbe? Es ist, als *führten sie uns ein Schauspiel vor.*« (Hervorhebungen vom Originalautor.)

Die Sichtungen in Utah konzentrierten sich vorwiegend auf die Jahre 1966 und 1967. Sie fielen mit der großen UFO-Welle zusammen, die damals über das ganze Land hinwegschwappte. Kennzeichnend für diese Welle war eine große Zahl von »Hallo, hier bin ich«-Fällen, bei denen UFOs vor Zeugen paradierten, als wollten sie auf sich aufmerksam machen. Als am 17. April 1966 in Ravenna, Ohio, ein UFO aus dem Wald aufstieg und den Boden um zwei verdutzte Deputy Sheriffs hell erleuchtete, setzte das eine Kette von Ereignissen in Gang, die die Hallen des Kongresses erreichte.

Die Deputys Dale Spaur und Barney Neff folgten auf Befehl des Dienststellenleiters dem UFO, als es über den Highway flog, und schon bald befanden sie sich mitten in einem Katz-und-Maus-Spiel und einer heißen Verfolgungsjagd über die Grenze von Ohio hinaus nach Pennsylvania, bei der ihnen weitere Polizeizeugen folgten. Als die Air Force darauf bestand, die Beamten hätten sich vom Planeten Venus und einem Satelliten täuschen lassen (von denen aber

210 Ungebetene Gäste

keiner Straßen erleuchtet!), protestierten deren Kongreßabgeordneter und ein ehemaliger Kongreßabgeordneter dieses Bezirks vehement und drängten die Air Force zu neuen Ermittlungen. Der Fall goß Öl ins Feuer der Forderungen nach einer internen Reform des UFO-Forschungsprogramms der Air Force und führte schließlich zum UFO-Projekt der Universität Colorado, das noch in jenem Herbst eingerichtet wurde.

Spaur und Neff begegnete ein deutlich strukturiertes UFO aus nächster Nähe, richtete ein strahlendes Licht auf den Boden, das sie dann zu einem Katz-und-Maus-Spiel brachte. Solche Konfrontationen unterbrechen normalerweise den Alltag der Zeugen und lenken ihre Aufmerksamkeit abrupt auf deutlich unkonventionelle, hoch manövrierfähige Objekte, die ihrer Erlebniswelt vollkommen fremd sind.

Das Verhalten wie Katz und Maus macht den Zeugen darauf aufmerksam, daß er es mit einer versteckten Intelligenz zu tun hat, etwas oder jemandem, der auf sein Verhalten reagiert, flieht (zuweilen fast wie im Spiel), wenn er verfolgt wird und dann den Kurs wieder ändert, um die abgeschlagenen Verfolger wieder herankommen zu lassen und die Szene schließlich in den meisten Fällen mit einem spektakulären Geschwindigkeitsschub (zur Demonstration seiner enormen Stärke) verläßt. Oft erfolgt der Abflug vertikal nach oben, das UFO schwindet in der Größe zu einem stecknadelkopfgroßen Licht oder verschmilzt nachts mit den Sternen im Hintergrund.

Manchmal erinnert das Verhalten an Tümmler, die spielend ein Boot umkreisen, in anderen Fällen jedoch sind die Erscheinungen bedrohlich. Manchmal »rüttelt das UFO am Käfig« des gefangenen, erschrockenen Menschentiers oder hält ihn eine Weile in der Schwebe, wird dann des Spiels müde (oder erfüllt seinen »Auftrag«) und fliegt so schnell davon, wie es gekommen war.

Das hervorstechende Merkmal dieser Konfrontationen ist, daß ein oder mehrere Menschen quasi isoliert und manipuliert werden, während sie buchstäblich Gefangene der Mächte hinter den UFOs sind. Ein starkes Element der Zielgerichtetheit zeigt sich Fall um Fall: Das UFO nähert sich einem bestimmten Fahrzeug oder Zeugen, greift ein oder hält ihn an, agiert mit ihm, manchmal kurze, manchmal beträchtliche Zeit und verschwindet dann. Für gewöhnlich hinterläßt es nun einen schwer erschütterten Zeugen. In manchen Fällen kommt das UFO direkt auf den Zeugen zu und schwebt in Sichtweite auf der Stelle, bricht aber dann die Begegnung schnell ab und fliegt ohne – oder nach nur minimalem – Eingreifen davon. Wieder zeigt sich in der Art der Annäherung dieselbe Zielgerichtetheit.

Ist der Bote die Botschaft

Es war am frühen Morgen des 20. Dezembers 1958; die Polizeibeamten LeRoy A. Arboreen und B. Talada aus Dunellen, New Jersey, fuhren nachts in einer leicht erhöht gelegenen Gegend, von wo aus sie eine gute Sicht auf die Umgebung hatten, Streife. Von Westen kam plötzlich ein glühend rotes Objekt auf sie zu; innerhalb weniger Sekunden wuchs es zu beträchtlicher Größe an. Es hielt abrupt an und schwebte in Sichtweite auf der Stelle; dabei zeigte es seine deutlich elliptische Form, die rot glühend pulsierte. Der offizielle Bericht der Beamten über den Zwischenfall schließt mit den Worten:

«Das Objekt schwebte ein paar Sekunden lang auf der Stelle, drehte dann nach links und stand wieder ein paar Sekunden lang still, dann schoß es gerade nach oben. Wir beobachteten es, bis es vollständig zwischen den Sternen verblaßte.«

Vielleicht zog ihr einsamer Streifenwagen um ein Uhr nachts die Aufmerksamkeit des UFOs auf sich, jedenfalls aber schien es, als gelte seine Vorstellung ihnen. Es war nicht so, daß es einfach in Sichtweite an ihnen vorbeiflog.

Am späten Abend des 3. Septembers 1965 beobachteten die Deputy Sheriffs Billy E. McCoy und Robert W. Goode bei Damon, Texas, ein unerklärliches violettes Licht über der Prärie. Sie versuchten, über Nebenstraßen näher an es heranzukommen. Als sie zu einer Weide kamen und Goode langsamer fuhr, schoß plötzlich ein UFO auf sie zu. In etwa fünfundvierzig Metern Entfernung und einer Höhe von dreißig Metern über Grund hielt es abrupt an. Es erschien etwa sechzig Meter lang und zwölf bis fünfzehn Meter hoch, wobei es zum Rand hin niedriger wurde; am Boden war es flach, die Oberseite war leicht gewölbt. An einem Ende blitzte ein pulsierendes violettes Licht auf, am anderen ein blaues.

Das violette Licht erleuchtete das Innere des Wagens und dessen Umgebung; »... jeder Grashalm auf der Weide war deutlich zu erkennen«, sagten sie. Die erschrockenen Beamten flohen. Als sie sich umwandten, sahen sie, daß das UFO mit hoher Geschwindigkeit nach oben schoß und verschwand.

Wieder schien es, als sei das UFO, aus welchem Grund auch immer, zielstrebig auf diese bestimmten Zeugen oder ihr Fahrzeug ausgerichtet. Wir haben hier jedoch dieselben Schwierigkeiten bei der Deutung, wenn wir in den Begriffen der ETH denken; aus welchen Gründen sollten ETIs 1958 und ganz sicher auch 1965 – nach zahllosen Begegnungen mit Fahrzeugen – neugierig auf immer mehr

212   *Ungebetene Gäste*

gewesen sein? Höchstwahrscheinlich hat es gar nichts mit »Neugier«
zu tun, stattdessen aber mit einer Vorführung oder Demonstration
von ... irgendetwas.

Sollte der letztendliche Zweck offener Kontakt und Kommunikation sein, sei es nun zur Einrichtung eines kulturellen Austauschs
oder zur Eroberung, dann kann man sich ein ausgeklügeltes Schema zur Vorbereitung vorstellen. Zu diesem Schema gehörten Hin-
tergrundstudien darüber, wie Menschen und menschliche Gesell-
schaften funktionieren. Die Ergebnisse des Studiums einzelner Menschen werden verglichen, um herauszufinden, welche Schritte
unternommen (welche Vorführungen gezeigt) werden müssen, um
das menschliche Bewußtsein individuell oder kollektiv zu heben,
um den Weg zu einem endgültigen Kontakt zu ebnen. Inzwischen
bleiben die Erscheinungen und Vorführungen im allgemeinen auf
einer Ebene der Unaufdringlichkeit, was Panik und ein Auseinan-
derbrechen der menschlichen Gesellschaft verhindert.

Zu den verschiedenen Methoden, die zum Einsatz kommen, um
das gewünschte Ziel zu erreichen, könnte im Extremfall auch eine
Programmierung einzelner Menschen gehören, die zu diesem Zweck
geeignet oder deren Techniken (Entführungen und Konfrontationen) zugänglich sind und im entgegengesetzten Extrem eine Stei-
gerung der Aufmerksamkeit sozialer Gruppen durch sich gegenseitig verstärkende Maßnahmen (Wellen, Massenvorführungen).
Abhängig von ihrem Verständnis der individuellen und sozialen
Psychologie könnten die ETIs auch mit verschiedenen Techniken
experimentieren, um herauszufinden, welche ihren Zwecken am
besten dienen.

Landesweite Umfragen zeigen, daß etwas mehr als einhundert
Millionen Amerikaner glauben, daß UFOs echt sind, und das heißt
im allgemeinen, sie glauben an Besuche von Außerirdischen. In
bestimmten anderen Ländern (darunter Kanada, England, Frankreich und Japan) herrscht ein ähnlich hoher Bewußtheitsgrad; vorsichtig geschätzt gibt es also zig Millionen weiterer Menschen in
aller Welt, die zu der Auffassung neigen, daß wir Besuch erhalten.
Und doch glauben die Regierungen der Welt, nach ihren Worten
und Reaktionen auf UFO-Sichtungen und Wellen zu urteilen, nicht,
daß UFOs echt sind, und oft bekennen sie ihre Verärgerung über
diese »Massenpsychose«.

1978 zeigte eine Gallup-Umfrage, daß eine klare Mehrheit der
Amerikaner (57%) UFOs als echt akzeptiert; für andere Länder stehen vergleichbare Zahlen nicht zur Verfügung. Das Umfrageergeb-

Ist der Bote die Botschaft   213

nis zeigt, daß die Zahl der von der Realität der UFOs überzeugten
Menschen direkt proportional mit zunehmender Bildung steigt. Von
den Umfrageteilnehmern mit College-Abschluß akzeptierten 66%
UFOs als real. Insgesamt hat sich das Akzeptanzniveau von 46%
1966 auf 57% 1978 gesteigert, das ergibt eine Wachstumsrate von
etwa 1% der Gesamtbevölkerung pro Jahr.*
Angesichts der fehlenden öffentlichen Anerkennung von UFOs in
jenen Jahren und der fehlenden positiven Berichterstattung in den
großen Nachrichtenmedien sind die Gründe für eine stete Zunahme
des Glaubens an UFOs nicht klar. Der wesentliche Grund könnte
sehr wohl darin liegen, daß die ETIs mit ihrem Plan zu Bewußt-
seinshebung Erfolg haben. An welchem Punkt aber wird dieser Plan
erfüllt sein? Wenn 75% der Menschen sie akzeptieren? 90%?
Eine interessante Studie wäre es, durch Befragungen herauszufinden, was diejenigen, die heute an UFOs glauben, zu der Überzeugung brachte, daß UFOs echt sind, und was geschehen müßte, um
heute noch »Ungläubige« und Unentschlossene zu überzeugen. Bis
zu welchem Grad waren eigene Sichtungen oder Sichtungen von
vertrauenswürdigen Freunden oder bestimmten Zeugen der entscheidende Faktor? Welche Informationsquellen und welche Art
Information hatten Menschen, deren Auffassung sich von skeptisch
oder unentschlossen zu bejahend änderte?
Da wir wenige Indizien für eine direkte Kommunikation von Seiten der ETIs haben, müssen wir mögliche nonverbale Kommunikationen oder die Demonstration wichtiger Vorstellungen betrachten,
die sie uns vielleicht zu übermitteln wünschen. Ein Teil des immer
wiederkehrenden Verhaltens (z.B. das dichte Überfliegen von Autos,
die Entnahme von Proben) könnte der Übermittlung einer Botschaft
dienen. Das könnten auch die im Laufe der Jahre gewonnenen Merkmale der UFO-Sichtungen zeigen, die wiederkehrenden Muster und
Assoziationen, die man bei einer Analyse der Daten finden kann.
Vielleicht haben die Meinungsforscher unter den ETIs einen Maß-

---

* Nachdem dies geschrieben wurde, wurde am 12. März 1987 eine neue Gallup-Umfrage veröffentlicht. Sie trug die Überschrift. »Nur ein Drittel der Öffentlichkeit verneint Existenz von UFOs und außerirdischem Leben«. Der »Glaube«
an UFOs sank auf 49%, aber dieser Glaube bleibt »...deutlich stärker unter Menschen, die ein College besucht haben ...«, und 9% der Amerikaner (eine seit
1973 recht konstante Zahl) berichten, ein UFO gesichtet zu haben. Als Nation
bleiben wir zweigeteilt bei der Frage, was von UFOs zu halten ist.

214 Ungebetene Gäste

stab für das Gedeihen ihres Plans, wobei natürlich auch möglich ist, daß wir ihnen zuviel zutrauen, was ihre Fähigkeit anbelangt, alles über uns herauszufinden.

Wie bereits zuvor erwähnt, wäre die Ähnlichkeit oder Unähnlichkeit des Intelligenzniveaus und der Ausgereiftheit der Technik der ETIs und der Menschen wahrscheinlich ein kritischer Faktor bei einer möglichen sinnvollen Kommunikation und einem Kontakt. Ist die Intelligenz/Technologie-Lücke groß und ist unsere Evolution hinsichtlich der Anwendung von Energie und Anpassung an die Umwelt stark abweichend verlaufen, besteht die Möglichkeit, daß die Seltsamkeit unserer Wissenschaft und Kultur sie verblüfft. Es steht durchaus nicht fest, daß es weit fortgeschrittenen ETIs leicht fiele, alles über uns herauszufinden.

Nehmen wir einmal an, daß die ETIs alles über uns herausgefunden haben oder noch dabei sind, alles über uns herauszufinden, so könnten ihnen dabei doch Fehler unterlaufen sein (»Huch, diese Nadel im Nabel sollte eigentlich nicht weh tun«; »das Flugzeug kam einfach zu dicht heran, wir wollten es nicht beschädigen«), und einige Fälle, bei denen Verbrennungen oder Strahlenschäden auftraten, könnten Unfälle gewesen sein.

Dessenungeachtet ist es zumindest doch sinnvoll, mögliche nonverbale Kommunikationen zu bedenken, die vielleicht absichtlich Bestandteil der Vorführungen von UFOs sind. Einige Botschaften lauten möglicherweise:

1. Wir können euch jederzeit begegnen oder gegenübertreten, wenn wir das wollen, und unsere technische Überlegenheit sollte für euch offensichtlich sein. Es sollten keinerlei Zweifel daran bestehen, wer hier Herr der Lage ist.

2. Wir sind technisch, nicht übernatürlich (strukturelle Merkmale, körperliche Spuren ...).

3. Wir studieren eure Physiologie und die Energiequellen der Menschen, wie zum Beispiel Nahrung und Landwirtschaft (Fall Hill, Fall Wilcox, Sammlung von Boden- und Pflanzenproben ...).

4. Eine Nebenwirkung unserer Energiequellen kann sein, daß sie euch schaden, seid also vorsichtig (Fälle mit physiologischen Effekten und Verletzungen).

Ist der Bote die Botschaft

5. Wir studieren eure Energiequellen und deren Verwendung, einschließlich des Militärs (E-M-Effekte, Stromausfälle, Sichtungen über militärischen Einrichtungen ...).

6. Euer Verständnis der Naturgesetze ist falsch und unvollständig. Schaut euch an, was wir können und denkt darüber nach. (Fälle mit Levitation, Versetzung von Massen, E-M-Effekte ...).

7. Wir haben vielerlei Gestalt, nicht nur rein humanoide. Daran werdet ihr euch gewöhnen müssen, wenn ihr uns verstehen wollt (Begegnungen mit Humanoiden, Entführungen ...).

8. Wir möchten, daß ihr allmählich wißt, daß wir da sind, aber wir wollen eure Gesellschaftsordnung nicht zerstören oder Panik herbeiführen.

9. Wir beobachten die politischen und militärischen Geschehnisse auf der Erde, um feststellen zu können, ob ihr feindlich auf uns reagieren werdet und ob ein friedlicher Kontakt möglich oder sogar wünschenswert ist (Sichtungen in Kampfgebieten, Begegnungen mit militärischen Abfangjägern ...).

Die ungeheuren Fähigkeiten, die UFOs demonstrieren, lassen darauf schließen, daß die ETIs die Anwendung der Energie in einer Weise gemeistert haben, die über unser heutiges Verständnis hinausgeht. Auch lassen ihre Verhaltensmuster vermuten, daß sie psychologisch ganz anders strukturiert sind als wir, auch wenn sie eine in etwa menschliche Gestalt haben. Das würde bedeuten, daß die Vorstellungen und Begegnungen mit UFOs ein gegenseitiger Lernprozeß sind, und ein gegenseitiges Verständnis wird Zeit brauchen.

Die Hartnäckigkeit der ETIs (es sei denn sie haben einen völlig anderen Zeitbegriff) deutet auf ein starkes Interesse an uns und auf eine endgültige Absicht hinter den Begegnungen. Was diese Absicht auch sein mag, sie wird mit großer Sicherheit weitreichende Folgen für die Menschheit haben, zum Guten oder zum Schlechten. In Anbetracht der eindrucksvollen Stärke und der »magischen« Fähigkeiten, die sie demonstriert haben, können wir nur hoffen, daß es gute Absichten sind.

Warum vierzig Jahre beeindruckender menschlicher Zeugenaussagen und damit zusammenhängender instrumenteller und physikalischer Indizien der Aufmerksamkeit der Wissenschaft im Grunde

216   *Ungebetene Gäste*

entgangen sind, stellt ein menschliches Rätsel größten Ausmaßes
dar. Vielleicht liefert die menschliche Psychologie die Erklärung.
Oder vielleicht liegt die Erklärung in der Psychologie der ETIs.
Es gibt zwei Möglichkeiten, sinnvolle Antworten auf die Fragen
um UFOs zu erhalten: einmal, wenn die Wissenschaft sich des Problems bewußt wird, und die Regierungen sorgfältige Untersuchungen unterstützen; und zweitens, wenn die ETIs sie uns direkt übermitteln wollen und können. Keine dieser Möglichkeiten erscheint in
unmittelbarer Zukunft wahrscheinlich, und so bleibt uns nur das
Nachdenken über ein Rätsel, das das Schicksal der Menschheit
bestimmen könnte.
Zumindest aber können wir untersuchen, was UFOs bedeuten
könnten und wären dann ein bißchen besser darauf vorbereitet, was
die ETIs mit uns vorhaben mögen. Wir werden dann nicht schockiert
oder überrascht reagieren, wenn die heute noch schemenhafte Realität der UFOs ans Licht kommt. Vielleicht liegt die endgültige
Bedeutung der UFOs darin, daß das menschliche Leben am Beginn
einer neuen Phase steht, einer neuen Reife, vielleicht einer neuen
Beziehung zum Universum.

BIBLIOGRAPHIE

DONDERI, DON C. »The Effect of Conscious and Unconscious Attitudes
About UFO Evidence on Scientific Acceptance of the Extraterrestri-
al Hypothesis«, *Journal of UFO Studies,* Band 1, Nr. 1 (Evanston,
Illinois: Center for UFO Studies, circa 1979).

FRIEDMAN, STANTON T.: »Do Americans Believe in UFOs?« *Second Look*
(jetzt *Frontiers of Science),* Band II, Nr. 3, März-April 1980. Besprechung von Meinungsumfragen von Gallup und anderen Instituten.

HALL, RICHARD H.: »1967: The Overlooked UFO Wave and The Colorado Project« in der Niederschrift über das *MUFON UFO Symposium
1978* (Seguin, Texas, MUFON 1978).

SALISBURY, FRANK B.: *The Utah UFO Display* (Old Greenwich, Connecticut, Devin-Adair, 1974).

ANHANG A

FALLSAMMLUNG
EIN QUERSCHNITT DURCH DAS UFO-RÄTSEL

INDEX
(Die Fallbeschreibungen sind chronologisch angeordnet)

ELEKTROMAGNETISCHE EFFEKTE

1957: 2.-3. Nov., Levelland, Texas.

1960: 13. Aug., Red Bluff, Kalifornien.

1964: 29. Juni, Lavonia, Georgia.

1965: 3. Juli, Antarktis; 4. Aug., Abilene, Kansas; 19. Aug., Cherry Creek, New York.

1966: Juni, Nha Thang, Vietnam; 15. Okt., Split Rock Pond, New Jersey.

1967: 8. März, Leominster, Massachusetts.

1969: 4. März, Atlanta, Missouri.

1973: 28. Juni, Columbia, Missouri; 18. Okt., Mansfield, Ohio.

1974: 24. Jan., Aische-en-Refail, Belgien; 14. Feb., Ely, Nevada; 31. Mai Rhodesien; 27. Okt., Aveley, England.

1975: 19. Feb., Orbak, Dänemark; 3. Mai, Mexico City, Mexiko; 13. Aug., Alamogordo, New Mexico; 13. Aug., Haderslev, Dänemark.

1976: 22. März, Nemignha, New South Wales, Australien; 19. Sept., Teheran, Iran.

218   *Ungebetene Gäste*

1977: 18. Feb., Salto,Uruguay; 5. Mai, Tabio, Kolumbien, 16. Juni, Middelburg, Südafrika.

1978: 29, März, Indianapolis, Indiana; 6. Juli, Mendoza, Argentinien; 17. Sept. Torrita di Siena, Italien; 21. Okt., Bass-Straße, Australien; 9. Nov., Kuwait; 6. Dez., Torriglia, Italien.

1979: 5. Jan., Auburn, Massachusetts; 5. Feb., Lawitta, Tasmanien; 8. Feb., Liverpool Creek, Queensland, Australien.

1980: 14. Mai, Simpson City, Mississippi, 22. Aug., Osttexas; 19. Nov., Longmont, Colorado. 1981: 12. Juni, Alice, Texas.

1985: März, Santiago, Chile.

1986: 17. Nov., Fort Yukon, Alaska.

ENTFÜHRUNGSBERICHTE (siehe auch unter »Humanoide«)

1973: 11. Okt., Pascaguola, Mississippi; 17. Okt., Mittlerer Westen der USA; 25. Okt., Bahia Blanca, Brasilien.

1974: 27. Okt., Aveley, England.

1975: Sommer, Owyhee R., Oregon; 13. Aug., Alamogordo, New Mexico.

1976: 6. Jan. Stanford, Kentucky; 21. Jan., Matles-Barbosa, Brasilien.

1978: 18. März, Charleston, South Carolina; 30. Aug., Gobernador Dupuy, Argentinien; November, Trier, Deutschland; 6. Dez., Torrihlia, Italien.

1979: 25. Juli, Canoga Park, Kalifornien; 4. Aug., Toronto, Ontario, Kanada; 21. Sept., Sztum, Polen.

1980: 2. April, Pudasjarvi, Finnland; 22. Aug., Osttexas; 19. Nov., Longmont, Colorado.

FAHRZEUGE, BEGEGNUNGEN MIT
(siehe auch Literaturangaben zu Keyhoe und Ruppelt bei Kapitel 9)

1948: 1. Okt., Fargo, North Dakota; 15. Okt., Japan; 18. Nov., Luftwaffenstützpunkt Andrews, Maryland; 23. Nov., Fürstenfeldbruck, Deutschland.

Anhang A – Ein Querschnitt durch das UFO-Rätsel **219**

1951: 9. Juli, Dearing, Georgis; 21. Okt., Battle Creek, Michigan.

1956: Luftwaffenstützpunkt Castle, Kalifornien.

1958: 5. Mai, Pan de Azucar, Uruguay.

1960: 13. Aug., Red Bluff, Kalifornien.

1964: 29. Juni, Lavonia, Georgia.

1965: 11. Feb., Pazifik; 28. Mai, Bougainville Reef, Australien; 4. Aug., Abilene, Kansas; Sept., Brabant, Belgien; 3. Sept., Damon, Texas; 16. Sept., Pretoria, Südafrika.

1966: 31. März, Vicksburg, Michigan; 24. Juni, Richmond, Virginia; 15.Okt., Split Rock Pond, New Jersey.

1967: 7. März, Keeneyville, Illinois; 2. Nov., Ririe, Idaho.

1969: 4. März, Atlanta, Missouri.

1971: 1. Aug., Calliope River, Queensland, Australien.

1973: 18. Okt., Mansfield, Ohio.

1974: 24. Jan., Aische-en-Refail, Belgien; 14. Feb., Ely, Nevada; 31. Mai, Rhodesien; Juli, Bridgewater, Tasmanien; 27. Okt., Aveley, England.

1975: 19. Feb., Orbak, Dänemark; 3. Mai: Mexico City, Mexiko; 13. Aug., Haderslev, Dänemark.

1976: 6. Jan., Bethel, Minnesota; 6. Jan., Stanford, Kentucky; 21. Jan., Matles-Barbosa, Brasilien; 22. März, Nemingha, New South Wales, Australien; 19. Sept., Teheran, Iran.

1977: 21. Jan., St. Bernard Parish, Louisiana; 5. Mai, Tabio, Kolumbien; 16. Juni, Middelburg, Südafrika.

1978: 28. März, Indianapolis, Indiana; 6. Juli, Mendoza, Argentinien; 17. Sept., Torrita die Siena, Italien; 23. Sept., Provinz Buenos Aires, Argentinien; 21. Okt., Bass-Straße, Australien; Nov., Trier, Deutschland; 27.(?) Dez., Arroyito, Cordoba, Argentinien; 27. Dez., Torriglia, Italien.

1979: 5. Jan., Auburn, Massachusetts; 5. Feb., Lawitta, Tasmanien; 8. Feb., Liverpool Creek, Queensland, Australien; 25. Juli, Canoga Park, Kalifornien.

1980: 2. April, Pudasjarvi, Finnland; 14. Mai, Simpson County, Mississippi; 22. Aug., im Osten von Texas; 19. Nov., Lon-

220 *Ungebetene Gäste*

gmont, Colorado; 29. Dez., Huffman, Texas.

1981: 12. Juni, Alice, Texas; 31. Juli, Lieska, Finnland.

1982: 27. Nov., Palatine, Illinois.

1985: März, Santiago, Chile.

1986: 11. Mai, Sedona, Arizona; 19. Mai, Brasilien; 17. Nov., Fort Yukon, Alaska.

FAHRZEUGKONTROLLE, VERLUST DER

1965: Sept., Brabant, Belgien.

1976: 2. Nov., Ririe, Idaho.

1974: 14. Feb., Ely, Nevada; 31. Mai, Rhodesien; Juli, Bridgewater, Tasmanien.

1975: 3. Mai, Mexico City, Mexiko.

1977: 21. Jan., St. Bernard Parish, Louisiana; 5. Mai, Tabio, Kolumbien.

1978: 23. Sept., Provinz Buenos Aires, Argentinien; 27. Dez., Torriglia, Italien.

1979: 5. Jan., Auburn, Massachusetts.

FARBEN
(* = Lichtstrahl oder Beleuchtung des Bodens; in allen anderen Fällen wird die vorherrschende Farbe am UFO oder beim Ereignis genannt.)

Rot: 23. Nov. 1948, Fürstenfeldbruck, Deutschland; *2. Nov. 1957, Levelland, Texas; 20. Dez. 1958, Dunellen, New Jersey; *13. Aug. 1960, Red Bluff, Kalifornien; 11. Feb. 1965, Pazifik; 19. Aug. 1965, Cherry Creek, New York; 20. März 1966, Dexter, Michigan; *15. Okt. 1966, Split Rock Pond, New Jersey (rotorange); *7. März 1967, Keeneyville, Illionois; 24. Jan. 1974, Aische-en-Refail, Belgien; 30. Sept. 1975, Corning, Kalifornien; 6. Jan. 1976, Stanford, Kentucky; 6. Juli 1978, Mendoza, Argentinien (der Himmel); 17. Sept. 1978, Torrita die Siena, Italien (rot-orange); Nov. 1978, Trier, Deutschland (blitzendes Licht); 8. Nov. 1978, Kuwait (blitzendes Licht); 5. Jan. 1979,

Anhang A – Ein Querschnitt durch das UFO-Rätsel   221

Auburn, Massachusetts; 4. Aug. 1979, Toronto, Ontario, Kanada; 23. Okt. 1980, Morenci, Arizona (Lichter am Rumpf); 29. Dez. 1980, Huffman, Texas (rot-orange); 19. Mai 1986, Brasilien (rot/rot-orange).

Orange: 4. Aug. 1965, Abilene, Kansa; 16. Sept. 1965, Pretoria, Südafrika (»kupfer«); 14. Feb. 1974, Ely, Nevada; *18. Feb. 1977, Salto, Uruguay (veränderte sich zu rot).

Gelb: 29. Juni 1964, Lavonia, Georgia (bernsteinfarben); 15. März 1965, Everglades, Florida; Sept. 1965, Brabant, Belgien; 22. März 1976, Nemingha, New South Wales, Australien (gelbgrün); *23. Sept. 1978, Provinz Buenos Aires, Argentinien; 6. Dez. 1978, Torriglia, Italien.

Grün: 19. Aug. 1965, Cherry Creek, New York (ein Glühen in den Wolken); *2. Nov. 1967, Ririe, Idaho; 1. Aug. 1971, Calliope River, Queensland, Australien; *18. Okt. 1973, Mansfield, Ohio; *27. Okt. 1974, Aveley, England (grüner Dunst); 21. Okt. 1978, Bass-Straße, Australien (Licht am Rumpf); 19. Mai 1986, Brasilien.

Grün-Blau: 2. Nov. 1957, Levelland, Texas; 3. Juli 1965, Antarktis; 8. März 1976, Charleston, South Carolina (»aquamarin«).

Blau: 31. März 1974, Rhodesien; 27. Okt. 1974, Aveley, England; 19. Feb. 1975, Orbak, Dänemark; *13. Aug. 1975, Haderslev, Dänemark (blau-weiß); *6. Jan. 1976, Stanford, Kentucky; *21. Jan. 1976, Matles-Barbosa, Brasilien; *29. Nov. 1977, Gisborne, Neuseeland; *29. März 1978, Indianapolis, Indiana; *19. Nov. 1980, Longmont, Colorado.

Lila: *3. Sept. 1965, Damon, Texas; 31. März 1966, Vicksburg, Michigan (Licht am Rumpf).

Grau: 18. Nov. 1948, Luftwaffenstützpunkt Andrews, Maryland; 7. März 1967, Keeneyville, Illinois (grauer Dunst); *30. Juli 1968; Claermont, New Hampshire; 7. Jan. 1970, Heinola, Finnland (»leuchtender grauer Nebel«); 28. Juni 1973, Columbia, Missouri (»silbrig-weiß«).

Schwarz: 25. April 1952, San Jose, Kalifornien; 23. Okt. 1980 Morenci, Arizona (mit roten Lichtern am Rumpf); 31. Juli 1981, Lieska, Finnland.

222 *Ungebetene Gäste*

GERÄUSCH

1957: 2. Nov., Levelland, Texas (»wie Donner«)

1964: 29. Juni, Lavonia, Georgia (Zischen)

1965: 15. März, Everglades, Florida (a. wie ein Jet; b. wie ein Generator); 4. Aug., Abilene, Kansas (wie »der Wind in den Bäumen«); 19. Aug., Cherry Creek, New York (Piepen).

1966: 31. März, Vicksburg, Michigan (Brummen oder Summen); 17. April, Ravenna, Ohio (Brummen).

1967: 8. März, Leominster, Massachusetts (Brummen); 2. Nov. Ririe, Idaho (Humanoide gibt vogelähnliche Laute von sich).

1968: 30. Juli, Claermont, New Hampshire (Brummen).

1970: 7. Jan., Heinola, Finnland (Summen).

1973: 28. Juni, Columbia, Missouri, (»Schlagen«); 28. Okt., Bahia Blanca, Brasilien (summende »Stimmen«).

1975: 13. Aug., Alamogordo, New Mexico (hohes Pfeifen); 30. Sept. Corning, Kalifornien (Brummen).

1977: 16. Juni (etwa) Nr. Middelburg, Südafrika (Summen).

1978: 17. Sept., Torrita die Siena, Italien (Explosion, mit Blitz); 6. Dez., Torriglia, Italien (Zischen). 1979: 21. Sept., Sztum, Polen (»hohe Frequenz«)

1980: 30. Sept., Victoria, Südaustralien (a. pfeifend, b. explosiv); 19. Nov., Longmont, Colorado (Schwirren); 29. Dez., Huffman, Texas (a. »Wischen«, b. Piepen).

1986: 15. Mai, Belo Horizonte, Brasilien (»Stimmen«).

GERUCH

1964: 29. Juni, Lavonia, Georgia (»wie Einbalsamierungslösung«).

1965: 19. Aug., Cherry Creek, New York (»beißend«).

1979: 5. Jan., Auburn, Massachusetts, (»süßer Geruch nach einem Stinktier«).

Anhang A – Ein Querschnitt durch das UFO-Rätsel 223

1980: 19. Nov., Longmont, Colorado (»elektrisch«).

HITZE

1957: 2. Nov., Levelland, Texas.

1958: 5. Mai, Pan de Azucar, Uruguay.

1965: 3. Sept., Damon, Texas.

1969: 4. März, Atlanta, Missouri.

1975: 19. Feb., Orbak, Dänemark; 13. Aug., Haderslev, Dänemark.

1977: 21. Jan., St. Bernard Parish, Louisiana; 15. Feb., Salto, Uruguay.

1978: 6. & 27. Dez., Torriglia, Italien.

1979: 5. Jan., Auburn, Massachusetts.

1980:30. Sept., Sale, Victoria, Südaustralien; 29. Dez., Huffman, Texas.

1986: 17. Nov., Fort Yukon, Alaska.

HUMANOIDE (siehe auch unter »Entführungsberichte«)

1964: 4. Sept., Cisco Grove, Kalifornien.

1967: 2. Nov., Ririe, Idaho.

1970: 7. Jan., Heinola, Finnland.

1974: 14. Feb., Petite-Ile, Frankreich; 31. Mai, Rhodesien.

1978: 17. Sept., Torrita di Siena, Italien.

1980: 2. April, Pudasjarvi, Finnland; 22. Aug., im Osten von Texas; 19. Nov., Longmont, Colorado.

KATZ-UND-MAUS-VERFOLGUNGSJAGD
(siehe auch Literaturangaben zu Keyhoe und Ruppelt, Kapitel 9, für die Fälle zwischen 1951 und 1953)

1948: 15. Okt., Japan.

224 *Ungebetene Gäste*

1956: Herbst-Winter, Luftwaffenstützpunkt Castle, Kalifornien.

1960: 13. Aug., Red Bluff, Kalifornien.

1966: 17. April, Ravenna, Ohio; 24. Juni, Richmond, Virginia.

1969: 4. März, Atlanta, Missouri.

1976: 19. Sept., Teheran, Iran.

1986: 19. Mai, Brasilien.

PHYSISCHE SPUREN

1964: 29. Juni, Lavonia, Georgia

1965: 15. März, Everglades, Florida; 19. Aug., Cherry Creek, New York; 16. Sept., Pretoria, Südafrika.

1971: 1. Aug., Calliope River, Queensland, Australien.

1973: 28. Juni, Columbia, Missouri.

1974: 14. Feb., Ely, Nevada.

1975: 19. Feb., Orbak, Dänemark.

1976: 22. März, Nemingha, New South Wales, Australien.

1977: 18. Feb., Salto, Uruguay.

1978: 29. März, Indianapolis, Indiana; 17. Sept., Torrita di Siena, Italien; 6. Dez., Torriglia, Italien.

1979: 5. Feb., Lawita, Tasmanien; 4. Aug., Toronto, Ontario, Kanada.

1980: 30. Sept., Sale, Victoria, Südaustralien.

1986: 15. Mai, Belo Horizonte, Brasilien.

LEVITATION

1965: Sept., Brabant, Belgien.

1967: 2. Nov., Ririe, Idaho.

1973: 17. Okt., Mittlerer Westen der USA; 18. Okt., Mansfield, Ohio; 28. Okt., Bahia Blanca, Brasilien.

Anhang A – Ein Querschnitt durch das UFO-Rätsel   225

1974: 14. Feb., Ely, Nevada; 31. Mai, Rhodesien; 27. Okt., Avelkey, England.

1975: 3. Mai, Mexico City, Mexiko.

1976: 6. Jan., Stanford, Kentucky; 21. Jan., Matles-Barbosa, Brasilien.

1978: 6. Juli, Mendoza, Argentinien; 17. Sept., Torrita di Siena, Italien; 23. Sept., Provinz Buenos Aires, Argentinien; 6. Dez. Torriglia, Italien.

1980: 22. Aug., Osttexas; 19. Nov., Longmont, Colorado.

1981: 12. Juni, Alice, Texas.

1985: März, Santiago, Chile.

LICHT, EINHÜLLUNG IN (Zeugen/Fahrzeuge)

1965: 3. Sept., Damon, Texas.

1966: 17. April, Ravenna, Ohio; 15. Okt., Split Rock Pond, New Jersey.

1973: 18. Okt., Mansfield, Ohio.

1974: 31. Mai, Rhodesien; 27. Okt., Aveley, England (»grüner Dunst«).

1975: 13. Aug., Haderslev, Dänemark.

1976: 6. Jan., Stanford, Kentucky; 22. März, Nemingha, New South Wales, Australien.

1977: 21. Jan., St. Bernard Parish, Louisiana; 5. Mai, Tabio, Kolumbien; 16. Juni, Middleburg, Südafrika.

1978: 18. März, Charleston, South Carolina; 29. März, Indianapolis, Indiana; 23. Sept., Provinz Buenos Aires, Argentinien.

1979: 5. Feb., Lawitta, Tasmanien; 21. Sept., Sztum, Polen.

1980: 2. April, Pudasjarvi, Finnland (»seltsamer Nebel«).

1985: März, Santiago, Chile.

1986: 15. Mai, Belo Horizonte, Brasilien; 17. Nov., Fort Yukon, Alaska.

LICHTSTRAHLEN

1960: 13. Aug., Red Bluff, Kalifornien.

1965: 15. März, Everglades, Florida.

1966: 31. März, Vicksburg, Michigan; 17. April, Ravenna, Ohio.

1967: 7. März, Keeneyville, Illinois.

1968: 30. Juli, Claermont, New Hampshire.

1969: 4. März, Atlanta, Missouri.

1970: 7. Jan., Heinola, Finnland.

1973: 28. Juni, Columbia, Missouri; 18. Okt., Mansfield, Ohio; 28. Okt., Bahia Blanca, Brasilien.

1974: 14. Feb., Petite-Ile, Frankreich; 31. Mai, Rhodesien.

1975: 13. Aug., Haderslev, Dänemark.

1976: 6. Jan., Stanford, Kentucky.

1977: 21. Jan., St. Bernard Parish, Louisiana; 18. Feb., Salto, Uruguay; 29. Nov., Gisborne, Neuseeland.

1978: 29. März, Indianapolis, Indiana; 17. Sept., Torrita di Siena, Italien; 6. Dez., Torriglia, Italien.

1980: 23. Okt., Morenci, Arizona; 19. Nov., Longmont, Colorado.

1982: 27. Nov., Palatine, Illinois.

1985: März, Santiago, Chile.

1986: 15. Mai, Belo Horizonte, Brasilien.

PHYSIOLOGISCHE EFFEKTE

1957: 10. Nov., Madison, Ohio (Augenbrennen, Hautausschlag...).

1964: 29. Juni, Lavonia, Georgia (brennendes Gefühl); 4. Sept., Cisco Grove, Kalifornien (Übelkeit, Ohnmacht).

1965: 15. März, Everglades, Florida (Augenschaden, Ohnmacht, Benommenheit, Verlust des Gehörs); Sept., Brabant, Belgien (Nadelstiche); 3. Sept., Damon, Texas (»Heilung«).

1966: 15. Okt., Split Rock Pond, New Jersey (Anorexie, Muskelschwäche, Gewichtsverlust . . .).

Anhang A – Ein Querschnitt durch das UFO-Rätsel   227

1967: 8. März, Leonminster, Massachusetts (Lähmung, Verlangsamung der Reflexe).

1970: 7. Jan., Heinola, Finnland (Lähmung, Erbrechen, Kopfschmerzen, Röte und Schwellungen, Verlust des Gleichgewichtssinns).

1973: 28. Okt., Bahia Blanca, Brasilien (punktförmige Male auf dem Augenlid).

1974: 24. Jan., Aische-en-Refail, Belgien (abnormale Müdigkeit); 14. Feb., Petite-Ile, Frankreich (Kopfschmerzen, verzerrte Sicht).

1975: 19. Feb., Orbak, Dänemark (Schmerzen, Übelkeit); 13. Aug., Alamogordo, New Mexico, (Benommenheit, Einstichwunde, Entzündung).

1976: 6. Jan., Stanford, Kentucky (Brennen in den Augen, Striemen, Schwellungen, Gewichtsverlust . . .); 6. Jan., Bethel, Minnesota (Augenbrennen, Veränderung der Menstruation).

1977: 21. Jan., St. Bernard Parish, Louisiana (Haare stehen zu Berge); 18. Feb., Salto, Uruguay (schwer: Mann hatte Hautirritationen, Hund wurde »gekocht« und starb); 5. Mai, Tabio, Kolumbien (verzerrte Sicht).

1978: 23. Sept., »Provinz Buenos Aires, Argentinien (verzerrte Sicht oder dunkler »Nebel« vor den Augen); 6. Dez., Torriglia, Italien (Hautrötung).

1979: 5. Jan., Auburn, Massachusetts (Lähmung, Ausschlag); 4. Aug., Toronto, Ontario, Kanada (Nadelstiche auf der Hand).

1980: 2. April, Pudasjarvi, Finnland (Male auf der Schulter); 30. Sept., Sales, Victoria, Südaustralien (Zittern im Körper); 19. Nov., Longmont, Colorado (»Heilung« von Lungenentzündung); 29. Dez., Huffman, Texas (Strahlenkrankheit, Haarausfall, Erbrechen . . .).

1981: 31. Juli, Lieska, Finnland (Lähmung, Zittern, Verlust des Gleichgewichtssinns).

228   *Ungebetene Gäste*

1985: März, Santiago, Chile.

1986: 15. Mai, Belo Horizonte, Brasilien; 1. Aug., Banksons Lake, Michigan.

TIERREAKTIONEN

1965: 15. März, Everglades, Florida; 19. Aug., Cherry Creek, New York.

1966: 20. März, Dexter, Michigan.

1967: 7. März, Keeneyville, Illinois; 2. Nov., Ririe, Idaho.

1968: 30. Juli, Claremont, New Hampshire.

1975: 30. Sept., Corning, Kalifornien.

1977: 18. Feb., Salto, Uruguay; 29. Nov., Gisborne, Neuseeland.

1980: 30. Sept., Sale, Victoria, Südaustralien

STANDORTVERÄNDERUNG

1971: 1. Aug., Calliope River, Queensland, Australien.

1973: 28. Okt., Bahia Blanca, Brasilien.

1974: 31. Mai, Rhodesien.

1976: 6. Jan., Stanford, Kentucky.

1978: 18. März, Charleston, South Carolina; 6. Juli, Mendoza, Argentinien; 30. Aug., Gobernador Dubuy, Argentinien; 23. Sept., Provinz Buenos Aires, Argentinien; 6. Dez., Torriglia, Italien; 27.(?) Dez., Arroyito, Cordoba, Argentinien.

1980: 22. Aug., Osttexas.

WAHRNEHMUNG, ANOMALIEN IN DER

1967: 7. März, Keeneyville, Illinois (örtlich begrenzter »Dunst«); 8. März, Leonminster, Massachusetts (örtlich begrenzter »Nebel«).

Anhang A – Ein Querschnitt durch das UFO-Rätsel   229

1971: 1. Aug., Calliope River, Queensland, Australien (veränderte Umgebung).

1974: 31. Mai, Rhodesien (veränderte Umgebung); 27. Okt., Aveley, England (»grüner Dunst«, abnormale Stille).

1976: 6. Jan., Stanford, Kentucky (veränderte Umgebung).

1977: 21. Jan., St. Bernard Parish, Louisiana (abnormale Stille); 5. Mai, Tabio, Kolumbien (»Nebel« oder verzerrte Sicht).

1978: 29. März, Indianapolis, Indiana (abnormale Stille, Gefühl der Isolation, stark verringerte Sicht); 6. Juli, Mendoza, Argentinien, (veränderte Umgebung); 23. Sept., Provinz Buenos Aires, Argentinien (»gelber Nebel«, Gefühl der Isolation, verzerrte Sicht); 27. Dez., Torriglia, Italien (»blendender Dunst«).

1979: 5. Feb. Lawitta, Tasmanien (verzerrte Sicht); 21. Sept., Sztum, Polen (alles umschließender »Nebel«, Bilder wie in einem Kaleidoskop ...).

1980: 2. April, Pudasjarvi, Finnland (alles umschließender »Nebel«, Lichtstrahlen der Scheinwerfer abgewinkelt); 22. Aug., im Osten von Texas (»Nebel« oder »Rauch« am Boden während einer Entführung).

FALLDARSTELLUNGEN

1. OKTOBER 1948; FARGO, NORTH DAKOTA

Kennzeichen: Begegnung in der Luft, Konfrontation, »Nahkampf«, Manöver, Ausweichen, rascher Abflug nach oben.

Leutnant George F. Gorman bereitete sich in seiner F-51 der Air National Guard gegen 21 Uhr gerade auf die Landung vor und beobachtete dabei eine Piper Cub unter sich, als er sah, daß rechts ein Licht an ihm vorbeiflog. Der Kontrollturm sagte, außer der Piper Cub befände sich kein weiteres Flugzeug in der Nähe, also flog Gorman näher an das Licht heran, um nachzusehen. Er kam bis auf etwa eintausend Meter an es heran und sah dann ein etwas abge-

230   Ungebetene Gäste

flachtes, rundes (d. h. längliches) Objekt. Es war klein, ganz weiß
und blinkte. Als er dichter an das Objekt herankam, leuchtete es,
ohne zu blinken, und es vollzog eine scharfe Wendung nach links.
Gorman flog ihm nach, konnte es aber nicht einholen. Das UFO
stieg dann höher und drehte wieder nach links ab. Gorman zog eine
scharfe Kurve, um ihm den Weg abzuschneiden.
    Plötzlich zog das Objekt scharf nach rechts und kam frontal auf
die F-51 zu. Es schien, als stünde ein Zusammenstoß unmittelbar
bevor, daher tauchte Gorman ab, und das Objekt überflog seine
Kanzel in einem Abstand von etwa einhundertfünfzig Metern. Als
das Objekt über ihm kreiste, nahm Gorman noch einmal die Jagd
nach ihm auf. Wieder kam das Objekt geradewegs auf ihn zu. Als
wiederum der Zusammenstoß unmittelbar bevorzustehen schien,
schoß das Objekt in einem steilen Aufstieg gerade nach oben und
verschwand. Der »Nahkampf« hatte siebenundzwanzig Minuten
gedauert. Dr. A. E. Cannon und sein Passagier in der Piper Cub
sahen sowohl die F-51 wie auch das sich rasch fortbewegende
beleuchtete Objekt. Im Kontrollturm auf dem Flughafen sahen Lloyd
D. Jensen und H. D. Johnson ebenfalls ein rundes, beleuchtetes,
nicht identifiziertes Objekt, das mit hoher Geschwindigkeit am Flughafen vorbeiflog.

Quellen: Bericht von Projekt Sign in den Akten von Projekt Blue
Book, Nationalarchiv, Washington, D.C.; »Gorman ›dogfight‹« von
Richard Hall in *Encyclopedia of UFOs* (New York, Doubleday, 1980);
Fargo, North Dakota, *Forum,* 3. & 4. Okt. 1948.

15. OKTOBER 1948; JAPAN

Kennzeichen: Begegnung in der Luft, radar-visueller Kontakt,
Katz-und-Maus-Verfolgungsjagd.

    Die Mannschaft eines »Black Widow« Kampfflugzeuges, das über
Japan Patrouille flog, erfaßte ein UFO-Ziel auf Radar, das mit einer
Geschwindigkeit von etwa dreihundert Stundenkilometer flog. Die
Mannschaft unternahm sechs Versuche, dichter an das Objekt her-
anzukommen, aber jedesmal beschleunigte es rasch auf etwa zwei-
tausend Stundenkilometer und ließ den Abfangjäger hinter sich.
Dann verlangsamte es seine Geschwindigkeit, bis der Abfangjäger

Anhang A – Ein Querschnitt durch das UFO-Rätsel   231

wieder dichter herankam. Bei einem Vorbeiflug sah die Mannschaft ein Objekt in der Form einer »Gewehrkugel« von anscheinend sechs bis neun Metern Länge. (Anmerkung: Einen detaillierten Bericht, in dem auch die Namen der Zeugen aus der Air Force genannt werden, finden Sie in der Literaturangabe zu Hynek.)

Quellen: *Report on Unidentified Flying Objects* von Edward J. Ruppelt (New York, Doubleday, 1956) S. 68. Auszug aus einem Bericht des Nachrichtendienstes der Air Force; *The Hynek UFO Report* von Allen J. Hynek (New York, Dell Books, 1977) S. 134-137.

18. NOVEMBER 1948; LUFTWAFFENSTÜTZPUNKT ANDREWS, MARYLAND

Kennzeichen: Begegnung in der Luft, »Nahkampf«, Manöver, rasche Beschleunigung, »Ausweichmanöver«.

Zusammenfassung des Zwischenfalls Nr. 207 von Projekt Sign in den Akten von Projekt Blue Book: »Etwa gegen 22.00 Uhr sichtete Leutnant Henry G. Combs (Air Force Reserve) ein Objekt, das in einem Bogen von dreihundertsechzig Grad von Westen nach Osten über den Luftwaffenstützpunkt Andrews flog. Das Objekt hatte ein stetig glühendes, weißes Licht. Combs dachte, es handle sich um ein Flugzeug, dessen Navigationslichter an den Tragflächen ausgeschaltet oder durchgebrannt waren. Er überflog den Stützpunkt daraufhin ebenfalls, um nachzusehen. Das Objekt vollführte ein Ausweichmanöver. Der erste Kontakt erfolgte in einer Höhe von fünfhundert Metern über dem Luftwaffenstützpunkt Andrews. Als das Objekt auswich, schaltete Combs seine Navigationslichter an Tragflächen und Heck aus.

Er manövrierte seine Maschine (eine T-6) so, daß seine Triebwerksflamme nicht zu sehen war und versuchte, das Objekt auf seine linke Seite zu bekommen. Er flog dichter heran, aber das Objekt zog schnell nach oben über sein Flugzeug. Dann versuchte Combs, das Objekt zwischen seine Maschine und das Mondlicht zu manövrieren. Dazu führte er bei stetem Aufstieg sehr, sehr enge Kurven um dreihundertsechzig Grad mit gesenkten Klappen durch. Selbst unter diesen Bedingungen konnte sich das Objekt innerhalb der von Combs Flugzeug beschriebenen Kreise bewegen. Ein weite-

232   *Ungebetene Gäste*

res erstaunliches Kennzeichen waren die raschen Wechsel der Fluggeschwindigkeit von einhundertdreißig Stundenkilometern auf
achthundert oder neunhundert Stundenkilometer. Combs hielt etwa
zehn Minuten lang Kontakt zu dem Objekt, wobei es sich zwischen
den Lichtern von Washington D.C. und seinem Flugzeug befand. Er
konnte nur einen länglichen Ball mit einem Licht ohne Tragflächen
und ohne Triebwerksflamme sehen. (An anderer Stelle wird das
Objekt als 'glühendes weißes Oval' beschrieben. – Hrsg.)«
Schließlich »flog Combs schnell wieder dicht an das Objekt heran
und kam ihm auf bis zu neunzig bis einhundertzwanzig Meter nahe.
Dann richtete er seine Landescheinwerfer auf es. Es strahlte ein sehr
dumpfes graues Glühen ab und hatte eine längliche Form ... Dann
vollzog das Objekt eine sehr enge Kurve und flog mit etwa achthundert bis neunhundert Stundenkilometern in Richtung Ostküste.«
Weitere Zeugen waren Leutnant Kenwood W. Jackson (Air Force
Reserve), der das Objekt als Oval beschrieb; Leutnant Glen L. Stal-
ker (Air Force Reserve) und am Boden S/Sgt. John J. Kusher, der
sah, wie das Objekt den Stützpunkt zwei Mal in niedriger Höhe
überflog. Leutnant Combs bemerkte, das UFO habe »kontrollierte
Ausweichtaktiken und die Fähigkeit zu engen Wenden, einer schnellen Veränderung der Fluggeschwindigkeit, vertikalen Aufstiegen
und Ausweichmanövern« gezeigt.

Quelle: Akten von Projekt Blue Book, 27-seitiger Bericht, Nationalarchiv Washington, D.C.

23. NOVEMBER 1948; FÜRSTENFELDBRUCK, DEUTSCHLAND

Kennzeichen: Begegnung in der Luft, radar-visueller Kontakt,
Aufstieg mit großer Geschwindigkeit.

Um 22 Uhr sah der Pilot einer F-80, der in der Nähe eines U.S.
Luftwaffenstützpunktes flog, in einer Höhe von achttausendzwei-
hundert Metern ein sich rasch drehendes, rot erleuchtetes Objekt.
Eine Nachfrage beim Bodenradar ergab, daß es ein Objekt in dieser
Höhe erfaßt hatte, das sich nun in derselben Position, in der es auch
der Pilot gesehen hatte, mit eintausendvierhundertfünfzig Stundenkilometern fortbewegte. Innerhalb weniger Minuten stieg das Objekt
auf fünfzehntausenddreihundert Meter und verschwand. Der Nach-

Anhang A – Ein Querschnitt durch das UFO-Rätsel   233

richtendienst der Air Force stellte fest, daß sich keine Ballons oder Flugzeuge in der Gegend befanden, die die Sichtung erklären könnten. In dem Fernschreiben aus Deutschland an Projekt Sign hieß es: »Kapitän __ ist ein erfahrener Pilot, der jetzt F-80s fliegt und er gilt als vollkommen zuverlässig. Kapitän __, gleichfalls F-80-Pilot, bestätigte die Sichtung.

Quellen: *Report on Unidentified Flying Objects* von Edward J. Ruppelt (New York, Doubleday, 1956) S. 68; *Flying Saucers From Outer Space* von Donald E. Keyhoe (New York, Holt, 1953), S. 34. Auszug aus einem Bericht des Nachrichtendienstes der Air Force.

24. APRIL 1949; ARREY, NEW MEXICO

Kennzeichen: Zielverfolgung mit Theodolit, bei hoher Geschwindigkeit manövrierendes Objekt.

Um 10.20 Uhr an einem sehr klaren Tag bereiteten Charles B. Moore jun., Aerologe bei der General Mills Company, und vier Techniker den Start eines Skyhook Ballons vor und verfolgten den Flug eines kleinen Wetterballons, als sie plötzlich ein weißliches Objekt bemerkten, das rasch über den Himmel zog. Sie drehten ihren Theodolit mit einem Teleskop mit fünfundzwanzigfacher Vergrößerung in Richtung des Objekts und sahen, daß es eine Ellipse ohne weitere Kennzeichen war; ihre Länge betrug etwa das Zweieinhalbfache ihrer Breite. Nach etwa sechzig Sekunden »verschwand« das Objekt »nach einem steilen Aufstieg«. Laut Ruppelt flog das Objekt einmal vor einer Bergkette vorbei. Anhand des Azimuth, seiner Höhe und einer Zeitmessung wurde die Geschwindigkeit des Objekts auf dreißigtausend bis vierzigtausend Stundenkilometer berechnet.

Quellen: *200 Miles Up – The Conquest of the Upper Air* von J. Gordon Vaeth (New York, Ronald Press, 1956) S. 113; Nachdruck dieses Berichts in *The UFO Evidence* (NICAP, 1974) S. 2; »How Scientists Tracked a Flying Saucer« von Robert B. McLaughlin, *TRUE Magazine,* März 1950; *Report on Unidentified Flying Objects* von Edward J. Ruppelt (New York, Doubleday, 56) S. 101; *The Hynek UFO Report* von J. Allen Hynek (New York, Dell Books, 1977) S. 104-105.

234 *Ungebetene Gäste*

10. JUNI 1949; WHITE SANDS, NEW MEXICO

Kennzeichen: Flug neben einer Rakete der Navy, Aufstieg mit hoher Geschwindigkeit.

Eine Mannschaft aus Ingenieuren und Technikern der Navy unter dem Kommando von Kommandeur Robert B. McLaughlin testete eine Rakete für die obere Atmosphäre, wobei um das ganze Testgelände Beobachtungsposten aufgestellt worden waren. Als die Rakete bei ihrem Steigflug eine Geschwindigkeit von sechshundert Metern pro Sekunde erreicht hatte, erschienen plötzlich zwei kleine runde Objekte, die neben ihr herflogen, auf jeder Seite eines. Dann durchflog ein Objekt den Abgasstrahl der Rakete, flog zum anderen, und zusammen beschleunigten sie nach oben und ließen die Rakete hinter sich. Kurz danach erhielt Kommandeur McLaughlin Meldungen von fünf Beobachtungsposten aus allen Himmelsrichtungen; alle hatten das Schauspiel der beiden runden UFOs beobachtet.

Quelle: »How Scientists Tracked A Flying Saucer« von Robert B. McLaughlin, *TRUE Magazine,* März 1950.

9. JULI 1951, DEARING, GEORGIA

Kennzeichen: Begegnung mit einem diskusförmigen UFO in der Luft, Konfrontation.

Leutnant der Luftwaffe, George H. Kinmon, ein erfahrener Kampfflieger des Zweiten Weltkriegs, flog um 13.40 Uhr eine F-51 aus dem Luftwaffenstützpunkt Lawson in Georgia, als ein weißes, diskusförmiges UFO (»vollkommen rund, drehte sich im Uhrzeigersinn um die eigene Achse«) auf sein Flugzeug zukam und einmal unmittelbar vor seiner Nase vorbeiflog. Zitate aus dem Bericht des Nachrichtendienstes der Air Force: »Objekt wurde als oben und unten flach beschrieben, in der Frontalansicht sah es aus, als habe es abgerundete, leicht abgeschrägte Kanten ... kein Kondensstreifen oder Abgase, kein sichtbares Antriebssystem. Es hieß, es bewegte sich mit ungeheurer Geschwindigkeit ... Pilot hielt bei einer Höhe von zweitausendsechshunert Metern einen Kurs von zweihundertsiebenundvierzig Grad ... Objekt löste sich vor und unter dem Flugzeug

Anhang A – Ein Querschnitt durch das UFO-Rätsel   235

von der Sonne und vollführte etwa zehn Minuten lang Rollen um das Flugzeug herum, bis es unter dem Flugzeug verschwand ... Objekt war neunzig bis einhundertzwanzig Meter vom Flugzeug entfernt und hatte anscheinend einen Durchmesser von drei bis viereinhalb Metern ... Pilot sagte, er habe eine Erschütterung in der Luft empfunden, die er als 'Stoß' beschrieb, als das Objekt unter dem Flugzeug hindurchflog ... Seine Kollegen halten den Piloten für sehr zuverlässig, für einen glaubwürdigen Beobachter mit gutem Urteilsvermögen. Pilot verständigte Kontrollturm auf dem Luftwaffenstützpunkt Robins über Funk und nahm mit flt svc (flight service = Flugbetreuung) auf dem Luftwaffenstützpunkt Maxwell Verbindung auf ... Pilot konnte wegen Kameraausfalls kein Foto machen.«

Quelle: Bericht des Nachrichtendienstes der Air Force, Akten von Projekt Blue Book, Nationalarchiv, Washington, D.C.

21. OKTOBER 1951; BATTLE CREEK, MICHIGAN

Kennzeichen: Begegnung in der Luft mit silbernem, hochreflektierendem UFO in klassischer Diskusform mit Kuppel, Konfrontation.

Zusammenfassung des Berichts des Nachrichtendienstes der Air Force:

Mr. __, Zivilpilot mit vierzehn-(14)-jähriger Flugerfahrung, begegnete einem diskusartigen, hoch glänzenden fliegenden Objekt, das in der Nähe von Battle Creek, Michigan, mit extrem hoher Geschwindigkeit frontal auf sein Navion Flugzeug zukam. Die Höhe des Objekts wurde auf neunhundert Meter geschätzt, etwa dreihundert Meter unterhalb des Flugzeugs des Beobachters. Über eintausendzweihundert Meter herrschte unbegrenzte Sicht, darunter beschränkte ein leichter Dunst die Sicht auf etwa dreizehn (13) Kilometer. Rückfragen bei allen verfügbaren Quellen, sowohl militärischen wie auch zivilen, ergaben keine Hinweise darauf, daß sich zum Zeitpunkt der Sichtung ein bekanntes Flugzeug in der Nähe aufgehalten hätte. Mr. __, Leiter des Flughafens Austin Lake in Michigan, kennt den Beobachter seit drei Jahren und hält ihn für einen sehr verläßlichen Menschen. Der ermittelnde Offizier schließt sich dieser Einschätzung des Beobachters an.«

236   *Ungebetene Gäste*

Weitere Details: Das Flugzeug befand sich auf einem Kurs von etwa zweihundertfünfundsechzig Grad, etwa siebenundzwanzig Kilometer östlich von Battle Creek, die Fluggeschwindigkeit wurde mit zweihundertfünfzehn Stundenkilometern angezeigt, die Uhrzeit war 16.25 Uhr. UFO wurde vor dem Flugzeug gesehen, es kam mit »ungeheurer« Geschwindigkeit auf einem scheinbaren Kollisionskurs auf das Flugzeug zu. Der Pilot wurde zunächst durch die Reflexion der Sonne auf einer hochglänzenden Oberfläche darauf aufmerksam (»Insbesondere beeindruckte ihn der extrem starke Glanz des silberfarbenen Objekts, und er sagte, seiner Meinung nach könnte keine Aluminiumoberfläche bis zu einer so starken Brillianz poliert werden.« Vergleiche den Humanoiden-Fall vom 5. Jan. 1965 bei Brands Flats, Virginia, in Kapitel 3). Das UFO hatte eine deutlich gezeichnete Kuppel an der Oberseite, und als es unter dem Flugzeug hindurchflog, hatte es die Form eines vollkommenen Kreises von etwa neun bis zwölf Metern Durchmesser.

Quelle: Bericht des Nachrichtendienstes der Air Force in den Akten von Projekt Blue Book, Nationalarchiv, Washington, D.C.

25. APRIL 1952; SAN JOSE, KALIFORNIEN

Kennzeichen: Sichtung durch Wissenschaftler, Diskus, oszillierende Bewegung, außergewöhnlicher Antrieb.

Dr. W. (Biochemiker) und Dr. Y (Bakteriologe), beide bei einer privaten Gesellschaft beschäftigt, fuhren etwa um 11 Uhr zu ihrem Büro, als Y etwas Seltsames über ihnen sah, das sich gegen den Wind fortzubewegen schien. Sie fuhren auf den Firmenparkplatz und stiegen aus dem Auto aus, um es sich anzusehen. Direkt über einem Gebäude auf der anderen Straßenseite stand ein kleiner, metallisch aussehender Diskus in einem Neigungswinkel von etwa zwanzig Grad. Er rotierte um eine vertikale Achse und schwankte »wie eine Scheibe in einem Wassermesser«. Die Entfernung wurde auf etwa fünfzehn Meter geschätzt, der Durchmesser auf etwa 1,20 bis 1,50 Meter. Das Schwanken ermöglichte ihnen, die Dicke auf etwa fünfzig Zentimeter zu schätzen, als der Diskus direkt über ihre Köpfe flog und dabei weiterhin rotierte und schwankte. Sie konnten weder ein Geräusch noch irgendwelche Abgase erkennen. Er beweg-

Anhang A – Ein Querschnitt durch das UFO-Rätsel   237

te sich sehr langsam, vielleicht mit zwölf bis 15 Stundenkilometern in einem Bogen etwa zwölf bis fünfzehn Meter über ihnen. Als der Diskus auf einen Rangierbahnhof zukam, drehte er um, beschrieb eine recht deutliche Kurve und kam wieder auf sie zu.

In diesem Moment sah Dr. Y plötzlich noch etwas über sich, danach sah es auch Dr. W: ein schwarzes Objekt in großer Höhe, das bewegungslos unter einer Wolkendecke verharrte (später wurde festgestellt, daß die Wolkendecke bei dreitausend Metern gewesen war). Es war rund und offensichtlich wesentlich größer als der silberne Diskus, vielleicht dreißig Meter im Durchmesser. Während sie es beobachteten, nahmen zwei weitere identische Objekte ihre Position ein, als seien sie aus der Wolkendecke gesunken, und diese drei Objekte »tanzten herum wie Boote auf den Wellen eines Stroms«. Etwa um diese Zeit war der kleine Diskus wieder herangekommen, immer noch bewegte er sich langsam. Plötzlich drehte er sich nicht mehr, hing einen Augenblick regungslos in der Luft und stieg dann rasch nach Nordnordosten, ungefähr in Richtung Mt. Hamilton, auf. Im gleichen Moment, in dem der kleine Diskus seinen Aufstieg begann, verließ ein schwarzes Objekt die Formation und bewegte sich in dieselbe Richtung. Der Kurs des schwarzen Objekts und des aufsteigenden Diskus schienen sich zu schneiden, als plötzlich beide in die Wolkendecke hinein verschwanden.

Die beiden verbleibenden Objekte behielten ihre ursprüngliche Position noch etwa eine Minute lang bei, dann flog eines Richtung Norden außer Sichtweite, das andere flog direkt nach oben in die Wolken und verschwand. Der Zwischenfall war damit um etwa 11.15 Uhr beendet. Die beiden Wissenschaftler begaben sich sofort in ihre Büros und diktierten Berichte über die Sichtung zur dauernden Aufbewahrung.

Dr. W fühlte sich verpflichtet, offiziell Meldung zu erstatten und rief beim Flugplatz Moffett an. Während er am Telefon darauf wartete, daß jemand gefunden würde, der seine Meldung entgegennehmen konnte, kamen ihm Bedenken, ob er sich dadurch nicht der Lächerlichkeit aussetzte, und er legte wieder auf. Daher erging keine Meldung an die Air Force oder andere Behörden.

Besondere Bedeutung: Über die Tatsache hinaus, daß wissenschaftlich geschulte Zeugen die Beobachtungen gemacht hatten und daß eine offizielle Meldung wegen des Lächerlichkeitsrisikos verlorenging, ist auch die Reaktion der Wissenschaftler lehrreich. Sie empfanden es als »höchst beunruhigendes Erlebnis«. Sie waren zu dem Schluß gezwungen, daß sie Objekte mit solch ungewöhnlichen Antriebseigenschaften gesehen hatten, daß man nur schwer

238   *Ungebetene Gäste*

glauben könnte, daß sie nicht außerirdisch waren. Wie Dr. W sagte,
»... es benutzte eine Antriebsmethode, die nicht in den Physikbüchern steht.« »Seither mache er sich Sorgen«, denn er erwähnte
historische Belege dafür, daß unterlegene Zivilisationen gewöhnlich
untergehen, wenn sie mit fortgeschritteneren Technologien in
Berührung kommen.

Quelle: Interview mit Dr. W von Dr. James E. McDonald, voll-
ständiger Bericht mit Namen und Identifizierung in den Akten des
Autors.

ENDE 1956; LUFTWAFFENSTÜTZPUNKT CASTLE, KALIFORNIEN

Kennzeichen: Begegnung in der Luft, Katz-und-Maus-Verfolgungsjagd mit einem Abfangjäger der Air Force, teilweise Bestätigung auf Radar, Indizien für eine offizielle Vertuschung.

A. A. und J. R., beide Piloten von Abfangjägern der Air Force
(jetzt beide bei United Air Lines) flogen ihre F-86 in der Nähe von
Modesto, Kalifornien, während eines Alarms wegen ziviler UFO-
Meldungen aus einer nahegelegenen Stadt. Sie flogen gerade auf
die Stadt zu, als ein Funkruf kam, der sie anwies, zum Stützpunkt
zurückzukehren, weil vom Kontrollturm aus ein UFO zu sehen war.
Sie schalteten die Nachbrenner ein und kamen schnell dicht an ein
leuchtendes elliptisches Objekt heran, das sich in einer Höhe von
drei-tausend bis viertausend Metern im Wechsel über und unterhalb
einer Wolke bewegte, als wolle es ihnen ausweichen. Die Piloten
bezogen ihre Positionen so, daß einer über, der andere unter der
Wolke war und wechselten sich bei der Jagd auf das UFO ab, wenn
es auf der einen oder anderen Seite der Wolke auftauchte.
   Während der Verfolgung sahen sie das UFO aus verschiedenen Win-
keln. Manchmal kamen sie ihm bis auf ein paar hundert Meter nahe,
bevor es wieder beschleunigte und ihnen davonflog. In der Aufsicht
erschien das UFO kreisförmig. Das Bodenradar in Madera erfaßte die
F-86, aber nicht das UFO. Beide Piloten hatten immer wieder Signale
auf ihrem Bordradar, waren aber verblüfft, auf welch kuriose Weise
das Echo fast so schnell wieder verschwand wie es gekommen war.
   Da sein Treibstoff zu Ende ging, ging A. A. herunter um zu landen. Als er sich nach oben umschaute und sah, daß das UFO nun

Anhang A – Ein Querschnitt durch das UFO-Rätsel 239

seinen Kollegen verfolgte, entschied er sich, trotz seiner Treibstoffsituation wieder aufzusteigen. Dann schoß das UFO davon und verschwand in der Ferne, womit die Sichtung beendet war. Die Piloten mußten etlichen Offizieren Meldung machen, die von einem anderen Stützpunkt eingeflogen worden waren. Es schien, als suchten diese eher »Bestätigungen und nicht Informationen«, als wüßten sie bereits, was sie herausfinden wollten. Die Piloten wurden angewiesen, nicht miteinander über die Sichtung zu sprechen und auch keine Stellung-nahme dazu abzugeben. Einwohnern aus der Gegend, die das UFO gesehen und die donnernden Jets gehört hatten, sagte man, die Piloten hätten Enten oder Gänse gejagt.

Besondere Bedeutung: Dem Verfasser sind zahlreiche Fälle bekannt, in denen militärische Zeugen Offizieren Bericht erstatten mußten, die detaillierte Kenntnisse über UFOs zeigten und manchmal Bücher mit Fotografien und Zeichnungen von UFOs zur Identifikation mitbrachten.

Quelle: Bericht nach einem Interview von Dr. James E. McDonald, einschließlich Namen und Einheiten der Zeugen.

2./3. NOVEMBER 1957; LEVELLAND, TEXAS

Kennzeichen: Mehrfache Landungen auf Straßen, E-M-Effekte, Hitze, Geräusch, Wind, Beleuchtung des Bodens.

Von kurz vor 23 Uhr bis 1.30 Uhr sahen Bürger in und um die Stadt wiederholt rötliche oder bläulich-grüne ovale oder elliptische Objekte, die auf der Straße standen und dann wieder abhoben. Bei Fahrzeugen in der Umgebung der Objekte fiel das elektromagnetische System aus, gewöhnlich die Scheinwerfer und der Motor. Bei einer wahrscheinlich typischen Meldung um 0.25 Uhr sah Ronald Martin, wie das glühend rote UFO vor seinem Lastwagen landete und dann seine Farbe zu bläulich-grün veränderte. Die Elektrik des Wagens fiel aus. Als das UFO abhob, wurde es wieder rötlich. Zu den Zeugen gehörte an dem Abend auch Sheriff Weir Clem, der die Straßen aufgrund zuvor eingegangener Meldungen absuchte und dabei ein rötliches Oval sah, das die Straße überquerte und dabei den Teer erleuchtete.

Um 0.15 Uhr sah Frank Williams ein bläulich-grünes UFO auf der Straße, auf der ein anderer Zeuge etwa fünfzehn Minuten zuvor

240   Ungebetene Gäste

eine Sichtung gemeldet hatte. Sein Motor und seine Scheinwerfer
fielen aus. Das Licht des UFOs pulsierte stetig, es ging an und wieder aus, und jedesmal, wenn es anging, ging Williams' Licht aus.
Schließlich erhob es sich schnell und gab dabei ein Geräusch wie
Donner von sich. Danach funktionierte der Wagen wieder normal.
Bei der ersten Sichtung um 22.50 Uhr an jenem Abend wurde ein
glühendes UFO beobachtet, das aus einem Feld aufstieg und über
einen Farmlastwagen hinwegsauste, wodurch dessen Motor und
Scheinwerfer ausfielen. Der erschrockene Fahrer sprang heraus und
rollte sich ab, als das UFO mit einem Geräusch wie Donner über ihn
hinwegflog und ein Windstoß den Lastwagen schüttelte. Auch verspürte er Hitze, die von dem Objekt kam.

Innerhalb weniger Stunden meldete eine Jeeppatrouille der
Army bei White Sands, New Mexico, ein eiförmiges UFO, das bis
etwa fünfzig Meter über den Bunker herunterging, der bei der
ersten Atombombenexplosion verwendet worden war, und zwei
bis drei Wochen lang entwickelte sich eine große UFO-Sichtungs-
Welle.

Quellen: *The UFO Evidence* (NICAP, 1964), S. 168, »Levelland
(Texas) Sightings« in *Encyclopedia of UFOs* (New York, Doubleday,
1980) S. 210; *UFOs and the Limits of Science* von Ronald D. Story
(New York, Morrow, 1981) S. 155-159; *The UFO Experience* von Dr.
J. Allen Hynek (Chicago: Henry Regnery, 1972) S. 123-128

10. NOVEMBER 1957; MADISON, OHIO

Kennzeichen: Strahlend helle Beleuchtung, physiologische Effekte, Tierreaktionen.

Frau Leita Kuhn war zwischen ihrem Haus und den Hundezwin-
gern hin- und hergegangen, weil sie in einer stürmischen Nacht
nach einem überhitzten Ofen sehen wollte. Etwa um 1.20 Uhr war
alles in Ordnung, also schloß sie die Tür zum Zwinger. Der Schnee-
fall hatte aufgehört, und es war dunkel, Mond und Sterne waren
nicht zu sehen. Als sie vom Zwinger wegging, sah sie etwa zwanzig
Meter über dem Boden ein riesiges glühendes Objekt. Es war etwa
zwölf Meter breit und drei Meter hoch und hatte eine Kuppel an der

Anhang A – Ein Querschnitt durch das UFO-Rätsel 241

Oberseite. Es glühte in einem phosphoreszierenden Licht. Die Oberseite strahlte, und es tat ihr in den Augen weh, wenn sie es ansah. An der Unterseite erschienen vermehrt Rauchstöße oder Abgase, bis sie das Spektakel nicht mehr ertragen konnte und ins Haus rannte. Als sie aus dem Fenster sah, war das Objekt offensichtlich verschwunden. Es war 1.55 Uhr.

Sie blieb die ganze Nacht auf und kümmerte sich um einen deutlich ängstlichen Hund, der später an Krebs starb. Ein paar Tage später begab sie sich wegen Augenbrennens und eines Hautausschlags in ärztliche Behandlung. Man riet ihr, den Vorfall wegen Verdachts auf Strahlenschäden der Civil Defense (Zivilverteidigung) zu melden. Sie entwickelte ein abnormal starkes Verlangen nach Honig, andere Süßigkeiten und Wasser. Fast zwei Jahre lang litt sie unter einer Vielzahl körperlicher Beschwerden. Einige waren schmerzhaft und beeinträchtigten sie emotional.

Quellen: *The UFO Evidence* (NICAP, 1964), S. 98; *Strange Effects From UFOs* (NICAP, 1969), S. 11.

5. MAI 1958; PAN DE AZUCAR, URUGUAY

Kennzeichen: Begegnung in der Luft, Hitze, Konfrontation.

Carlos Alejo Rodriguez, ein erfahrener Pilot, flog um 15.40 Uhr mit seiner Piper Cub in der Nähe des Marinefliegerstützpunktes Capitan Curbelo, als plötzlich ein strahlendes, kreiselähnliches Objekt (oben und unten symmetrisch) von vorne auf sein Flugzeug zu kam. Das UFO – es hatte einen Durchmesser von etwa fünfzehn bis zwanzig Metern – hielt etwa zweitausend Meter vor ihm an und »... schaukelte zweimal, als balanciere es sich aus.« Rodriguez empfand starke Hitze, daher zog er seine Jacke aus und öffnete die Fenster des Flugzeugs. Das UFO flog abrupt »... mit einer phantastischen Geschwindigkeit« in Richtung Meer davon, dabei zog es einen dünnen Dampfstrahl nach sich.

Quellen: *The UFO Evidence* (NICAP, 1964) S. 120; *Strange Effects from UFOs* (NICAP, 1969) S. 16.

242 *Ungebetene Gäste*

20. DEZEMBER 1958; DUNELLEN, NEW JERSEY

Kennzeichen: Polizeizeugen, Begegnung mit einem Fahrzeug, Schweben auf der Stelle, rasche Beschleunigung nach oben.

Die Streifenpolizisten LeRoy A. Arboreen und B. Talada fuhren um 0.55 Uhr in einer etwas erhöht gelegenen Gegend mit freier Sicht nach Norden, Süden und Westen Patrouille. Plötzlich kam ein glühendes rotes Objekt mit phänomenaler Geschwindigkeit aus dem Westen auf sie zu. Es nahm rasch an Größe zu und hielt dann ganz abrupt an. Es war eine Ellipse in der Form eines Fußballs (gemeint ist der längliche, an beiden Enden spitz zulaufende Ball, der beim amerikanischen Football verwendet wird, d. Ü.), hatte eine satt hellrote Farbe und gab ein pulsierendes Glühen von sich. Das UFO schwebte ein paar Sekunden auf der Stelle, »... drehte dann nach links und stand wieder ein paar Sekunden still in der Luft, dann schoß es gerade nach oben. Wir beobachteten es, bis es vollständig zwischen den Sternen verblaßt war.«

Quelle: *The UFO Evidence* (NICAP, 1964), S. 5

13. AUGUST 1960; RED BLUFF, KALIFORNIEN

Kennzeichen: Polizeizeugen, Begegnung mit einem Fahrzeug, Lichtstrahl, E-M-Effekte, außergewöhnliche Manöver, Katz-und-Maus-Verfolgungsjagd.

Die Beamten der Kalifornien Highway Patrol, Charles A. Carson und Stanley Scott fuhren um 23.50 Uhr Streife, als sie etwas sahen, was sie zunächst für ein Linienflugzeug hielten, das unmittelbar vor ihnen abzustürzen drohte. Als es aber bis auf eine Höhe von dreißig bis sechzig Metern abgesunken war, »drehte das Objekt plötzlich mit hoher Geschwindigkeit um und gewann ungefähr einhundertfünfzig Meter Höhe ... es hielt an ... Es war von einem Glühen umgeben, hinter dem ein rundes oder längliches Objekt zu sehen war. An jedem Ende ... waren deutlich rote Lichter zu erkennen. Während wir es beobachteten, bewegte sich das Objekt wieder und vollbrachte wirklich unglaubliche Kunststücke.«

Anhang A – Ein Querschnitt durch das UFO-Rätsel 243

Die Radarstation am Ort bestätigte ein UFO um diese Zeit (stritt das aber am nächsten Tag wieder ab). »Wir versuchten etliche Male, ... näher heranzukommen, aber das Objekt schien uns gesehen zu haben, und wir erreichten mehr, wenn wir uns nicht bewegten und warteten, bis es auf uns zukam, was es etliche Male tat.« Wenn es näher kam, erlebten sie jedesmal eine starke Störung des Funkverkehrs, wenn das UFO einen roten Lichtstrahl aussandte, der die Gegend absuchte und den Boden erhellte. »Das Objekt konnte sich in jede Richtung bewegen. Nach oben und unten, vor und zurück ... es bewegte sich mit (extrem) hoher Geschwindigkeit, und etliche Male beobachteten wir, daß es die Richtung änderte oder wendete, während es sich mit unglaublicher Geschwindigkeit fortbewegte.«

Das UFO flog in östlicher Richtung von ihnen weg, und sie versuchten, ihm zu folgen. Ein zweites, ähnliches Objekt gesellte sich dazu, beide schwebten einige Zeit auf der Stelle und sandten dabei gelegentlich die roten Lichtstrahlen aus. Schließlich verschwanden sie am östlichen Horizont. Auch andere Beamte im Büro des Sheriffs von Tehama County sahen das UFO und beobachteten seine unglaublichen Manöver.

Quellen: *The UFO Evidence* (NICAP, 1964) S. 61; »UFOs: Greatest Scientific Problem of Our Times?« von James E. McDonald, Vortrag vor der Amerikanischen Gesellschaft der Zeitungsverleger, 22. April 1967, Washington D.C.; *The Hynek UFO-Report*, von J. Allen Hynek (New York, Dell Books, 1977) S. 92-94.

29. JUNI 1964; BEI LAVONIA, GEORGIA

Kennzeichen: Begegnung mit einem Fahrzeug, Konfrontation, Geräusch, E-M-Effekte, Geruch, physiologische Effekte, körperliche Spuren am Auto.

Der Geschäftsmann Beauford E. Parham fuhr am späten Abend nach Hause und befand sich in der Nähe von Lavonia im Nordosten von Georgia, als er ein sehr helles Licht am Himmel entdeckte, das direkt auf seinen Wagen zukam. Im nächsten Augenblick war es unmittelbar vor seinen Scheinwerfern – ein kreiselförmiges Objekt, das sich um sich selbst drehte und ein zischendes Geräusch »wie eine Million Schlangen« von sich gab. Es war bernsteinfarben, etwa 1,80 Meter hoch und 2,50 Meter breit; es hatte eine Art Mast an der

244 *Ungebetene Gäste*

Spitze und kleine Bullaugen am unteren Ende, durch die »Flammen« zu sehen waren. Das UFO verschwand, tauchte dann schnell wieder auf und hielt sich direkt vor dem Wagen, unmittelbar vor den Scheinwerfern (geschätzter Abstand etwa 1,50 Meter), während der Wagen mit einhundert Stundenkilometern weiterfuhr.

Die Spitze des UFOs zeigte auf Parham, der sagte, er sei ihm »wie in Trance« gefolgt. Danach bewegte sich das UFO nach oben über den Wagen und gab dabei einen strengen Geruch nach Einbalsamierungslösung und einen gasförmigen Dampf von sich. Danach tauchte das UFO zum dritten Mal auf, wieder kam es direkt auf den Wagen zu; der Motor fiel aus, und Parham hielt an. Das UFO drehte sich, »wie verrückt« um sich selbst und hob dann ab; innerhalb »eines Sekundenbruchteils« war es verschwunden.

Parham spürte ein Brennen an den Armen, er fuhr daher zu einem Luftwaffenstützpunkt und meldete den Zwischenfall den Vertretern der FAA. Wie es hieß, entdeckten diese Radioaktivität am Wagen (es wurde nicht formal Meldung erstattet). Auch nachdem er sie gewaschen hatte, brannten Parhams Arme noch. Selbst nach vielen Wäschen hielt sich eine ölige Substanz auf dem Wagen, die Farbe auf der Motorhaube warf Blasen, und Kühler und Schläuche zerfielen nach dem Zwischenfall.

Quelle: *Strange Effects from UFOs,* (NICAP, 1969), S. 5-7.

4. SEPTEMBER 1964; CISCO GROVE, KALIFORNIEN

Kennzeichen: Humanoiden und »Roboter« belästigen Jäger, der mit Pfeil und Bogen unterwegs war, physiologische Effekte.

Donald Schrum, achtundzwanzig, und seine Freunde jagten in einer abgelegenen Gegend von Placer County mit Pfeil und Bogen, dabei war Schrum von seinen Begleitern getrennt worden. Bei Sonnenuntergang beschloß er, während der Nacht auf einem Baum zu schlafen. Später sah er ein weißes Licht, das in niedriger Höhe im Zick-Zack flog. Er hielt es für einen Hubschrauber, sprang daher von seinem Baum und schoß Leuchtfeuer ab, um Aufmerksamkeit zu erregen. Das Licht drehte auf ihn zu und hielt in einer Entfernung von etwa fünfzig bis sechzig Metern an. Das seltsame Aussehen des Objekts jagte Schrum Angst ein, daher kletterte er wieder auf den Baum.

Anhang A – Ein Querschnitt durch das UFO-Rätsel   245

Nach einer Weile kamen zwei humanoide Wesen und eine roboterartige Kreatur auf den Baum zu. Von diesem Moment an befand sich Schrum im Zustand der Belagerung, da die Wesen versuchten, ihn von seinem Baum herunter zu bekommen. Einmal kam ein weißer Dampf aus dem Mund des Roboters und Schrum verlor das Bewußtsein. Er wachte jedoch gleich wieder auf, ihm war übel, und er entzündete Streichhölzer und warf sie nach unten, um die Wesen zu erschrecken und damit zu verjagen; tatsächlich wichen sie zurück. Schließlich schoß er einen Pfeil auf den Roboter; als er traf, entstand ein bogenförmiger Blitz, und der Roboter fiel nach hinten. Er wiederholte das noch zweimal, jedesmal stoben die Humanoiden auseinander. Nun erschien ein zweiter Roboter, und wieder nahm ein Dampf Schrum das Bewußtsein. Als er aufwachte, entdeckte er, daß die beiden Humanoiden zu ihm auf den Baum kletterten. Er schüttelte also den Baum und warf Gegenstände nach ihnen, um sie zu vertreiben. Das wiederholte sich die ganze Nacht über immer wieder.

Gegen Morgen kamen noch mehr Wesen dazu, »große Mengen Rauch« stiegen auf, und er verlor das Bewußtsein. Als er aufwachte, hing er an seinem Gürtel, und die Kreaturen waren weg. Als er seine Begleiter später wiederfand, stellte Schrum fest, daß einer der anderen Jäger, der sich gleichfalls verirrt hatte und von ihrem Lager getrennt worden war, das UFO auch gesehen hatte.

Quelle: *Strange Effects From UFOs* (NICAP, 1969) S. 17; *The Hynek UFO Report* (New York, Dell Books, 1977), S. 212.

11. FEBRUAR 1965; PAZIFIK

Kennzeichen: Begegnung in der Luft, radar-visuelle Sichtung durch Offizier der Air Force und Flugmannschaft, Flug neben dem Flugzeug, rasche Beschleunigung nach oben.

Einem Frachtflugzeug vom Typ Flying Tiger begegneten auf seinem Flug von Anchorage, Alaska, zum Luftwaffenstützpunkt Tachikawa in Japan (Flug F-169) drei anscheinend gigantische UFOs. Etwa vier Stunden hinter Anchorage betrat ein Mannschaftsmitglied die Kabine und fragte Kapitän R. W., ob er ein paar UFOs sehen wolle. Kapitän W., ein geschätzter Navigator, der als Kurier des Militärs fungierte, trat ins Cockpit und sah drei Objekte auf Radar,

246   *Ungebetene Gäste*

deren Entfernung und Position mit acht Kilometer neben der Tragfläche angezeigt wurde. Aus dem Fenster waren in dieser Position
drei glühende, rote, ovale Objekte zu sehen.
Die UFOs flogen etwa dreißig Minuten neben dem Flugzeug her,
und als sie es verließen, »stiegen sie in einem steilen Winkel geradewegs nach oben«; ihre Geschwindigkeit wurde mit eintausendzweihundert Knoten (2.223,6 Kilometer) gemessen. Der Pilot
bemerkte, auf der Alaska-Route sähen sie oft UFOs. Kapitän W.
rekonstruierte die scheinbare Größe der UFOs auf fünf bis acht Zentimeter Durchmesser auf Armeslänge. Bei einer Entfernung von acht
Kilometern ergibt das (vorsichtig berechnet) eine Größe von etwa
dreihundert Metern Durchmesser. Selbst wenn man berücksichtigt,
daß die scheinbare Größe überschätzt wurde und stattdessen einen
halben Zentimeter auf Armeslänge annimmt, hätten die UFOs einen
Durchmesser von annähernd sechzig Metern gehabt.

Quelle: Bericht von Kapitän D. M. bei einem Interview in den
Akten des Autors.

15. MÄRZ 1965; EVERGLADES, FLORIDA

Kennzeichen: Geräusch, Tierreaktionen, Lichtstrahl, Reaktion auf
Zeugen, physiologische Effekte, körperliche Spuren.

James W. Flynn, fünfundvierzig, bildete in den Everglades Jagd-
hunde aus, als er etwa um 1 Uhr morgens ein kegelförmiges UFO
sah, das etwa sechzig Meter über ein paar Zypressen schwebte. Das
UFO bewegte sich schnell voran und veränderte seine Position mehrere Male. Flynn dachte zunächst, es sei ein Hubschrauber, bis er es
sich mit dem Fernglas ansah. Er glaubte dann, es sei »irgend so ein
neues Gerät von Cape Kennedy«, das vielleicht Schwierigkeiten
hatte, versuchte, näher heranzukommen und seine Hilfe anzubieten.
Das kegelförmige Objekt war anscheinend etwa acht Meter hoch
und hatte vier Fensterreihen, durch die ein gelbliches Glühen drang.
Flynn konnte ein Geräusch »wie das von einem Dieselgenerator«
hören, das einen seiner Hunde beunruhigte, der »in seinem Käfig
heulte und versuchte, herauszukommen.«
In zweihundert Metern Entfernung sprang Flynn aus seinem
Sumpfbuggy und schwenkte die Arme. In diesem Moment gab das

Anhang A – Ein Querschnitt durch das UFO-Rätsel **247**

UFO ein Geräusch wie ein Düsenflugzeug und einen Windstoß von sich, der ihn umwarf. Als er sich weiter bis auf wenige Meter näherte, sandte das UFO einen Lichtstrahl wie von einem Schweißbrenner ab, und Flynn verlor das Bewußtsein. »Ich hatte das Gefühl, mir schlägt einer mit einem Vorschlaghammer zwischen die Augen – und dann weiß ich nichts mehr«, erzählte er der Lokalzeitung. Als er aufwachte, war das UFO weg, und seine Sicht war stark verzerrt. Es waren etwa vierundzwanzig Stunden vergangen. Flynn bat einen indianischen Bekannten um Hilfe, der ihn nach Fort Myers zurück brachte. Flynn bat um ärztliche Behandlung; er hatte einen kleinen dunklen Fleck auf der Stirn. Er litt unter verzerrter Sicht auf einem Auge, Benommenheit und Gehörverlust. Am Schauplatz des Geschehens fanden sich ausgedehnte physische Spuren, darunter eine Stelle verbrannten Grases von zwanzig Meter Durchmesser.

Quellen: *Strange Effects From UFOs* (NICAP, 1969), S. 12, einschließlich des Berichts des Augenarztes über Flynns Verletzungen; Fort Myers, Florida, *News-Press* vom 18. März 1965 und Ergänzungen von Flynn vom 19. März 1965.

28. MAI 1965; BOUGAINVILLE REEF, AUSTRALIEN

Kennzeichen: Begegnung in der Luft, Flug neben Flugzeug, Fotos, offizielle Geheimhaltung.

Ein DC-6B der Ansett-A.N.A. (Rufzeichen »VH-INH«) war unterwegs von Brisbane nach Port Moresby in Neu Guinea. Etwa um 3.25 Uhr funkte der Pilot dem Bodenkontrollturm in Townsville und informierte den diensthabenden Angestellten, Mr. O, ein UFO fliege dicht um sein Flugzeug herum. Er beschrieb das Objekt als kugelförmig und an Ober- und Unterseite leicht abgeflacht. Es sah so aus, als stieße es Abgase aus. Das UFO flog etwa zehn bis fünfzehn Minuten neben dem Linienflugzeug her und schoß dann mit ungeheurer Geschwindigkeit vor ihm davon. Der Pilot meldete, er habe Fotos von dem UFO gemacht. Nach seiner Rückkehr nach Brisbane wurde der Pilot nach Canberra geflogen. Dort wurde der Film beschlagnahmt, und er wurde angewiesen, über die Sichtung Stillschweigen zu bewahren. Auch die Tonbänder der Flugverkehrskontrolle, auf denen das gesamte Gespräch zwischen dem Piloten und dem Tower

248 Ungebetene Gäste

aufgezeichnet war, wurden beschlagnahmt, und O. wurde mit seiner Entlassung gedroht, sollte er über den Zwischenfall sprechen. Besondere Bedeutung: Sichtung und Fotos von einem geometrischen UFO durch einen erfahrenen Beobachter, Indizien für eine Geheimhaltung auf höchster Ebene und eine Beschlagnahme der den Vorfall bestätigenden Daten in Australien wie sie oft aus den Vereinigten Staaten gemeldet wird.

Quelle: Bericht in einem Interview mit einem Angehörigen der Polizei in Australien (Kopie in den Akten des Autors).

3. JULI 1965; ANTARKTIS

Kennzeichen: Wissenschaftliche Zeugen, Fotos, außergewöhnliche Manöver, E-M-Effekte, instrumentale Daten.

Argentinisches, britisches und chilenisches militärisches und ziviles Personal an wissenschaftlichen Stationen beobachteten etwa zwanzig Minuten lang »einen komischen Himmelskörper«. An der chilenischen Station, bei der zehn Farbfotos aufgenommen wurden, beschrieb es Luftwaffenkommandant Mario Jahn Barrera als »etwas, das sich mit beängstigender Geschwindigkeit bewegte, im Zick-Zack flog und ein blaugrünes Licht abgab ... es war etwas Festes, und es störte die elektromagnetischen Geräte auf dem Stützpunkt ... keine vom Menschen bis heute gebaute Maschine hat so etwas, weder die Form, noch die Geschwindigkeit, noch die Manövrierfähigkeit noch andere Eigenschaften.«

Einmal hielt das UFO mitten in der Luft an, und »wir staunten, als wir es ein paar Minuten lang bewegungslos schweben sahen.« (Zitate aus Quellenangabe 1 unten). Verschiedene Nachrichtenmeldungen beschrieben das UFO als linsenförmig oder in der Gestalt einer »fliegenden Untertasse«. Daniel Perisse, der Kommandant der argentinischen Station »Orcadas«, bestätigte, daß das UFO abwechselnd auf der Stelle schwebte, beschleunigte und bei einer ungeheuren Geschwindigkeit manövrierte. Das UFO wurde mit Theodolit verfolgt und durch Ferngläser beobachtet, es erschien auch auf Magnetographenbändern und verursachte starke Störungen auf Variometern, mit denen das Magnetfeld der Erde gemessen wird. Auf der chilenischen Station war der Funkverkehr stark gestört, zeitweise

Anhang A – Ein Querschnitt durch das UFO-Rätsel   **249**

wurden die Bemühungen unterbrochen, das UFO den anderen Stütz-
punkten zu melden.

Besondere Bedeutung: Zahlreiche wissenschaftliche Zeugen und
gleichzeitig instrumentale und fotografische Bestätigung. Offensichtlich offizielle Geheimhaltung, da die Fotos, die wissenschaftlichen Daten und die Zeugenberichte nie veröffentlicht wurden. Die
persönlichen Bemühungen des Verfassers, über Behörden in Washington D.C. Analyseberichte zu erhalten, blieben erfolglos.

Quellen: *Manitoba Standard* vom 9. Juli 1965 (Santiago, Chile, 7.
Juli); *Baltimore Sun* vom 7. Juli 1965 (Santiago, Associated Press,
6. Juli); *La Razon,* Buenos Aires, Argentinien, 6. Juli 1965.

4. AUGUST 1965; BEI ABILENE, KANSAS

Kennzeichen: Begegnung mit einem Fahrzeug, Konfrontation,
Landung auf Highway, E-M-Effekte, Geräusch.

Don Tenopir, Lastwagenfahrer aus Nebraska, fuhr mit seinem
Getreidelaster auf dem Highway 15 nach Norden. Um 1.30 Uhr
befand er sich etwa vierzig bis fünfzig Kilometer südlich von Abilene, als plötzlich von hinten ein Objekt über seinen Lastwagen hinwegsauste und vor ihm auf der Straße landete und ihn so zwang,
voll in die Bremse zu steigen. Seine Scheinwerfer fielen aus, nicht
aber der Motor, ein GMC Diesel. Als das UFO weiterflog, gingen
seine Scheinwerfer wieder an, und er konnte sehen, daß das UFO
etwa sechzig Zentimeter über der Straße schwebte: es war ein Diskus mit einer Kuppel, etwa viereinhalb Meter im Durchmesser, hut-
förmig und von oranger Farbe. An der Oberseite waren quadratische
Fenster zu sehen.

Tenopir war »zu Tode erschrocken«, und stieg zu keinem Zeitpunkt
aus der Kabine. Ein Auto, das gerade als das UFO gelandet war aus
der entgegengesetzten Richtung kam, wich ihm in einem Bogen aus
und hielt hinter Tenopirs Lastwagen an. Der Fahrer stieg aus und
ging auf den Lastwagen zu. Er sagte etwas, als er näher kam, aber
noch bevor sie sich austauschen konnten, drangen plötzlich bläuli-
che Funken aus der Mitte der Unterseite, und das UFO hob ab mit
einem Geräusch »wie Wind, der durch Bäume bläst«. Beide Fahrer
flohen von dem Schauplatz. Tenopir meldete den Zwischenfall der

250 *Ungebetene Gäste*

Polizei in Abilene, wurde aber weder von der Air Force noch von einer anderen Stelle der Regierung dazu befragt.

Quelle: Bericht in einem Interview von Dr. James E. McDonald (Kopie in den Akten des Verfassers.)

19. AUGUST 1965; CHERRY CREEK, NEW YORK

Kennzeichen: Landung, körperliche Spuren, E-M-Effekte, Tierreaktionen, Geräusch, Geruch.

Etwa um 20.10 Uhr molk Harold Butcher, sechzehn, die Kühe auf der Farm seiner Eltern mit einer traktorbetriebenen Melkmaschine. Plötzlich gab es statische Störungen in seinem Transistorradio, der Traktormotor blieb stehen und ein Bulle, der am Stall festgebunden war, brüllte und reagierte so heftig, daß er dabei einen Metallpfosten verbog. Butcher schaute aus dem Fenster und sah ein großes, elliptisches Objekt, das in etwa vierhundert Metern Entfernung landete. Es gab ein hörbares Piepen von sich, und aus den Rändern drang roter Dampf. Nach ein paar Sekunden schoß das UFO geradewegs in die Wolken. Familienmitglieder bemerkten einen seltsamen Geruch in der Luft und sahen ein eigenartiges grünliches Glühen in den Wolken, hinter denen das UFO verschwunden war. An der Landestelle war eine lila Flüssigkeit, verwirbeltes und versengtes Gras und zwei Eindrücke im Boden wie Landespuren.

Quellen: »UFOs: Greatest Scientific Problem of Our Times?« von James E. McDonald, Vortrag vor der Amerikanischen Gesellschaft der Zeitungsverleger am 22. April 1967 in Washington D.C.; *Strange Effects From UFOs* (NICAP, 1969), S. 42-44; *The Hynek UFO Report* von J. Allen Hynek, (New York, Dell Books, 1977) S. 170-172.

SEPTEMBER 1965; BRABANT, BELGIEN

Kennzeichen: Begegnung mit einem Fahrzeug, Verlust der Fahrzeugkontrolle, Levitation, physiologische Effekte.

Anhang A – Ein Querschnitt durch das UFO-Rätsel **251**

Madame A.V. fuhr kurz nach 19.30 Uhr in ihrem MG Sportwagen mit einer Geschwindigkeit von etwa neunzig Stundenkilometern aus Brüssel auf einer Landstraße nach Hause. Ihre Scheinwerfer waren an. Hinter ihr fuhr ihr Mann in einem Abstand von etwa fünfhundert Metern in seinem eigenen Wagen. In einer Kurve auf der Straße stellte sie plötzlich fest, daß der Wagen nicht mehr auf das Lenkrad reagierte, sie fuhr daher langsamer. Dann erschien in der Nähe ihrer Windschutzscheibe ein »kleines Neonlicht«, und der Wagen wurde ein paar Zentimeter von der Straße angehoben. Das Licht war gelb und röhrenförmig, es leuchtete überall gleich stark und hatte scharfe Konturen. Sie hatte das Gefühl, der Wagen gleite auf einem Luftkissen, ohne daß sie ihn kontrollieren konnte.

Nach drei bis vier Sekunden verschwand das Licht, der Wagen kam wieder in Kontakt mit der Straße, und sie hatte wieder die Kontrolle über ihn. Zutiefst verängstigt fuhr sie rasch nach Hause. Ihre nervöse Anspannung und die Befürchtung, lächerlich gemacht zu werden ließen es nicht zu, daß sie ihrem Mann, der nur wenige Minuten später ankam, von dem Zwischenfall erzählte. Er hatte nichts Ungewöhnliches gesehen. Wenige Stunden später entdeckte sie an ihren Handgelenken (ein Kleid mit langen Ärmeln bedeckte den Rest der Arme) linienförmige Male aus einzelnen, kleinen Punkten; das Mal an ihrem linken Handgelenk war rötlich, hatte einen scharfen Umriß und juckte wie eine Brandwunde.

Drei Tage später erzählte sie ihrem Mann die Geschichte. Die Male verschwanden etwa eine Woche nach dem Zwischenfall. Sie hatte keinen Arzt aufgesucht. 1967, zwei Jahre später erschien das Mal am linken Handgelenk kurzzeitig wieder, aber andere Nachwirkungen waren nicht festzustellen. Belgische Ermittler der Organisation SOBEPS befragten Madame A.V., rekonstruierten den Zwischenfall mit ihr und beurteilten sie als glaubwürdige Zeugin.

Quelle: *MUFON UFO Journal,* Nr. 126, Mai 1978 (aus dem *SOBEPS News Bulletin,* Brüssel, Belgien, September 1977).

3. SEPTEMBER 1965, DAMON/ANGLETON, TEXAS

Kennzeichen: Begegnung mit einem Fahrzeug, Konfrontation, strahlend helle Beleuchtung, Hitze, physiologische Effekte.

252   *Ungebetene Gäste*

Zwischen 23 Uhr und 23.30 Uhr gingen die Deputy Sheriffs Billy E. McCoy, achtunddreißig, und Robert W. Goode, fünfzig, einem lilafarbenen Licht über der Prärie nach, das sie für ein Feuer in einem Gasschacht hielten. Sie versuchten, über Nebenstraßen näher an das Licht heranzukommen, als fast im selben Augenblick ein Objekt mit Lichtern am Rumpf auf sie zuzuschießen schien. Es hielt etwa fünfundvierzig Meter vor ihnen in einer Höhe von dreißig Metern über Grund an. Das UFO war anscheinend sechzig oder mehr Meter lang und in der Mitte zwölf bis fünfzehn Meter dick. An einem Ende beleuchtete ein helles lila Licht den Boden und das Innere des Patrouillenfahrzeugs. »Jeder einzelne Grashalm auf der Weide war deutlich zu erkennen«, sagten sie.

Goode, der fuhr, spürte Hitze auf seinem Arm, den er aus dem geöffneten Fenster gelehnt hatte. (In einem späteren Bericht wird angegeben, daß ein Schnitt an Goodes Arm nach dem Zwischenfall erstaunlich schnell heilte.)

Ängstlich flohen sie, und als sie den Schauplatz verließen, schoß das UFO davon. Als ihre Neugier ihre Angst schließlich überwunden hatte, suchten sie wieder nach dem Objekt; aber als sie wieder ein lila Licht entdeckten, flohen sie aus Furcht vor einer Wiederholung des ersten Erlebnisses. Ermittler der Air Force bezeichneten die Beamten als »... intelligente, reife, ausgeglichene Personen mit einem vernünftigen Urteilsvermögen und Denken.«

Quellen: Akten des Air Force Projekts Blue Book, U.S. Nationalarchiv, Washington, D.C.; *UFOs: A New Look* (NICAP, 1969) S. 7; »UFOs: Greatest Scientific Problem of Our Times?« von James E. McDonald, Vortrag vor der Amerikanischen Gesellschaft der Zeitungsverleger am 22. April 1967 in Washington, D.C.

16. SEPTEMBER 1965; PRETORIA, SÜDAFRIKA

Kennzeichen: Begegnung mit einem Fahrzeug, Konfrontation, Polizeizeugen, Landung, körperliche Spuren, offizielle Geheimhaltung.

Die Constables John Lockem und Koos de Klerk fuhren kurz nach Mitternacht auf dem Highway von Pretoria nach Bronkhorstspruit Streife, als die Scheinwerfer ihres Polizeivans plötzlich ein diskusför-

Anhang A – Ein Querschnitt durch das UFO-Rätsel   253

miges Objekt mit einer Kuppel erfaßten, das auf der Straße stand. Das UFO war kupferfarben und hatte einen Durchmesser von etwa zehn Metern. Innerhalb von Sekunden erhob sich das Objekt von der Straße, wobei aus zwei Röhren oder Kanälen an der Unterseite Flamen züngelten. »Sein Abheben war schneller als alles, was ich je gesehen habe«, sagte Constable Lockem. Beim Abflug des UFOs schossen Flammen vom Makadam-Belag der Straße etwa einen Meter hoch in die Luft und loderten noch lange nachdem es bereits außer Sicht war.

Spätere Ermittlungen zeigten, daß ein Teil der Straße wie von einem schweren Gewicht eingedrückt war, und an einer stark verbrannten Stelle von etwa zwei Metern Durchmesser war Schotter vom Teer getrennt worden. Leutnant Col. J.B. Brits, Distriktkommandant für den Norden Pretorias, sagte der Zeitung, der Zwischenfall werde als »höchst geheim eingestuft und in höchsten Kreisen eine Untersuchung durchgeführt.« Eine führende wissenschaftliche Behörde nahm Proben vom Straßenbelag zur Analyse; ihr Bericht wurde nie veröffentlicht.

Quelle: UFOs: *A New Look* (NICAP, 1969); Associated Press, Johannesburg, Südafrika, 17. Sept. 1965.

20. MÄRZ 1966; DEXTER, MICHIGAN

Kennzeichen: Landung, strukturiertes Objekt, zahlreiche Zeugen, Tierreaktion, Dunst.

Etwa um 20.30 Uhr hörte der Farmer Frank Mannor, siebenundvierzig, seine Hunde laut bellen und rannte nach draußen um nachzusehen. In einer sumpfigen Gegend im Osten sah er aufblitzende Lichter. Er rief seinen Sohn Ronald, neunzehn. Zusammen überquerten sie das sumpfige, hügelige Gelände; sie gingen auf die Lichter zu, um sie sich besser ansehen zu können. Sie sahen ein elliptisches Objekt mit einer Kuppel, dessen Oberfläche aus lauter Einzelstücken zusammengesetzt schien. Es schwebte in einem Fetzen scheinbaren Dunstes etwa zweieinhalb Meter über dem Boden. Das Objekt glühte dann »blutrot« auf, und die Lichter am Rumpf verschwanden. Als sie versuchten, in dem schwierigen Gelände näher an das Objekt heranzukommen verloren sie es aus den Augen und sahen nicht, wie es abhob.

254 Ungebetene Gäste

Mrs. Mannor hatte inzwischen die Polizei gerufen, und eine Menschenmenge war in der Gegend zusammengelaufen. Viele, einschließlich Deputysheriffs, sahen die blitzenden Lichter oder ein rotes Glühen. Dem Büro des Sheriffs zufolge sahen Polizeibeamte wie das UFO abhob, etliche Male über die Gegend schwenkte und dann zusammen mit drei weiteren Objekten wegflog. Dieser Zwischenfall war einer von Dutzenden, die Ende März in Michigan gemeldet wurden und die Aufmerksamkeit der landesweiten Nachrichtenmedien erlangten. In einer hastig anberaumten Pressekonferenz der Air Force vermutete der damalige Sprecher der USAF, J. Allen Hynek, das UFO von Dexter und andere, die am nächsten Tag in einer sumpfigen Gegend in der Nähe von Hillsdale gesichtet worden waren, könnten Marsch- (oder Sumpf-) Gas sein, das sich spontan entzündet hatte.

Quellen: »Swamp Gas Episode« von Allen R. Utke in *Encyclopedia of UFOs* (New York, Doubleday, 1980); *LIFE Magazin*, 1. April 1966.

31. MÄRZ 1966; BEI VICKSBURG, MICHIGAN

Kennzeichen: Begegnung mit einem Fahrzeug, strahlend helle Beleuchtung, Lichtstrahl, Wind, Geräusch, möglicherweise E-M-Effekt.

Der Zimmermann Jeno Udvardy (ungarischer Flüchtling und ehemaliger Angehöriger des fliegenden Personals der ungarischen Luftwaffe) fuhr kurz nach 2.00 Uhr morgens von der Spätschicht nach Hause. Am höchsten Punkt eines Hügels auf der siebenundzwanzigsten Straße sah er vor sich auf der geraden, ebenen Strecke in einer Entfernung von etlichen hundert Metern eine Gruppe Lichter. Er dachte, das müsse ein Krankenwagen an einer Unfallstelle sein, fuhr also vorsichtig und langsamer darauf zu. Als er an der Stelle ankam, sah er zu seiner Überraschung, daß, was er für einen Krankenwagen gehalten hatte, über der Straße schwebte und seine Scheinwerfer die Straße und die Umgebung unter ihm erhellten. Verblüfft trat er energisch auf die Bremse und kam drei Meter vor dem Objekt zum Stehen. Es hatte eine abgerundete Unterseite und bewegte sich leicht nach oben und unten.

Anhang A – Ein Querschnitt durch das UFO-Rätsel   255

Plötzlich traf ihn aus der linken Seite des Objekts ein strahlend weißes Licht wie ein Suchscheinwerfer, und kleinere, rote, grüne und weiße Lichter am Rumpf blinkten willkürlich auf. Über ihm, vielleicht auf einem Bauteil, das durch das Licht nicht zu sehen war, war ein blinkendes lilafarbenes Licht. Plötzlich überwältigte ihn die Angst und Udvardy stieß zurück, aber das weiße Licht blendete ihn, und er konnte die Straße hinter sich nicht sehen. In diesem Augenblick erschütterten Windstöße den Wagen, und plötzlich erschien das Objekt hinter ihm. Er kurbelte das Fenster herunter und sah hinaus; dabei schützte er seine Augen mit dem Arm vor dem hellen Lichtschein. Ein leises Summen war zu hören, wie von einem Bienenschwarm. Etwa zu der Zeit fiel ihm auf, daß sein Motor abgestorben war.

Kurz danach stieg das UFO vertikal auf und schoß in einem steilen Winkel nach Osten davon. Er gab zu, daß ihm diese Begegnung mehr Angst eingejagt hatte als jedes andere Erlebnis zuvor, auch als er in einem Flugzeug verwundet und abgeschossen worden war.

Quelle: *UFOs: A New Look* (Washington D.C., NICAP, 1969) S. 23; Bericht über die Ermittlungen in den Akten des Verfassers.

17. APRIL 1966;
VON RAVENNA, OHIO, BIS CONWAY, PENNSYLVANIA

Kennzeichen: Polizeizeugen, Konfrontation, Lichtstrahl, strahlend helle Beleuchtung, Einhüllung in Licht, Geräusch, Katz-und-Maus-Verfolgungsjagd, rascher Abflug nach oben.

Die Deputysheriffs Dale Spaur und Wilbur Neff aus Portage County untersuchten im Morgengrauen ein verlassenes Auto, als plötzlich ein hell glühendes Objekt aus dem Wald bis in Höhe der Baumwipfel aufstieg und über ihnen anhielt. Dabei beleuchtete es sie und die Umgebung. Ein summendes Geräusch, ähnlich dem eines überladenen Transformators, war zu hören. Sie flohen zum Streifenwagen und verständigten das Revier. Sie erhielten Anweisung, das Objekt im Auge zu behalten, bis ein Wagen mit einer Kamera am Ort des Geschehens wäre. Das UFO bewegte sich in etwa einhundert bis einhundertfünfzig Metern Höhe über der Straße von ihnen weg und

256   Ungebetene Gäste

sandte dabei einen Lichtstrahl in der Form eines umgekehrten Kegels (unten enger) zum Boden. Der Lichtstrahl schaukelte in Übereinstimmung mit einem leichten Schwanken des UFOs vor und zurück. Am oberen Ende waren eine dunkle Stelle und etwas Hervorstehendes, eine Art Antenne, zu sehen.

Die Beamten jagten ihm mit einer Geschwindigkeit von bis zu einhundertsechzig Stundenkilometern hinterher, wenn es wegflog, und fanden es jedesmal wieder, wenn es über der Straße schwebte, als warte es auf sie. In East Palestine, Ohio, an der Grenze zu Pennsylvania, hörte Officer Wayne Huston die verzweifelten Funkrufe und wartete an einer Kreuzung, an der sie vorbeikommen mußten, um zu sehen, was da vor sich ging. Schon kurz danach sah er ein glühendes Objekt, das über den Highway raste und hinter ihm einen Polizeiwagen in einer heißen Verfolgungsjagd. Er drehte um und beteiligte sich an der Jagd. Dabei führte er Spaur und Neff (die er vorher nicht gekannt hatte) durch ein Gebiet, in dem sie sich nicht auskannten. Da ihm das Benzin ausging, und die Reifen nach der aufreibenden Verfolgungsjagd abgefahren waren, fuhr Spaur in Conway, Pennsylvania, an einer Tankstelle vor, wo Officer Frank Panzanella in seinem Streifenwagen saß.

Spaur berichtete Panzanella kurz, der rief seinen Dienststellenleiter, und die Polizei von Pennsylvania alarmierte die Air Force, die wiederum Kampfflugzeuge zu Ermittlungen entsandte. Das UFO hatte sich nach Osten weiterbewegt und war in der Ferne zu sehen, wo es auf der Stelle schwebte. Spaur, Neff, Huston und Panzanella, von drei verschiedenen Polizeibehörden, standen da und beobachteten, wie die Flugzeuge der Air Force näher kamen. Spaur: »Als die anfingen von Kampfflugzeugen zu reden, war es fast, als hätte dieses Ding jedes Wort gehört; pfiuuuuh flog es *geradewegs* nach oben; und ich meine, als es nach oben flog, mein lieber Scholli, da fackelte es nicht lange herum, es flog *kerzengerade* nach oben.«

Quellen: *UFOs: A New Look* (NICAP, 1969) S. 8; »UFOs: Greatest Scientific Problem of Our Times?« von Dr. James E. McDonald, 1967; Abschrift des Interviews und anderes Ergänzungsmaterial in den Akten des Verfassers; *UFOs and the Limits of Science,* von Ronald D. Story (New York, Morrow, 1981) S. 163-173; *The UFO Experience,* von J. Allen Hynek, (Chicago, Henry Regnery, 1972) S. 99-108.

Anhang A – Ein Querschnitt durch das UFO-Rätsel 257

JUNI 1966; NHA TRANG, VIETNAM

Kennzeichen: Strahlend helle Beleuchtung, ausgedehnte E-M-Effekte auf einem Stützpunkt der U.S. Army, Schweben und rascher Abflug nach oben.

Auf diesem aktiven Stützpunkt an der Küste von Südvietnam sahen die Soldaten etwa um 21.45 Uhr einen Kinofilm im Freien. Das war möglich, weil sie erst vor kurzem sechs neue, unabhängig voneinander arbeitende dieselgetriebene Generatoren mit einer Leistung von je einhundert Kilowatt bekommen hatten. In der Bucht lag ein Öltanker der Shell vor Anker, auf einer Landebahn in der Nähe liefen zwei Skyraider Propellerflugzeuge warm, und auf Hügeln in der Nähe arbeiteten acht Bulldozer. Plötzlich erhellte sich der Himmel im Norden, zunächst hielten die Soldaten es für eine Leuchtrakete, dann aber kam ein UFO näher (Beschreibung ohne Details); es bewegte sich abwechselnd mit hoher und niedriger Geschwindigkeit. Es ging über den versammelten Soldaten nieder, kam zum Stillstand und schwebte in einer Höhe von etwa einhundert bis einhundertfünfzig Metern auf der Stelle.
Das ganze Tal und die es umgebenden Berge waren hell erleuchtet. Die Generatoren fielen aus, und auf dem gesamten Stützpunkt gab es keinen Strom mehr. Die Motoren der Skyraiders, die Bulldozer, die Lastwagen, die Stromversorgung des Öltankers – alles (einschließlich einiger Dieselmotoren) fiel etwa vier Minuten lang aus. Dann bewegte sich das UFO »... gerade nach oben und war nach etwa zwei bis drei Sekunden nicht mehr zu sehen.« Nach dem Zwischenfall kam eine ganze Flugzeugladung offizieller Behördenvertreter aus Washington zu Ermittlungen.

Quellen: *The U.F.O. Investigator*, NICAP, Juli 1973; *UFOs: Interplanetary Visitors* von Raymond E. Fowler (New York, Exposition Press, 1974) S. 101-103.

24. JUNI 1966; RICHMOND, VIRGINIA

Kennzeichen: Polizeizeuge, Begegnung mit einem Fahrzeug, Katz-und-Maus-Verfolgungsjagd, Dunst, Reaktion auf Zeugen.

258   *Ungebetene Gäste*

Officer William L. Stevens jun. fuhr um 3.30 Uhr in den Vororten von Richmond Streife, als ihm in der Nähe des Messegeländes eigenartige grünlich-gelbe Lichter auffielen. Er sah dann, daß sich diese Lichter an der Außenhaut eines Objekts in der Form eines Zeppelins befanden, der etwa dreißig Meter lang und zehn Meter breit war; seine Umrisse zeichneten sich vor dem Himmel deutlich ab. Um das Objekt lag Dunst oder Dampf. Stevens schaltete sein Blaulicht an und fuhr auf das Objekt zu (eine interessante Reaktion, die zu einem Polizeibeamten paßt!), das UFO reagierte sofort und entfernte sich zügig über den Schlagbaum zwischen Richmond und Henrico.

Stevens beschleunigte weiter und versuchte, das Objekt zu erreichen, aber es behielt immer den gleichen Abstand zu ihm bei, obwohl Stevens etliche Male seine Geschwindigkeit änderte. »Es schien, als spiele das Objekt mit mir«, sagte Stevens. Bei der Verfolgungsjagd durch Henrico County und Hanover County erreichte er Geschwindigkeiten von über einhundertsechzig Stundenkilometern. Nach zehn bis fünfzehn Minuten beschleunigte das UFO plötzlich und flog davon. Eine private Überprüfung von Stevens durch einen Journalisten aus Richmond ergab, daß er als Mann von ausgezeichnetem Charakter galt und Auszeichnungen für seine Arbeit bei der Polizei erhalten hatte.

Quellen: *UFOs: A New Look* (NICAP, 1969) S. 9; »UFOs: Greatest Scientific Problem of Our Times?« von Dr. James E. McDonald, Vortrag vor der amerikanischen Gesellschaft der Zeitungsverleger am 2. April 1967 in Washington D.C.; persönliche Mitteilung an den Verfasser.

15. OKTOBER 1966; SPLIT ROCK POND, NEW JERSEY

Kennzeichen: Begegnung mit einem Fahrzeug, Konfrontation, E-M-Effekte, helle Erleuchtung, physiologische Nachwirkungen.

Jerry H. Simons, zweiundzwanzig, Förster, hatte draußen campiert und fuhr kurz nach 4.30 Uhr morgens nach Hause. In seinem Rückspiegel bemerkte er ein helles, rot-oranges Glühen; er dachte, ein Bremslicht klemmte, hielt den Wagen an und lehnte sich aus dem Fenster, um nachzusehen. Er war schockiert, als er hinter dem

Anhang A – Ein Querschnitt durch das UFO-Rätsel   259

Wagen ein erleuchtetes, scheibenförmiges Objekt sah und beeilte sich, sofort wieder auf die Hauptverkehrsstraße zu kommen. Das UFO folgte dem Wagen unmittelbar hinter und über ihm. Dann fielen seine Scheinwerfer und sein Motor aus, und er sah, daß das UFO nun direkt über dem Wagen war. Als das UFO sich wieder zurückzog, funktionierten Motor und Scheinwerfer wieder, und er versuchte zu fliehen. Diese Ereignisfolge wiederholte sich dreimal. »... dreimal reagierte die gesamte Elektrik in meinem Wagen überhaupt nicht, bis sich dieses Objekt entweder hinter oder neben den Wagen bewegte«, sagte er.

Das UFO beleuchtete den Boden um den Wagen, und die E-M-Effekte traten ein, wenn sich der Wagen innerhalb des beleuchteten Gebiets befand. Schließlich fiel das UFO zurück und verschwand. Als Simons anhielt, um den Zwischenfall zu melden und dann wieder zu seinem Wagen zurückkehrte, stellte er fest, daß der Motor offensichtlich von selbst angesprungen war. Etliche Wochen danach explodierte der Motor aus unerklärlichen Gründen. Kurz nach der Sichtung litt er drei Monate lang an einer zyklisch wiederkehrenden Krankheit, deren Symptome Erschöpfung, Appetitlosigkeit, Gereiztheit, Muskelschwäche, Frieren und Gewichtsverlust waren. Er wurde ins Krankenhaus eingeliefert, aber eine Ursache für die Krankheit ließ sich nicht finden. Nach sechs Monaten hatte er sich wieder erholt, und es traten keine weiteren Nachwirkungen auf.

Quellen: *UFOs: A New Look* (Washington, D.C., NICAP, 1969) S. 9; *Medical Times*, Oktober 1968.

7. MÄRZ 1967; KEENEYVILLE, ILLINOIS

Kennzeichen: Begegnung mit einem Fahrzeug; Konfrontation, Lichtstrahl, Tierreaktion, abnormaler Nebel.

Mrs. Lucille Drzonek und ihre beiden Töchter fuhren um 0.30 Uhr auf der US 20, als sie plötzlich ein »festes Objekt (von etwa fünf Metern Durchmesser) mit hellen weißen Lichtern um die Außenkanten und zwei großen Strahlen an der Vorderseite« sahen. Als es herunterging, zeigte das UFO blitzende grüne und rote Lichter und nahm eine runde, beziehungsweise diskusförmige Gestalt an. Ihr Hund, Bugle, reagierte ängstlich, am Rücken stand ihm das Fell zu

260   *Ungebetene Gäste*

Berge. Sie bogen vom Highway ab, und es schien, als ginge das
UFO im Wald nieder; dabei beleuchtete es die Umgebung mit einem
hellen Schein. Dann schoß etwas aus dem Wald direkt auf den
Wagen zu und sandte zwei weiße Lichtstrahlen durch die Heck-
scheibe. Als sie zu Hause ankamen, folgte ihnen das UFO immer
noch; es war jetzt etwa drei Meter über einem Baum in ihrem Hof.
Dann erschien ein seltsamer »grauer Dunst nur in unserem Hinter-
hof«, sagte Joyce Drzonek. Als der Dunst sich auflöste, war das
UFO verschwunden. Der Hund »... war noch zwei Tage lang ganz
aufgeregt.«

Quelle: *Strange Effects From UFOs* (NICAP, 1969) S. 34.

8. MÄRZ 1967; LEOMINSTER, MASSACHUSETTS

Kennzeichen: Abnormaler »Nebel«, E-M-Effekte, physiologische
Effekte, Geräusch, rascher Abflug nach oben.

Mr. und Mrs. William L. Wallace fuhren nach Hause, als sie etwa
um 1.05 Uhr nachts einen dichten Nebelfetzen beim Friedhof St.
Leo, aber nirgendwo sonst sahen. Als sie durch den Nebel fuhren,
sah Wallace ein seltsames Licht und wendete den Wagen, um nachzusehen; dann sah er ein abgeflachtes, eiförmiges Objekt, das etwa
1,20 Meter bis 1,50 Meter über dem Friedhof schwebte. Wallace
hielt an, stieg aus dem Wagen und zeigte auf das UFO. Daraufhin
wurde sein Arm abrupt gegen das Wagendach gedrückt, der Motor
stellte ab, die Scheinwerfer und das Radio gingen aus.
Wallace verspürte eine Art Elektroschock oder Benommenheit
und war gelähmt. Dieser Zustand der Unbeweglichkeit hielt etwa
dreißig Sekunden an, dann gingen die Scheinwerfer und das Radio
wieder an. Das UFO schaukelte in diesem Moment vor und zurück
und gab ein summendes oder surrendes Geräusch von sich, dann
plötzlich beschleunigte es nach oben und verschwand. Wallaces
Reflexe waren noch beträchtliche Zeit nach dem Ereignis ver-
langsamt.

Quellen: *UFOs: Interplanetary Visitors,* von Raymond E, Fowler,
(New York, Exposition Press, 1974) S. 145-148; *Strange Effects
From UFOs* (NICAP, 1969) S. 7.

Anhang A – Ein Querschnitt durch das UFO-Rätsel

2. NOVEMBER 1967; RIRIE, IDAHO

Kennzeichen: Begegnung mit einem Fahrzeug, Konfrontation, Humanoide, Verlust der Fahrzeugkontrolle, grüne Beleuchtung, Levitation, Versetzen von Massen, Tierreaktionen.

Guy Tossie und Will Begay, zwei junge Indianer, fuhren etwa um 21.30 Uhr auf dem Highway 26. Plötzlich sahen sie vor sich einen blendenden Lichtblitz, und ein kleines kuppelförmiges UFO erschien. Hinter der durchsichtigen Kuppel sahen sie zwei kleine Wesen. Als das UFO etwa 1,50 Meter über der Straße schwebte, verlangsamte eine Kraft von außen den Wagen und brachte ihn schließlich zum Stehen. Das UFO hatte um den Rand blitzende grüne und orange Lichter, und die Gegend war in ein lebhaft grünes Licht getaucht. Die Kuppel öffnete sich als habe sie ein Scharnier, und ein Wesen kam heraus und glitt hinunter. Es war etwa einen Meter groß und trug eine Art »Rucksack«, sein Gesicht war oval mit deutlichen Gesichtszügen, kleinen Augen, einem schlitzartigen Mund und großen Ohren.

Das Wesen kam auf die Fahrerseite des Wagens, öffnete die Tür und schob sich hinter das Lenkrad, während die erschrockenen Jungen nach rechts rückten. Dann begann der Wagen, sich zu bewegen und wurde in ein Weizenstoppelfeld neben der Straße gedrängt, wobei das UFO seine Position ein paar Fuß vor ihnen beibehielt. Tossie stürzte sich dann aus der Tür und floh zum nächstgelegenen Farmhaus, während Begay fast im Schock auf dem Vordersitz kauerte. Das Wesen gab hohe, unverständliche Laute »wie ein Vogel« von sich. Ein zweites Wesen, das offensichtlich Tossie gefolgt war, kehrte dann zum Wagen zurück, und die beiden Wesen glitten wieder nach oben zu dem UFO, das dann in einem Zick-Zack-Kurs aufstieg und verschwand.

Eine Reihe Farmer aus der Gegend berichteten, ihr Vieh sei an jenem Abend aus unbekannten Gründen ausgebrochen, und es fand sich ein zweiter Zeuge, der von einer ähnlichen Begegnung in derselben Nacht berichtete.

Quelle: *UFOs: A New Look* (NICAP, 1969) S. 31.

30. JULI 1968; CLAREMONT, NEW HAMPSHIRE

Kennzeichen: Strahlend helle Beleuchtung, Lichtstrahl, Geräusch, Tierreaktionen.

262   *Ungebetene Gäste*

Um 2.00 Uhr morgens sahen ein Landvermesser und seine Frau in etwa sechzig Meter Entfernung ein kuppelförmiges Objekt von etwa sechs Metern Durchmesser, das etwa drei Meter über dem Boden schwebte. Ein breiter gräulicher Lichtstrahl führte zum Boden und warf auf dem Gelände starke Schatten. Ihre schlafenden Kinder stöhnten und schrien im Schlaf auf, und ihr Schäferhund jaulte und heulte. Ihr Pudel zitterte sichtlich und war unruhig. Das Paar hörte ein hohes Summen, etwa wie ein Transformator, als das UFO sich etwa acht Meter weiter bewegte. Es blieb dann bis 4.30 Uhr in dieser Position. Einmal senkte sich eine Art Arm aus dem UFO heraus zum Boden. Schließlich wurde das Summen »sehr laut«, das Licht hellte sich »zu starker Intensität« auf, das UFO bewegte sich nach Westen und verschwand. Als es wegflog, »jaulte der Schäferhund laut auf«. Das Paar beschrieb das Erlebnis als »sehr beängstigend«.

Quelle: *Strange Effects From UFOs* (NICAP, 1969) S. 38.

4. MÄRZ 1969; BEI ATLANTA, MISSOURI

Kennzeichen: Begegnung mit einem Fahrzeug, Lichtstrahl, E-M-Effekte, Katz-und-Maus-Verfolgung, Hitze.

William R. Overstreet, einundfünfzig, City Marshall und Briefträger der Star Route Mail in Elmer, Missouri, fuhr um 6.40 Uhr auf dem Highway J zur Arbeit; er fuhr in östlicher Richtung. Rechts von sich bemerkte er ein großes rotes Objekt, das sich auf einem Kurs (der sich mit dem seinen kreuzen würde) nach Norden bewegte. Als das Objekt die Straße erreichte, drehte es vor ihm nach Osten ab. Seine Größe betrug (im Verhältnis zur Straße berechnet) etwa dreißig Meter im Durchmesser und fünfzehn Meter in der Höhe. Als Overstreet dichter zu dem Objekt aufschloß, sah er einen starken weißen Lichtstrahl – der sich am unteren Ende bis auf einen Durchmesser von etwa 2,50 Meter verjüngte (vergleiche die Sichtung vom 17. April 1966 in Ravenna, Ohio) – und auf die Straße schien. Schutt im Bereich des Lichtstrahls erschien vergrößert, und er spürte eine starke Hitze, »wie wenn ich an einem heißen Sommertag in der Sonne sitze ...« (vergleiche Sichtung vom 13. Aug. 1975 in Haderslev, Dänemark). In diesem Moment veränderte das UFO die Farbe, seine Mitte flackerte nun in einem strahlenden Blau, um das Blau verlief ein

Anhang A – Ein Querschnitt durch das UFO-Rätsel   263

breites rotes und an der Außenseite ein schmaleres gelbes Band, das sich anscheinend im Uhrzeigersinn drehte.

Das Licht war so hell, daß Overstreet seine Sonnenblende herunterklappte und seine Augen mit der Hand abschirmte. Er versuchte, seine Sichtung über CB-Funk zu melden, aber der war tot. Als er dem konischen Lichtstrahl näherkam, fielen sein Lastwagenmotor und sein Radio aus. Er kuppelte aus und fuhr im Leerlauf, und als sich der Lichtstrahl ein paar Fuß weit entfernt hatte, hörte er statische Störungen im Radio, also ließ er die Kupplung wieder kommen, und der Motor sprang an. Wieder fuhr er ein wenig näher an den Lichtstrahl heran, und bei einer Entfernung von zwei Metern fing der Motor an zu rucken. Als er aufs Gas trat, fielen Motor und Radio wieder aus.

Und noch einmal sprang der Motor an, als sich das UFO etwas weiter vorwärts bewegte. Danach ließ sich Overstreet zurückfallen und folgte dem Objekt vorsichtig über etwa sechs Kilometer. Er stellte fest, daß das Objekt, das sich mit etwa fünfundsechzig Stundenkilometern vor ihm her bewegte, aufstieg und abfiel, als folge es dem Verlauf des Geländes. An der Kreuzung mit dem Highway 36 drehte das UFO nach Südosten ab und geriet außer Sicht. Verflossene Zeit: etwa sieben bis acht Minuten.

»Ich hatte nie sonderlich an sie geglaubt, bis ich das sah«, sagte er. »Jetzt weiß ich, daß an diesen UFOs was dran ist.«

Quellen: NICAP-Ermittlungsbericht, Kopie in den Akten des Verfassers; Macon, Missouri, *Chronicle-Herald* vom 5. März 1969; Fulton, Missouri, *Sun-Gazette* vom 6. März 1969.

7. JANUAR 1970; BEI HEINOLA, FINNLAND

Kennzeichen: Geräusch, »leuchtender Nebel«, Lichtstrahl, Humanoid, schwarze Schachtel mit Lichtstrahl, Lähmung, physiologische Effekte.

Aarno Heinomen, sechsunddreißig, und Esko Viljo, achtunddreißig, fuhren gegen Sonnenuntergang Ski, als sie ein seltsames, lauter werdendes Brummen hörten. Ein sehr helles Licht kam auf sie zu und schwebte etwa fünfzehn Meter vor ihnen auf der Stelle. Es war ein offensichtlich metallisches Objekt zu sehen, das von einem

264 *Ungebetene Gäste*

»leuchtenden grauen Nebel« umgeben war. Es war ein Diskus mit einer Kuppel von etwa drei Metern Durchmesser, an dessen Unterseite sich drei Halbkugeln und in der Mitte eine etwa fünfundzwanzig Zentimeter dicke Röhre befanden. Das UFO ging langsam herunter, und der »Nebel« verschwand. Etwa vier Meter über dem Boden hörte das Brummen auf, und aus der Röhre in der Mitte schien ein Lichtstrahl bis zum Boden.

In diesem Lichtstrahl stand eine kleine humanoide Gestalt (etwa neunzig Zentimeter groß) mit einem weißen Gesicht und einem kegelförmigen, hellen, metallischen »Hut«. Er trug einen grauen Overall und grüne Stiefel. In der Hand hatte er eine kleine schwarze Schachtel, aus der ein blendender Lichtstrahl kam. Dann erschien der Nebel wieder, und als er sich verdichtete, schlugen rote und grüne Funken aus dem Lichtkreis. Der Lichtstrahl zog sich wieder in die Röhre zurück, und plötzlich war das UFO weg. Heinomen verlor das Bewußtsein und war rechtsseitig gelähmt.

Die beiden Männer brauchten zwei Stunden, um das nächste Dorf zu erreichen, das zwei Kilometer entfernt lag. Heinomen litt unter Kopfschmerzen, Erbrechen und Atemnot. Er hatte Schmerzen am ganzen Körper, ihm war kalt, und er konnte sein Gleichgewicht nicht halten. Viljo hatte ein rotes, geschwollenes Gesicht und hatte ebenfalls sein Gleichgewicht verloren. Seine Hände und seine Brust waren mit roten Flecken übersät. Auch andere Zeugen hatten an jenem Abend ein helles Licht gesehen.

Quelle: *Inforespace*, Nr. 22, Aug. 1975, Brüssel, Belgien

1. AUGUST 1971; CALLIOPE RIVER, QUEENSLAND, AUSTRALIEN

Kennzeichen: Begegnung mit einem Fahrzeug, veränderte Umgebung, Zeitverlust, Amnesie, physische Spuren am Auto, Standortveränderung (?).

Ben und Helen K. (Name der UFO-Research-NSW bekannt), ein finnisches Ehepaar, fuhren kurz nach 23.35 Uhr aus Gladstone nach Rockhampton nach Hause. Sie hatten zu wenig Benzin, aber sie hofften, daß noch eine Tankstelle offen hätte. Die Nacht war dunkel und neblig. Sie waren gerade an einer geschlossenen Tankstelle vorbeigefahren, als sie hinter sich in Höhe der Baumwipfel ein grünes

Anhang A – Ein Querschnitt durch das UFO-Rätsel   *265*

Licht bemerkten. Kurz danach hatten sie das Gefühl, daß sie ungewöhnlich lange geradeaus gefahren waren (die Straßen sind kurvenreich) und daß sie stets dieselben Worte wiederholten. Dann sahen sie einen Lichterkreis links über sich, und als nächstes sahen sie das Ortsschild von Port Alma, vierzig Kilometer nördlich des Calliope River. Unmittelbar danach befanden sie sich an einem Bahnübergang vor Rockhampton, etwa dreißig Kilometer hinter Mount Morgan.

»Wir fragten uns, wie wir so weit kommen konnten und warum wir unterwegs keine Dörfer gesehen hatten ... Wir hatten das Gefühl, etwas Seltsames war mit uns geschehen.« In Rockhampton fanden sie eine offene Tankstelle und stellten fest, daß es erst 0.15 Uhr war. Es waren nur vierzig Minuten vergangen; aber bei der Geschwindigkeit, mit der sie gefahren waren (fünfundfünfzig bis fünfundsechzig Stundenkilometer) hätte die Fahrt eigentlich knapp zwei Stunden dauern sollen. Auf der Motorhaube des Wagens entdeckten sie einen Ölfilm und vier runde Male.

Dann kam ein weiterer Autofahrer und sagte, er habe sie vor dem Calliope River überholt und war nun verblüfft, wie sie vor ihm in Rockhampton angekommen sein konnten. Das Ehepaar meldete das Erlebnis der Polizei, die es als Somnambulismus abtat. Später wurde der Versuch zu einer hypnotischen Regression unternommen, aber es kam nichts weiter dabei heraus. Jedesmal fingen sie an, heftig zu zittern, und der Hypnotiseur gab den Versuch auf.

Besondere Bedeutung: Kennzeichen deuten auf eine Entführung.

Quelle: *MUFON UFO Journal,* Nr. 150, August 1980.

28. JUNI 1973; COLUMBIA, MISSOURI

Kennzeichen: Landung, physische Spuren, Geräusch, E-M-Effekte, Tierreaktion, Lichtstrahlen, Wind, strahlend helle Beleuchtung.

James Richard, einundvierzig, entspannte sich um 0.30 Uhr vor dem Zubettgehen in seinem Wohnmobil. Seine Tochter Vanessa, sechzehn, rief ihn aus der Küche, wo sie ein andauerndes »Schlagen« aufgeschreckt hatte, das durch das offene Nordfenster zu hören

266 Ungebetene Gäste

war. Sie schauten hinaus und sahen in einer Entfernung von etwa fünfzehn Metern zwei sehr helle, silbrigweiße Lichtstrahlen, die etwa anderthalb Meter voneinander entfernt waren und sich am unteren Ende auf einen Durchmesser von etwa sechzig Zentimeter verengten (vergleiche Sichtung vom 17. April 1966 in Ravenna, Ohio und vom 4. März 1969 in Atlanta, Missouri). Die Lichtstrahlen verblaßten, und dicht über dem Boden erschien ein helles, ovales Objekt von etwa dreieinhalb bis viereinhalb Metern Durchmesser. Wegen der Helligkeit mußte Richard seine Augen abwenden; die Umgebung »war taghell erleuchtet«.

Das Schlagen ging weiter, und die Bäume schwankten wie bei starkem Wind; einer schien bis auf den Boden gebogen zu werden, und etwa fünf Meter über dem Boden schlug ein großer Ast zurück. Richard fiel auf, daß seine Hunde ruhig vor dem Haus lagen und nicht bellten. Richard holte ein Gewehr und beobachtete alles eine Zeitlang vorsichtig. Dann beschloß er, Hilfe zu rufen. Da flog das UFO nach Norden davon, es flog unter den Ästen von Bäumen hindurch, stieg dann leicht auf und schwebte in etwa sechzig Metern Entfernung auf der Stelle; seine Helligkeit war nun nicht mehr ganz so stark. Jetzt erschienen blaue und orange Lichtbänder auf einer silbernen Oberfläche. Dann kam das UFO sanft und leise an seine ursprüngliche Position zurück.

Richard rief in der Verwaltungszentrale des Campingplatzes an und bat den Diensthabenden, die Polizei zu rufen. Während des Telefonats wurden die Lichter in dem Haus zweimal schwächer. Als nächstes kam das UFO auf das Wohnmobil zu, nahm dann aber wieder etwas weiter entfernt eine neue Position ein, in der die Lichtbänder wieder zu sehen waren. Schließlich verblaßten die Lichter, und das UFO verschwand. Die Polizei kam um 1.45 Uhr, sah sich oberflächlich um und ging wieder. Danach wurden an der Stelle, an der sich das UFO hin und her bewegt hatte, abgebrochene Äste, beschädigtes Laub und bis zu einer Höhe von zehn Metern über dem Boden versengte Blätter gefunden. Später wurden weitere Blätter braun und welkten. Man fand auch Eindrücke wie von Landefüßen, die bis zu sechzig Zentimeter tief in den harten Boden gepreßt waren. Entlang der Flugroute war ein komplexes Muster weiterer Eindrücke zu sehen.

Quellen: *Skylook* (jetzt *MUFON UFO Journal*) Nr. 70, Sept. 1973; *Physical Traces Associated With UFO Sightings*, Juli 1975, Center for UFO Studies, S. 90.

Anhang A – Ein Querschnitt durch das UFO-Rätsel   267

17. OKTOBER 1973; EIN STAAT IM MITTLEREN WESTEN

Kennzeichen: Schlafzimmerbesuch, Entführung mit vier Kindern, Levitation, technische Instrumente, physiologische Untersuchung auf Tisch, menschliches Wesen, das mit Aliens zusammenarbeitet, Vorfall ereignete sich während der UFO-Welle von 1973.

Patty »Price«, geschieden und alleinerziehende Mutter von sieben Kindern, war gerade in ein neues Haus gezogen, und die müde Familie war zu Bett gegangen und wollte schlafen. Es war die Nacht vom 16. auf den 17. Oktober. Der kleine Junge wachte auf und schrie, er habe ein »Skelett« gesehen, die Katze jaulte, und ein Hund bellte wütend. Auch Patty hatte das unbestimmte Gefühl, einen Landstreicher gesehen zu haben, und brachte ihre Kinder zum Schlafen ins Haus einer Freundin. Am nächsten Morgen sagte Dottie, sieben, der Landstreicher sei ein »Mann aus dem Weltraum« gewesen; sie beschrieb ein Raumschiff mit Kreaturen darin, und zwei Wesen, die ins Haus gekommen waren.

In Hypnose erinnerte sich Patty später daran, zwei Wesen gesehen zu haben, die über ihr standen; sie waren schlank und trugen uniformähnliche Kleidung. Sie und ihre Kinder widersetzten sich deren Bemühen, sie zu entführen, aber sie packten sie an den Armen und ließen sie und vier der Kinder an Bord eines Raumschiffs in einen großen, hellen, runden Raum gleiten, in dem sich computerähnliche Maschinen, Anzeigen und Knöpfe befanden. Es standen vier oder fünf Aliens herum, die nur etwas über 1,20 Meter groß waren; sie hatten große, schräg stehende Augen, maskenhafte Gesichter, lange Arme und klauenartige Hände. Bei ihnen war ein kleineres, normales menschliches Wesen, das eine Hornbrille trug.

Patty wurde auf einen Tisch gelegt, und an einem Arm und einem Bein wurde etwas befestigt. Sie wurde untersucht, auch gynäkologisch, und in ihren Unterleib und an anderen Stellen wurden Nadeln eingeführt. Bei einem solchen Vorgang hatte sie das Gefühl, sie »entnähmen ihr ihre Gedanken«. Schließlich ließ man sie wieder ins Haus zurückgleiten, wo sie auch ihre Kinder wiederfand. Die älteste Tochter, Betty, erinnerte sich, die Mutter nackt auf dem Untersuchungstisch und ein menschliches Wesen bei den Aliens gesehen zu haben. Dottie sagte, sie habe gesehen, daß auch andere Menschen aus der Nachbarschaft entführt worden seien. Patty sagte, die Aliens kamen ihr gefühllos vor, und sie fühlte sich wie ein Versuchskaninchen, das sie benutzten.

268 *Ungebetene Gäste*

Quelle: *Abducted* von Coral und Jim Lorenzen, Kapitel II, »Patty Price's Ordeal« (Patty Price's böses Erlebnis) (New York, Berkley Medaillon Books, 1977).

18. OKTOBER 1973; BEI MANSFIELD, OHIO

Kennzeichen: Begegnung in der Luft, Versetzung von Masse, Verlust der Kontrolle über das Fluggerät, Lichtstrahl, E-M-Effekte.

Kapitän Lawrence J. Coyne kommandierte den Hubschrauber der Reserve der Army auf dem Rückflug von Columbus nach Cleveland. Leutnant A.D. Jezzi saß auf dem Pilotensitz, als um 23 Uhr Sgt. Robert J. Yanacsek aufschrie, von Osten käme ein rotes Licht schnell auf sie zu. Coyne dachte, es handle sich um einen Militärjet, übernahm das Steuer und leitete ein Ausweichmanöver ein, indem er die Treibstoffzufuhr unterbrach und in Sturzflug überging. Das Objekt wurde dann vorne über dem Hubschrauber undeutlich sichtbar, hielt an und schwebte auf der Stelle. Es war zigarrenförmig mit einer Kuppel an der Oberseite, einem dauerhaft leuchtenden roten Licht vorne und einem weißen Licht hinten. Aus der Unterseite des UFOs kam ein grüner Lichtstrahl, der um neunzig Grad schwenkte und ins Cockpit schien, das nun von einem unheimlichen grünen Glühen erleuchtet war.

Der Hubschrauber war auf fünfhundert Meter gefallen, aber unerklärlicherweise zeigte der Höhenmesser nun eintausend Meter, weiter steigend an. Plötzlich verspürten sie einen »Schlag«, und das UFO flog nach Westen weg. Innerhalb weniger Sekunden war es verschwunden. Sie hatten versucht, eine Funkverbindung zum Flughafen Mansfield herzustellen, der etwa elf Kilometer entfernt lag, aber nach einem ersten Kontakt funktionierte die Funkanlage nicht mehr. Sowohl die UHF wie auch die VHF Kanäle waren ausgefallen. Der ungewöhnliche Ausfall der Funkverbindung dauerte etwa zehn Minuten. Das UFO war zwar so nahe, daß es die ganze Windschutzscheibe des Hubschraubers ausfüllte, aber die Mannschaft spürte keine Turbulenzen und hörte keine Geräusche. Die Sichtung ereignete sich während einer großen UFO-Welle.

Quellen: *Helicopter-UFO Encounter Over Ohio* von Jennie Zeidman (Center for UFO Studies, März 1979); *Cleveland Plain Dealer*

Anhang A – Ein Querschnitt durch das UFO-Rätsel   269

vom 22. Okt. 1973; *Cincinnati Enquirer* vom 22. Oktober 1973; *UFOs and the Limits of Science* von Ronald D. Story (New York, Morrow, 1981) S. 181-184.

28. OKTOBER 1973; BAHIA BLANCA, BRASILIEN

Kennzeichen: Humanoide, geistige Ohnmacht, Lichtstrahl, Levitation, Entführung, technische Instrumente, Kommunikation, Geräusch, Male am Körper.

Um 1.15 Uhr nachts hielt der Lastwagenfahrer Dionisio Yanca, fünfundzwanzig, an, um einen platten Reifen zu wechseln. Plötzlich sah er ein Licht, das schnell näher kam und sich schließlich als ein UFO mit vier Metern Durchmesser herausstellte. Es hielt an und schwebte etwa vier Meter über dem Boden auf der Stelle. Drei menschenähnliche Wesen erschienen, zwei blonde Männer mit kurzen und eine blonde Frau mit langen Haaren. Alle trugen silberne Kleidung. Yanca verlor das Bewußtsein. Seine nächste bewußte Erinnerung war, daß er – langsam – auf eine Wiese fiel, nicht mehr wußte, wo und wer er und wieviel Uhr es war. Unter Hypnose und nach einer Behandlung mit Natriumpentothal sagte er später, er sei in einem Lichtstrahl mit den Wesen aufgestiegen und in ein Raumschiff gekommen, nachdem sie ihn mit ein paar Instrumenten gestochen hätten. In dem Raumschiff gab es verschiedene »Armaturenbretter« mit Geräten, die wie Funkgeräte und Fernsehbildschirme aussahen; einer zeigte ein Sternenfeld.

Die Wesen schienen sich untereinander mit einem Summen zu verständigen, wie ein Bienenschwarm. Durch eine Art Funkgerät unterhielt sich eine Stimme mit Yanca auf Spanisch. Sie sagte ihm, er solle keine Angst haben; sie kämen schon seit langem hierher und würden auch wiederkommen. Sie studierten die Menschen, um herauszufinden, ob wir auf ihrem Planeten leben könnten. Die Frau zog einen schwarzen Handschuh mit einer Art Reißnägeln in der Handfläche über und kam auf ihn zu ... seine nächste Erinnerung war, daß er auf die Wiese fiel und nichts mehr wußte. Die Ärzte, die Yanca behandelten, als er gefunden wurde, bemerkten winzige Flecken oder Punkte auf seinem linken Augenlid. Nach einer sorgfältigen Untersuchung kamen sie zu dem Schluß, daß seine Geschichte in allen Punkten widerspruchsfrei

270 Ungebetene Gäste

war und fanden keine Hinweise auf einen Schwindel. Selbst nach Hypnose und Natriumpentothal konnte Yanca noch etwa zwei Stunden nicht erklären, eine Zeit totaler Amnesie. (Anmerkung: Dies ist einer der wenigen Berichte von einer Entführung, in denen von Wesen mit goldenen Haaren die Rede ist, wie sie auch die Kontaktler beschreiben.)

Quelle: *Skylook,* (jetzt *MUFON UFO Journal*) Nr. 76, März 1974 und Nr. 82, Sept. 1974.

24. JANUAR 1974; AISCHE-EN-REFAIL, BELGIEN

Kennzeichen: Begegnung mit einem Fahrzeug, gelandetes Objekt, E-M-Effekte, physiologische Effekte.

An einem klaren Tag kurz nach 16 Uhr fuhr Madame N.D. in ihrem VW 1300 zügig auf einen Hügel zu, als ihr in etwa einhundertfünfzig Metern Entfernung links von der Straße am Boden ein rotes Objekt auffiel. Plötzlich wurde ihr Motor schwächer, und sie dachte, das Benzin ginge ihr aus oder der Vergaser sei kaputt. Ihr Wagen wurde immer langsamer, das Radio ging aus (nur sein Licht blieb noch an,) und der Wagen kam schließlich zum Stehen, als der Motor ausfiel; der vierte Gang war immer noch eingelegt. Sie war jetzt nur etwa zehn Meter von dem Objekt entfernt, das etwa einen Meter Durchmesser hatte und einen halben Meter hoch war. An der Oberseite hatte es eine rote, abgeflachte Kuppel, um die Mitte liefen zwei Reihen »Kreise« oder Bullaugen. Die Oberfläche sah aus wie nicht poliertes Metall, sie reflektierte nicht.

Nach etwa vier bis fünf Sekunden begann das UFO, sich zu bewegen: Es stieg etwa fünfzig Zentimeter auf und fiel dann wieder zu Boden. Das wiederholte sich noch ein zweites Mal. Das dritte Mal stieg es langsam und gleichmäßig drei oder vier Meter auf, bewegte sich über den Wagen, wobei eine flache, graue Unterseite ohne weitere Merkmale sichtbar wurde. Nach ein paar Sekunden schwebte es auf einer kurvenförmigen Bahn geräuschlos davon. Als es wegflog, sprang der Automotor von selbst wieder an, ohne daß Madame N.D. den Zündschlüssel auch nur berührt hätte, und der Wagen bewegte sich – immer noch im vierten Gang – vorwärts, während das UFO in Richtung Ostnordost verschwand.

Anhang A – Ein Querschnitt durch das UFO-Rätsel 271

Ermittler konnten auf dem harten Lehmboden keine physischen Spuren finden, es wurde auch keine Radioaktivität gemessen. Der Wagen war erst vor kurzem einer sorgfältigen Inspektion unterzogen worden und in gutem Zustand. Die Zeugin hatte etliche Nächte lang Alpträume und litt unter einer »abnormalen Müdigkeit«. Weitere Nachwirkungen hatte sie nicht. Im späteren Frühjahr traten bei dem Wagen Fehlzündungen auf, und im Juli mußte ein defekter Verteiler ersetzt werden.

Quelle: *Skylook* (jetzt *MUFON UFO Journal*), Nr. 99, Feb. 1976

14. FEBRUAR 1974; PETITE-ILE, (REUNION) FRANKREICH

Kennzeichen: Konfrontation, »magnetische Kraft«, Lichtstrahl, Humanoide, physiologische Effekte.

Etwa um 13.30 Uhr ging M. Severin, einundzwanzig, Handlungsgehilfe, in einer unbewohnten Gegend auf einer Straße neben einem Kornfeld zu Fuß nach Hause. Plötzlich spürte er eine seltsame Kraft, die ihn von hinten anzog wie ein riesiger Magnet, und er spürte ein Prickeln im Kopf. Dann sah er ein Objekt in der Größe eines Autos, es war strahlend weiß und hatte eine Form »wie zwei halbe Eier auf einem Teller«. Das UFO schwebte fünfzig Zentimeter über dem Boden, und ein leuchtender Lichtstrahl war auf Severin gerichtet.

Durch eine Öffnung in dem UFO konnte er eine Treppe mit drei Stufen sehen, die bis auf den Boden reichte. In dieser Öffnung stand ein kleines Wesen, das die Treppe herunter zu einem anderen Wesen kam, das anscheinend etwas vom Boden abkratzte. Dann erschien ein drittes Wesen mit einer »Tasche« in der Hand. Es ging um das Wesen herum, das etwas vom Boden abkratzte, als wolle es ihm helfen.

Severin schätzte die Größe der Wesen auf etwa 1-1,20 Meter. Sie trugen strahlend weiße, anscheinend metallische Anzüge und hatten auf jeder Seite ihres Kopfes eine Art Antenne. Nach ein paar Augenblicken kam ein viertes Wesen die Treppe herunter. Anscheinend sah es den Zeugen, reagierte auf seine Anwesenheit, und alle vier Humanoiden gingen zurück in das UFO, die Öffnung schloß sich, und das Objekt hob ab und verschwand. Severin hatte große Angst. Er verlor seine Stimme, litt unter Kopfschmerzen und konnte zwei Tage lang nicht richtig sehen.

272   *Ungebetene Gäste*

Quelle: *Ouranos*, Nr. 14, Zweites Quartal 1975 (Frankreich).

14. FEBRUAR 1974; BEI ELY, NEVADA

Kennzeichen: Begegnung mit einem Fahrzeug, Konfrontation, Wind oder »Kraftfeld«, E-M-Effekte, Levitation, Verlust der Fahrzeugkontrolle, Gefühl der Isolation, schwere Schäden am Fahrzeug.

Zwei Brüder, Geschäftsleute, fuhren einen U-Haul-Lastwagen mit den Möbeln ihrer Eltern von Buhl, Idaho, nach Hemet, Kalifornien. Etwa um 4.15 Uhr morgens auf dem Highway 93, etwa neunzig Kilometer nördlich von Ely weckte der Fahrer seinen schlafenden Bruder und sagte ihm, daß ihnen ein UFO folge. Auf der linken Seite war etwa drei Meter über der Wüste ein oranges Objekt zu sehen; rechts sah man drei kleinere Objekte (Lichter), eines flackerte. Das orange Objekt hatte seine Position rechts vor dem Laster verlassen, die Straße überquert und näherte sich nun von links. »... in dem Augenblick fühlte es sich an, als hätte uns ein Windstoß oder ein Kraftfeld getroffen. (Hier entdeckten sie, daß der Lastwagen über der Straße dahinglitt). Die Scheinwerfer des Lastwagens flackerten, und der Motor setzte aus ... er (der fahrende Bruder) verlor die Kontrolle über den Lastwagen und konnte ihn nicht mehr steuern. Ich sagte ihm, er solle anhalten, und noch bevor wir anhalten konnten, sprang der Stufenwahlhebel der Automatik von ›drive‹ auf ›neutral‹ um, und mitten auf der Straße rollten wir bis zum Stillstand aus.«

Über einem Hügel auf der linken Seite war ein riesiger silberner »Metallball mit einer Kuppel an der Oberseite und scharfen Tragflächen« zu sehen. Er schwebte auf der Stelle. Dann bemerkten sie vor sich auf der Straße ein riesiges beleuchtetes Objekt, das näher zu kommen schien. Der zweite Bruder (der Beifahrer) stieg aus und richtete eine Taschenlampe auf das Objekt, aber es geschah nichts. Dann sah er unter den Lastwagen und entdeckte, daß die Antriebswelle sich noch immer drehte. Verängstigt und »um sein Leben fürchtend« stieg er wieder in den Lastwagen und beobachtete, wie das Objekt näher kam. »Wir fühlten uns wie in einer Art Vakuum, isoliert vom Rest der Welt.« (Vergleiche Vorfall vom 29. März 1978 in Indianapolis, Indiana.) Nach etwa zwanzig Minuten verschwanden die Phänomene und die Effekte hörten auf.

Anhang A – Ein Querschnitt durch das UFO-Rätsel   273

Der Lastwagen war völlig außer Funktion, daher winkten sie einen vorbeifahrenden Wagen heran, der sie in die Stadt brachte, wo sie einen anderen U-Haul-Lastwagen mieteten. Der gesamte rückwärtige Teil des Lastwagens, den sie gefahren hatten, mußte ersetzt werden – einschließlich der Reifen, der Hinterachse, der äußeren Husse und des Getriebes. Nach Aussage des Betreibers der U-Haul-Vertretung, der sich an Ort und Stelle begab, war die »Hinterachse einfach herausgedreht.« Er sagte, als sie versuchten, den Lastwagen mit ihrem Abschleppwagen hinten anzuheben, »... fielen die Hinterräder einfach ab!«

Quellen: *Skylook* (jetzt *MUFON UFO Journal*), Nr. 78, Mai 1974; UFO Kolumne von Klinn und Branch, Register von Santa Ana, Kalifornien, vom 27. März 1974.

31. MAI 1974;
VON SALISBURY, RHODESIEN, BIS DURBAN, SÜDAFRIKA

Kennzeichen: Begegnung mit einem Fahrzeug, Konfrontation, Einhüllung in Licht, E-M-Effekte, Verlust der Fahrzeugkontrolle, Lichtstrahl, Standortveränderung, veränderte Umgebung, Kälte, abnormale Stille, Humanoide, Amnesie, Levitation.

In der Nacht vom 30. auf den 31. Mai erlebten Peter X, vierundzwanzig, und seine Frau Frances, einundzwanzig, (Familienname in den Akten von MUFON) zwischen 2.30 Uhr und 7.30 Uhr morgens auf der Schnellstraße eine Reihe seltsamer Dinge. Ein sehr helles, sich drehendes Licht begleitete ihren Wagen, einen Peugeot 404, die Scheinwerfer wurden zunächst schwächer und gingen dann aus; Motor und Radio funktionierten normal. Ein strahlendes, blaues neonartiges Licht hüllte den Wagen ein, und es wurde drinnen so kalt, daß sie die Heizung anschalteten und sich in Decken hüllten. Peter entdeckte, daß er keine Kontrolle mehr über den Wagen hatte; »ich konnte den Wagen nicht anhalten, die Bremsen reagierten nicht. Ich trat mit dem Fuß auf die Bremse, das Pedal ließ sich normal herunterdrücken, aber es hatte keine Wirkung.« Als er den Fuß vom Gaspedal nahm, hatte auch das keine Wirkung; der Wagen fuhr weiterhin mit hoher Geschwindigkeit.
Sie fuhren an zwei verlassenen Bussen vorbei, die etwa sieben bis zehn Kilometer auseinander lagen, was ihnen seltsam vorkam. Jetzt konnten sie sehen, daß das UFO oval war und sich ein Lichtstrahl

274   *Ungebetene Gäste*

von ihm bis zum Horizont erstreckte. Als sie nach Fort Victoria in
Rhodesien hineinfuhren, raste das UFO über den Horizont davon,
und Peter hatte wieder die Kontrolle über seinen Wagen. Um 4.30
Uhr hielten sie an und tankten (der Wagen hatte die übliche Menge
verbraucht). Nach etwa einer Stunde fuhren sie weiter.

Etwa zehn bis zwölf Kilometer hinter der Stadt tauchte ein ähnliches oder dasselbe UFO zusammen mit einem kleineren Objekt wieder auf, und wieder wurde der Wagen in Licht gehüllt und war nicht
mehr zu kontrollieren. Ohne besonderen Motorlärm oder das Gefühl
hoher Geschwindigkeit beschleunigte der Wagen von einhundertdreißig auf einhundertundneunzig Stundenkilometer. Sie fuhren
durch ein Sumpfgebiet (das es in dieser trockenen Gegend nicht
gibt), das »... sehr naß und ... sehr saftig« aussah. Seltsamerweise
fehlten die üblichen Geräusche, wie zum Beispiel die von Grillen
und Heuschrecken. »Es war, als hätte jemand den Ton abgeschaltet.«
Tiere oder anderes Leben waren nicht zu sehen.

Etwa um 7 Uhr, unmittelbar vor der Grenze zu Südafrika, verschwanden die seltsamen Effekte, und Peter konnte wieder normal
fahren. In einer Stunde und fünfundvierzig Minuten waren sie zwei-
hundertachtachtzig Kilometer gefahren (das ergibt eine Durch-
schnittsgeschwindigkeit von etwa einhundertsechzig Stundenkilometern) und eine Stunde früher als erwartet angekommen. Der Kilome-
teranzeiger zeigte jedoch nach Victoria nur noch siebzehn weitere
Kilometer an, und es waren nur zwei Liter Benzin verbraucht worden.
Danach fielen Elektrik und Übersetzung des Wagens aus und mußten
repariert werden. Frances hatte prophetische Träume, in denen sie
kleine Ereignisse in ihrem Leben voraussah, die auch eintrafen.

Peter beschrieb am 3. Dezember in Hypnose hörbaren Kontakt
und eine ausführliche Kommunikation mit den Wesen, die den
Wagen steuerten und eine offensichtlich humanoide Gestalt, die auf
den Rücksitz des Wagens gebeamt worden war. Er erinnerte sich
auch, in das UFO hineingesehen zu haben, das er in einigen Einzelheiten beschrieb. Er erinnerte sich auch, daß der Wagen über der
Straße (von der Straße abgehoben) gewesen war. (Anmerkung: Die
vollständige Geschichte ist sehr komplex und muß zur angemessenen Beurteilung ganz gelesen werden. Der Teil, der sich in Hypnose
herausstellte, ist stellenweise etwas vage und unzusammenhängend
und beruht auf nicht analysierten Tonbandaufzeichnungen der Sitzung. Es ist zu vermuten, daß eine Entführung vorliegt, aber die
Hinweise sind nicht eindeutig.)

Quelle: *Skylook* (jetzt *MUFON UFO Journal*), Nr. 88, März 1975.

Anhang A – Ein Querschnitt durch das UFO-Rätsel 275

JULI 1974; BRIDGEWATER, TASMANIEN

Kennzeichen: Begegnung mit einen Fahrzeug, Verlust der Fahrzeugkontrolle.

Der Zeuge, dessen Name vorliegt, möchte anonym bleiben. Auszüge aus der Tonbandaufzeichnung des Interviews mit ihm:

»... es erschien oval ... Oben an der Vorderseite hatte es ein Licht – ein rotes, und dieses größere Licht an der Unterseite ... Wir fuhren den Highway entlang und bogen dann ab. Es schwebte auf der Stelle, als wir abbogen und schien mit uns Schritt zu halten ... (Beschreibt, wie das UFO beschleunigte, wenn sie beschleunigten und langsamer wurde, wenn sie langsamer fuhren. Wenn sie an Häusern vorbeifuhren, blieb das UFO in größerer Höhe, und auf einer einsameren Strecke sank es wieder bis unter die Gipfel der Hügel hinunter und hielt wieder mit dem Wagen Schritt.) Als es wieder herunterkam, hatte ich das Gefühl, ich unterläge seiner Macht, als würde es eindeutig die Kontrolle über den Wagen übernehmen; ich konnte ihn kaum noch steuern. Wir wurden geradewegs auf die rechte Straßenseite hinübergezogen, wo das UFO war; es war ganz schön anstrengend, den Wagen wieder auf die richtige Straßenseite zu bringen. Ich kann mich erinnern, daß mir die Arme um die Schultern herum weh taten, nachdem das UFO verschwunden war, weil ich mich so sehr angestrengt hatte, den Wagen auf der Seite zu halten, auf die er gehört ... (es) schien, als stünde der Wagen nicht unter meiner Kontrolle.«

Der Wagen, ein Valiant Safari Variant, erlitt keine weiteren Schäden, und es gab keine Nachwirkungen.

Quelle: Abschrift des auf Tonband aufgezeichneten Interviews, durchgeführt vom tasmanischen U.F.O. Investigation Centre, *Skylook,* (jetzt *MUFON UFO Journal*), Nr. 101, April 1976.

27. OKTOBER 1974; AVELEY, ENGLAND

Kennzeichen: Begegnung mit einem Fahrzeug, E-M-Effekte, Einhüllen in »grünen Dunst«, abnormale Stille, Kälte, Zeitverlust, Teleportation, Entführung, medizinische Untersuchungen.

276   *Ungebetene Gäste*

John und Elaine »Avis« (Pseudonym), ein junges Ehepaar, hatten mit ihren drei Kindern Verwandte bei London besucht. Um 21.50 Uhr begaben sie sich auf die Heimfahrt, die normalerweise zwanzig Minuten dauert. Die beiden jüngeren Kinder schliefen auf dem Rücksitz, Kevin, sieben, war wach und hörte Radio. Sie sahen ein blaues, ovales Licht, das sich parallel neben dem Wagen bewegte und dann vor ihnen die Straße überquerte. Als sie etwa um 22.10 Uhr schon fast zu Hause waren, hatten sie plötzlich das Gefühl, »irgendetwas stimmte nicht«: Ihnen fiel eine abnormale Stille auf, außer einem Krachen im Radio, das anfing zu rauchen. Sie sahen einen unheimlichen grünen Dunst über der Straße, und im selben Moment gingen die Scheinwerfer aus. Als sie in den grünen Dunst hineinfuhren, ruckte der Wagen, dann umgab sie nur noch Stille und eine seltsame Kälte. Es schien ihnen nur eine Sekunde später, als der Wagen mit einem weiteren Rucken wieder aus dem grünen Dunst herausfuhr und alles wieder normal wurde.

Ein paar Minuten später waren sie zu Hause und entdeckten, daß es 1.00 Uhr war – es blieben also fast drei Stunden, für die sie keine Erklärung hatten. Danach erlitt John einen Nervenzusammenbruch, und das Verhalten der Familie veränderte sich auf unterschiedliche, eigenartige Weise. John und Elaine träumten von unheimlichen Kreaturen und medizinischen Untersuchungen. Vage dachten sie daran, daß das alles mit der UFO-Sichtung zu tun haben könnte und unterzogen sich daher drei Jahre später einer regressiven Hypnose. In Hypnose schilderten sie, wie der Wagen in einer Lichtsäule nach oben in ein Raumschiff teleportiert wurde, wo 1,20 Meter kleine vogelähnliche Wesen sie medizinisch untersuchten. Andere Wesen, die über 1,80 Meter groß waren, führten sie durch das Raumschiff, und John wurde eine holografische »Karte« des Weltraums gezeigt, auf der auch der Heimatplanet der Wesen zu sehen war. Schließlich wurde der Wagen wieder zurück auf die Straße teleportiert.

Quelle: »Aveley (England) Abduction« von Jenny Randles in *Encyclopedia of UFOs* (New York, Doubleday, 1980).

19. FEBRUAR 1975; ORBAK, DÄNEMARK

Kennzeichen: Begegnung mit einem Fahrzeug, Konfrontation, E-M-Effekte, strahlend helle Beleuchtung, Hitze, physiologischer Effekt, physische Spuren.

Anhang A – Ein Querschnitt durch das UFO-Rätsel   277

Frau X hatte gerade ihre Tochter ins Gymnasium Ryslinge gefahren und war auf dem Rückweg nach Orbak, als der Motor und die gesamte Elektrik ihres VW ausfielen. Sie rollte zum Straßenrand und hielt an. Genau in diesem Moment ließ sich ein sehr großes rundes Objekt von hinten über dem Wagen nieder. Von dem Objekt ging ein strahlendes, bläuliches Leuchten aus. Ein solches Licht hatte sie noch nie gesehen. Kurz danach verschwanden das Licht und das UFO. Eine Zeit lang wurde die Hitze im Wagen unerträglich, und sie spürte ein »Prickeln« im Gesicht. Als das UFO verschwunden war, sprang der Wagen ohne Probleme an. Am nächsten Tag fühlte sie sich unruhig und litt unter Übelkeit. Der Zeitung erzählte sie, daß ihr Gesicht schmerzte, wenn sie nach draußen ging; sie hatte das zuvor noch nie erlebt. Der rote Wagen hatte eine Reihe blauer Streifen auf dem Dach, die vor dem Zwischenfall dort nicht gewesen waren.

Innerhalb einer Woche erfuhren dänische Ermittler von dem Fall, aber sie erhielten keine Informationen darüber, ob Frau X sich irgendwelchen medizinischen Tests unterzog oder ob der Lack ihres Wagens getestet wurde.

Quellen: Jyllands *Posten,* 25. Feb. 1975; *UFO-Aspekt,* Dänemark, April 1975 (einschließlich Fotos von den Spuren am Wagen).

3. MAI 1975, BEI MEXICO CITY, MEXIKO

Kennzeichen: Begegnung in der Luft, Konfrontation, Kontrollverlust, Erfassung auf Radar.

Carlos Antonio de los Santos Montiel, dreiundzwanzig, flog eine Piper PA-24 in einer Höhe von etwa dreitausend Metern von Zihuatenejo nach Mexico City. Als er um 13.34 Uhr den Tequesquitengo See überflog, spürte er eigenartige Vibrationen im Flugzeug. Dann sah er rechts von sich ein diskusförmiges Objekt von drei bis vier Metern Durchmesser mit einer Kuppel oder Kanzel, das neben seinem Flugzeug herflog. Links von ihm war ein weiteres solches Objekt. Von vorne näherte sich ein dritter Diskus, ließ sich unter das Flugzeug fallen, und Carlos spürte einen Schlag, als sei das Objekt mit seinem Flugzeug zusammengestoßen.

Instinktiv zog er den Fahrgestellhebel, aber er funktionierte nicht. Er hatte das Gefühl, das Flugzeug wurde gezogen oder angehoben,

278   *Ungebetene Gäste*

und seine Steuerung reagierte nicht. Er fühlte sich hilflos und aufgewühlt und hielt Funkkontakt mit dem Flughafen Mexico City, dem er schilderte, was mit ihm geschah. Zugleich zeigte das Radar der Flugverkehrskontrolle unerklärliche Objekte in der Nähe des Flugzeugs, die scharfe Kurven vollzogen, wie sie Flugzeuge nicht vollführen können. Schließlich verschmolzen sie zu einem »Radarpunkt« und schossen in Richtung des Popocatepetl davon. Als die UFOs weggeflogen waren, konnte Carlos sein Fahrgestell manuell ausfahren und sicher landen. Flugpersonal, das ihn kannte, bestätigte seine Besonnenheit und Vertrauenswürdigkeit.

Quelle: *Skylook* (jetzt *MUFON UFO Journal*), Nr. 93, Aug. 1975.

13. August 1975, BEI HADERSLEV, DÄNEMARK

Kennzeichen: Begegnung mit einem Fahrzeug, strahlend helle Beleuchtung, Fahrzeug in Licht eingehüllt, E-M-Effekte, Hitze, Fotos, rascher Abflug nach oben.

Der Polizeibeamte Evald Hansen Maarup fuhr um 22.50 Uhr in einem Polizeifahrzeug nach Knud, wo er zu Hause war. Als er einen Hügel hinunter in eine Senke auf eine Kreuzung zu fuhr, war der Wagen plötzlich in ein bläulich-weißes Licht eingehüllt; zugleich stellte der Motor ab, und die Scheinwerfer fielen aus. Maarup rollte zum Seitenstreifen und hielt an. Er schirmte seine Augen mit dem Arm gegen das blendende Licht ab, tastete nach dem Sprechfunk und versuchte, das Revier zu erreichen, aber der Sprechfunk war tot. (Vergleichen Sie diese und die folgenden Einzelheiten mit der Sichtung vom 4. März 1969 in Atlanta, Missouri). Die Temperatur im Wagen stieg, sie fühlte sich an wie die Sonne an einem warmen Sommertag. Dann stieg das kegelförmige, sich an der Spitze auf einen Durchmesser von vier bis fünf Metern verjüngende Licht nach oben in eine Öffnung am Boden eines runden Objekts von etwa zehn Metern Durchmesser.

Das UFO war nur etwa zwanzig Meter über ihm, und an der Unterseite waren zwei kuppelförmige Auswölbungen zu sehen. Maarup setzte eine Spezialkamera mit automatischem Filmtransport in Betrieb, die auf den Streifenwagen montiert war und machte drei Aufnahmen. Er stieg aus dem Wagen, und Sekunden später bewegte sich das Objekt nach oben, beschleunigte und war schnell außer

Anhang A – Ein Querschnitt durch das UFO-Rätsel   279

Sicht. Es war kein Geräusch zu hören. Dann gingen die Scheinwerfer und die Lichter am Armaturenbrett wieder an, und der Wagen sprang normal an. Der Sprechfunk funktionierte wieder, und er meldete den Zwischenfall dem Revier.

Als er den Film am nächsten Tag entwickelte, stellte Maarup fest, daß eine Lichtquelle darauf festgehalten worden war, und er übergab den Film der dänischen Luftwaffe. Ein Bericht über die Analyseergebnisse ist nicht zu bekommen.

Quellen: *Scandinavian UFO Information Newsletter,* Aug. 1975, Soborg, Dänemark; *MUFON UFO Journal* Nr. 106, Sept. 1976.

13. AUGUST 1975; ALAMOGORDO, NEW MEXICO

Kennzeichen: Konfrontation, Humanoide, Geräusch, Benommenheit, Zeitverlust, Entführung, körperliche Untersuchung auf einem Tisch, telepathische Kommunikation, physiologische Effekte.

Stabsfeldwebel Charles L. Moody, Air Force, fuhr nach der Spätschicht in die Vororte, um nach Meteoren Ausschau zu halten. Als ein scheibenförmiges UFO auf eine niedrige Höhe abstieg und sich auf ihn zu bewegte, wollte er fliehen, aber sein Wagen sprang nicht an. Er hörte ein hohes Geräusch, sah schattenhafte humanoide Gestalten in dem UFO, fühlte sich benommen, ... und sah dann, wie das UFO wegflog. Sein Wagen sprang danach ohne Schwierigkeiten an, und er fuhr nach Hause. Dabei entdeckte er einen Zeitverlust von einer bis anderthalb Stunden.

Am nächsten Tag war sein Kreuz entzündet, und über seiner Wirbelsäule befand sich eine kleine Einstichwunde; ein paar Tage später hatte er einen Ausschlag am Körper. Im Laufe der nächsten beiden Monate kehrte die Erinnerung an die »verlorene« Zeit allmählich zurück. Er war in einem Raumschiff gewesen und hatte telepathisch mit kleinen humanoiden Wesen von etwa 1,40 Meter Größe kommuniziert. Sie hatten eine weißlich-graue Haut, einen großen Kopf, große Augen, einen kleinen, schlitzartigen Mund und im ganzen maskenhafte Gesichtszüge.

Ihre Kleidung war schwarz und hauteng; nur der »Leiter« trug silberweiße Kleidung. Moody befand sich auf einem glatten Tisch, ähnlich einem Operationstisch und konnte sich nicht bewegen; er fühlte sich wie unter dem Einfluß von Medikamenten. Eines der

280   *Ungebetene Gäste*

Wesen hielt ein stabartiges Gerät an seinen Rücken. Sie sagten ihm, er habe sich mächtig gewehrt und sei in dem Handgemenge leicht verletzt worden. Moody wurde in dem Raumschiff herumgeführt, und sie zeigten ihm die Einzelheiten seiner Konstruktion. Zu den Botschaften/Kommunikationen, die er empfing, gehörte auch die Information, daß in naher Zukunft ein beschränkter Kontakt zu den Menschen aufgenommen würde, aber nur allmählich und über einen längeren Zeitraum; sie sind verwundbar durch Atomwaffen; Radar stört ihre Navigationsgeräte; es gibt etliche verschiedene Rassen der Aliens, die zusammenarbeiten.

Quellen: »Moody Abduction« von L. J. Lorenzen in *Encyclopedia of UFOs* (New York, Doubleday, 1980); *Abducted,* Coral und L. J. Lorenzen, Kap. IV (New York, Berkley Medallion, 1977).

30. SEPTEMBER 1975; BEI CORNING, KALIFORNIEN

Kennzeichen: Geräusch, strahlend helle Beleuchtung, atmosphärische Störung, Tierreaktion.

Um 3.30 Uhr morgens arbeitete Hubert Brown, zweiundzwanzig, auf der Milchfarm Kent Plott, elf Kilometer vor Corning, an der Abfahrt des Highway 99W. Als er zur hinteren Parzelle ging, um die Kühe zusammenzutreiben, sah er ein diskusförmiges Objekt mit einer Kuppel, das über der Parzelle schwebte, wobei sein Licht die ganze Parzelle »taghell« erleuchtete. Brown rannte zum Milchhaus zurück, um Tyrone Philips, achtunddreißig, zu holen. Beide Männer standen da und beobachteten das UFO. Das Objekt strahlte ein helles rotes Licht ab und gab ein Summen von sich. Es hatte hinter dem Stall eine riesige Staubwolke aufgewirbelt, und die Kühe flohen von dieser Stelle. Nach drei bis fünf Minuten hob das UFO ab und schnellte »in einem Augenblick« außer Sicht.

Quelle: *Skylook* (jetzt *MUFON UFO Journal*), Nr. 95, Okt. 1975.

6. JANUAR 1976; BEI BETHEL, MINNESOTA

Kennzeichen: Begegnung mit einem Fahrzeug, Konfrontation, strahlend helle Beleuchtung, physiologische Effekte.

Anhang A – Ein Querschnitt durch das UFO-Rätsel 281

In einer kalten Frostnacht (minus sechsundzwanzig Grad Celsius, in Windböen bis minus fünfundvierzig Grad) fuhr Mrs. Janet Stewart, neunundzwanzig, verheiratet und Mutter dreier Kinder um 19.20 Uhr von Bethel nach Moundview. Unterwegs wollte sie ihre Freundin Mary Root abholen. Als sie um eine Kurve bog, sah sie eine Gruppe roter und grüner Lichter, die quer über den Himmel flogen und nahm an, das sei ein Flugzeug. Aber plötzlich kam es auf sie zu, dabei blinkten die grünen Lichter schnell. Dann dachte sie, es könnte ein Hubschrauber sein. Als sie langsamer fuhr, um auf der County Road 15 eine scharfe Kurve zu nehmen, ließ sich das blitzende Objekt abrupt bis über die Motorhaube des Wagens genau vor die Windschutzscheibe fallen. Sofort bewegte es sich in derselben Richtung wie der Wagen. Sie beugte sich über das Lenkrad, um zu dem Objekt hochsehen zu können, das etwa anderthalb Kilometer lang in dieser Position verharrte. Dann bewegte es sich über das Dach des Wagens, und sie konnte es nicht mehr sehen.

Das Heckfenster und die Seitenfenster des Wagens waren mit Reif bedeckt. Wegen des strahlenden Lichts konnte sie seine exakte Form zwar nicht erkennen, aber sie glaubte doch, sie habe eine Art Ring und eine Kuppel auf dem UFO gesehen, das mindestens so groß war wie ihr Auto. Sie fuhr weiter bis zu Mary Roots Haus, und zusammen fuhren sie wieder zu der Stelle der Sichtung zurück, um sich dort umzusehen, konnten aber nichts Ungewöhnliches entdecken. Am nächsten Tag hatte Mrs. Stewart Menstruationskrämpfe und am Tag darauf eine starke Periodenblutung, vollkommen außerhalb ihres normalen Zyklus. Seltsamerweise hatte Mrs. Root dasselbe Problem. Mrs. Stewarts Augen machten ihr zu schaffen, und am 11. Januar tränten sie und brannten schmerzhaft. Sie wollte zum Arzt gehen, aber noch am selben Nachmittag ließen die Beschwerden nach und waren am folgenden Tag ganz verschwunden.

Quelle: *Skylook* (jetzt *MUFON UFO Journal*), Nr. 101, April 1976.

6. JANUAR 1976; STANFORD, KENTUCKY

Kennzeichen: Begegnung mit einem Fahrzeug, Lichtstrahl, Kontrollverlust, Levitation, Standortveränderung, veränderte Umgebung, Zeitverlust, Entführung, körperliche Untersuchung auf einem Tisch, physiologische Effekte, Effekte auf Armbanduhr.

282   *Ungebetene Gäste*

Louise Smith, sechsundvierzig, Mona Stafford, sechsunddreißig, und Elaine Thomas, neunundvierzig, hatten in einem Restaurant spät zu Abend gegessen. Um 23.15 Uhr fuhren sie nach Liberty, wo sie zu Hause waren. Bei Stanford sahen sie ein rötliches, diskusförmiges UFO mit einer weiß glühenden Kuppel und weißen Lichtern am Rumpf. Das UFO ging nieder, flog im Kreis und schwang sich hinter den Wagen, wobei es dessen Innenraum mit einem blauen Lichtstrahl ausleuchtete. Mrs. Smith, die den Wagen fuhr, spürte, wie er nach links gezogen wurde und konnte ihn nicht mehr halten. Der Wagen beschleunigte außer Kontrolle (der Tachometer zeigte einhundertfünfunddreißig Stundenkilometer). Alle drei Frauen spürten ein Brennen in den Augen, und Mrs. Smith bekam starke Kopfschmerzen.

Als nächstes hatten sie das Gefühl, der Wagen würde nach hinten gezogen, dabei hüpfte er wie auf einer unebenen Straße. Sie sahen eine seltsame, breite, hell erleuchtete Straße, die in die Ferne führte. In der Gegend gab es aber eine solche Straße nicht. Die Phänomene verschwanden, und sie sahen einen bekannten Geländepunkt in Hustonville, dreizehn Kilometer von der Stelle entfernt, an der die Begegnung stattgefunden hatte. Sie fuhren zu Mrs. Smiths Wohnwagen, wo sie entdeckten, daß sie sich etwa anderthalb Stunden nicht erklären konnten.

Alle drei hatten brennende, tränende Augen und rote Male im Nacken. Die Zeiger an Mrs. Smiths Armbanduhr bewegten sich schneller; Elaine Thomas' Armbanduhr war stehengeblieben; Mona Stafford trug keine Armbanduhr. In den nächsten Tagen litten sie unter geröteter Haut und Schwellungen, und Mona Stafford hatte eine schwere Bindehautentzündung. Mrs. Smiths Wellensittich verhielt sich seltsam nach dem Zwischenfall, er hatte Angst vor ihr und starb innerhalb weniger Wochen.

Die Frauen verloren an Gewicht und erlebten Persönlichkeitsveränderungen. In einer späteren Hypnose erzählten sie, daß sie mitgenommen und unter Zwang auf einen Untersuchungstisch gelegt wurden, wo 1,20 Meter große humanoide Wesen sie untersuchten. Ihr Eindruck von den humanoiden Wesen blieb vage, und aus den Schilderungen von der Entführung waren nur fragmentarische Informationen, die in Einzelheiten etwas voneinander abwichen, zu gewinnen.

Elaine Thomas starb im September 1979, offensichtlich an einem Herzinfarkt.

Quellen: »Kentucky Abduction« von APRO und R. Leo Sprinkle in *Encyclopedia of UFOs* (New York, Doubleday, 1980); *Situation Red:*

Anhang A – Ein Querschnitt durch das UFO-Rätsel 283

The UFO Siege von Lenoard H. Stringfield (New York, Doubleday, 1977), S. 198-212; *Abducted* von Coral und L. J. Lorenzen, Kap. VIII, »The Casey County Abduction« (New York, Berkley Medallion, 1977); *International UFO Reporter* Band 2 Nr. 3, März 1977 (Center for UFO Studies, Evanston, Illinois); »The Stanford, Kentucky, Abduction« von Leonard H. Stringfield, *MUFON UFO Journal* Nr. 110, Jan. 1977.

21. JANUAR 1976; MATLES-BARBOSA, BRASILIEN

Kennzeichen: Begegnung mit einem Fahrzeug, strahlend helle Beleuchtung, Levitation, Humanoide, Entführung, technische Instrumente, Kommunikation, körperliche Untersuchung.

Herminio und Bianca Reis, ein Ehepaar Mitte dreißig, fuhren auf der Schnellstraße Rio de Janeiro – Belo Horizonte. Etwa um 23.30 Uhr wurden sie müde und hielten an, um sich etwas auszuruhen. Herminio schlief über das Lenkrad gebeugt ein. Später wurde er wach, als Bianca aufschrie und ein intensives, bläuliches Licht die Umgebung erhellte. Plötzlich wurde ihr VW »wie durch einen Kamin nach oben gezogen«, und sie befanden sich in einem hell erleuchteten, runden Raum. Zwei dunkle Wesen, etwa zwei Meter groß, kamen auf sie zu und bedeuteten ihnen, sie sollten aus dem Wagen aussteigen. Die Wesen unterhielten sich in einer Sprache, die die Reis' nicht verstanden. Sie wurden eine Treppe hinauf in einen großen Raum voller Instrumente geleitet. Dort erhielten sie Kopfhörer; auch eines der Wesen setzte einen Kopfhörer auf und verband es mit einem Gerät, das aussah wie ein Computer. Dann hörten sie eine Stimme, die auf Portugiesisch sagte: »Ich heiße Karen, beruhigt euch ...«
Später wurde Bianca untersucht (Haut, Ohren und Augen) und in ein schachtelförmiges Gerät gelegt, das rot glühte wie ein Grill. Eine Art elektrischer Schock durchfuhr sie, und sie verlor dadurch eine Zeitlang das Bewußtsein. Danach wurde sie auf etwas gelegt, das sich ihrer Körperform anpaßte. Beiden wurde eine grüne Flüssigkeit zu Trinken gegeben, die wie eine Mischung aus Zucker und Jod schmeckte. Dann erschienen weitere Wesen, darunter auch eine große, dunkelhaarige Frau mit klaren Augen. Sie sagten, sie führten medizinische Forschungen durch, sie hätten die »Krankheit« des

284   *Ungebetene Gäste*

Alterns besiegt, und in ihrer Welt gebe es keinen Tod. Bianca wurde
ein technisches Gerät gegeben. Später behauptete sie, sie stünde
über dieses Gerät immer noch mit Karen in Verbindung.

Quelle: Berichte in argentinischen Zeitungen, übersetzt von Jane
Thomas, Buenos, Aires.

22. MÄRZ 1976; NEMINGHA, NEW SOUTH WALES, AUSTRALIEN

Kennzeichen: Einhüllung in Licht und Dunst, E-M-Effekte, weißer
Niederschlag.

Ein Ehepaar aus Murrurundi kam am frühen Morgen aus dem
Urlaub in die kleine Siedlung Nemingha bei Tamworth zurück. Etwa
um 5.45 Uhr hielten sie an, um auf einer Straßenkarte nachzusehen,
als ein weißer Kleinwagen aus Richtung Tamworth auf sie zu kam.
Sie stiegen aus, weil sie hofften, den Fahrer nach dem Weg fragen
zu können. Plötzlich kam von oben ein helles, grünlich-gelbes Licht
herunter und hüllte den Kleinwagen vollständig ein. Das Licht verschwand, und als der Wagen auf die falsche Straßenseite zu treiben
drohte, umschloß ihn eine dicke Kugel aus weißem Dunst. Der
Wagen hielt danach auf der falschen Straßenseite an, seine Scheinwerfer waren aus.
Das Paar beobachtete die Szene weiter, und sah wie eine Frau aus
dem Wagen ausstieg und mit einem Tuch eine weiße Masse von der
Windschutzscheibe wischte. Die Scheinwerfer gingen wieder an,
und die Frau blieb kurz stehen und betrachtete den Wagen. Dann
warf sie das Tuch weg, das danach in Flammen aufging. Sie stieg
wieder in den Wagen und fuhr langsam auf die Zeugen zu; an einer
Abzweigung bog sie ab und fuhr weiter. Als der Wagen an ihnen
vorbeifuhr, sahen die Zeugen, daß er mit einer »dicken weißen Substanz, nicht unähnlich weißer Farbe« bedeckt war. Nur die Stellen,
die die Scheibenwischer erreichten, waren frei. Beunruhigt durch
das Erlebnis schrieb das Ehepaar einen Brief an den *Northern Daily
Leader,* Tamworth, der ihn am 8. April veröffentlichte.

Quelle: »A Road Hazard Down Under?« von Bill Chalker, Bericht
für das UFO Investigation Centre, Lane Cove, New South Wales,
Australien.

Anhang A – Ein Querschnitt durch das UFO-Rätsel   285

19. SEPTEMBER 1976; TEHERAN, IRAN

Kennzeichen: Begegnung in der Luft, radar-visuelle Sichtung, Abfangversuch mit Jet, E-M-Effekte, physiologische Effekte, außergewöhnliche Manövrierfähigkeit, möglicherweise Landung, Katz-und-Maus-Verfolgungsjagd, Reaktion auf Zeugen.

Um 1.30 Uhr startete die iranische Luftwaffe einen in den USA gebauten F-4-Abfangjäger, der Meldungen von Bürgern über ein UFO nachgehen sollte. Als die F-4 zu einem strahlenden Licht nördlich von Teheran dirigiert wurde, fielen plötzlich die Kommunikation und alle Instrumente aus. Der Pilot brach den Flug ab, um zum Stützpunkt zurückzukehren, und alle Fluginstrumente funktionierten wieder normal. Um 1.40 Uhr startete eine zweite F-4 mit Kurs auf das UFO. Das Radar zeigte ein Objekt etwa von der Größe einer B-707. Der Jet flog schneller als Mach 1 und erreichte so eine Annäherungsgeschwindigkeit von 150 nautischen Meilen pro Stunde (eine nautische Meile = 1,852 km, 150 nautische mph = 277,8 km/h), aber das UFO beschleunigte (Bestätigung auf Radar) und blieb vor dem Verfolgerjet. Auf dem UFO waren bunte Blitzlichter zu sehen.

An einer Position südlich von Teheran wurde beobachtet, wie ein kleineres Objekt aus dem UFO heraus und direkt auf die F-4 zukam. Der Pilot wollte eine AIM-9 Lenkrakete auf das herannahende Objekt abfeuern, aber im selben Moment fielen seine Waffenkontrollinstrumente und die gesamte Kommunikation aus. Der Pilot vollzog ein Ausweichmanöver, das Projektil wendete und folgte ihm, beschleunigte dann aber und kehrte zum UFO zurück. Der Pilot der F-4, dessen elektromagnetische Instrumente nun wieder normal funktionierten, versuchte noch einmal, das UFO abzufangen. Aus dem UFO kam ein weiteres Objekt, das mit hoher Geschwindigkeit auf die Erde zuflog. Es schien dann, als lande es sanft in den Hügeln unter ihm. Dann schoß das UFO davon. Das gelandete Objekt beleuchtete den Boden in einem Gebiet von etwa zwei bis drei Kilometern Durchmesser. Der Pilot hielt daher dessen Position fest und ging herunter, um nachzusehen, bis das Licht ausging. Nachdem sie in das strahlende Licht geschaut hatten, litt die Crew der F-4 unter Nachtsichtproblemen. Auf ihrem Rückflug zum Stützpunkt hatten sie außerdem elektromagnetische Störungen.

Kurz nach Sonnenaufgang untersuchte die Crew der F-4 von einem Hubschrauber aus die Landestelle in einem ausgetrockneten Seebett. Sie fanden keinerlei Spuren, empfingen aber ein Piepsignal.

286 Ungebetene Gäste

Ein Bewohner der Gegend hatte in der Nacht in der Umgebung der Landestelle ein lautes Geräusch gehört und ein helles Licht gesehen. Ein Bericht über den Zwischenfall kursierte unter den amerikanischen Geheimdiensten, und eine »Defense Information Report Evaluation« (IR Nr. 6846013976) (Beurteilung eines Berichts mit verteidigungsrelevanten Informationen) der Defense Intelligence Agency (Militärischer Abschirmdienst) vom 22. Sept. 1976 bezeichnete ihn als »einen hervorragenden Bericht. Dieser Fall ist ein Klassiker, der alle Kriterien für eine aussagefähige Studie eines UFO-Phänomens erfüllt.« Die Analyse bezeichnete das Verhalten des UFOs als »imponierend« und betonte, daß »das UFO ein ungewöhnliches Ausmaß an Manövrierfähigkeit zeigte.«

Quellen: *U.F.O. Investigator,* NICAP, Nov. 1976; Bericht über die Beurteilung durch die Defense Intellugence Agency von Maj. Roland B, Evans, USAF, Analytiker für militärisches Leistungsvermögen, DIA (Maj. Evans flog damals als Offizier für Elektronische Kriegführung); *Journal, Teheran,* 20. Sept. 1976; *UFOs and the Limits of Science* von Ronald D. Story (New York, Morrow, 1981) S. 160-162

21. JANUAR 1977; ST. BERNARD PARISH, LOUISIANA

Kennzeichen: Einhüllung eines Bootes in Licht; Schwerkrafteffekte (?), abnormale Stille, Lichtstrahl, Zeitverlust.

Ein Nutria-Jäger ging etwa um 20.45 Uhr entlang einem Kanal seinem Gewerbe nach, als sein Boot plötzlich von einem strahlenden Licht umschlossen wurde. Alle Geräusche verstummten, und er spürte die Hitze des Lichtes. Dann schoß ein glühendes Objekt davon, und alles war wieder normal. Der Jäger holte einen Freund ab und fing mit seiner Arbeit an; dann näherte sich wieder ein Licht und schwebte über dem Boot. Wieder herrschte Stille, und dem Jäger standen die Haare »wie Draht« zu Berge. Alles fühlte sich warm an. Der Motor lief weiter, aber das Boot stand still, als würde es von »einer starken Schwerkraft« festgehalten. Spätere Ermittlungen ergaben, daß es keine normalen Hindernisse gewesen sein konnten, die das Boot festhielten, der Kanal war vor kurzem erst ausgebaggert worden.

Das UFO war rundlich und etwa sechs Meter im Durchmesser. Auf der strukturierten Oberfläche zeigte sich ein Muster miteinander

Anhang A – Ein Querschnitt durch das UFO-Rätsel 287

verbundener Rhomben oder Quadrate. Als es wegflog, sprang das
Boot plötzlich nach vorne und warf beide Männer um. Es war, als
sei die Kraft, die sie festgehalten hatte, abgeschaltet worden. Sie
sahen, wie sich das UFO zurückzog und in der Nähe einer Ölraffinerie auf der Stelle schwebte, wo ein Wächter der Ölgesellschaft es
gleichfalls sah; dann schwebte es wieder über einer anderen Stelle
und sandte einen Lichtstrahl nach unten. Nach etwa dreißig Minuten verschwand es. Der Jäger sprach von einer Zeitspanne von
zwanzig Minuten, die ihm während der Sichtung fehlten.

Quelle: *MUFON UFO Journal,* Nr. 111. Feb. 1977.

18. FEBRUAR 1977; SALTO, URUGUAY

Kennzeichen: E-M-Effekte, Tierreaktionen, strahlend helle
Beleuchtung, Lähmung, schwere physiologische Effekte, körperliche
Spuren.

Im Laufe des Februar und März sahen der Rancher Angel Maria
Tonna, zweiundfünfzig, seine Familie und Helfer auf der Farm UFOs.
Am 18. Februar um 4 Uhr morgens, die Kühe wurden gerade zum
Melken in einen Stall getrieben, fielen plötzlich alle generatorge-
triebenen Lichter in den Ställen und anderen Gebäuden aus. An der
Ostseite des Stalls erschien ein helles Licht, und Tonna und sein
Wachhund Topo rannten dorthin, um nachzusehen, weil sie befürchteten, es sei ein Feuer. Tonna hörte dann ein Geräusch (das er nicht
näher bezeichnete) und sah eine Scheibe »wie zwei Teller, die gegeneinander gehalten werden«. Die Kühe rannten wild umher, und alle
Hunde bellten. Das UFO setzte sich mit einem Schaukeln in Bewegung, dabei brach es ein paar Zweige von Bäumen ab. Abwechselnd
schwebte es still und bewegte sich dann wieder. Als er und Topo, ein
dreijähriger Polizeihund mit einem Gewicht von über vierundzwanzig Kilogramm, auf das UFO zugingen – das jetzt hellorange glühte
– drehte es um und bewegte sich auf sie zu. Etwa sechs Meter über
Grund neben einem Wassertank hielt es an; dabei beleuchtete sein
Licht den gesamten Hof um die Ställe.
    Topo rannte auf das UFO zu, um es anzugreifen, hielt aber etwa
drei Meter vor dem Objekt plötzlich an, setzte sich und heulte. Tonna
sah sechs blitzartige Lichtstrahlen, drei auf jeder Seite des UFOs,
spürte elektrische Schocks und eine intensive Hitze. Er fühlte sich

288 *Ungebetene Gäste*

gelähmt. Nach etlichen Minuten bewegte sich das UFO von ihnen weg, seine Farbe veränderte sich zu Rot, und es beschleunigte allmählich, bis es außer Sichtweite war. Dann funktionierte der Generator wieder, produzierte aber keine Elektrizität, weil die Leitungen durchgebrannt waren. Topo verweigerte das Fressen und blieb, völlig untypisch für ihn, den ganzen Tag im Haus.

Drei Tage später wurde der Hund an der Stelle, an der er gesessen und das UFO angeheult hatte, tot aufgefunden. Eine Obduktion durch einen Tierarzt ergab Anhaltspunkte für eine starke innere Hitzeentwicklung, gerissene Blutgefäße und entfärbte innere Organe. Der Hund war buchstäblich gekocht worden. Tonna litt unter einer schweren Irritation der Haut, weigerte sich aber, sich weiteren medizinischen Untersuchungen zu unterziehen. Auf dem ganzen Besitz wurden abgebrochene Bäume und runde Markierungen auf dem Boden gefunden; in einem Kreis von zehneinhalb Meter Durchmesser fanden sich verbranntes Gras und drei kreisförmige Eindrücke, angeordnet wie ein Dreieck in einem Kreis.

Quelle: *MUFON UFO Journal,* Nr. 125, April 1978

5. MAI 1977; TABIO, KOLUMBIEN

Kennzeichen: Begegnung in der Luft, Konfrontation, E-M-Effekte, Kontrollverlust über die Steuerung, verzerrte Sicht.

Der Pilotenschüler Manuel Jose Lopez Ojeda, zweiundzwanzig, hob um 9.15 Uhr in einer 100 h.p. Cessna 150 zu einem Routine-Alleinflug über den zweitausendsechshundert Meter hohen Bergen nördlich von Bogota ab. Eine Stunde später, als er in der Nähe der Stadt Tabio steile Wenden übte, fiel ihm auf, daß alle seine Instrumente entweder »0« anzeigten oder im Gefahrenbereich waren. Er suchte rechts unter sich ein Feld für eine Notlandung und sah ein rein weißes, rundes UFO, das aussah wie ein umgedrehter Teller. Es maß etwa fünfzehn bis zwanzig Meter im Durchmesser, war drei Meter hoch und befand sich unmittelbar unter ihm. Auf der Oberseite war in der Mitte ein rot-gelbes Licht. Das UFO war im Verhältnis zu seinem Flugzeug stationär, und wenn es sich bewegte, dann in einem Zick-Zack-Kurs. Dann entdeckte Ojeda, daß seine Anzeigen ausgefallen waren. »Es schien, als sei das ganze Flugzeug an

Anhang A – Ein Querschnitt durch das UFO-Rätsel 289

diese Maschine angeschlossen oder werde von jemand anderem gesteuert«, sagte er.

Das nächste war, daß seine Sicht schlechter wurde. »Es war wie in einem Nebel ... ich konnte Gegenstände in der Ferne nicht mehr erkennen, also bat ich um Weisung ...« Das Letzte, was er sah, bevor er ganz erblindete, war, daß das UFO wegflog und seine Anzeigen wieder funktionierten. Dann konnte er »gar nichts mehr sehen ... nicht die Armaturentafel ... ich konnte nicht aus meinem Flugzeug hinaussehen.« Zwei Fluglehrer aus Bogota kamen ihm zu Hilfe und »redeten ihn herunter« zu einer sicheren Landung, wobei seine Sehkraft allmählich wiederkehrte. Er wurde schnell in ein Krankenhaus gebracht und erholte sich rasch unter der Behandlung eines Arztes. In Interviews hieß es, Ojeda sei ein seriöser und fähiger Pilot, und das Personal auf dem Flughafen nahm seine Meldung ernst.

Quelle: *MUFON UFO Journal*, Nr. 115, Juni 1977 (aus El Tiempo, Bogota und einem Interview, das der bekannte kolumbianische Pilot Rudy Faccini durchführte.)

(ungefähr) 16. JUNI 1977; BEI MIDDELBURG, SÜDAFRIKA

Kennzeichen: Begegnung mit einem Fahrzeug, Konfrontation, Fahrzeug von Licht umhüllt, E-M-Effekte, Geräusch, Amnesie.

Um 5.15 Uhr fuhr Mr. At Gouws in einem Zeitungslieferwagen auf der Nationalstraße zwischen Noupoort und Middelburg, um dem Zeitungsredakteur Arthur Knott-Craig Nachrichten aus dem Norden für die Samstagsausgabe der Zeitung zu bringen. Im Steinbruch bei Wolwekop sah er ein gedämpftes Glühen, das er zunächst für den Mond hielt, aber plötzlich befand sich ein glühendes Objekt vor ihm und hüllte seinen Lieferwagen in Licht. Der Motor stellte ab und die Scheinwerfer gingen aus. Das UFO schwebte vor, neben und über dem Lieferwagen, und Gouws konnte sich nicht erinnern, was während dieser Zeit geschah. »Ich hatte das Gefühl, daß etwas geschah, kann mir aber nicht denken, was«, sagte er. »Ich hatte wirklich schreckliche Angst.«

Nur Augenblicke später, so schien es, flog das UFO mit einem Brummen davon, und der Motor und die Scheinwerfer des Lieferwagens gingen von selbst wieder an. Dann stellte der Motor wieder

290 *Ungebetene Gäste*

ab, sprang aber leicht wieder an und lief danach normal weiter. Mr. Knott-Craig berichtete, daß Gouws, als er bei ihm ankam, vor Angst zitterte wie Espenlaub. Gouws meldete das Erlebnis der Polizei in Middelburg.

Besondere Bedeutung: Es fehlen ein Ermittlungsbericht und detaillierte Informationen, aber die Umstände sprechen für eine Entführung.

Quelle: *MUFON UFO Journal,* Nr. 118, September 1977 (aus *Das Vaterland,* 23. Juni 1977, in dem das Ereignis auf »letzte Woche« datiert wird.)

29. NOVEMBER 1977;
WAIMATA VALLEY, GISBORNE, NEUSEELAND

Kennzeichen: Konfrontation, Lichtstrahl, erleuchteter Baum, Tierreaktion.

Hamish McLean, Ermittler der Aerial Phenomenon Research Group (APRG), erhielt einen anonymen Telefonanruf von jemandem aus dem Tal, der sagte, in einer Koppel in der Nähe sei eine »fliegende Untertasse« gelandet. Er fuhr zu der angegebenen Stelle, etwa fünfundzwanzig Kilometer hinter der Stadt, kam etwa um 10.15 Uhr dort an, sah aber nichts. Er fuhr ein bißchen weiter, kam um eine Kurve und sah ein großes Objekt mit einer Kuppel und einer flachen Unterseite (in der Form einer Halbkugel also), das links von ihm über einem Hügel schwebte. Es war etwa einhundertfünfzig Meter weit weg und einhundert Meter über dem Niveau der Straße. Als McLean den Wagen anhielt und ausstieg, um das UFO zu beobachten, raste es plötzlich auf die Stelle zu, an der er stand und hielt etwa sechzig Meter vor ihm an. Nach etwa drei Minuten schoß ein heller blauer Lichtstrahl aus einer quadratischen Öffnung an der unteren linken Seite des Objekts und erfaßte den Stamm eines toten Macrocarpa-Baums, der etwa fünfzehn Meter vom UFO und fünfzig bis sechzig Meter von McLean entfernt stand.

Sofort »leuchtete der Baum wie ein Christbaum«, jeder Ast fluoreszierte in einer anderen Farbe (d. h. rosa, orange, violett). Das dauerte etwa sieben Sekunden, bis der blaue Strahl wieder ver-

Anhang A – Ein Querschnitt durch das UFO-Rätsel   291

schwand. Die Schafe in der Koppel blökten und rannten von dem Baum weg den Hügel hinunter. Dort liefen sie in kleinen Gruppen im Kreis herum. Dann bewegte sich das UFO etwa fünfzehn Meter nach rechts, schwebte zwei Minuten auf der Stelle, fegte über den Hügel und schwebte wieder an seiner ursprünglichen Position. McLean fuhr davon, um einen anderen Ermittler der APRG zu holen, aber als sie wieder an die Stelle zurückkamen, war das UFO weg. Eine spätere Untersuchung des Baumes erbrachte nichts Ungewöhnliches.

Quellen: Ermittlungsbericht der Aerial Phenomenon Research Group, Gisborne, Neuseeland; *Xenolog*, Timaru, Neuseeland, 1. Quartal 1978.

18. MÄRZ 1978; CHARLESTON, SOUTH CAROLINA

Kennzeichen: Lichtstrahl, Verlust des Erinnerungsvermögens, Entführung, körperliche Untersuchung auf einem Tisch, Botschaften, Standortveränderung, Artefakt.

Bill Herrmann, sechsundzwanzig, Automechaniker beobachtete etwa um 21.25 Uhr in einer sumpfigen Gegend ein UFO durch ein Fernglas, als ihn ein aquamarinfarbener Lichtstrahl, der aus dem Objekt kam, ohnmächtig werden ließ. Seine nächste bewußte Erinnerung war, daß er etwa um Mitternacht an einer völlig anderen Stelle in einem gepflügten Feld stand. Ein leichtes Glühen umgab ihn. Hysterisch rannte er auf eine Straße in der Ferne zu, auf der er Autos sah und wurde von einem Polizisten mitgenommen, der seine Familie anrief. In der Hypnose schilderte er später, wie drei kleine humanoide Wesen ihn auf einem niedrigen Tisch untersuchten und dabei ein blinkendes Gerät verwendeten, das einem Röntgengerät ähnelte. Sie waren etwa 1,40 Meter groß, hatten eine marshmallowfarbene Haut, Gesichter wie Föten, waren unbehaart und hatten keine Pupillen in den Augen. Sie sagten Herrmann, es gebe drei Rassen von Wesen aus dem Weltraum, die zur Beobachtung und zur Durchführung von Experimenten hierher kämen.

Am 21. April 1979 materialisierte sich in Herrmanns Schlafzimmer ein rätselhafter Metallbarren mit Symbolen in einer blauen Lichtkugel. Am 16. Mai verspürte er den Drang, zu der Stelle, an der

292   *Ungebetene Gäste*

er entführt worden war, zurückzukehren und ging freiwillig an Bord
eines wartenden Raumschiffs. Man sagte ihm, der Metallbarren sei
ein Geschenk zum Zeichen ihrer Wertschätzung, und sie kämen ihn
wieder besuchen.

(Anmerkung: Es ist möglich, daß einige Details dieser Nachrichtenmeldungen entstellt wurden, wie das oft der Fall ist. Der Fall
wurde auch von anderen untersucht, und ich gebe eine Quelle für
detaillierte Informationen an.)

Quellen: *The Journal*, Summerville, South Carolina, 31. Jan. 1979;
News & Courier, Charleston, South Carolina, 18. Nov. 1979; *UFO
Contact From Reticulum* von Wendelle C. Stevens unter Mitarbeit
von William Herrmann (Eigenverlag, 1981).

29. MÄRZ 1978; INDIANAPOLIS, INDIANA

Kennzeichen: Begegnung mit einem Fahrzeug, Einhüllung in
Licht, E-M-Effekte, abnormale Stille, Gefühl der Isolation, veränderte Wahrnehmung, physische Effekte.

Etwa um 21.30 Uhr fuhren drei Trucker auf der I-70 bei Indianapolis
und unterhielten sich über CB-Funk, als sie plötzlich von oben ein helles, blaues Licht umhüllte. Ihr Funk fiel aus, und die Motoren stotterten und wurden schwächer. Sie konnten nicht über die Motorhauben
der Trucks hinaussehen, und alle Straßengeräusche waren verschwunden. Ein paar Sekunden später verschwand das Phänomen, und alles
wurde wieder normal. Als einer der Fahrer über Funk im Spaß sagte, er
wollte gerne mit dem UFO mitfliegen, wiederholte sich das Phänomen
noch einmal etwa fünfzehn Sekunden lang, wieder stotterten die Motoren der Trucks und wurden schwächer. Während sie in das Licht eingehüllt waren, verspürten die Fahrer ein Gefühl der Isolation, als gebe
es niemand anderen auf der Welt. Alles war ruhig und still.

Andere Fahrer außerhalb des Lichts wurden gleichfalls Zeugen
des Phänomens, darunter auch eine Frau auf der anderen Straßenseite, die über Funk sagte: »Es sah aus wie ein großer, heller, blauer
Lampenschirm über den drei Trucks.« Über dem etwa kuppelförmigen Licht war eine lange, dünne Lichtröhre, die vertikal nach oben
verlief. Einer der Fahrer sagte einem MUFON-Ermittler später, daß
die Uhr in seinem Truck, die immer genau gegangen war, einen Tag

Anhang A – Ein Querschnitt durch das UFO-Rätsel 293

nach dem Ereignis etwa eine Stunde nachging und daß seine Batterie völlig leer gewesen war und etwa anderthalb Stunden brauchte, bis sie wieder die volle Ladung hatte.

Quelle: *MUFON UFO Journal*, Nr. 126, Mai 1978

6. JULI 1978; MENDOZA, ARGENTINIEN

Kennzeichen: Begegnung mit einem Fahrzeug, veränderte Umgebung, Levitation, E-M-Effekte, Kälte, Standortveränderung.

Francisco Nunez, ein Mann Mitte sechzig und sein Sohn, der ebenfalls Francisco hieß, etwa dreiundzwanzig, beide Mechaniker, fuhren etwa um 21 Uhr Richtung Lujan, südlich von Mendoza. Wie durch Zauberei verschwand plötzlich vor ihnen ein Pick-up. Dann wurde ihr Wagen levitiert, und sie erlebten, wie sie sich mit großer Geschwindigkeit auf einer unbekannten, beleuchteten, fünfspurigen Schnellstraße bewegten, die von Gebäuden gesäumt war, die so hoch waren, daß sie deren Dächer nicht sehen konnten. Und der Himmel war rot. (Vergleichen Sie mit Sichtung vom 6. Jan. 1976 in Stanford, Kentucky). Bis zum Beginn des seltsamen Erlebnisses war der Himmel sternenklar gewesen. Der Motor ihres Wagens stellte ab, und sie froren sehr. Als nächstes erinnerten sie sich, daß sie erneut an einem anderen Ort waren, an einem Bahnübergang, etwa neun Kilometer von der Stelle entfernt, an der das Erlebnis begonnen hatte. Ihr Wagen zeigte in die entgegengesetzte Richtung. Später wurden Versuche zur Hypnose unternommen, aber sie erbrachte nur ein paar Farbmuster an den hohen Gebäuden. Sie erinnerten sich nicht an UFOs oder Wesen.

Quellen: *Cronica*, Buenos Aires, 30. Aug. 1978, 31. Aug. 1978, 1. Sept. 1978, 2. Sept. 1978, 3. Sept. 1978

3. AUGUST 1978; GOBERNADOR DUPUY, ARGENTINIEN

Kennzeichen: Humanoide, Lähmung, Entführung, Kommunikation, Körpersonden, Standortveränderung, Artefakte.

294   Ungebetene Gäste

Miguel Freitas, dreiundzwanzig, Holzfäller, befand sich auf offenem Gelände, als er sah, wie ein UFO näher kam und ein bläulich leuchtender Humanoide herausstieg. Er wurde gelähmt und dann an Bord gebracht und einer »Befragung« unterzogen. Die Wesen unterhielten sich über eine »Stimmkiste« mit ihm. Sie »stachen« ihm mit einem Instrument in die Arme und ließen ihn etwa vierzig Kilometer von der Stelle entfernt wieder frei, an der er entführt worden war. Zuvor rieben sie ihn mit einer flüssigen Substanz ein (die später als Bakterizid analysiert wurde). Die »Stimmkiste« und andere Artefakte wurden, wie es heißt, der Polizei in San Luis übergeben. (Weitere Informationen standen zu dem Zeitpunkt, als dies geschrieben wurde, nicht zur Verfügung.)

Quelle: Berichte in argentinischen Zeitungen, übersetzt von Jane Thomas, Buenos Aires.

17. SEPTEMBER 1978; TORRITA DI SIENA, ITALIEN

Kennzeichen: Begegnung mit einem Fahrzeug, Konfrontation, strahlend helle Beleuchtung, Humanoide, E-M-Effekte, Levitation, Lichtstrahlen, Lichtblitz, Geräusch, körperliche Spuren.

Etwa um 20.15 Uhr sahen eine Frau und ihr Sohn einen roten Ball, der herabsank und die Umgebung erhellte. Sie beobachteten, wie das Licht in mehreren Häusern ausging. Kurz danach stieg ein Friseur in seinen Wagen und fuhr ein paar Meter. Plötzlich fielen Motor und Scheinwerfer aus, als das helle Objekt unmittelbar vor seinem Wagen über der Straße niederging. Etwa einen halben Meter über der Straße schwebte eine orange-rote Scheibe mit einer Kuppel von etwa drei Metern Durchmesser. Drei Lichtstrahlen reichten von ihr bis zur Straße. Eine Tür öffnete sich, und zwei humanoide Wesen von etwa ein bis zwei Meter Größe in grünen Overalls und Helmen mit Antennen »schwebten« auf den Wagen zu. Sie gingen um den Wagen herum und waren offensichtlich an ihm stärker interessiert als an den Insassen. Dann begaben sie sich wieder in das UFO, das mit einem Lichtblitz und einem explosiven Knall abhob. Auf dem Straßenbelag fand man drei versengte Kreise mit etwa fünfzig Zentimetern Durchmesser im Abstand von vier Metern; sie entsprachen offensichtlich den drei Lichtstrahlen. Diese Begegnung war eine von

Anhang A – Ein Querschnitt durch das UFO-Rätsel

zahlreichen Fällen von CE II und CE III, die sich im Rahmen einer großen UFO-Welle in Italien abspielten. Diese Welle erreichte ihren Höhepunkt gegen Ende des Jahres.

Quelle: »Italian UFO Wave of 1978« von Richard Hall, *MUFON UFO Journal* Nr. 153, Nov. 1980 (Informationen von Massimo Greco, Brescia, Italien).

23. SEPTEMBER 1978; PROVINZ BUENOS AIRES, ARGENTINIEN

Kennzeichen: Begegnung mit einem Fahrzeug, strahlend helle Beleuchtung, verzerrte Sicht, Levitation, Translokation, Zeitverlust, Verlust der Kontrolle über das Fahrzeug, fehlendes Benzin.

Bei einer Straßenrallye (Ausdauerrennen) brachten Carlos Acevedo, achtunddreißig, Geschäftsmann und Miguel Angel Moya, achtundzwanzig, Mechaniker, etwa um 3 Uhr morgens ihre letzten eintausend Kilometer hinter sich, nachdem sie sich wegen mechanischer Probleme aus dem offiziellen Wettbewerb zurückgezogen hatten. Acevedo fuhr etwa einhundert Stundenkilometer. Von hinten kam ein helles, gelbes Licht mit hoher Geschwindigkeit auf sie zu, beleuchtete das Innere des Wagens und blendete sie. Er verlor die Kontrolle über den Wagen und sah dann, daß sie etwa zwei Meter über dem Boden schwebten. Der Wagen schwebte weiter, und ihre Sicht war durch das strahlende Licht behindert. Sie verloren jedes Zeitgefühl. Schließlich spürten sie einen Schlag und stellten fest, daß der Wagen wieder auf der Straße war, ein beträchtliches Stück von der Stelle entfernt, an der die Begegnung begonnen hatte. Sie sahen, wie sich in der Ferne ein gelbliches Objekt zurückzog. Als sie die Umstände näher untersuchten, fanden sie heraus, daß sie zwei Stunden und zwanzig Minuten für eine Strecke gebraucht hatten, für die man normalerweise nur eine Stunde und fünfzehn Minuten braucht. Sie entdeckten auch, daß ihr Reservetank, den sie erst kürzlich gefüllt hatten, nun leer war. Sie hielten beim nächsten Polizeirevier in Pedro Luro an und meldeten den Zwischenfall. (Anmerkung: In Kapitel 2 finden sich weitere Einzelheiten.)

Quellen: *MUFON UFO Journal* Nr. 140, Okt. 1979; Servisio de Investigaciones Ufologicas UFO Press, Band III, Nr. 9, Buenos Aires, Argentinien; *Cronica*, Buenos Aires, 24. & 25. Sept. 1978.

296   *Ungebetene Gäste*

21. OKTOBER 1978; BASS-STRASSE, AUSTRALIEN

Kennzeichen: Begegnung in der Luft, Konfrontation, E-M-Effekte, Verschwinden eines Flugzeugs.

Frederick Valentich, zwanzig, hob um 18.15 Uhr mit seiner Cessna 182 in Melbourne ab und wollte nach King Island in der Bass-Straße. Um 19.06 Uhr rief er die Flugverkehrskontrolle und fragte nach einem Flugzeug, das neben ihm flog. In weiteren Meldungen sprach er von einem länglichen Objekt mit einem grünen Licht und einem glänzend metallischen Aussehen, das vor seinem Flugzeug flog und über ihm kreiste. »Mir scheint, er spielt so eine Art Spiel, zwei-, dreimal flog er mit einer Geschwindigkeit über mir, die ich nicht feststellen konnte«, meldete Valentich. Kurz nach 19.10 Uhr sagte er: »... sieht aus, als wäre es stationär; im Moment kreise ich einfach nur, und das Ding kreist einfach über mir mit; es hat ein grünes Licht und ist aus Metall; außen glänzt es überall.« Um 19.12 Uhr meldete er, sein Motor liefe holprig.

Seine letzte Übermittlung ein paar Sekunden später lautete: »Dieses seltsame Flugzeug schwebt wieder über mir ... es schwebt, und es ist kein Flugzeug.« Dem folgte ein kratzendes metallisches Geräusch durch das offene Mikrophon. Valentich und sein Flugzeug verschwanden, und trotz einer ausgedehnten Suche wurde nie eine Spur von ihm gefunden. Australische Ermittler fanden später zahlreiche Zeugen von UFO-Sichtungen in derselben Gegend unmittelbar vor und nach dem Verschwinden des Flugzeugs, darunter auch etliche, die ein grünes Licht über der Bass-Straße gesehen hatten.

Quellen: *MUFON UFO Journal,* Nr. 129, August 1978; *Australian Flying Saucer Review,* Moorabbin, Victoria, Juni 1981 (einschließlich Abschrift der Kommunikation zwischen dem Zeugen und der Flugverkehrskontrolle); *Melbourne Episode: Case Study of a Missing Pilot* von Richard F. Haines (noch nicht veröffentlicht).

NOVEMBER 1978; TRIER, WESTDEUTSCHLAND

Kennzeichen: Begegnung mit einem Fahrzeug, Konfrontation, Zeitverlust, Entführung, Untersuchung auf einem Tisch, Humanoide, Telepathie.

Anhang A – Ein Querschnitt durch das UFO-Rätsel   297

Pam Owens, neunzehn, schwangere Frau des U.S. Soldaten Chris Owens, sagte, sie seien mit ihrem kleinen Sohn Brian von Freunden zurück nach Hause gefahren. Normalerweise dauerte die Fahrt dreißig Minuten. Plötzlich schwebte ein großes ovales Objekt über ihrem Wagen, aus dem immer wieder ein rotes Licht blitzte. Sie kamen um 0.40 Uhr zu Hause an und konnten sich nicht erklären, was während einer Stunde und vierzig Minuten geschehen war. In Hypnose schilderte Pam später, daß sie aus dem Wagen ausstieg, als das UFO über ihnen schwebte. Sie stellte fest, daß sie in einem Raum mit gedämpftem gelbem Licht auf einem Tisch von zwei etwa zwei- einhalb Meter großen Wesen untersucht wurde. Sie waren unbe- haart, hatten einen großen Kopf, große, tiefliegende Augen und eine rauh aussehende, grünliche Haut. Einer, dessen Finger doppelt so lang waren wie die eines normalen Menschen, nahm eine etwa acht Zentimeter lange Nadel und führte sie unmittelbar über ihrem Nabel ein.

Als sie nach Brian fragte, den sie auf dem Arm gehabt hatte, erwi- derten sie: »Wir kümmern uns um ihn.« Als sie darum bat, daß ihrem Mann nichts geschehen solle, erwiderten sie, es wäre alles in Ord- nung. Wenn sie sprachen, bewegten sich ihre Lippen nicht (Telepa- thie?). Nach der Nadel war Pams nächste Erinnerung, daß sie mit Brian auf dem Arm neben ihrem Wagen stand und zusah, wie das UFO wegflog. C. R. McQuiston, Miterfinder des Lügendetektors, stu- dierte Tonbandaufzeichnungen ihrer Geschichte und sagte: »Das ist eine der seltsamsten Geschichten, die ich je in meinem Leben gehört habe, aber es ist ganz offensichtlich, daß sie die Wahrheit sagt.«

Quelle: Berichte in argentinischen Zeitungen, übersetzt von Jane Thomas, Buenos Aires.

9. NOVEMBER 1978; ÖLFELDER IN KUWAIT

Kennzeichen: Landung, E-M-Effekte.

Techniker der Kuwait Oil Company beobachteten ein kuppelför- miges UFO mit einem blitzenden roten Licht, das im »Gathering Centre No. 24« landete, wodurch alle Kommunikationseinrichtun- gen unterbrochen wurden und die Elektrik an einer Ölpumpstation in der Nähe der Landestelle ausfiel. Die Sichtungen setzten sich in

298 *Ungebetene Gäste*

den arabischen Nationen noch etwa drei Monate lang fort, und es wurden eine Reihe Fotos aufgenommen. Das Kuwait Institute for Scientific Research (Kuwaitisches Institut für wissenschaftliche Forschung) führte eine Untersuchung der Landung in dem Ölfeld durch, fand aber offensichtlich keine physischen Spuren.

Quelle: *MUFON UFO Journal* Nr. 133, Jan-Feb. 1979; Briefe an *MUFON* von P.G. Jacob, Kuwait Institute for Scientific Research, vom 24. Nov. 1978 und 1. Jan. 1979; *Kuwait Times*, 16. & 18. Nov. 1978; *Arab Times* vom 23. & 24. Nov. 1978.

6. DEZEMBER 1978; TORRIGLIA, ITALIEN

Kennzeichen: E-M-Effekte, Geräusche, Stromausfall, physische Spuren, Zeitverlust, Levitation, Entführung, körperliche Untersuchung (?), physiologische Effekte, Verlust der Kontrolle über das Fahrzeug, Hitze.

Der Nachtwächter Fortunato Zanfretta fuhr um 23.45 Uhr seine Runde, als er Lichter in einem Hof sah. Er fuhr dichter heran, um nachzusehen. Seine Scheinwerfer, sein Motor und sein Funksprechgerät fielen aus. Er ging zu Fuß weiter und stieß dabei mit einem drei Meter großen monströsen Wesen zusammen und floh. Dann hörte er ein lautes Zischen, spürte eine Hitzewelle und sah ein riesiges dreieckiges UFO, das hinter dem Gebäude aufstieg und in Richtung Meer verschwand. Sein Funkgerät funktionierte nun wieder, und nach einiger Zeit rief er seine Zentrale. Seine Kollegen fanden ihn achtzig Meter von dem Gebäude entfernt auf einer Wiese liegend. Es wurden Landespuren gefunden, und ein unabhängiger Zeuge hatte in derselben Nacht ein dreieckiges UFO gesehen.

Zanfretta hatte einige Tage lang Kopfschmerzen. In Hypnose beschrieb er am 23. Dezember etliche »monströse Wesen«, die ihn in einen heißen, runden Raum entführten, wo ihm etwas auf die Stirn gelegt wurde, das ihm Schmerzen verursachte. Als sie ihn alleine ließen, floh er und schrie um Hilfe. Wegen seiner Angst wurde die Hypnose an der Stelle beendet und für den 30. Dezember eine weitere Sitzung anberaumt.

Er arbeitete wieder, und am 27. Dezember um 23.46 Uhr hörte seine Zentrale, wie er über Funk seine Kopfschmerzen schilderte,

Anhang A – Ein Querschnitt durch das UFO-Rätsel   **299**

einen blendenden Nebel und die Tatsache, daß er die Kontrolle über seinen Wagen verloren habe, der sich zunächst mit hoher Geschwindigkeit bewegte und dann abrupt anhielt. Dann beschrieb er ein helles, ovales Objekt. Seine Kollegen begannen sofort mit der Suche nach ihm und fanden ihn um 1.09 Uhr. Er war verwirrt, ihm war heiß und er hatte scheinbar einen »Sonnenbrand«.

In einer weiteren Hypnose vom 7. Januar 1979 erinnerte er sich, daß er von einem grünen Lichtstrahl an Bord eines gelben, rechteckigen Raumschiffs gebracht worden war. Dort begegnete er zehn oder mehr großen, grünlichen Wesen mit gelben dreieckigen Augen, aber menschenähnlichen Händen und Beinen. Statt eines Mundes hatten sie ein »Netz«, aus dem Licht kam.

Am 6. Februar erzählte Zanfretta in einem großen medizinischen Zentrum in Mailand während einer Untersuchung mit Natriumpentothal genau dieselbe Geschichte.

Quelle: »Italian UFO Wave of 1978« von Richard Hall, *MUFON UFO Journal* Nr. 153, Nov. 1980. (Daten von Massimo Greco, Brescia, Italien.)

27. DEZEMBER 1978, TORRIGLIA, ITALIEN

Kennzeichen: Begegnung mit einem Fahrzeug, Verlust der Kontrolle über die Lenkung, blendender »Nebel«, physiologische Effekte.

Fortsetzung des Falles von Fortunato Zanfretta. (Siehe 6. Dez. 1978, Torriglia, Italien.)

(Um den) 27. DEZEMBER 1978; BEI ARROYITO, CORDOBA, ARGENTINIEN

Kennzeichen: Begegnung mit einem Fahrzeug, Amnesie, Standortveränderung.

Etwa um 4.30 Uhr fuhren Orlando Carrizo, vierzig, Severiano Brunetto, dreiundfünfzig und dessen Sohn Daniel Omar, zwanzig, allesamt Angestellte des Elektrizitätsunternehmens, in einem Firmen-

300   *Ungebetene Gäste*

lastwagen nach San Francisco. Sie sichteten ein UFO, das dicht über dem Boden auf der Stelle schwebte, und als sie gerade eine Brücke bei Arroyito überqueren wollten, ... befanden sie sich plötzlich fünfzehn Kilometer weiter weg im Distrikt Transito mitten auf der Straße. Keiner von ihnen erinnerte sich, die Brücke überquert oder auf der Straße weitergefahren zu sein. Die Zigaretten, die sie sich angezündet hatten, als sie zur Brücke kamen, waren immer noch gleich lang wie zuvor. Im Zeitungsbericht heißt es, allerdings ohne nähere Angaben: »Ein Mann tauschte sogar Signale mit der Besatzung aus.«

Besondere Bedeutung: Kennzeichen lassen eine Entführung vermuten.

Quelle: *Herald,* Buenos Aires, 29. Dez. 1978 (zum ersten Mal berichtete die Lokalzeitung *Cordoba* darüber).

5. JANUAR 1979; AUBURN, MASSACHUSETTS

Kennzeichen: Begegnung mit einem Fahrzeug, Konfrontation, E-M-Effekte, Lähmung, physiologische Effekte, Verlust der Fahrzeugkontrolle, Geruch.

Etwa um 18.20 Uhr fuhr Anmarie Emery in Cambridge, Massachusetts, weg, um ihre Eltern in Springfield zu besuchen. Bei Auburn fielen ihr drei rot-glühende dreieckige Objekte auf, die links von ihr über dem Wald flogen. Unmittelbar hinter der Kreuzung der Routes 90 und 86 war sie alleine auf der Straße. Als sie um eine Kurve bog, sah sie drei glühende, rote UFOs, die unmittelbar vor ihrem Wagen über der Straße schwebten. Im selben Augenblick verstummte ihr Radio (AM), ihr Funkgerät ging aus, und der Wagen bremste sanft bis zum völligen Stillstand ab; der dritte Gang war noch eingelegt (Schaltgetriebe) und der Motor lief noch. Sie fühlte sich völlig gelähmt. Ihr Fuß blieb auf dem Gaspedal, aber der Wagen bewegte sich nicht. Sie spürte Hitze im Gesicht, und ein starker Gestank (wie der »süßliche Geruch eines Stinktiers«) erfüllte den Wagen.

Das UFO, das am dichtesten bei ihr war, war nur etwa sechs Meter entfernt und drei Meter über der Straße. Sie schienen aus einer glatten, glasartigen Substanz zu bestehen und glühten von innen heraus gleichmäßig rot. Vier hellere rote Lichter am Heck der Objekte

Anhang A – Ein Querschnitt durch das UFO-Rätsel 301

blinkten langsam, etwa alle zwei Sekunden. Anmaries Gesicht fühlte sich heiß und gerötet an, und ihre Augen tränten. Als von hinten ein weiterer Wagen kam, beschleunigten die UFOs eines nach dem anderen gerade nach oben und bewegten sich in niedriger Höhe in nordwestlicher Richtung von ihr weg. Nach etwa dreißig Sekunden waren sie verschwunden. Sofort spielte das Radio wieder, und das Funkgerät war wieder an. Die Lähmung war vorüber. Kurz nach 20 Uhr kam sie zu Hause an. Ihrer Mutter fielen ihr wie von einem leichten Sonnenbrand gerötetes Gesicht und ihr abwesender Blick auf. Am nächsten Tag hatte sie einen leichten Ausschlag um Augen und Nase, und die Haut schälte sich, aber er heilte schnell wieder ab. An dem Wagen, einem Ford Maverick, Baujahr 1970, wurden keine Nachwirkungen festgestellt.

Quelle: *MUFON UFO Journal,* Nr. 134, März-April 1979.

5. FEBRUAR 1979; LAWITTA, TASMANIEN

Kennzeichen: Begegnung mit einem Fahrzeug, Einhüllung in Licht, verzerrte Sicht, E-M-Effekte, Amnesie, körperliche Spuren am Wagen.

Ein Mann (Name dem Tasmania UFO Investigation Centre bekannt) fuhr von Hamilton nach Hobart, wo er zu Hause war, als ihm um 21.50 Uhr auffiel, daß sein Radio tot war. Sekunden später hüllte ein intensiv weißes Licht den Wagen ein (einen Ford Cortina 71 TC Variant), und er konnte nicht über die Motorhaube hinaussehen. In diesem Moment fielen Scheinwerfer und Motor aus. Seine Erinnerung verschwamm, und als nächstes erinnerte er sich nur noch, daß er auf dem Lyell Highway fuhr und an die Kreuzung mit dem Midland Highway bei Granton kam.

Die Polizei hielt ihn an, weil er ohne Licht fuhr. Er konnte nicht sagen, wer er war, wo er wohnte oder wohin er wollte und wurde in benommenem Zustand und im Schock in ein Krankenhaus gebracht. Als ihm eine Krankenschwester mit einer Lampe in die Augen leuchtete, reagierte er ängstlich, und seine Erinnerung kehrte wieder. Später wurde festgestellt, daß die Batterie in seinem Wagen leer, Ölstand und Kühlerwasser sehr niedrig waren. Der Wechselstromschalter und die Scheinwerferkabel mußten erneuert werden. Es war

302   *Ungebetene Gäste*

nicht möglich, festzustellen, ob es einen Zeitabschnitt gab, für den
er keine Erklärung hatte.

Besondere Bedeutung: Details deuten auf eine Entführung hin.

Quelle: *MUFON UFO Journal,* Nr. 142, Dezember 1979.

8. FEBRUAR 1979;
LIVERPOOL CREEK, QUEENSLAND, AUSTRALIEN

Kennzeichen: Begegnung mit einem Fahrzeug, UFO auf der
Straße, E-M-Effekte im Zusammenhang mit einem Lichtblitz.

Etwa um 21 Uhr fuhr ein Bananenfarmer (Name der UFO Research
Queensland bekannt) von Innisfail nach Mission Beach, North
Queensland, wo er zu Hause war. Etwa einen Kilometer nördlich der
Brücke über den Liverpool Creek auf dem Bruce Highway fiel ihm
am Straßenrand ein trübes weißes Licht auf. Als er näher kam, konnte er hinter dem Licht eine dunkle Gestalt in der Form eines Bienen-
stocks erkennen. Dann stieg das Licht vertikal nach oben, und als es
etwa einen Meter über der Straße und zehn Meter von ihm entfernt
war, gab es einen blendenden Lichtblitz ab. Alle Lichter an dem
Wagen und der Motor fielen aus; er schaltete den Wagen daher auf
neutral (Automatikgetriebe) und rollte auf einen Lastwagenparkplatz
in der Nähe. Er zündete sich eine Zigarette an, und Scheinwerfer und
Armaturenbeleuchtung funktionierten wieder. Der Motor sprang
ohne Schwierigkeiten an. Der Mann sagte, er habe sich gefühlt, als
sei er gerade aus einem Alptraum erwacht. Eine spätere Inspektion
des Wagens ergab, daß alles in Ordnung war. Die Batterieverbindun-
gen saßen fest und waren rostfrei. Der Wagen wurde untersucht, und
im Vergleich zu einem Wagen von gleicher Bauart und gleichem
Kilometerstand wurden keine besonderen Unterschiede festgestellt.

Quelle: *MUFON UFO Journal,* Nr. 142, Dezember 1979.

25. JULI 1979; CANOGA PARK, KALIFORNIEN

Kennzeichen: Begegnung mit einem Fahrzeug, Zeitverlust, Entführung, körperliche Untersuchung.

Anhang A – Ein Querschnitt durch das UFO-Rätsel   303

Shari N., Hausfrau und Cocktailkellnerin Mitte dreißig, fuhr die kurze Strecke von ihrem Arbeitsplatz nach Hause, als sie ein Objekt sah, das sie für ein abstürzendes Flugzeug hielt. Sie kam unerklärlich spät zu Hause an.

In Hypnose schilderte sie später, wie sie aus dem Wagen stieg und auf ein Objekt zuging. Sie erinnerte sich, daß sie auf dem Rücken liegend untersucht wurde; der Rücken tat ihr weh. Sie wurde um den Bauch herum festgebunden, ihr wurden Sonden in Schulter (Beschreibung undeutlich) und Bauch und etwas ins Bein eingeführt und sanft auf die Augen geklopft. Schließlich wurde sie zum Wagen zurückgebracht.

Quelle: Ermittlungsbericht in den Akten von *MUFON*

4. AUGUST 1979; TORONTO, ONTARIO, KANADA

Kennzeichen: schattenhafte Wesen, Ohnmacht, Entführung, Körpersonden, körperliche Spuren, Telepathie, Flug durch den Weltraum, physiologische Effekte.

Sarah H., vierzehn, wurde in einer Zeit wiederholter UFO-Sichtungen auf ein Feld »gezogen«. Dort sah sie ein UFO in der Form einer Pfeilspitze und vier »schattenhafte« Gestalten, die aus dem UFO herauskamen. Sie wurde ohnmächtig. Später erinnerte sie sich, daß sie an Bord des Raumschiffs war, und auf ihrer Hand zeigten sich Einstichstellen. Am Schauplatz der Begegnung waren körperliche Spuren zu sehen. In der Hypnose schilderte sie, daß sie zusammen mit einem Mann etwa Mitte vierzig an Bord war. Er sagte, er komme aus einer anderen Stadt in Kanada. An Bord sah sie auch eine normale irdische Katze, die sich »zeitweise« dort aufhält, wie die Wesen ihr sagten. Die Wesen kommunizierten mittels Telepathie. Sarah fiel auf, daß ihre Hände anscheinend normale Materie durchdringen konnten. Die sieben Wesen waren »transparent« und sagten, sie seien »Kristallwesen«, die vom Licht abhängig seien. Sie sagten ihr, sie würden wiederkommen, wenn sie fünfundzwanzig Jahre alt sei. Die Wesen entnahmen Sarah eine Blutprobe, und bevor sie sie wieder zum Feld zurückbrachten, nahmen sie sie auf einen Flug durch den Weltraum mit, bei dem sie die Erde von oben und einen unbekannten roten Ort sehen konnte.

304   *Ungebetene Gäste*

Quelle: Canadian UFO Research Network, Ermittlungsbericht in
MUFON-Akten.

21. SEPTEMBER 1979; SZTUM, POLEN

Kennzeichen: Konfrontation, einhüllender »Nebel«, Entführung,
Anomalien in der Wahrnehmung, Kommunikation, Geräusch, strahlend helle Beleuchtung, Telepathie.

Miroslaw Goralski und Krzysztof Kobus hatten bis 21 Uhr in
Goralskis Garten gearbeitet und putzten gerade ihr Werkzeug, als
ein UFO (einer sah es als »Ring«, der andere aus einem anderen
Winkel als »zwei silberne Dreiecke, die durch ein Kreuz miteinander verbunden waren«) abrupt über der Einfriedung niederging.
Beide Männer hörten einen quietschenden oder hohen Ton im
Kopf. Als sie näher heran gingen, um nachzusehen, wurden sie
von einem dichten Nebel umhüllt und von einem hellen Licht
bestrahlt. Sie spürten die Wirkung der Trägheitsgesetze, als führen
sie mit großer Geschwindigkeit nach oben. Kobus lehnte sich an
einen weichen Gegenstand, ähnlich einem Sessel, der später verschwand. Er erlebte ein Kaleidoskop verschiedenster Farben und
Gefühle, als flössen aus einer äußeren Quelle Ideen und Vorstellungen in sein Gehirn.
   Goralski stellte Wesen, die er nicht sah, von denen er aber annahm,
daß sie da waren, Fragen und erhielt teilweise Antworten auf eine
nicht näher bezeichnete Weise (Telepathie?). »Was ist Materie?« fragte er. Die Antwort: »Die wichtigste Eigenschaft der Materie ist ihre
Fähigkeit, andere Materie zu durchdringen.« Goralski lehnte sich
über den »Rand« des Nebels und konnte deutlich die Stadt unter sich
sehen. Er erlebte eine visuelle Vorführung wie durch einen »Zeitka-
nal«, darunter auch Menschen in Kostümen vergangener Tage. Plötzlich fielen sie aus einer Höhe von etwa dreißig Zentimetern und landeten wieder im Garten. Goralski rannte nach Hause, wo er etwa um
21.30 Uhr ankam. Die Zeugen wurden psychologischen Tests unterzogen, die ein normales Persönlichkeitsbild zeigten. Dieses Erlebnis,
das sie schockierte und verwirrte, veränderte ihr Leben.

Quelle: »Abduction Case in Poland« von Emilia Popik (Redakteu-
rin, Gdansk, Polen), *MUFON UFO Journal* Nr. 150, Aug. 1980.

Anhang A – Ein Querschnitt durch das UFO-Rätsel 305

2. APRIL 1980; PUDASJARVI, FINNLAND

Kennzeichen: Begegnung mit einem Fahrzeug, abnormaler »Nebel«, Scheinwerferlicht umgeleitet, Humanoide, körperliche Untersuchung auf Tisch, Kommunikation, Zeitverlust, physiologische Effekte.

Aino Ivanoff, zweiundfünfzig, fuhr um 1.15 Uhr nachts über eine Brücke in einen »seltsamen Nebel« hinein, in dem das Licht ihrer Scheinwerfer nach oben umgeleitet wurde. Sie bremste, hielt an und sah ein silbriges kuppelförmiges UFO mit Bullaugen. Drei Männer in dunkler Kleidung brachten sie hinein und untersuchten sie auf einem Metalltisch. Als sie wieder zu ihrem Wagen gebracht wurde, hielt sich der Nebel noch, und sie mußte den größten Teil des Heimwegs in diesem Nebel fahren. Sie stellte fest, daß ihr zwei Stunden fehlten, die sie sich nicht erklären konnte. Nach dem Zwischenfall litt sie eine Woche lang unter extremer Müdigkeit und fand fünf kleine Punkte auf ihrer Schulter. Sie erhielt eine Anti-Kriegs-Botschaft, und man sagte ihr, sie (die Wesen) könnten keine Kinder bekommen. Der größte Teil der Geschichte kam in Hypnose zutage.

Quelle: Vierteljährlicher Bericht der UFO Research of Finland, 17950 Kylama, Finnland.

14. MAI 1980; SIMPSON COUNTY, MISSISSIPPI

Kennzeichen: Begegnung mit einem Fahrzeug, Lichtstrahl, E-M-Effekte.

Howard und Julia Pickrel waren um 3.30 Uhr morgens unterwegs auf der U.S. 49 von Dallas, Texas, durch Simpson County (zwischen Jackson und Hattiesburg), als sie hoch am Himmel eine glühende Scheibe sahen. »(Aus der Scheibe) kam ein Lichtstrahl, der einen Lichtfleck schuf, so lang wie ein Viertelhäuserblock in einer Stadt und so breit wie unser Wagen«, sagte Frau Pickrel. Als sie durch den Lichtstrahl hindurchfuhren, »... gingen die Scheinwerfer sieben- oder achtmal an und aus. Dann fuhren wir wieder ins Dunkle, und die Scheinwerfer flackerten nicht mehr.«

Quelle: *Daily Herald*, Biloxi-Gulfport, Mississippi, 14. Mai 1980.

22. AUGUST 1980; OSTTEXAS

Kennzeichen: Begegnung mit einem Fahrzeug, E-M-Effekte, Levitation, Wind, Entführung, »Nebel« oder »Rauch«, Humanoide, körperliche Untersuchung auf einem Tisch, Kommunikation, Standortveränderung.

Megan Elliot (Pseudonym), Mitte zwanzig, war zu Besuch bei ihrer Mutter, als ihre achtzehn Monate alte Tochter Renee krank wurde. Sie weinte und bestand darauf, nach Hause zu fahren. Megan konnte sie nicht beruhigen, stieg daher eiligst in ihren Honda Civic, Baujahr 1978 und machte sich in den frühen Morgenstunden auf die einhundertdreizehn Kilometer lange Heimfahrt über dunkle, einsame Straßen.

Megan war etwa fünfzig Kilometer gefahren, als ihr Radio plötzlich störte, sie hörte ein lautes elektrisches Geräusch, und die Scheinwerfer wurden schwächer. Dann wurde der Wagen von der Straße abgehoben, und sie konnte sehen, wie sich die Wipfel der Pinien bogen wie in einem starken Sturm. Der Wagen kam durch eine Öffnung im flachen Metallboden eines Objekts in einen runden, hell erleuchteten Raum. Eine »Stimme« sagte ihr, sie solle aus dem Wagen aussteigen, aber sie weigerte sich. Daraufhin kam ein kleines humanoides Wesen auf sie zu, dessen Füße von einer Art »Trockeneisnebel« umgeben waren und entfernte die verschlossene Wagentür.

Megan und Renee wurden gezwungen, mit dem Wesen mitzukommen. Es hatte einen großen Kopf, keine Ohren, keine Augenbrauen, ovale Augen ohne Wimpern, keinerlei Körperbehaarung, eine breite, flache Nase, einen kleinen, schlitzartigen Mund und daumenlose, vierfingrige Hände. In einem Raum, auf dessen Boden ebenfalls »Rauch« war, wurden sie auf Tische gebunden, und in Gegenwart zweier weiterer humanoider Wesen mit verschiedenen Geräten untersucht. Danach wurden sie festgehalten und mit Pillen unterschiedlicher Farbe und Form gefüttert, bevor man sie wieder zum Wagen zurückbrachte und auf die Straße hinunterließ. Megan war nun nur noch acht Kilometer von zu Hause entfernt, vierzig Kilometer näher als die Stelle, an der die Entführung stattgefunden hatte. In der Hypnose schilderte Megan später eine ausführliche Kommunikation mit den Wesen. Sie konnte sich an kleinste Details der Innenansicht des Raumschiffs und der humanoiden Wesen erinnern.

Anhang A – Ein Querschnitt durch das UFO-Rätsel

Quelle: *MUFON UFO Journal*, Nr. 167, Jan. 1982.

30. SEPTEMBER 1980;
»WHITE ACRES«, SALE; VICTORIA, SÜDAUSTRALIEN

Kennzeichen: Physiologischer Effekt, Effekte auf Armbanduhr, Geräusch, Hitze, Markierungen auf dem Boden, Tierreaktionen, Verschwinden von Wasser.

Um 1 Uhr nachts wachte der Farmhelfer George Blackwell an einem Pfeifen auf. Er hörte Vieh brüllen und ein Pferd, das offensichtlich in Panik herumrannte. Er ging nach draußen, um nachzusehen und sah die Silhouette eines Objekts, das zwei bis drei Meter über dem Boden aus Südwesten herankam. Es flog vor und hinter verschiedenen markanten Geländepunkten vorbei. Es schien, als lande das Objekt in der Nähe eines Zementwassertanks. Im Mondlicht sah er, daß das Objekt einen Durchmesser von etwa acht Metern und die Form eines Kreisels hatte und sich drehte. Blaue und orangefarbene Lichter gingen von ihm aus. (Vergleiche die Sichtung vom 29. Juni 1964 in Lavonia, Georgia.) Blackwell stieg auf sein Motorrad und fuhr zum UFO, das am Boden in der Nähe des Wassertanks sichtbar blieb und immer noch das pfeifende Geräusch von sich gab. Als er bis auf etwa fünfzig Meter an das UFO herangekommen war, empfand er ein eigenartiges Gefühl in seinem Körper, das er nur so beschreiben konnte: Er kam sich vor wie »ein Teller Aspik«. Etwa fünfzehn Meter vor dem UFO war das Geräusch so laut, daß er die Ohren mit den Händen bedecken mußte. Er hielt an und beobachtete es. Nach ein paar Minuten gab es einen lauten »Knall« und einen Hitze- und Luftstoß, und das UFO stieg auf und flog nach Osten davon. Dabei wurde es still. Unter ihm fiel ein Steinschauer zu Boden. Um 1.50 Uhr war er wieder zu Hause und stellte fest, daß seine Uhr um 1.10 Uhr stehengeblieben war. Er fand heraus, daß die Uhr normal funktionierte, wenn er sie auf den Tisch legte, aber immer dann stehenblieb, wenn er sie ums Handgelenk band. Am nächsten Morgen fand er an der Landestelle einen sechsundvierzig Zentimeter breiten schwarzen Ring von etwa achteinhalb Metern Durchmesser. Östlich davon lagen Schutt, Kuhfladen und Steine verstreut.

308 *Ungebetene Gäste*

Ermittler nahmen Boden- und Gesteinsproben zur Analyse. Blackwell entdeckte, daß in dem Tank 37.800 Liter Wasser fehlten.

Quelle: *MUFON UFO Journal,* Nr. 156, Februar 1981.

23. OKTOBER 1980; MORENCI; ARIZONA

Kennzeichen: Lichtstrahlen, Ausrichtung, »unmögliche«, nicht aerodynamische Manöver.

Um 20.55 Uhr verließen Randall Rogers und Larry Mortensen, Arbeiter in der Kupferschmelzhütte Phelps-Dodge Corporation, ihren Arbeitsplatz, um Pause zu machen und nahmen auf dem Weg zur Kantine drei weitere Arbeiter mit. Sie sahen ein großes bumerangförmiges Objekt, das in etwa vierhundertfünfzig bis sechshundert Metern Höhe langsam aus Norden näher kam und über dem nördlichen Schornstein anhielt. Nach etwa einer Minute ging es auf zweihundert bis dreihundert Meter herunter. Kurz danach kam aus der vorderen Spitze ein sehr heller Lichtstrahl, der direkt in den Schornstein hinunterleuchtete. Der Strahl ging aus, und das UFO bewegte sich langsam nach Süden, hielt über dem südlichen Schornstein an, und auch hier wurde ein Strahl in den Schornstein hineingelenkt. Wieder ging der Strahl aus, das UFO bewegte sich langsam nach Süden und beschleunigte dann rasch.

In diesem Moment sagte einer der Arbeiter, er wünschte, das Objekt käme noch einmal, damit er es sich besser ansehen könnte. Fast wie zur Antwort veränderte das UFO abrupt seinen Kurs und kam ohne Wenden, Neigung oder eine andere Lageveränderung zur Schmelzanlage zurück. Das Objekt hatte eine dumpfe, schwarze Farbe, reflektierte nicht, und ein »Schenkel« erschien kürzer als der andere. Es waren keine Säume oder andere Markierungen an der Oberfläche zu sehen. An jedem »Schenkel« befanden sich acht helle, rötliche Lichter, jeweils vier am vorderen und hinteren Rand. Eine weiße Lichtröhre verband die Lichter untereinander; sie leuchteten immer mit derselben Stärke, blinkten oder pulsierten nicht. Es war kein Geräusch zu hören. Schließlich beschleunigte das UFO und flog nach Norden außer Sichtweite. Das Wetter war klar, und der Vollmond war gerade aufgegangen.

Um 21 Uhr wurde dasselbe oder ein ähnliches Objekt noch einmal beobachtet. Dieses Mal wurde beobachtet, wie sich rote Lichter von ihm lösten, davonrasten und später wieder zu dem bumerangförmigen UFO zurückkehrten und mit ihm verschmolzen. Dann flog das UFO schnell nach Norden davon.

Quelle: *APRO Bulletin*, Band 29, Nr. 7, Aug. 1981.

19. NOVEMBER 1980; BEI LONGMONT, COLORADO

Kennzeichen: Lichtstrahl, Geräusch, E-M-Effekte, Zeitverlust, Levitation, Entführung, schwerer »Dunst«, Geruch, strahlend helle Beleuchtung, körperliche Untersuchung, Kommunikation/Telepathie, »Heilung«, physiologische Effekte.

»Michael« (Pseudonym), Kunstlehrer, und seine Frau »Mary« fuhren aus Denver zurück nach Longmont, wo sie zu Hause waren. Um 23.45 Uhr sahen sie einen intensiv blauen Lichtstrahl, der an ihrem Wagen »festmachte« und hörten ein lautes »Schwirren«. Die Scheinwerfer wurden schwächer, und das Radio ging aus. Plötzlich fühlten sie, daß der Wagen von der Straße angehoben wurde. Ihre nächste bewußte Erinnerung war, daß sie auf der Straße weiterfuhren, verblüfft, daß es bereits 0.55 Uhr war. Am nächsten Tag fand Mary ein seltsames rechteckiges Mal an ihrem Unterleib.

In Hypnose schilderte Michael später, wie der Wagen in ein kuppelförmiges Raumschiff gehoben wurde, das offensichtlich frei in einer dichten Wolke oder »schwerem Dunst« schwebte. Ein strenger Geruch, von dem er glaubte, daß er elektrischen Ursprungs war, durchzog die Umgebung. Ein grauhäutiges Wesen mit glänzender, goldfarbener Kleidung führte sie an eine hell erleuchtete Stelle, wo sie ihn (und Mary an einem anderen Ort) nackt auf einem Untersuchungstisch, der in einem »gleitenden Licht« schwebte, einer körperlichen Untersuchung unterzogen.

Michael hatte das Gefühl, seine Erinnerungen würden aus ihm »abgeleitet« und ihm später zusammen mit zusätzlichem Wissen wieder zurückgegeben. Die Wesen, die einen länglichen, kahlen Kopf mit einem schmalen Kinn und vier längliche Finger hatten, schienen ohne Sprache kommunizieren zu können. Schließlich ließ man sie gehen, wobei sie das Geräusch, den Lichtstrahl und so wei-

310 Ungebetene Gäste

ter in umgekehrter Reihenfolge noch einmal erlebten. Der Wagen wurde wieder auf die Straße zurückgebracht, wo er mit einer Geschwindigkeit von neunzig Stundenkilometern fuhr.

Mary, die damals im zweiten Monat schwanger war, zog sich später eine schwere Streptokokkenpneumonie (Lungenentzündung durch Streptokokken) zu, und man fürchtete um das Baby. Das Kind wurde zwar im siebten Monat zu früh geboren, aber es war gut entwickelt und normal. Vor dem Zwischenfall hatte Michael etliche große Melanome an den Beinen, bei denen Verdacht auf Krebs bestand; danach hatten sie beträchtlich an Größe und Farbe verloren.

In tiefer Hypnose zeichnete Michael Skizzen von den Wesen und dem Raumschiff (waren mit dem Artikel abgedruckt). Er dachte, die Wesen hätten ihm übermittelt, es gebe viele Dimensionen, die nebeneinander existierten. Aus verschiedenen Gründen, darunter auch ihre Krankheit, stand Mary für eine Hypnose nicht zur Verfügung, und Michael zeigte psychologische Konflikte aufgrund des Erlebnisses, was weitere Ermittlungen ausschloß.

Quelle: *International UFO Reporter*, Band 7, Nr. 5, Sept.-Okt. 1982.

29. DEZEMBER 1980; HUFFMAN, TEXAS

Kennzeichen: Begegnung mit einem Fahrzeug, Konfrontation, Hitze, Geräusch, schwere physiologische Effekte (Strahlung), rätselhafte Hubschrauber.

Etwa um 21 Uhr fuhr Betty Cash, zweiundfünfzig, in ihrem 1980er Cutlass Supreme auf dem Highway 1845 von New Caney nach Dayton, Texas. Bei ihr waren eine Freundin, Vicky Landrum und Vickys Enkel Colby, sieben. Plötzlich ging vor ihnen über der Straße ein leuchtendes, feurig aussehendes Objekt nieder, das einer aufrechten Ellipse ähnelte. Es gab ein Piepen von sich, das während der ganzen Sichtung andauerte. In periodischen Abständen sandte das UFO mit einem hörbaren »Zischen« rot-orange Flammen zur Straße. Betty hatte Angst, unter das UFO zu fahren und hielt den Wagen an. Sie öffneten die Türen, standen neben dem Wagen und beobachteten, was geschah. Das Glühen leuchtete intensiv, sie spürten eine starke Hitze und hörten ein lautes Donnern. Colby bekam große Angst, daher brachte Vicky ihn wieder ins Auto, aber Betty blieb längere Zeit draußen. Schließlich stieg das UFO wieder auf und

Anhang A – Ein Querschnitt durch das UFO-Rätsel   **311**

bewegte sich in Begleitung einer großen Zahl Hubschrauber (zwanzig oder mehr), die nun bei seiner Verfolgung zu sehen waren, nach Südwesten.

Im Wagen war es so heiß, daß Betty die Klimaanlage anschaltete, obwohl der Abend kühl war und zuvor die Heizung angewesen war. Betty brachte Vicky und Colby nach Hause und fuhr dann weiter. Sie kam etwa um 21.50 Uhr bei sich zu Hause an und fühlte sich krank. Fast sofort zeigten sich zahlreiche Symptome: ein geschwollener Hals, Blasen am Kopf und im Gesicht, geschwollene Ohrläppchen und Augenlider. Später schwollen ihre Augen zu, und sie verspürte Übelkeit, erbrach sich und bekam Durchfall. Sie litt auch unter starkem Haarausfall. Betty war fünfzehn Tage im Krankenhaus und mußte seither immer wieder in die Klinik.

Vicky und Colby erlebten ähnliche, aber schwächere Symptome. Colbys Gesicht hatte einen »Sonnenbrand«, und beide litten etliche Tage unter Magenschmerzen und Durchfall. Vicky litt unter mäßigem Haarausfall und hatte das Gefühl, als sei ihre Kopfhaut »eingeschlafen«. Die Fingernägel ihrer linken Hand, die sie während der Sichtung auf das Wagendach gelegt hatte, zeigten über die ganze Breite seltsame Eindrücke. Colby erlitt schwere psychische Nachwirkungen.

Quelle: *MUFON UFO Journal*, Nr. 158, April 1981: »Cash-Landrum Case: The Issue of Government Responsibility« von John F. Schuessler, Niederschrift des *MUFON UFO Symposium* 1986 (Seguin, Texas, MUFON, 1986).

12. JUNI 1981; ALICE, TEXAS

Kennzeichen: Begegnung mit einem Fahrzeug, E-M-Effekte, Verlust der Fahrzeugkontrolle, Levitation, Verdampfung von Wasser.

Roberto Gomez, der Fahrer eines Vakuumtruck, hatte einen Auftrag beendet und fuhr nun auf dem Highway FR 665 nach Westen. Im Tank waren noch sechshundertvierundzwanzig Liter Wasser bei Druck Null. Etwa um 14.10 Uhr sah er ein helles Objekt am Himmel, das er zunächst für ein Flugzeug hielt, bis es an Helligkeit noch zunahm und mitten in der Luft stehenblieb. Das Objekt war ein Diskus mit einer Kuppel, strahlend weiß mit einem dunklen Ring um

312   *Ungebetene Gäste*

den äußeren Umfang und einem dunklen inneren Ring um die Mitte. Gomez spürte dann, daß der Truck langsamer wurde und trat das Gaspedal durch. Aus den Auspuffrohren kam Rauch, aber der Truck schwebte offensichtlich etwa dreißig Zentimeter über der Straße. Das Radio (AM) fiel aus, aber der CB-Funk funktionierte noch, er meldete die Sichtung daher seinem Dienststellenleiter. Danach verschwand das UFO in den Wolken. Aus dem Wassertankventil kam Rauch, die Anzeige stand auf fünfundfünfzig Pond Druck. Er öffnete das Ventil, um das restliche Wasser abzulassen, aber es kam nur Dampf heraus.

Quelle: *MUFON UFO Journal,* Nr. 167, Jan. 1982

31. JULI 1981; LIESKA, FINNLAND

Kennzeichen: Begegnung mit einem Fahrzeug (Boot), Lähmung, Zeitverlust, physiologische Effekte.

Zwei fünfunddreißigjährige Urlauber steuerten ihr Boot um 20.40 Uhr an Kap Vaaraniemi vorbei, als sie eine schwarze Kugel mit einem großen Licht und etlichen kleineren Lichtern um sich herum am Himmel sahen. Das große Licht kam auf sie zu, und die Männer hielten das Boot an. Dann flog ein schwarzes Objekt mit zwei Lichtern, das von einem »Nebel« umgeben war, zum Heck des Bootes. Einer der Männer fühlte sich gelähmt und konnte den Kopf nicht bewegen, aber die beiden Männer konnten miteinander sprechen. Dann verschwanden die Lichter und die Objekte am Himmel.

Hinterher stellten die Männer fest, daß sie nicht mehr an derselben Stelle im Boot saßen, an der sie zu Beginn der Sichtung gesessen waren. Trotz einer starken Strömung und eines starken Windes war das Boot immer noch in der Nähe des Kaps. Als sie auf die Uhr sahen, entdeckten sie, daß es bereits 4.10 Uhr des folgenden Morgens war. Sie hatten keine Erklärung für die verlorenen sieben Stunden. Nach dem Erlebnis litten sie unter Zittern in den Händen, Alpträumen und einem gestörten Gleichgewicht. Zwei Versuche, die Männer zu hypnotisieren, blieben ohne Erfolg; die Ermittlungen dauern noch an.

Besondere Bedeutung: Kennzeichen lassen eine Entführung vermuten.

Anhang A – Ein Querschnitt durch das UFO-Rätsel 313

Quelle: UFO Research of Finland, Kylama, Bericht für das dritte
Quartal 1981.

27. NOVEMBER 1982; PALATINE, ILLINOIS

Kennzeichen: Polizeizeugen, Begegnung mit einem Fahrzeug,
strahlend helle Beleuchtung, Lichtstrahl.

Polizeikommandant Michael McDonald fuhr etwa um 5 Uhr Streife, als ein strahlendes Licht (vergleichbar einem weißen Phosphor-
leuchtsignal) die Umgebung seines Wagens erhellte. Er suchte die
Lichtquelle und sah ein großes, weißes Licht mit einer leicht rötli-
chen Färbung, das sich in einer geschätzten Höhe von zweihundert-
fünfzig bis dreihundert Metern nach Süden bewegte.

Er fuhr auf einen Parkplatz und beobachtete es etwa dreißig bis
fünfundvierzig Sekunden lang, dann fuhr er nach Süden und folgte
dem Licht. Auch zwei weitere Beamte, die über Funk darauf aufmerksam gemacht worden waren, beobachteten das Licht, das nun
seine Richtung nach Südosten veränderte. Mit Erlaubnis des Kommandanten begannen die beiden eine Verfolgungsjagd mit Geschwindigkeiten bis zu fünfundneunzig bis einhundertfünf Stundenkilometern, aber das Licht beschleunigte und flog ihnen davon.

Ein paar Minuten später bemerkte McDonald ein helles Licht im
Osten und verständigte die anderen beiden Beamten. Sie beobachteten daraufhin einen diffusen »Diskus mit einer Kuppel« (die Ränder waren eher verschwommen als scharf), der einen Lichtstrahl zu
Boden sandte. Dann ging das Objekt langsam hinter der Baumlinie
einer Forstschonung nieder.

Die Sicht betrug zwanzig bis fünfundzwanzig Kilometer bei einer
durchbrochenen Wolkendecke bei siebenhundertfünfzig Metern
und hohen Wolken bei zweitausendfünfhundert Metern. Der Wind
kam mit dreizehn Stundenkilometern aus Norden. Die Größe des
Objekts wurde auf etwa zehn Meter Durchmesser berechnet.

Mark Rodeghier und Mark Chesney vom Center for UFO Studies
untersuchten diese Sichtung. In ihren Akten befinden sich auch
Tonbandaufzeichnungen der Gespräche zwischen den Polizeibeamten während der Sichtung.

Quelle: *International UFO Reporter,* März-April 1983.

314   *Ungebetene Gäste*

MÄRZ 1985; BEI SANTIAGO, CHILE

Kennzeichen: Begegnung mit einem Fahrzeug, strahlend helle Beleuchtung, E-M-Effekte, physiologische Effekte.

Ein fünfundvierzig Jahre alter Industrieller berichtete einem führenden chilenischen UFO-Forscher anonym, er sei etwa um 21.30 Uhr auf der Autobahn zwischen Acuelo und Santiago gefahren und habe in seinem Mercedes Benz, Baujahr 1982, Radio gehört, als er »... plötzlich von einem starken Licht überrascht wurde, das die Straße ... (und den Wagen) erhellte. Es habe den Wagen auf ungewöhnlich starke Weise durchgeschüttelt ... im Radio brummten Störgeräusche, und das elektrische System des Motors fiel aus.«

Er lehnte sich aus dem Autofenster und schaute nach oben: Er sah »... ein riesiges Objekt mit einem Durchmesser von etwa dreißig Metern, das über seinem Wagen schwebte und ihn mit einem so hellen und starken Lichtstrahl beschien, daß es ihm in den Augen schmerzte.«

Die Begegnung dauerte fünfzehn Minuten. Danach funktionierte das Radio wieder normal, der Zeuge ließ seinen Wagen an und floh vom Schauplatz des Geschehens.

Quelle: *MUFON 1987 UFO Symposium Proceedings*, S. 200-201

11. MAI 1986; BEI SEDONA, ARIZONA

Kennzeichen: Begegnung in der Luft.

Robert H. Henderson, Pfarrer, und seine Frau Nann aus Phoenix, Arizona, flogen bei klarem Wetter in ihrer Cessna 172 in einer Höhe von zweitausendsechshundert Metern nach Norden. In der Nähe von Verde Valley erregte ein Lichtblitz vor ihnen ihre Aufmerksamkeit. Dann sahen sie ein sehr helles Objekt, das fast frontal auf sie zukam. Als Henderson ein Ausweichmanöver einleiten wollte, flog das Objekt – das sie nun als »modifizierte Halbkugel mit der flachen Seite nach unten« ohne Tragflächen erkannten – rasch links unter dem Flugzeug durch. Die Annäherungsgeschwindigkeit wurde auf 1.900 km/h geschätzt.

Henderson machte eine klassische »Eskalation der Hypothesen« durch (ein Begriff, den J. Allen Hynek prägte, um die typische Reak-

Anhang A – Ein Querschnitt durch das UFO-Rätsel 315

tion rational orientierter UFO-Zeugen zu beschreiben, die versuchen, sich ihre Sichtung nach konventionellen Begriffen zu erklären). »Mein erster Gedanke war ›Flugzeug‹, aber dazu bewegte es sich zu schnell. Dann dachte ich ›Hubschrauber‹, aber dagegen sprach derselbe Einwand.« Keine Tragflächen, kein Rotor, groß, strahlend hell. Das Objekt paßte zu nichts, das er kannte.

Quelle: *MUFON UFO Journal*, Nr. 222, Okt. 1986.

15. MAI 1986; BEI BELO HORIZONTE, BRASILIEN

Kennzeichen: Lichtstrahl, physiologische Effekte, »Stimmen« (Geräusch).

Joaquim, ein siebzig Jahre alter Farmarbeiter, beobachtete ein UFO, das in etwa fünfzig Schritt Entfernung ungefähr dreißig Minuten lang etwa zehn bis fünfzehn Meter über dem Boden schwebte. Das Objekt suchte die Gegend mit einem Lichtstrahl ab und traf dabei auch gelegentlich ihn, der in einem Eingang stand. Wegen der strahlenden Helligkeit des Lichts schirmte er seine Augen mit dem linken Arm ab. Einmal traf das Licht sein rechtes Auge, später verlor er etwa achtzig Prozent seiner Sehkraft auf diesem Auge, und sein linker Arm hatte »Verbrennungen wie bei einem Sonnenbrand«.

Joaquim sagte auch, er habe »Stimmen gehört, konnte aber die Sprache nicht verstehen«. Als das UFO abhob und wegflog, traf es einige Elektroleitungen und zerriß eine. Etliche Tage später kamen Männer von der Elektrizitätsgesellschaft und reparierten die Leitung.

Quelle: *MUFON UFO Journal*, Nr. 232, Aug. 1987.

19. MAI 1986; BEI SAO PAULO UND RIO DE JANEIRO, BRASILIEN

Kennzeichen: Zahlreiche unabhängige Sensoren, radar-visuelle Sichtung, militärische und zivile Piloten, Starts von Abfangjägern, Katz-und-Maus-Verfolgungsjagd.

316   Ungebetene Gäste

Zwischen 21 Uhr und Mitternacht wurden die brasilianische Luft-
verteidigung und die zivile Luftverkehrskontrolle mit UFO-Sichtungen auf Radar und bestätigenden Berichten von Piloten überschwemmt. Einer der ersten Zeugen unter den Piloten war Ospires
Silva, der Präsident der Petrobras (staatliche Ölgesellschaft), in seinem Privatflugzeug sowie sein Begleiter Alcir Pereira da Silva, Pilot
einer Fluggesellschaft.

Als sie etwa um 21.10 Uhr auf dem Flughafen Sao Jose dos Cam-
pos landen wollten, warnte sie der Kontrollturm vor UFO-Zielen auf
Radar. Sie schauten nach draußen und sahen helle rote oder rot-
orange Lichter, »... die ganz und gar nicht wie Sterne oder Planeten
aussahen«. Sie brachen die Landung ab und versuchten, einem der
Objekte zu folgen. Sein Licht blinkte an und aus, wobei es jedesmal
an einer neuen Stelle erschien, als verändere es rasch seine Position. Nach etwa dreißig Minuten gaben sie die Jagd auf und landeten.

Zu diesem Zeitpunkt war das Luftverteidigungs-/Luftverkehrskon-
trollzentrum im Alarmzustand. Die Radarschirme zeigten zahlreiche
nicht identifizierte Ziele. Vom Luftwaffenstützpunkt Santa Cruz bei
Sao Paulo stiegen um 22.23 Uhr fünf F-5E Kampfflugzeuge auf.
Einem der Piloten, Kapitän Marcio Jordao, neunundzwanzig, gelang
es, bis auf zwanzig Kilometer an ein nicht identifiziertes Ziel heranzukommen. Er sah es als starkes, konstant leuchtendes Licht, das
seine Farbe ständig zwischen weiß zu grün wechselte. Er brach den
Kontakt ab, als das Objekt sich von ihm weg aufs Meer hinausbe-
wegte. Ein anderer Pilot, Leutnant Kleber Caldas Marinho, fünfundzwanzig, verfolgte ein sehr intensives rotes Licht, das sich zu weiß,
dann grün, dann wieder rot veränderte. Da ihm der Treibstoff ausging, mußte er zum Stützpunkt zurückkehren. Sowohl am Boden wie
auch an Bord der Flugzeuge erfaßte das Radar die Objekte.

Nachdem die Piloten der F-5Es Sichtkontakt hergestellt hatten, starteten etwa um 22.50 Uhr weitere Jets vom Luftwaffenstützpunkt Ana-
polis im Bundesstaat Goias. Dieser zweite Flug bestand aus drei Mira-
ge III Kampfflugzeugen, die mit Sidewinder und Matra Lenkraketen
ausgerüstet waren. Einer der Piloten, Kapitän Armindo Souza Viriato
de Freitas, dreißig, wurde zu zehn bis dreizehn nicht identifizierbaren
Zielen in einer Entfernung von dreißig Kilometern geleitet. Radarbeobachter sahen, daß die Objekte sein Flugzeug umflogen, sechs auf
der einen, sieben auf der anderen Seite. Später folgten sie seinem
Flugzeug in einer Entfernung von drei Kilometern. Bei einer Entfernung von neunzehn Kilometern erfaßte Kapitän Viriato die Objekte
auf Radar, sah sie aber visuell nur einmal, als sie vertikal aufstiegen.

Anhang A - Ein Querschnitt durch das UFO-Rätsel 317

Der Luftwaffenminister Bridgadegeneral Octavio Moreira Lima gab diese Ereignisse bei einer Pressekonferenz öffentlich bekannt und erlaubte den Piloten und Radaroffizieren, die Fragen der Nachrichtenmedien in Brasilien zu beantworten. (Ihre Aussagen sind in der Literaturangabe zu Granchi zusammengefaßt.) Einer der Flugverkehrskontrolleure, Leutnant Valdecir Fernando Coehlo, sagte: »In meinen vierzehn Jahren als Radarbeobachter habe ich so etwas noch nie gesehen.«

Anmerkung: Der Fall ähnelt den berühmten radar-visuellen Sichtungen und Verfolgungen durch Abfangjäger über Washington D.C. im Juli 1952 sehr.

Quellen: »UFOs Over Brazil« von Walt Andrus und »More on Brazilian OVNIs« von Willy Smith, *MUFON UFO Journal* Nr. 221, Sept. 1986; »UFO Alert in Brazil« von J. Antonio Huneeus, und »Brazilian Briefing« von Irene Granchi, *MUFON UFO Journal* Nr. 223, Nov. 1986; »Brazilian Incident« von Willy Smith, *International UFO Reporter*, Juli-Aug. 1986.

1. AUGUST 1996; BANKSONS LAKE, MICHIGAN

Kennzeichen: Großes Objekt, strahlende Lichter, physiologische Effekte (Augenschaden).

Etwa um 22.30 Uhr angelten John Long und Richard Jandura von einem kleinen Boot aus auf dem See im Van Buren County. Sie beobachteten, wie sie glaubten, die Landelichter eines sehr großen Flugzeugs, das in niedriger Höhe aus Süden herankam, als wolle es auf dem Flughafen von Kalamazoo County landen. Das Flugzeug erschien jedoch zu groß für einen so kleinen Flughafen.

Es schien, als befinde sich das Objekt in sehr niedriger Höhe, vielleicht sechzig bis einhundert Meter und sei »... etwa so lang wie ein Fußballfeld (d.h. etwa einhundert Meter)«. Vorne hatte es ein ständig leuchtendes weißes Licht, an den Seiten drei rote Blinklichter. Als es fast direkt vor ihnen über dem Wasser war, blitzte das weiße Licht hell auf und ging aus. (Dem Bericht des Ermittlers zufolge, stieg in diesem Moment wohl Longs Blutdruck, und er reagierte sehr aufgeregt.)

Es war windstill, das Wasser war ruhig und - so stellten sie plötzlich fest - trotz der offensichtlichen Größe und der scheinbar flugzeugähnlichen Beschaffenheit des Objekts war kein Geräusch zu

318   *Ungebetene Gäste*

hören. Zwischen den Lichtblitzen fiel ihnen ein wellenartiger »Hitzestrahleneffekt« auf. Nach etwa fünfzehn Minuten verschwand das Objekt im Nordwesten in Richtung South Haven auf dem Lake Michigan, dem Sitz des Atomkraftwerks Palisades, außer Sicht.

Long meldete das Ereignis verschiedenen Stellen am Ort, Behörden des Staates und Bundesbehörden. Am nächsten Tag hatte er »blutunterlaufene, tränende Augen«, was aber nach zwei Tagen wieder vorbei war. Auch Janduras linkes Auge war »geschwollen und verfärbt«, und sein Arzt verschrieb Antibiotika.

Quelle: *MUFON UFO Journal* Nr. 222, Okt. 1986.

17. NOVEMBER 1986; FORT YUKON, ALASKA

Kennzeichen: Konfrontation in der Luft, Beleuchtung des Cockpits, Hitze, radar-visuelle Sichtung, E-M-Effekte.

Kapitän Kenju Terauchi, Copilot Takanori Tamefuji und Flugingenieur Yoshiu Tsukuba von Flug Nr. 1628 der Japan Airlines, einem Boeing 747 Frachtflugzeug unterwegs von Island nach Anchorage, befanden sich auf einem Kurs von zweihundertfünfzehn Grad (südwestlich) über Nordostalaska in einer Höhe von 10.675 Metern. Um 17.11 Uhr (Ortszeit) bemerkten sie etwa dreißig Grad links unter sich ein paar Lichter.

Kapitän Terauchi dachte zunächst, diese Lichter seien Militärflugzeuge von einem der Luftwaffenstützpunkte in der Nähe, stellte aber dann fest, daß sie einen Parallelkurs zu seinem Flugzeug hielten und nicht aussahen wie normale Flugzeuge. Etwa sieben Minuten später bewegten sich die Lichter abrupt unmittelbar vor dem Flugzeug. »Höchst unerwarteterweise hielten zwei Raumschiffe vor unserer Nase an und schossen Lichter von sich (›wie zahlreiche Auspuffrohre‹). Das Innere des Cockpits war hell erleuchtet, und ich spürte Wärme im Gesicht«, sagte Terauchi.

Die nicht identifizierten Objekte erschienen als zwei rechteckige Lichthaufen oder Lichtgruppen, eine über der anderen. Vom Sitz des Kapitäns auf der linken Seite aus waren sie deutlich zu sehen. Nach etlichen Minuten veränderten die Objekte plötzlich ihre Position und erschienen nebeneinander. Wieder verblüfften die abrupten Manöver die erfahrenen Flieger. Auch »schwangen« oder »wogten«

Anhang A – Ein Querschnitt durch das UFO-Rätsel   319

die beiden Objekte (oder Lichtgruppen) einheitlich nach rechts und
links, als seien sie miteinander verbunden.

Sie kamen zu dem Schluß, daß sie hier keine konventionellen Flugzeuge beobachteten und verständigten das FAA Flugverkehrskon-
trollzentrum über Funk und baten um eine Identifikation des nicht
identifizierten »Verkehrs« auf ihrem Kurs. Die Flugverkehrskontrolleure der FAA konnten die Objekte nicht als bekannte Flugzeuge definieren, bestätigten aber zunächst keine unerklärlichen Radarziele.

Solange die nicht identifizierten Objekte in Sichtweite der Crew
der B-747 blieben, war der VHF-Funkverkehr (Senden und Emp-
fang) gestört. Die Kommunikationsschwierigkeiten ließen nach, als
die beiden Objekte links von dem Flugzeug wegflogen. Zwei »flache« weiße Lichter blieben auch weiterhin neben dem Flugzeug.
Etwa um diese Zeit nahmen die Flugverkehrskontrolleure der FAA
Kontakt zum Luftwaffenstützpunkt Elmendorf auf. Sie wollten wissen, ob das Radar der Air Force UFOs erfaßt hatte. Kapitän Terauchi
dirigierte sein Bord-Wetterradar nach links, und es zeigte ein großes
nicht identifiziertes Objekt in einem Abstand von etwa dreizehn
Kilometern zu dem Flugzeug. Auch die FAA meldete ein nicht identifiziertes Radarziel, das dem Flugzeug folgte, aber das stimmte
nicht mit dem überein, was die Crew beobachtet hatte.

Aus der Perspektive der Crew der Japan Airlines fielen die beiden
Lichtgruppen, die neben ihrem Flugzeug her geflogen waren, in der
Zwischenzeit zurück. Sie verschwanden sowohl visuell wie auch auf
Radar außer Sichtweite. Der Radarbeobachter der Air Force meldete
zu der Zeit sporadische nicht identifizierte Radarziele in der Nähe
der B-747. Einmal bestätigte der Funkverkehr zwischen der FAA
und der Air Force die Anwesenheit eines Radarzieles »genau vor
(JAL 1628).« Bei einem Vergleich der Aufzeichnungen entdeckten
zivile und militärische Radarbeobachter etwas Ungewöhnliches in
der Umgebung von Flug 1628 der JAL.

Etwa um 17.30 Uhr, als Flug 1628 der JAL sich in der Nähe von
Fairbanks, Alaska, befand, überprüfte Kapitän Terauchi »... das blas-
se weiße Licht hinter uns ... (und sah dann) die Silhouette eines
gigantischen Raumschiffs.« An dieser Stelle wurde der Funkverkehr
wieder gestört. Das UFO hatte Walnußform (d.h. es war abgerundet
und oben wie unten symmetrisch) mit einem verdickten Rand in der
Mitte. Offensichtlich war es von gigantischer Größe. (Diese Konfiguration wurde auch als »Saturnform« beschrieben.)

Nach der Sichtung dieses gigantischen Objekts verlieh die Mannschaft zum ersten Mal ihrer Angst offen Ausdruck und erbat eine

320   *Ungebetene Gäste*

scharfe Kursänderung. »Es kam uns vor, als hätte es ewig gedauert, bis wir die Erlaubnis erhielten«, sagte Kapitän Terauchi. An dieser Stelle war der Funkverkehr wieder gestört.

Nach der Kursänderung »sahen wir nach unserem Heck (und) das Schiff folgte uns immer noch.« Noch ängstlicher bat die Mannschaft, die Höhe ändern zu dürfen – sie wollten absteigen – um dem UFO auszuweichen (»Wir mußten von diesem Objekt wegkommen«). Nachdem die B-747 eine Kurve vollzogen hatte, verschwand das »Raumschiff« schließlich.

Quelle: »Fantastic Flight of JAL 1628« von Bruce Maccabee, *International UFO Reporter,* März-April 1987, Sonderausgabe nur zu diesem Fall (23 S.).

ANHANG B

SAMMLUNG VON UFO-DOKUMENTEN DER REGIERUNG

Anmerkung: In vielen Dokumenten schwärzte die staatliche Behörde, die sie für die Öffentlichkeit freigab, bestimmte Abschnitte. Diese werden im Text durch einen Balken kenntlich gemacht. Beispiel ▬▬▬▬

OBJEKTBERICHT CIA

OBJECT REPORT

9

On 24 April 1949, at 3 miles north of Arrey, New Mexico, (107°
19½'W 32° 52½'N) 4 Navy enlisted men from White Sands Proving Ground
(Chief Akers, Davidson, Fitzsimmons and Moorman) and I saw a rapidly
moving object while making a pibal wind run. We had released a 350 gram
balloon at about 1020 MST and were following it with a standard ML-47
(David White) Theodolite. After the 1030 reading, Davidson took over
the theodolite, and Akers and I looked up to find the balloon with
naked eye. We thought we had the balloon when we saw a whitish spherical
object right along the direction the theodolite (45° elevation and 210°
azimuth) was pointing. The object was drifting east rapidly (5°/sec.
as estimated by stopwatch and width of fingers) but we had thought to
encounter similar winds on the balloon. When the difference in angle
between the theodolite and supposed balloon became apparent, I took
over the theodolite and found the true balloon still there, whereupon
I abandoned it and picked up the object after it came out of the sun.
(The computed bearing of sun was 127° azimuth and elevation 60°) The
object was moving too fast to crank the theodolite around, therefore one
of the men pointed the theodolite and I looked.

The object was an ellipsoid about 2½ : 1 slenderness ratio, length
about .02° subtended angle, and white in color; except for a light
yellow of one side as though it were in shadow. I could not get a hard
focus on the object due to the speed at which the angles changed. Therefor
I saw no good detail at all.

The Azimuth angle continued to decrease as the object continued on
a north heading, growing smaller in size. At around 20° - 25° Azimuth,
the Azimuth held constant and the elevation angle began increasing from
the 25° minimum to about 29°. The object then apparently disappeared
due to distance after a total time of observation of about 60 seconds.

Am 24. April 1949 sahen vier Navy-Soldaten vom Testgelände White Sands (Chief Akers, Davidson, Fitzsimmons und Moorman) und ich vier Kilometer nördlich von Arrey, New Mexico, (107 Grad 19 1/2 Minuten West, 30 Grad 52 1/2 Minute Nord) bei einem Ballonstart ein sich schnell bewegendes Objekt. Etwa um 10.20 Uhr MST hatten wir einen 350 Gramm schweren Ballon gestartet und verfolgten ihn nun mit einem ML-47 (David White) Standard-Theodolit. Nach der Ablesung um 10.30 Uhr übernahm Davidson den Theodolit, und Akers und ich schauten nach oben und suchten den Ballon mit bloßem Auge. Wir dachten, wir hätten den Ballon, als wir genau in der Richtung, in die der Theodolit zeigte (45 Grad Höhe und 210 Grad Azimuth), ein weißliches, kugelförmiges Objekt sahen. Das Objekt trieb schnell nach Osten (5 Grad/Sek., wie Schätzungen mit Stoppuhr und Fingerbreite ergaben), aber wir dachten, Winde dieser Stärke träfen auf den Ballon. Als der Unterschied im Winkel zwischen dem scheinbaren Ballon und dem Theodoliten offensichtlich wurde, übernahm ich den Theodoliten und fand den wahren Ballon

Anhang B – Sammlung von UFO-Dokumenten... 323

immer noch an seiner Position. Daraufhin verließ ich ihn und erfaßte das Objekt, sobald es aus der Sonne herausgekommen war. (Der errechnete Sonnenstand war 127 Grad Azimuth und Höhe 60 Grad.) Das Objekt bewegte sich zu schnell, als daß man den Theodoliten hätte herumschwenken können, daher richtete einer der Männer den Theodoliten aus, und ich schaute.

Das Objekt war ellipsoid, Verhältnis Länge zu Breite etwa 2 1/2:1, Länge etwa 0,2 Grad des gegenüberliegenden Winkels, Farbe weiß, nur an einer Seite ein helles Gelb, als befände es sich im Schatten. Wegen der Geschwindigkeit, mit der die Winkel sich änderten, konnte ich das Objekt nicht ganz scharf einstellen. Daher sah ich keinerlei Details.

Der Azimuthwinkel nahm weiter ab, als das Objekt sich auf einem nördlichen Kurs weiter wegbewegte, dabei wurde es immer kleiner. Bei etwa 20-25 Grad Azimuth blieb der Azimuth konstant, und der Höhenwinkel stieg von seinem Minimum von 25 Grad auf etwa 29 Grad. Aufgrund der Entfernung verschwand das Objekt dann nach einer totalen Beobachtungsdauer von 60 Sekunden scheinbar.

Das Objekt war kein Ballon und befand sich in etlicher Entfernung. Aufgrund der angenommenen Fluchtgeschwindigkeit wurde eine Flugbahn berechnet, die während der Dauer der Beobachtung eine Höhe von etwa 91.500 Metern über der Station ergab. Trifft das zu, verlief die Flugroute wahrscheinlich über das Testgelände White Sands, den Luftwaffenstützpunkt Holloman und Los Alamos.

Fünfzehn Minuten später führten wir einen weiteren Ballonstart durch. Dieser Ballon platzte nach einem Flug von achtundachtzig Minuten Dauer in einer Höhe von 28.400 Metern nur einundzwanzig Kilometer genau südlich von uns. Daher konnte dieses Objekt kein freier Ballon sein, der sich mit einer solchen Winkelgeschwindigkeit unterhalb 27.500 Metern bewegte.

Es wird um Informationen gebeten, ob es sich dabei um ein neues Flugzeug oder um ein Experimentalflugzeug gehandelt hat, oder welche Erklärung dafür gegeben werden kann.

Anmerkung: Keine Wolken am Himmel, kein Dunst. Kein Lärm, Stille in der Umgebung (keine Autos, Flugzeuge oder andere laufende Motoren). Kein Kondensstreifen, keine sichtbaren Abgase. Kein Geruch.

Unterschrift   C.B. Moore
General Mills Aeronautical Research
2010 E. Hennepin Avenue
Minneapolis, 13, Minnesota
Geneva 0371 X 385

NOTIZ DES FBI ÜBER ABGESTÜRTZE UNTERTASSEN

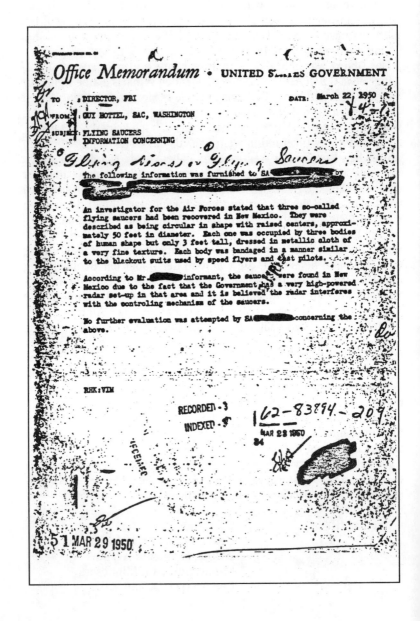

Anhang B – Sammlung von UFO-Dokumenten . . . **325**

AN: DIREKTOR FBI   DATUM: 22. März 1950

VON: GUY HOTTEL, SAC, WASHINGTON

BETRIFFT: FLIEGENDE UNTERTASSEN
INFORMATIONEN ÜBER

Fliegende Scheiben oder fliegende Untertassen (handschriftlich)

Die folgenden Informationen wurden SA zugeleitet ■■■■■■■■■

Ein Ermittler der Air Force sagte, in New Mexico seien drei sogenannte fliegende Untertassen geborgen worden. Sie wurden als von
kreisförmiger Form mit erhabener Mitte beschrieben, etwa fünfzehn
Meter im Durchmesser. In jeder befanden sich drei Leichen menschlicher Gestalt, aber nur 1,20 Meter groß. Sie trugen metallische Kleidung aus einem sehr feinen Gewebe. Jede Leiche war angeschnallt
ähnlich den Bewußtlosigkeits-Schutzanzügen wie sie Hochge-
schwindigkeitsflieger und Testpiloten benutzen.

Mr. ■■■■■■ Informanten zufolge wurden die Untertassen deshalb in New Mexico gefunden, weil die Regierung dort hochleistungsfähige Radaranlagen unterhält; und es wird angenommen,
das Radar störe die Steuerungsmechanismen der Untertassen.

In Bezug auf das oben Erwähnte versuchte SA ■■■■■■■ keine
weitere Beurteilung.

STABSNACHRICHTENDIVISION
EINGEHENDE GEHEIME MITTEILUNG

STAFF MESSAGE DIVISION 1951, July 9

INCOMING CLASSIFIED MESSAGE

ROUTINE — UNCLASSIFIED. PARAPHRASE NOT REQUIRED. NOTIFY CRYPTOCENTER BEFORE DECLASSIFYING

FROM: OSI ROBINS AFB MACON GA

CLASSIFICATION CANCELLED

BY AUTHORITY OF THE DIRECTOR OF Spec Inv

TO: CS, USAF, WASH DC — FOR: KURT K. KUNZE, Capt USAF, Historian

INFO: CG AMC WRIGHT PATTERSON AFB OHIO — 4 DEC 1975
LAWSON AFB COLUMBUS GA
WRAMA ROBINS AFB MACON GA

10 Jul 51

Object sighted by 1/Lt George B Kinmon Jr, AO-565857, 160 Tac Recon Sq Lawson AFB, Ga at 1340, 9 Jul 51 until about 1350, same date. Object described as flat on top and bottom and appearing from a front view to have rounded edges and slightly beveled. From view as object dived from top of plane was completely round and spinning in a clockwise direction. From front view as object dived observer noted small spots on the object which he described as being similar to craters observed on the moon through a high powered telescope. Object did not appear to be aluminum. Only 1 object observed. Color white. No vapor trails or exhaust or visible system of propulsion. Described as traveling tremendous speed. Object appeared near Dearing, Ga, 25 miles West of Augusta, Ga, while pilot was on a rout-ing flt from Lawson AFB, Ga. Pilot had leveled off at 8,500 feet altitude on a course of 247 degrees. As he leveled off, object dived from the sun in front and under the plane and continued to barrel-roll around the plane for a period of ten minutes, when it disappeared under the plane. Pilot states object was 300 to 400 feet from plane and appeared to be 10 to 15 feet in diameter. He compares its speed to that of a jet plane. Pilot states he felt disturbance in the air described as "bump" when object passed under plane. Object left the plane a few miles South of Milledgeville, Ga, and 15 to 20 miles from Macon, Ga. Pilot was flying P-51 at 270 miles per hour when object was sighted. Weather conditions .6 to .8 broken clouds. Wind 2 to 7 miles per hour. Pilot states he was in good physical condition, has 1,500 hours flying time and has been flying since 1942. Pilot flew in combat in Europe for 12 months 1944-45. Pilot considered by associates to be highly reliable, of mature judgment and a creditable observer. Pilot notified tower, Robins AFB by radio and contacted flt ops at Maxwell AFB. Above info obtained from Int Off, WRAMA, and from pilot at Lawson AFB. Pilot unable to take photos due to camera.

CAP IN: 96109 — JUL 25 — (11 Jul 51) Page 1 of 2 Pages.

COPY No.

THE MAKING OF AN EXACT COPY OF THIS MESSAGE IS FORBIDDEN

UNCLASSIFIED

Anhang B – Sammlung von UFO-Dokumenten... 327

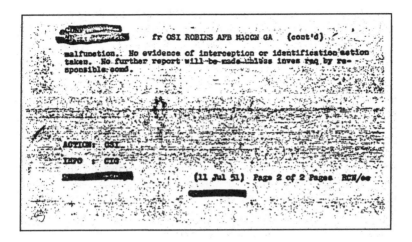

FREIGEGEBEN

DIENSTWEG

VON: OSI ROBINS AFB MACON

AN: CS, USAF, WASH DC   FÜR: KURT K. KUNZE,
                              Capt, USAF, Historiker

INFO: CO AMC WRIGHT PATTERSON AFB OHIO
      LAWSON AFB COLUMBUS GA
      WRAMA ROBINS AFB MACON GA

10. Jul. 1951

Objekt gesichtet von 1/Lt George H. Kimmon jun., AO-565857, 160 Tac Recon Sq Lawson AFB, Ga um 13.40 Uhr am 9. Juli 1951 bis etwa 15.30 Uhr desselben Tages. Objekt als flach an Ober- und Unterseite beschrieben, aus der Vorderansicht anscheinend abgerundete Ränder, leicht abgeschrägt. Aus der Aufsicht, als das Objekt unter einem Flugzeug abtauchte, war es vollkommen rund und drehte sich im Uhrzeigersinn. Als das Objekt abtauchte, bemerkte der Beobachter aus der Vorderansicht kleine Punkte auf dem Objekt, die er als mondkraterähnlich beschrieb, wie man sie durch ein stark vergrößerndes Teleskop sieht. Objekt war anscheinend nicht aus Aluminium. Nur ein Objekt beobachtet. Farbe weiß. Keine Kondensstreifen oder Abgase oder sichtbares Antriebssystem. Laut Beschreibung flog es mit ungeheurer Geschwindigkeit. Objekt tauchte bei Dearing, Ga, vierzig Kilometer westlich von Augusta, Ga, auf, während Pilot sich auf einem Routine-tng-Flg ab Lawson AFB, Ga, befand. Pilot befand sich in einer Höhe von 8.500 Fuß auf einem Kurs von 247 Grad. Als er sich auf diese Höhe einpendelte, tauchte das Objekt von der Sonne vor ihm ab unter das Flugzeug und vollführte etwa zehn Minuten lang unablässig Rollen um das Flugzeug herum. Dann verschwand es unter dem Flugzeug. Pilot sagt, das Objekt war 300 bis 400 Fuß vom Flugzeug entfernt und hatte einen Durchmesser von 10 bis 15 Fuß. Er vergleicht seine Geschwindigkeit mit der eines Düsenflugzeugs. Pilot sagt, er verspürte Störungen in der Luft, die er als »Stoß« beschrieb, als das Objekt unter dem Flugzeug vorbeiflog. Objekt verließ das Flugzeug ein paar Meilen südlich von Milledgevilli, Ga, und 15 bis 20 Meilen vor Macon, Ga. Pilot flog bei Sichtung des Objekts eine F-51 mit 270 Meilen pro Stunde. Wetter .6 bis .8 durchbrochene Wolken. Wind 2 bis 7 Meilen pro Stunde. Pilot sagt, er war in guter körperlicher Verfassung, hat 1.500 Flugstunden und fliegt seit 1942. Pilot flog 1944 bis 1945 zwölf Monate Kampfflüge in Europa. Kollegen betrachten Piloten als hochzuverlässig, mit gutem Urteilsvermögen und halten ihn für einen glaubwürdigen Beobachter. Pilot verständigte Tower des Robins AFB über Funk und nahm mit flt svc des Maxwell AFB Verbindung auf. Obige Informationen erhalten von Int Off WRAMA und vom Piloten auf Lawson AFB. Pilot konnte wegen Kameraausfalls keine Fotos machen. Keine Indizien für Abfang oder Identifizierungsversuche. Es erfolgt kein weiterer Bericht, es sei denn, der zuständige Kommandeur ordnet Untersuchung an.

NACHRICHTENDIENSTLICHER BERICHT SPOT 23. JULI 1952

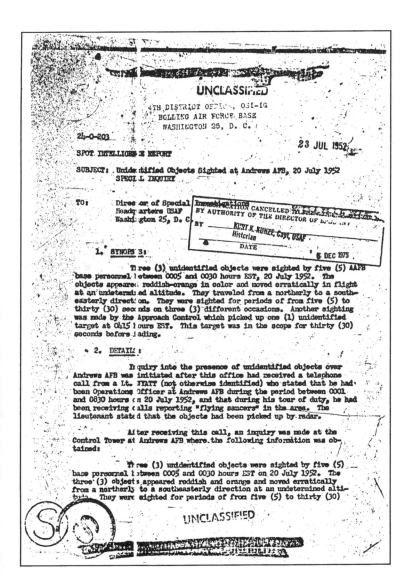

Ltr, DO #4, OSI, BAFB, Wash, DC, to Dir of Sp Invest, Hq USAF, Wash,
DC, File 24-0-203, dtd   , SPOT INTELLIGENCE REPORT,
Subj: Unidentified Objects Sighted at Andrews AFB, 20 July 1952,
SPECIAL INQUIRY

seconds on three (3) occasions by ....
Civilians, WILLIAM B. BRADY, A/1C, JOHN P. IZZO, T/Sgt. (all of whom are
assigned to the control tower at AAFB), and Capt. HARRY W. REDDING,
AC-818935, Airdrome Officer on duty at the time. At 0415 hours EST, the
Approach Control picked up one (1) unidentified target which remained
on the scope for thirty (30) seconds and then disappeared.

The following is a copy of the AACS Control Tower Log,
1909th AACS Squadron, dated 20 July 1952:

"0005 Phone call advsg that there was an object south of ADW. A/1C
BRADY looked south and saw a orange object that appeared for
just a moment then disapeared. The party on the phone saw the
same thing. Wash Center also calling to advise they have five
targets unidentified in the vicinity of ADW Range. TWR personnel.
used to observe from roof of the TWR.
"0120 While watching from the TWR roof Mr. DeBoves, T/Sgt IZZO and
myself, Capt H. W. REDDING, observed what appeared to be two
falling stars but they had an orange hue and a tail and were
traveling at a fast pace.
"0125 T/Sgt and Mr. DeBoves also saw a third object that appeared
like the first two objects (appeared like a falling star).
"0235 ADW A/O making a full report including the report by the party
on the phone. Wash Center received a call from Capital Airlines
plane that he saw three objects near HERNDON and reported
that they were like nothing he had ever seen. He also reported
three more between HHN and Martinsburg. Wash Center first saw
these targets around 2340 and then about ten minutes later they
moved toward ADW."
"0330 Wash Center advised the targets seemed to move more frequently
when there were aircraft moving. As daylight was approaching
they seemed to move less frequently.
"0530 Wash Center advised target north of ADW. Tower could not see it.
"TWX sent to Director of Intelligence, Hq USAF, Washington 25, D. C.
Air Technical Intell Center, Wright-Patterson AFB, Ohio
ATTN: ATIAA-26
Commanding General, Ent AFB, Colorado Springs, Colo.
Commanding Officer, Headquarters Command, USAF, Bolling AFB."

3. ACTION:

No investigation of this matter was conducted by this office
inasmuch as no request for investigation was received. This matter was

DO #4, OSI, BAFB, Wash, DC, to Dir of Sp Invest, Hq USAF, Wash,
File 24-0-203, dtd   , SPOT INTELLIGENCE REPORT,
bj: Unidentified Objects Sighted at Andrews AFB, 20 July 1952,
SCIAL INQUIRY

dinated with Capt. BENJAMIN BERKOW, Director of Intelligence, Headquarters
Command, Bolling Air Force Base, who stated that his office
d handle the required investigation.

DONALD B. WHITE
Colonel, USAF
District Commander

Anhang B – Sammlung von UFO-Dokumenten ... 331

FREIGEGEBEN

4. BEZIRKSBÜRO DES BÜROS
FÜR SONDERERMITTLUNGEN-NACHRICHTENDIENST
LUFTWAFFENSTÜTZPUNKT BOLLING
WASHINGTON 25, D.C.

24-0-203

NACHRICHTENDIENSTLICHER BERICHT SPOT   23. JULI 1952

BETRIFFT: Sichtung nicht identifizierter Objekte auf Andrews
          AFB, 20. Juli 1952
          SONDERANFRAGE

AN: Direktor für Sonderermittlungen
    USAF-Hauptquartier
    Washington 25, D.C.

1. SYNOPSE
Am 20. Juli 1952 sichteten fünf (5) Soldaten des AAFB (Andrews
Air Force Base = Luftwaffenstützpunkt Andrews, d.Ü.) zwischen
0.05 Uhr und 0.30 Uhr EST drei (3) nicht identifizierte Objekte. Die
Objekte erschienen von rötlich-oranger Farbe und bewegten sich in
unbestimmter Höhe auf unvorhersehbarem Kurs. Sie flogen aus
nördlicher in südöstliche Richtung. Sie wurden drei (3) verschiedene Male über Zeitabschnitte von fünf (5) bis dreißig (30) Sekunden
gesichtet. Die Anflugkontrolle machte eine weitere Sichtung, als sie
um 4.15 Uhr ein (1) nicht identifiziertes Ziel erfaßte. Dieses Ziel
blieb dreißig (30) Sekunden lang auf dem Schirm, bevor es verblaßte.

2. EINZELHEITEN
Eine Untersuchung über die Anwesenheit nicht identifizierter
Objekte über Andrews AFB wurde eingeleitet, nachdem in diesem

Büro ein Telefonanruf von einem Leutnant HYATT (keine weitere Identifikation) eingegangen war, in dem er behauptete, er sei von 0.01 Uhr bis 8.30 Uhr des 20. Juli 1952 diensthabender Offizier auf Andrews AFB gewesen und habe während dieser Dienstzeit Anrufe erhalten, in denen „fliegende Untertassen" über der Gegend gemeldet wurden. Der Leutnant sagte, die Objekte seien auch auf Radar erfaßt worden.

Nach seinem Anruf erfolgte Anfrage beim Kontrollturm von Andrews AFB, von dem folgende Information zu erhalten war: Zwischen 0.05 Uhr und 0.30 Uhr des 20. Juli 1952 wurden drei (3) nicht identifizierte Objekte von fünf (5) Soldaten gesichtet. Die drei (3) Objekte erschienen rötlich und orange und bewegten sich in unbestimmter Höhe auf unvorhersehbarem Kurs aus nördlicher in südöstliche Richtung. Dreimal wurden sie über einen Zeitraum von fünf (5) bis zu dreißig (30) Sekunden gesichtet ▬▬▬▬▬▬▬ Zivilisten, WILLIAM B. BRADY, A/1C, JOHN P. IZZO, T/Sgt. (alle dem Kontrollturm der AAFB zugewiesen) und Capt. HARRY W. REDDING, AO-818935, während dieser Zeit diensthabender Offizier des Flughafens. Um 4.15 Uhr EST erfaßte die Anflugkontrolle ein (1) nicht identifiziertes Ziel, das dreißig (30) Sekunden lang auf dem Schirm blieb und dann verschwand.

Im Folgenden eine Abschrift des Logbuchs des AACS Kontrollturms, 1909te AASC Schwadron, datiert vom 20. Juli 1952:

0.05 Anruf mit Meldung, ein Objekt befinde sich südlich ADW. A/1C BRADY schaute nach Süden und sah ein orangefarbenes Objekt, das nur einen Moment lang auftauchte und dann wieder verschwand. Der Teilnehmer am Telefon sah dasselbe. Wash Center rief ebenfalls an und meldete, sie hätten fünf nicht identifizierte Ziele in der Nähe des ADW Testgeländes. Personal des TWR beobachtete sie vom Dach des TWR.

1.20 Vom Dach des TWR aus beobachteten Mr. DeBoves, T/Sgt IZZO und ich, Capt. H.W. REDDING, zwei scheinbare Sternschnuppen, aber sie hatten eine leicht orange Farbe, einen Schweif und bewegten sich in schnellem Tempo.

1.25 T/Sgt. und Mr. DeBoves sahen ein drittes Objekt, das wie die beiden ersten Objekte aussah (erschienen wie Sternschnuppen).

2.35 ADW A/O macht vollständige Meldung, einschließlich der Meldung des Telefonteilnehmers. Wash Center erhielt Ruf von einem Flugzeug der Capital Airlines, er sehe drei Objekte bei HERNDON. Er meldete, so etwas habe er noch nie gesehen. Er meldete noch drei

Anhang B – Sammlung von UFO-Dokumenten... 333

weitere zwischen HRN und Martinsburg. Wash Center sah diese Ziele zum ersten Mal um 23.40. Etwa zehn Minuten später bewegten sie sich in Richtung ADW.
3.30 Wash Center verständigt uns, diese Ziele bewegten sich scheinbar häufiger, wenn Flugzeuge in der Nähe waren. Mit herannahendem Tageslicht schienen sie weniger häufig aufzutreten.
5.30 Wash Center verständigt über Ziel nördlich ADW. Tower konnte es nicht sehen, TWX an Direktor des Nachrichtendienstes, Hq USAF, Washington 25. D.C. Air Technical Intell Center Wright Patterson AFB, Ohio.
z. Hd.: ATIAA-26
Kommandierender General Ent AFB, Colorado Springs, Colo.
Kommandierender Offizier, Kommandohauptquartier, USAF, Bolling AFB.«

3. MASSNAHMEN
Ermittlungen in dieser Sache wurden von diesem Büro nicht durchgeführt, da kein Ermittlungsersuchen eintraf. Diese Sache wurde abgesprochen mit Capt. BENJAMIN BERKOW, Direktor des Nachrichtendienstes, Kommandohauptquartier, Luftwaffenstützpunkt Bolling, der feststellte, sein Büro könne die erforderlichen Ermittlungen durchführen.

DONALD B. WHITE
Colonel USAF
District Commander

MITTEILUNG FÜR:
DIREKTOR DER CENTRAL INTELLIGENCE (1952)

```
MEMORANDUM FOR:   Director of Central Intelligence

THRU              :  Deputy Director for Intelligence

SUBJECT           :  Unidentified Flying Objects


     1.  On 20 August, the DCI, after a briefing by OSI on the above
subject, directed the preparation of an NSCID for submission to the
Council stating the need for investigation and directing agencies
concerned to cooperate in such investigations.

     2.  In attempting to draft such a directive and the supporting
staff studies, it became apparent to DD/I, Acting AD/SI and AD/IC
that the problem was largely a research and development problem, and
it was decided by DD/I to attempt to initiate action through R&DB.
A conference was held between DI/USAF, Chairman of R&DB, DD/I, Acting
AD/SI and AD/IC at which time it was decided that Dr. Whitman, Chairman
of R&DB, would investigate the possibility of undertaking research and
development studies through Air Force agencies.
```

MITTEILUNG FÜR: Director der Central Intelligence
ÜBER: Deputy Director for Intelligence
BETRIFFT: Unidentifizierte Fliegende Objekte

1. Am 20. August ordnete der DCI nach Information durch den OSI zum o.a. Thema die Vorbereitung eines NSCID zur Vorlage vor der Vollversammlung an, in dem die Notwendigkeit solcher Ermittlungen dargelegt und die betreffenden Behörden angewiesen werden, bei solchen Ermittlungen zusammenzuarbeiten.

2. Bei dem Versuch des Entwurfs einer solchen Dienstanweisung und der erläuternden Richtlinien, wurde dem DD/I, dem verantwortlichen AD/SI und dem AD/IC deutlich, daß die Schwierigkeiten im wesentlichen in der Forschung und Entwicklung liegen, daher beschloß der DD/I zu versuchen, Maßnahmen über den P&DB anzuregen. Es wurde eine Konferenz abgehalten zwischen dem DI/USAF, dem Vorsitzenden von P&DB, DD/I, dem verantwortlichen AD/SI und AD/IC, bei der beschlossen wurde, daß Dr. Whitman, der Vor-

Anhang B – Sammlung von UFO-Dokumenten... 335

sitzende von P & DB, die Möglichkeiten für Forschungs- und Entwicklungsstudien bei Behörden der Air Force überprüfen sollte.

3. Etwa um den 3. November erfuhren wir vom Vorsitzenden von P&DB, Anfragen beim Stab der Luftwaffe hätten keine »unangemessenen Bedenken« in dieser Sache ergeben, sie sei aber dem Air Defense Command zur Überprüfung zugeleitet worden. Von P&DB erfolgte keine weitere Nachricht.

4. Jüngste Meldungen an die CIA verdeutlichten, daß weitere Maßnahmen wünschenswert wären, und das hierüber in Kenntnis gesetzte Personal von A-2 und ATIC wurde am 25. November bei einem weiteren Treffen entsprechend informiert. Heute überzeugen uns die Meldungen über Zwischenfälle, daß hier etwas vor sich geht, das unsere sofortige Aufmerksamkeit zwingend erfordert. AD/SI besprach Einzelheiten einiger dieser Zwischenfälle mit dem DDS. Sichtungen unerklärlicher Objekte in großen Höhen, die sich mit hoher Geschwindigkeit fortbewegen, in der Umgebung von wichtigen Verteidigungseinrichtungen der Vereinigten Staaten sind solcherart, daß sie weder Naturphänomenen noch bekannten Flugzeugtypen zugeschrieben werden können.

5. OSI wird als nächsten Schritt eine Beratergruppe ausreichender Kompetenz und Ausstattung einrichten, die diese Sache untersuchen und die verantwortlichen Stellen in unserem gemeinsamen Arbeitsbereich davon überzeugen kann, daß zu diesem Thema sofort Forschungs- und Entwicklungsbemühungen anzustellen sind. Am schnellsten kann dies unter dem Dach von CANIS durchgeführt werden.

6. In der Anlage findet sich der Entwurf einer Mitteilung an den NSC und ein einfacher Entwurf einer NS-Dienstanweisung, in der diese Sache als vordringliches Projekt in allen Geheimdiensten und der militärischen Forschung und Entwicklung festgeschrieben wird.

H. MARSHALL CHADWELL
Assistant Director
Scientific Intelligence

Anlagen:
Entwurf einer Mitteilung an NSC mit
Entwurf einer Dienstanweisung

UNGEWÖHNLICHER UFOB-BERICHT

CIA
Acting Assistant Director for
Scientific Intelligence

JUL 1 2 1955

Chief, Physics & Electronics Division, SI

Unusual UFOB Report

1. The attached copy of a cable is a preliminary report from Pepperrell Air Force Base, Newfoundland reporting on what appears to be an unusual "unidentified flying object" sighting.

2. Essentially, the "object" was apparently simultaneously observed by a tanker aircraft (KC 97) pilot (visually) and by a ground radar (type unknown) site (electronically). While such dual (visual and electronic) sightings of UFOBs are reported from time to time, this particular report is somewhat unique in that:

    a. the "pilot of Archie 29 maintained visual contacts with object calling direction changes of object to (radar) site by radio. Direction changes correlated exactly with those painted on scope by controller."

    b. In previous cases the dual (visual and electronic) sightings are mostly of a few minutes duration at most. This one was observed by radar, at least, for 49 minutes.

3. It is reasonable to believe that more information will be available on this when complete report (AF Form 112) is issued.

TODOS M. ODARENKO

Attachment.

cc: ASD/SI
    GD/SI
    SS/SI

Anhang B – Sammlung von UFO-Dokumenten... 337

CIA   12. Juli 1955

Acting Assitant Director
for Scientific Intelligence

Chief, Physics & Electronics Division

Ungewöhnlicher UFOB-Bericht

1. Die beigefügte Kopie eines Telegramms ist ein vorläufiger
Bericht vom Luftwaffenstützpunkt Pepperrell, Neufundland, in dem
anscheinend die Sichtung eines ungewöhnlichen „unidentifizierten
·fliegenden Objekts" gemeldet wird.
2. Im wesentlichen wurde das „Objekt" offensichtlich gleichzeitig
vom Piloten eines Tankerflugzeugs (KC 97) (visuell) und einer
Bodenradarstation (Typ unbekannt) (elektronisch) gesichtet. Solche
dualen (visuellen und elektronischen) Sichtungen werden zwar von
Zeit zu Zeit gemeldet, dieser bestimmte Bericht ist jedoch in folgender Hinsicht einzigartig:
a. Der „Pilot der Archie 29 hielt den visuellen Kontakt mit dem
Objekt und gab der (Radar-) Station die Richtungsänderungen des
Objekts über Funk durch. Die Richtungsänderungen stimmten exakt
mit denen überein, die der Beobachter auf dem Schirm verzeichne-
te."
b. Bei früheren Fällen dauerten die dualen (visuellen und elektronischen) Sichtungen meistens längstens ein paar Minuten. Diese
Sichtung wurde auf Radar mindestens 49 Minuten lang beobachtet.
3. Vernünftigerweise ist anzunehmen, daß mehr Informationen
hierüber zur Verfügung stehen werden, wenn der vollständige
Bericht (AF Vordruck ll2) vorliegt.

                              TODOS M. ODARENKO
Anlage
Verteiler: ASD/SI
            GMD/SI
            SS/SI

338 Ungebetene Gäste

BETRIFFT: EINDRINGEN IN AFB

N M C C
THE NATIONAL MILITARY COMMAND CENTER
WASHINGTON, D.C. 20301

THE JOINT STAFF

29 October 1975
0605 EST

MEMORANDUM FOR RECORD

Subject: AFB Penetration

1. At 290200 EST AFOC informed NMCC that an unidentified helicopter, possibly two, had been sighted flying low over Loring AFB Maine, in proximity to a weapons storage area.

2. An Army National Guard helo was called in to assist in locating the unidentified helo(s).

3. NORAD was informed of the incident by SAC, requested and recieved authority from Canadian officials to proceed into Canadian airspace if necessary to locate the intruder.

4. At 0404 SAC Command Center informed NMCC that the army helo assisting on the scene had not sighted the unidentified helo(s).

5. A similar incident was reported at Loring the evening of 28 October 1975.

C. D. ROBERTS, JR.
Brigadier General, USMC
Deputy Director for
Operations (NMCC)

NMCC
NATIONALE KOMMANDOZENTRALE DES MILITÄRS
WASHINGTON, D.C. 20301

DER VEREINTE STAB

29. Oktober 1975
06.05 UHR EST

AKTENVERMERK

Anhang B – Sammlung von UFO-Dokumenten... **339**

Betrifft: Eindringen in AFB

1. Um 290200 EST informierte AFOC NMCC, ein nicht identifizierter Hubschrauber, möglicherweise auch zwei, seien gesichtet worden, als sie in der Nähe eines Waffenlagers in niedriger Höhe über Lorings AFB flogen.

2. Es wurde ein Hubschrauber der Army National Guard gerufen, der bei der Auffindung der nicht identifizierten Hubschrauber helfen sollte.

3. NORAD wurde von SAC über den Zwischenfall informiert, erbat und erhielt die Genehmigung der kanadischen Behörden, in den kanadischen Luftraum einzufliegen, falls sich dies zur Auffindung des Eindringlings als erforderlich erweisen sollte.

4. Um 4.04 Uhr informierte die Kommandozentrale NMCC, der Hubschrauber der Army am Ort der Sichtung habe die beiden nicht identifizierten Hubschrauber nicht gesichtet.

5. Ein ähnlicher Zwischenfall auf Loring wurde am Abend des 28. Oktober 1975 gemeldet.

C.D. ROBERTS, JUN.
Brigadier General, USMC
Deputy Director
for Operations (NMCC)

Verteiler:	
CJCS (5)	CSA
DJS (3)	CNO
J-30	CSAF
J-31	CMC
J-32	CH, WWMCCS OPS & EVAL DIV
J-32	A DDO (NMCC)
J-33	ADDO (NMCC)
J-34	CCOC (NMCC)
J-35	DIA REP FüR NMIC
J-38	NSA REP
PA REP	CIA REP
NSWB	WEST HEM DESK

BETRIFFT: UFO-MELDUNG – CANNON AFB NM

N M C C
THE NATIONAL MILITARY COMMAND CENTER
WASHINGTON, D.C. 20301

THE JOINT STAFF

21 Janaury 1976
0630 EST

MEMORANDUM FOR RECORD

Subject: Report of UFO - Cannon AFB NM

Reference: AFOC Phonecon 21055 EST Jan 76

The following information was received from the Air Force Operations Center at 0555 EST:

"Two UFOs are reported near the flight line at Cannon AFB, New Mexico. Security Police observing them reported the UFOs to be 25 yards in diameter, gold or silver in color with blue light on top, hole in the middle and red light on bottom. Air Force is checking with radar. Additicnally, checking weather inversion data."

J.B. MORIN
Rear Admiral, USN
Deputy Director for
Operations, NMCC

Anhang B - Sammlung von UFO-Dokumenten... 341

NMCC
NATIONALE KOMMANDOZENTRALE DES MILITäRS
WASHINGTON, D.C. 20301

DER VEREINTE STAB

21. Januar 1976
6.30 Uhr EST

AKTENVERMERK

BETRIFFT: UFO-Meldung - Cannon AFB NM

Bezug: AFOC Telefonverbindung 21055 EST, Jan. 76

Folgende Information kam um 5.55 EST vom Air Force Operations Center:

»Zwei UFOs in der Nähe der Flugbahn auf Cannon AFB, New Mexico, gemeldet. Sicherheitspolizei, die sie beobachtete, meldete, die UFOs hätten einen Durchmesser von fünfundzwanzig Metern, seien gold- oder silberfarben mit einem blauen Licht an der Oberseite, einem Loch in der Mitte und einem roten Licht an der Unterseite. Air Force überprüft mit Radar. Darüber hinaus Wetterinversionsdaten überprüft.«

J.B. MORIN
Rear Admiral, USN
Deputy Director
for Operations, NMCC

BETRIFFT: MELDUNG ÜBER UNIDENTIFIEZIERTE FLIEGENDE OBJEKTE (UFOS)

NMCC
THE NATIONAL MILITARY COMMAND CENTER
WASHINGTON, D.C. 20301

30 July 1976
0345 EDT

THE JOINT STAFF

MEMORANDUM FOR RECORD

Subject: Reports of Unidentified Flying Objects (UFOs)

1. At approximately 0345 EDT, the ANMCC called to indicate they had received several reports of UFO's in the vicinity of Fort Ritchie. The following events summarize the reports (times are approximate).

    a. 0130 - Civilians reported a UFO sighting near Mt. Airy, Md. This information was obtained via a call from the National Aeronautics Board (?) to the Fort Ritchie Military Police.

    b. 0255 - Two separate patrols from Site R reported sighting 3 oblong objects with a reddish tint, moving east to west. Personnel were located at separate locations on top of the mountain at Site R.

    c. 0300 - Desk Sgt at Site R went to the top of the Site R mountain and observed a UFO over the ammo storage area at 100-200 yards altitude.

    d. 0345 - An Army Police Sgt on the way to work at Site R reported sighting a UFO in the vicinity of Site R.

2. ANMCC was requested to have each individual write a statement on the sightings. One individual stated the object was about the size of a 2 1/2 ton truck.

3. Based on a JCS memorandum, subject: Temperature Inversion Analysis, dated 13 November 1975, the NMCC contacted the Air Force Global Weather Central. The Duty Officer, LTC OVERBY, reported that the Dulles International Airport observations showed two temperature inversions existed at the time of the alleged sightings. The first extended from the surface to 1,000 feet absolute and the second existed between 27,000 and 30,000 feet, absolute. He also said the atmosphere between 12,000 and 20,000 feet was heavily saturated with moisture. A hard copy message will follow.

L. J. Le Blanc Jr.
L. J. LEBLANC, Jr.
Brigadier General, USMC
Deputy Director for
Operations, NMCC

Anhang B – Sammlung von UFO-Dokumenten... 343

NMCC
NATIONALE KOMMANDOZENTRALE DES MILITÄRS
WASHINGTON, D.C. 20301

DER VEREINTE STAB   30. Juli 1976
                                                      5.45 EDT

AKTENVERMERK

BETRIFFT: MELDUNG ÜBER UNIDENTIFIZIERTE FLIEGENDE
             OBJEKTE (UFOs)

1. Etwa um 3.45 Uhr EDT rief das ANMCC an und teilte mit, es
seien etliche Meldungen über UFOs in der Umgebung von Fort Ritchie eingegangen. Die folgenden Ereignisse fassen die Meldungen
zusammen (Zeitangaben gelten annähernd).
    a. 1.30 Uhr - Zivilisten melden UFO-Sichtung in der Nähe von Mt.
Airy, Maryland. Diese Information kam über einen Anruf des National Aeronautics Board bei der Militärpolizei auf Fort Ritchie.
    b. 2.55 Uhr - Zwei unabhängige Patrouillen von Stelle R meldeten
Sichtung von drei länglichen Objekten mit rötlicher Färbung; bewegen sich von Osten nach Westen. Soldaten befanden sich an verschiedenen Orten auf dem Berggipfel an Stelle R.
    c. 3.00 Uhr - Der Sergeant der Schreibstube an Stelle R begab sich
auf den Berggipfel an Stelle R und beobachtete UFO in 100 bis 200
Yards Höhe über Munlager.
    d. 3.45 Uhr - Ein Sergeant der Armeepolizei meldete, auf dem
Weg zur Arbeit an Stelle R ein UFO in der Nähe von Stelle R gesehen zu haben.
2. ANMCC wurde angewiesen, von jeder Person eine Aussage über
die Sichtung aufzunehmen. Eine Person sagte, das Objekt habe in
etwa die Größe eines 2,5-Tonner-Lkw gehabt.
3. Auf der Grundlage einer Mitteilung des JCS, Betrifft: Analyse
von Temperaturinversionen, vom 13. Nov. 1975, nahm das NMCC
Verbindung auf zur Globalen Wetterzentrale der Air Force. Der
diensthabende Offizier, LTC OVERBY, meldete, die Beobachtungen
des Internationalen Flughafens Dulles ergäben, daß zur Zeit der
angeblichen Sichtungen zwei Temperaturinversionslagen bestanden. Die erste reichte vom Boden bis zu 1000 Fuß absolut, die zwei-

344 *Ungebetene Gäste*

te bestand zwischen 2700 und 30000 Fuß absolut. Er sagte auch, die Atmosphäre zwischen 12000 und 20000 Fuß sei schwer mit Feuchtigkeit gesättigt gewesen.
Schriftliche Nachricht folgt.

L.J. LEBLANC, JUN.
Brigadier General, USMC
Deputy Director for
Operations, NMCC

VERTEILER

J-30
J-31
J-32
J-33
DDO
ADDO
CCOC
WHEM Desk
ASD/PA Rep

Anhang B – Sammlung von UFO-Dokumenten... 345

BESCHWERDEFORMULAR
ANGEBLICHE SICHTUNGEN UNIDENTIFIZIERTER LICHTER IN DER LUFT IN GESPERRTEM TESTGELÄNDE

COMPLAINT FORM

Hq \ V O S

I ADMINISTRATIVE DATA

TITLE	DATE	TIME
KIRTLAND AFB, NM, 8 Aug - 3 Sep 80, Alleged Sigthings of Unidentified Aerial Lights in Restricted Test Range.	2 - 9 Sept 80	1200

PLACE: AFOSI Det 1700, Kirtland AFB, NM

HOW RECEIVED

| X | IN PERSON | | TELEPHONICALLY | | IN WRITING |

SOURCE AND EVALUATION

MAJOR ERNEST E. EDWARDS

RESIDENCE OR BUSINESS ADDRESS	PHONE
Commander, 1608 SPS, Manzano Kirtland AFB, NM	4-7516

CR **44** APPLIES

II SUMMARY OF INFORMATION

REMARKS

1. On 2 Sept 80, SOURCE related on 8 Aug 80, three Security Policemen assigned to 1608 SPS, KAFB, NM, on duty inside the Manzano Weapons Storage Area sighted an unidentified light in the air that traveled from North to South over the Coyote Canyon area of the Department of Defense Restricted Test Range on KAFB, NM. The Security Policemen identified as: SSGT STEPHEN FERENZ, Area Supervisor, AIC MARTIN W. RIST and AMN ANTHONY D. FRAZIER, were later interviewed separately by SOURCE and all three related the same statement; At approximately 2350hrs., while on duty in Charlie Sector, East Side of Manzano, the three observed a very bright light in the sky approximately 3 miles North-North East of their position. The light traveled with great speed and stopped suddenly in the sky over Coyote Canyon. The three first thought the object was a helicopter, however, after observing the strange aerial maneuvers (stop and go), they felt a helicopter couldn't have performed such skills. The light landed in the Coyote Canyon area. Sometime later, three witnessed the light take off and leave proceeding straight up at a high speed and disappear.

2. Central Security Control (CSC) inside Manzano, contacted Sandia Security, who conducts frequent building checks on two alarmed structures in the area. They advised that a patrol was already in the area and would investigate.

3. On 11 Aug 80, RUSS CURTIS, Sandia Security, advised that on 9 Aug 80, a Sandia Security Guard, (who wishes his name not be divulged for fear of harassment), related the following: At approximately 0020hrs., he was driving East on the Coyote Canyon access road on a routine building check of an alarmed structure. As he approached the structure he observed a bright light near the ground behind the structure. He also observed an object he first thought was a helicopter. But after driving closer, he observed a round disk shaped object. He attempted to radio for a back up patrol but his radio would not work. As he approached the object on foot armed with a shotgun, the object took off in a vertical direction at a high rate of speed. The guard was a former helicopter mechanic in the U.S. Army and stated the object he observed was not a helicopter.

4. SOURCE advised on 22 Aug 80, three other security policemen observed the same

DATE FORWARDED HQ AFOSI			AFOSI FORM 56 ATTACHED	☐ YES	☐ NO
Hq \ V O S	10 Aug 80				

DATE	TYPED OR PRINTED NAME OF SPECIAL AGENT	SIGNATURE
8 Sept 80	RICHARD C. DOTY, SA	

DISTRICT FILE NO.		
80 17 8 9 3 - c / 22		DCII RESULTS
		NEGATIVE ☑ POSITIVE (See Attached)

AFOSI FORM 1 JUN 76 PREVIOUS EDITION WILL BE USED

346   *Ungebetene Gäste*

CONTINUED FROM COMPLAINT FORM 1, DTD 9 Sept 80

aerial phenomena described by the first three. Again the object landed in Coyote
Canyon. They did not see the object take off.

5. Coyote Canyon is part of a large   restricted test range used by
the Air Force Weapons Laboratory, Sandia Laboratories, Defense Nuclear Agency
and the Department of Energy. The range was formerly patrolled by Sandia
Security, however, they only conduct building checks there now.

6. On 10 Aug 80, a New Mexico State Patrolman sighted a/aerial object land
in the Manzano's between Belen and Albuquerque, NM. The Patrolman reported
the sighting to the Kirtland AFB Command Post, who later referred the patrolman
to the AFOSI Dist 17. AFOSI Dist 17 advised the patrolman to make a report
through his own agency. On 11 Aug 80, the Kirtland Public Information office
advised the patrolman the USAF no longer investigates such sightings unless
they occur on an USAF base.

7. WRITER contacted all the agencies who utilized the test range and it was
learned no aerial tests are conducted in the Coyote Canyon area. Only ground
tests are conducted.

8. On 8 Sept 80, WRITER learned from Sandia Security that another Security·
Guard observed a object land near an alarmed structure sometime during the first
week of August, but did not report it until just recently for fear of
harassment.

9. The two alarmed structures located within the area contains HQ CR 44
material.

BESCHWERDEFORMULAR 2 - 9. September 1980 H91V05
VERWALTUNGSINTERNE DATEN

Titel: KIRTLAND AFB, NM, 8. August - 3. September 1980
Angebliche Sichtungen unidentifizierter Lichter in der Luft in
gesperrtem Testgelände.
Datum: 2. - 9. September 1980
Zeit: 12.00 Uhr
Ort: AFOSI Abt. 1700; Kirtland AFB, NM
Quelle und Beurteilung: MAJOR ERNEST E. EDWARDS
Wohnort oder Geschäftsadresse:
Commander, 1608 SPS, Manzano, Kirtland AFB, NM
Telefon-Nr.: 4-7516
CR 44 APPLIES

ZUSAMMENFASSUNG DER INFORMATION

Bemerkungen:
1. Am 2. September 1980 berichtete QUELLE, am 8. August 1980
hätten drei Sicherheitspolizeibeamte bei 1608 SPS, KAFB, NM,

Anhang B – Sammlung von UFO-Dokumenten ... 347

während des Dienstes im Manzano Waffenlager ein nicht identifiziertes Objekt in der Luft gesehen, das sich über dem Coyote Canyon
innerhalb des vom Department of Defense gesperrten Testgeländes
auf KAFB, NM, von Norden nach Süden bewegt habe. Die Sicherheitspolizeibeamte, identifiziert als SSGT STEPHEN FERENZ, Über-
wacher der Gegend, AIC MARTIN W. RIST und AMN ANTHONY D.
FRAZIER, wurden später von QUELLE getrennt befragt, und alle drei
machten dieselbe Aussage: Während des Dienstes im Sektor Charlie,
an der Ostseite von Manzano, beobachteten die drei gegen 23.50 Uhr
etwa fünf Kilometer nordnordöstlich ihrer Position ein sehr helles
Licht am Himmel. Das Licht bewegte sich mit hoher Geschwindigkeit
und stand plötzlich am Himmel über dem Coyote Canyon still.
Zunächst dachten die drei, es handle sich bei dem Objekt um einen
Hubschrauber, nach Beobachtung der eigenartigen Flugmanöver
(Flug und plötzlicher Stillstand), hatten sie jedoch den Eindruck, ein
Hubschrauber hätte solche Fähigkeiten nicht aufweisen können. Das
Licht landete in der Gegend des Coyote Canyon. Etwas später beob-
achteten die drei, wie das Licht wieder abhob und mit hoher
Geschwindigkeit gerade am Himmel aufstieg und verschwand.

2. Central Security Control (CSC) in Manzano nahm mit der Sandia Security Verbindung auf, die bei zwei gesicherten Einrichtungen
in der Gegend häufige Gebäudeüberprüfungen übernimmt. Sie teilten mit, eine Patrouille befände sich bereits in der Gegend und
würde nachsehen.

3. Am 11. August 1980 teilte RUSS CURTIS von der Sandia Security
mit, am 9. August 1980 habe ein Wachmann der Sandia Security (der
aus Furcht vor unangenehmen Folgen nicht möchte, daß sein Name
genannt wird) folgendes berichtet: Gegen 0.20 Uhr fuhr er nach Osten
auf der Zugangsstraße zum Coyote Canyon zu einer routinemäßigen
Gebäudeüberprüfung einer gesicherten Einrichtung. Als er auf die Einrichtung zukam, beobachtete er ein helles Licht am Boden hinter der
Einrichtung. Er beobachtete auch ein Objekt, das er zunächst für einen
Hubschrauber hielt. Als er aber näher heranfuhr, beobachtete er ein
rundes, scheibenförmiges Objekt. Er versuchte zu funken, um Verstär-
kung zu rufen, aber sein Funkgerät funktionierte nicht. Als er sich dem
Objekt zu Fuß näherte, bewaffnet mit einem Gewehr, hob das Objekt
mit hoher Geschwindigkeit in vertikaler Richtung ab. Der Wachmann
war früher Hubschraubermechaniker bei der U.S. Army, und er sagte,
das Objekt, das er beobachtet habe, sei kein Hubschrauber gewesen.

348   *Ungebetene Gäste*

4. QUELLE teilte am 22. August 1980 mit, drei weitere Männer der Sicherheitspolizei hätten dieselben Phänomene in der Luft beobachtet, wie sie die ersten drei beschrieben hatten. Wieder landete das Objekt im Coyote Canyon. Sie sahen nicht, daß das Objekt abhob.

5. Coyote Canyon gehört zu einem großen gesperrten Testgelände, das das Waffenlabor der Air Force, das Sandia Labor, die Defense Nuclear Agency und das Department of Energy benutzen. Früher patrouillierte die Sandia Security auf dem Gelände, nun führen sie dort jedoch nur noch Objektschutz durch.

6. Am 10. August 1980 sichtete ein Mann der New Mexico State Patrol ein Objekt in der Luft, das zwischen Belen und Albuquerque, New Mexico, in den Manzanos landete. Der Mann meldete die Sichtung dem Kommandoposten auf Kirtland AFB, der den Mann später an AFOSI Abt. 17 verwies. AFOSI Abt. 17 riet dem Mann, seiner Behörde Meldung zu machen. Am 11. August 1980 teilte das Büro für Öffentlichkeitsarbeit dem Mann mit, die USAF ermittle bei solchen Sichtungen nur noch, wenn sie sich auf einem Stützpunkt der USAF ereigneten.

7. VERFASSER schrieb alle Behörden an, die das Testgelände nutzen, und erfuhr, daß im Coyote Canyon keine Tests in der Luft durchgeführt werden. Dort werden nur Tests am Boden durchgeführt.

8. Am 8. September erfuhr VERFASSER von der Sandia Security, ein weiterer Wachmann habe im Laufe der ersten Augustwoche ein Objekt beobachtet, das in der Nähe eines gesicherten Gebäudes gelandet sei, habe es aber aus Furcht vor unangenehmen Folgen erst vor kurzem gemeldet.

9. Die beiden gesicherten Gebäude auf dem Testgelände enthalten HQ CR 44 Material.

Datum der Weiterleitung an HQ AFOSI: H91V05 10. September 1980
Datum: September 1980
Name des Special Agent (in Schreibmaschine oder Blockschrift) RICHARD C. DOTY, SA
Bezirks-Akten-Nr.: 8017D93-0/29
Unterschrift:

BRIEF DES CIA AN DEN VERFASSER VOM 21. DEZEMBER 1987

Central Intelligence Agency

Washington, D.C. 20505

Mr. Richard H. Hall
4418 39th Street
Brentwood, MD 20722

21 December 1987

Dear Mr. Hall:

This is in response to your letter of 8 April 1986 in which you appeal the determination made by this Agency with regard to your 5 June 1985 Privacy Act request for records pertaining to yourself. In our decision letter of 3 April 1986, you were informed that there were no documents available to you under the Privacy Act of 1974. In response to your appeal, responsive documents were located and reviewed as described below.

Your appeal has been presented to the Central Intelligence Agency Information Review Committee and has been considered under the provisions of both the Freedom of Information Act (FOIA) and the Privacy Act (PA). Pursuant to the authority delegated under paragraph 1900.51(a) of Chapter XIX, Title 32 of the Code of Federal Regulations, Mr. Carroll L. Hauver, Inspector General, and Mr. Clair E. George, Deputy Director for Operations, have reviewed the responsive documents which are listed below, the determinations made with respect to them, and the propriety of the application of the FOIA and PA exemptions asserted with respect to these documents.

Mr. Hauver has reviewed documents numbered 1 through 5, and Mr. George has reviewed documents 6 through 16. A description of each document, the determinations made with respect to each, and the basis for exempting any of these materials from the disclosure requirements of the FOIA and PA follow.

Document Numbers and Descriptions	Determinations	Exemption Basis FOIA	PA
1. Form 610, w/att., 12 September 1973	Release in part	(b)(3)	(j)(1)
2. Letter, 28 August 1973	Release in part	(b)(3)	(j)(1)

3.	Journal, 20 August 1973	Release in part	(b)(3), (b)(6)	(j)(1) (b)
4.	Journal, 26 September 1966	Release in part	(b)(1), (b)(3), (b)(6)	(j)(1), (k)(1), (b)
5.	Journal, 7 June 1977	Release in part	(b)(6)	(b)

[Note: Non-relevant Congressional material has been deleted from documents 3, 4, and 5.]

6.	Letter, 16 May 1973	Release in full		
7.	Letter, 19 June 1973	Release in full		
8.	Letter, 8 August 1973	Release in full		
9.	Memorandum, 25 January 1965	Release in part	(b)(1), (b)(3)	(j)(1), (k)(1)
10.	Routing Sheet, 29 June 1973	Release in part	(b)(3)	(j)(1)
11.	Memorandum, 14 August 1973	Release in part	(b)(1), (b)(3)	(j)(1), (k)(1)
12.	File Cover Sheet, undated	Deny in entirety	(b)(3)	(j)(1)
13.	Form 180, 21 January 1965	Deny in entirety	(b)(1), (b)(3)	(j)(1), (k)(1)
14.	Memorandum, 10 February 1965	Deny in entirety	(b)(1), (b)(3)	(j)(1), (k)(1)
15.	Form 25, 2 March 1965	Deny in entirety	(b)(1), (b)(3)	(j)(1), (k)(1)
16.	Form 1124a, 24 March 1965	Deny in entirety	(b)(1), (b)(3)	(j)(1), (k)(1)

Anhang B – Sammlung von UFO-Dokumenten... 351

Exemption (b)(6) applies to information the disclosure of which would constitute a clearly unwarranted invasion of the privacy of an individual other than the requester.

Information withheld on the basis of exemption (j)(1) concerns intelligence sources and methods encompassed by those portions of systems of records which the Director of Central Intelligence has determined to be exempt from access by individuals pursuant to the authority granted by subsection (j)(1) and regulations promulgated thereunder (32 C.F.R. 1901.61).

Information withheld on the basis of exemption (k)(1) in this instance encompasses those portions of all systems of records which the Director of Central Intelligence has determined to be exempt from access by individuals pursuant to the authority granted by subsection (k)(1) and regulations promulgated thereunder (32 C.F.R. 1901.71). The information is properly classified under the terms of the appropriate Executive order and subject to the provisions of the Freedom of Information Act, 5 U.S.C. §552 (b)(1).

Subsection (b) has been applied to justify the withholding of information on individuals other than yourself, the release of which would constitute an unwarranted invasion of their privacy.

In view of your specific interest in any "paper trail" concerning yourself, please be advised that the denied documents are internal Agency documents concerning the matter mentioned in paragraph 6 of document number 9 and contain no information regarding you other than basic biographic data.

Copies of documents 1 through 11 as they may be released are enclosed.

In accordance with the provisions of the FOIA and the PA, you have the right to seek judicial review of the above determinations in a United States district court.

We appreciate your patience while your appeal was being considered.

Sincerely,

William F. Donnelly
Chairman
Information Review Committee

Enclosures

352   *Ungebetene Gäste*

Central Intelligence Agency
Washington, D.C. 20505

Mr. Richard H. Hall 21. Dezember 1987
4418 39th Street
Brentwood, MD 20722

Sehr geehrter Mr. Hall,

zu Ihrem Widerspruch gegen den Bescheid unserer Behörde über
Ihren Antrag vom 5. Juni 1985 nach dem Privacy Act auf Herausgabe von Aufzeichnungen, die Sie selbst betreffen, erfolgt hiermit
Stellungnahme. Mit Bescheid vom 3. April 1986 teilten wir Ihnen
mit, daß Ihnen nach dem Privacy Act von 1974 keine Dokumente
zugänglich seien. Auf Ihren Widerspruch hin wurden entsprechende Dokumente gefunden und wie unten ausgeführt überprüft.

Ihr Widerspruch wurde dem Information Review Committee der
Central Intelligence Agency vorgelegt und sowohl nach den Vorschriften des Freedom of Information Act (FOIA) wie nach denen
des Privacy Act (PA) erwogen. Gemäß der ihnen durch Paragraph
1900.51(a), Kapitel XIX, Titel 32 des Code of Federal Regulations
verliehenen Befugnisse haben Mr. Carroll L. Hauver, Generalinspek-
teur, und Mr. Clair E. George, stellvertretender Stabsdirektor, die
unten aufgeführten entsprechenden Dokumente, den hierüber
ergangenen Bescheid und die Anwendbarkeit der im FOIA und PA
vorgesehenen Ausnahmeregelungen hierauf überprüft.

Mr. Hauver überprüfte die Dokumente unter 1. bis 5., Mr. George
überprüfte die Dokumente unter 6. bis 16. Im folgenden die Bezeichnung der Dokumente, die zu jedem ergangene Entscheidung und die
Gesetzesgrundlage, nach der einzelne Dokumente von den Freigabevorschriften des FOIA und des PA ausgenommen sind.

Anhang B – Sammlung von UFO-Dokumenten . . .   353

Nummer und Bezeichnung der Dokumente	Entscheidung	Ausnahmevorschrift in FOIA	PA

1. Vordruck 610, w/att.,			
12. September 1973	teilweise Freigabe	(b) (3)	(j) (l)
2. Brief,			
18. August 1973	teilweise Freigabe	(b) (3)	(j) (l)
3. Journal,		(b) (3)	(j) (l)
20. August 1973	teilweise Freigabe	(b) (6)	(b)
4. Journal,			
26. September 1966	teilweise Freigabe	(b) (1)	(j) (l)
		(b) (3)	(k) (l)
		(b) (6)	(b)
5. Journal,			
7. Juni 1977	teilweise Freigabe	(b) (6)	(b)

(Anmerkung: In den Dokumenten unter 3. 4. und 5. wurde nicht relevantes Kongreßmaterial geschwärzt.)

6. Brief,			
16. Mai 1973	vollumfängliche Freigabe		
7. Brief,			
19. Juni 1973	vollumfängliche Freigabe		
8. Brief,			
8. August 1973	vollumfängliche Freigabe		
9. Aktenvermerk,		(b) (1)	(j) (l)
25. Januar 1965	teilweise Freigabe	(b) (3)	(k) (l)
10. Umlauf,			
29. Juni 1973	teilweise Freigabe	(b) (3)	(j) (l)
11. Aktenvermerk,		(b) (1)	(j) (l)
14. August 1973	teilweise Freigabe	(b) (3)	(k) (l)
12. Aktendeckel,			
undatiert	Freigabe vollumfänglich abgelehnt	(b) (3)	(j) (l)
13. Vordruck 180,			
21. Januar 1965	Freigabe vollumfänglich abgelehnt	(b) (1)	(j) (l)
		(b) (3)	(k) (l)
14. Aktenvermerk,		(b) (1)	(j) (l)
10. Februar 1965	Freigabe vollumfänglich abgelehnt	(b) (3)	(k) (l)

354 Ungebetene Gäste

15. Vordruck 25,
   2. März 1965   Freigabe vollumfänglich   (b) (1)   (j) (l)
                 abgelehnt   (b) (3)   (k) (l)
16. Vordruck 1124a,
   24. März 1965   Freigabe vollumfänglich   (b) (1)   (j) (l)
                 abgelehnt   (b) (3)   (k) (l)

Ausnahmevorschrift (b) (1) betrifft Angelegenheiten, die nach den in der dazu ergangenen Durchführungsverordnung ausdrücklich genannten Voraussetzungen im Interesse der nationalen Verteidigung oder der Außenpolitik geheim gehalten werden sollen und die tatsächlich zum Zeitpunkt des Ersuchens ordnungsgemäß klassifiziert sind.

Ausnahmevorschrift (b) (3) erstreckt sich auf Informationen, die per Gesetz von der Freigabe ausgeschlossen sind. Die entsprechenden Gesetze sind Unterabschnitt 102(d) (3) des National Security Act von 1947, ergänzt durch 50 U.S.C. 403(d) (3), der den Direktor der Central Intelligence für den Schutz der Quellen und Methoden des Nachrichtendienstes vor einer nicht genehmigten Veröffentlichung verantwortlich macht und Abschnitt 6 des Central Intelligence Agency Act von 1949, ergänzt durch 50 U.S.C. 403g, wonach Angaben über Organisation, Funktionen, Namen, offizielle Titel, Gehälter oder die Zahl der Beschäftigten bei der Behörde von den Freigabevorschriften ausgenommen sind.

Ausnahmevorschrift (b) (6) gilt für Informationen, deren Freigabe eindeutig ein nicht zulässiges Eindringen in die Privatsphäre einer anderen Person als der des Antragstellers darstellen würde.

Informationen, die auf der Grundlage von Ausnahmevorschrift (j) (l) zurückgehalten wurden, betreffen nachrichtendienstliche Quellen und Methoden, die in solchen Abschnitten von Aufzeichnungssystemen enthalten sind, für die der Direktor der Central Intelligence gemäß der ihm in Unterabschnitt (j) (l) und der dazu erlassenen Richtlinien (32 C.F.R. 1901.61) verliehenen Befugnis verfügt hat, daß sie dem Zugriff durch Einzelpersonen entzogen sind.

Informationen, die auf der Grundlage der Ausnahmevorschrift (k) (l) zurückgehalten wurden, betreffen in diesem Fall solche Teile aller

Anhang B – Sammlung von UFO-Dokumenten... 355

Aufzeichnungen, für die der Direktor der Central Intelligence gemäß der ihm in Unterabschnitt (k) (l) und der dazu ergangenen Richtlinien (32 C.F.R. 1901.71) verliehenen Befugnis verfügt hat, daß sie dem Zugriff von Einzelpersonen entzogen sind. Die Informationen sind nach den Vorschriften der entsprechenden Durchführungsverordnung ordnungsgemäß klassifiziert und den Vorschriften des Freedom of Information Act 5 U.S.C. 552 (b) (1) unterworfen.

Unterabschnitt (b) wurde zur Rechtfertigung des Einbehaltens von Informationen angewandt, die andere Personen betreffen als Sie selbst und deren Freigabe ein unzulässiges Eindringen in deren Privatsphäre darstellen würde.

Im Hinblick auf Ihr besonderes Interesse an jeder möglichen »Papierspur« über Ihre Person, möchten wir Ihnen mitteilen, daß es sich bei den Dokumenten, deren Freigabe abgelehnt wurde, um interne Dokumente der Behörde handelt, die die in Dokument Nummer 9 Abschnitt 6 erwähnte Angelegenheit betreffen und keine weiteren Informationen über Sie enthalten als Ihre grundlegenden biographischen Daten.

Kopien der Dokumente 1 bis 11, soweit sie freigegeben werden können, sind beigefügt.

Nach den Vorschriften des FOIA und des PA haben Sie das Recht, die oben getroffenen Entscheidungen durch ein Bezirksgericht der Vereinigten Staaten überprüfen zu lassen.

Wir danken für Ihre Geduld bei der Bearbeitung Ihres Widerspruchs.

Hochachtungsvoll

William F. Donelly
Vorsitzender des Komitees zur Überprüfung von Informationen

Anlagen

CIA-DOKUMENT ÜBER NICAP UND RICHARD HALL

UNITED STATES GOVERNMENT

Memorandum

72-65

TO : Chief, Contact Division ███████   DATE: 25 January 1965
Attn: ███████████████████

FROM : Chief, ███████████

SUBJECT: National Investigation Committee on Aerial Phenomena (NICAP)
Case ███████

1. This confirms ███████████ conversation 19 January
1965, at which time various samples and reports on UFO sightings
procured from NICAP were given to ███████████ for transmittal
to OSI. The information was desired by OSI to assist them in
the preparation of a paper for ███████████ on UFO's.

2. In accordance with ███████████ request, we met on
19 January 1965 with Mr. Richard Harris Hall, Acting Director
of NICAP. Though Major William Kehoe, founder of NICAP, is
still listed as Director of the organization, we gather that
he is present on the premises at 1536 Connecticut Avenue, N. W.,
only infrequently.

3. The material which was given to us on loan by Mr. Hall
is representative of the type of information available at NICAP.
Their past and present correspondence from all over the US relative to UFO sightings is voluminous. They have slack periods,
as was the case in December 1964, thus there were no "Investigators"
reports immediately available for the month of December. NICAP
has active Committees scattered throughout the US. Investigators
active with these committees call upon the sources of reported
UFO sightings to obtain first hand, eye witness accounts of the
sightings. A printed form, prepared by the Air Force for NICAP's
use, is utilized during the interview, and submitted to NICAP
headquarters along with the source's eye witness account as told
to the investigator. It was our understanding that copies of these
reports go directly to various Air Force bases. There apparently
is a strong feeling on the part of NICAP officials, i.e., Kehoe
and Hall, that the Air Force tends to downgrade the importance
of UFO sightings because they(the Air Force) does not care to
have too much made of the sightings by the US press. We were
told by Mr. Hall that there have been instances where the Air
Force has attempted to intimidate witnesses and get them to sign
false statements relative to UFO sightings.

APPROVED FOR RELEASE
Date ██ NOV 1987

REVIEWED FOR RELEASE
Date 19 AUG 86

Anhang B - Sammlung von UFO-Dokumenten ...   *357*

REGIERUNG DER VEREINIGTEN STAATEN
AKTENVERMERK

72-65

AN: Leiter Abteilung Kontakt
           z. Hd.: ▬▬▬▬▬▬▬▬▬▬
VON: Leiter, ▬▬▬▬▬▬   DATUM: 25. Januar 1965
BETRIFFT: National Investigations Committee on Aerial
           Phenomena (NICAP) Fall ▬▬▬▬▬▬▬

1. Dies bestätigt Gespräch mit ▬▬ vom 19. Januar 1965, als verschiedene Beispiele und Berichte über UFO-Sichtungen, die von NICAP erlangt worden waren zur Weitergabe an OSI an ▬▬▬ übergeben wurden. OSI hatte diese Informationen gewünscht, weil sie sie zur Erstellung eines Papiers für ▬▬ über UFOs verwenden wollten.

2. Entsprechend dem Wunsch von ▬▬, trafen wir uns am 19. Januar 1965 mit Mr. Richard Harris Hall, Acting Director von NICAP. Major William Keyhoe, Gründer von NICAP, wird zwar noch als Direktor der Organisation genannt, aber wir gewannen den Eindruck, daß er nur selten auf dem Gelände der 1536 Connecticut Avenue, N.W., anzutreffen ist.

3. Das Material, das uns Mr. Hall leihweise überließ, ist repräsentativ für die Art von Informationen, die NICAP liefern kann. Ihre Korrespondenz aus Vergangenheit und Gegenwart aus allen Richtungen der Vereinigten Staaten über UFO-Sichtungen ist umfangreich. Sie haben Flauten, wie im Dezember 1964, daher lagen für den Monat Dezember keine Berichte von »Ermittlern« vor. NICAP hat überall in den Vereinigten Staaten aktive Komitees. Ermittler, die bei diesen Komitees aktiv sind, rufen diejenigen, die eine UFO-Sichtung gemeldet haben an, um einen Augenzeugenbericht aus erster Hand über die Sichtung zu erhalten. Bei der Befragung wird ein Vordruck benutzt, den die Air Force zur Verwendung durch NICAP entwickelt hat. Dieser wird dann zusammen mit dem Augenzeugenbericht, wie er dem Ermittler geschildert wurde, der NICAP-Zentrale vorgelegt. Unseres Wissens gehen Kopien dieser Berichte direkt an verschiedene Luftwaffenstützpunkte. Die offiziellen Vertreter der NICAP, d. h. Keyhoe und Hall, haben offensichtlich stark den Eindruck, daß die Air Force die Wichtigkeit von UFO-Sichtungen gerne herunterspielt, weil sie (die Air Force) keinen Wert darauf legt, daß die amerikanische Presse allzuviel aus den Sichtungen

358 Ungebetene Gäste

> W/S-72-65
> 25 January 1965
> Case ▮▮▮▮
>
> 4. The most recent UFO sighting of considerable interest to NICAP was the series of pick-ups of UFO's on the radar screen of the Patuxent Naval Air Station between 1500 and 1530 on 19 December 1964. This incident was reported in the press as a single sighting, a UFO approaching Patuxent at speeds up to 3800 miles per hour. The Air Force a day or so later stated in the press that the blip was caused by faulty radar equipment.
> Actually, according to Hall, who talked with an unidentified person close to the situation, there were three separate sightings:
>
> (a) Two UFO's about 10 miles apart, southeast of Patuxent, approaching at a high rate of speed, disappeared from the screen;
> (b) A single UFO picked up 39 miles southeast of Patuxent, altitude estimated somewhere between three thousand and 25 thousand feet, approaching base at estimated speed of six thousand miles per hour. UFO lost from screen about 10 miles out;
> (c) A single UFO eight miles northeast of Patuxent, approaching at high rate of speed, made 160° turn, and dropped off the screen.
>
> The Federal Aviation Agency (FAA) station at Salisbury, Maryland, was con▮▮▮▮ to determine if any reported UFO's; a radio operator had rec▮▮▮▮ : message from a US Coast Guard ship reporting "visual objects sighted" in same locale at approximately the same time of day. Hall did give us the name of one of the radar operators at Patuxent--a Chief Pinkerton.
>
> 5. There was another UFO sighting reported in the area by the Washington Post within the last week or 10 days. Several men watching from the windows of the old Munitions Building on Constitution Avenue watched several UFO's on the horizon traveling at high rates of speed. They have promised to fill out NICAP's sighting questionnaire, which Hall says we are welcome to see when available.
>
> 6. ▮▮▮▮ informed us that she is requesting a security clearance on Mr. Hall predicated upon biographic information provided by ▮▮▮▮

APPROVED FOR RELEASE
Date 1 ~ NOV 1987

macht. Mr. Hall teilte uns mit, es habe Fälle gegeben, in denen die Air Force versucht habe, Zeugen einzuschüchtern und sie Falschaussagen zu UFO-Sichtungen unterschreiben zu lassen.

4. Die letzte UFO-Sichtung, die für NICAP von beträchtlichem Interesse war, war die Serie von Radarerfassungen von UFOs auf dem Marinefliegerstützpunkt Patuxent zwischen 15.00 Uhr und

Anhang B - Sammlung von UFO-Dokumenten... **359**

15.30 Uhr am 19. Dezember 1964. Dieser Zwischenfall war in der Presse als einzelne Sichtung vermeldet worden, ein UFO, das mit Geschwindigkeiten von bis zu 6100 Stundenkilometern Patuxent anflog. Etwa einen Tag später behauptete die Air Force in der Presse, das Radarsignal sei durch einen Fehler beim Radargerät verursacht worden. Tatsächlich jedoch gab es laut Hall, der mit einer nicht identifizierten Person gesprochen hatte, die der Sache nahe stand, drei getrennte Sichtungen:

(a) Zwei UFOs im Abstand von etwa fünfzehn Kilometern, südöstlich von Patuxent. Sie kamen mit hoher Geschwindigkeit näher und verschwanden dann vom Schirm;

(b) ein einzelnes UFO, das dreiundsechzig Kilometer südöstlich von Patuxent erfaßt wurde, Höhe schätzungsweise irgendwo zwischen eintausend und siebentausendsechshundert Metern. Es kam mit einer geschätzten Geschwindigkeit von eintausendachthundert Stundenkilometern auf den Stützpunkt zu. UFO verschwand fünfzehn Kilometer außerhalb vom Bildschirm;

(c) ein einzelnes UFO etwa dreizehn Kilometer nordöstlich von Patuxent, Anflug mit hoher Geschwindigkeit, vollzog Wende um einhundertsechzig Grad und verschwand vom Schirm.

Es wurde Verbindung zur Station der Federal Aviation Agency (FAA) in Salisbury aufgenommen, um festzustellen, ob UFO-Meldungen eingegangen waren; ein Funker hatte eine Nachricht von einem Schiff der U.S. Küstenwache empfangen, das meldete, es habe am selben Ort und etwa zur selben Tageszeit »visuelle Objekte gesichtet«. Hall gab uns den Namen eines Radarbeobachters auf Patuxent – ein Chief Pinkerton.

5. Die Washington Post berichtete in der vergangenen Woche oder in den vergangenen zehn Tagen über eine weitere UFO-Sichtung in der Gegend. Etliche Männer beobachteten von den Fenstern der alten Rüstungsfabrik in der Constitution Avenue aus etliche UFOs am Horizont, die mit hoher Geschwindigkeit flogen. Sie versprachen, NICAPs Sichtungsfragebogen auszufüllen. Hall sagte, sobald er vorliege, könnten wir ihn uns jederzeit ansehen.

6. ■■■■ teilte uns mit, auf der Grundlage biographischer Informationen, die sie von ■■■■ erhalten habe, beantrage sie eine Untersuchung unter Sicherheitsgesichtspunkten bei Mr. Hall.

ZUR FREIGABE ZUGELASSEN
Datum Nov. 1987

GEHEIME „WICHTIGE NACHRICHTENDIENSTLICHE SICHTUNG" BERICHT AN DAS LUFTVERTEIDIGUNGSKOMMANDO

```
E M E R G E N C Y

26 JULY 1953

D44

Y 260555Z

FM PERRIN AFB TEX

TO JEDEN/COMDR ADC ENT AFB COLO

.WFDL/COMDR CTAF RANDOLPH AFB TEX

BEPW/SEC DEF WASHINGGTN DC

/ZEN/CG 4TH ARMY FT SAM HOUSTON TEX

CIRVIS 3346N 9632W GROUND OBSERVED SEVEN UNIDENTIFIED FLYING OBJECTS

WITH ONE BRIGHT RED LIGHT ON EACH OBJECT HOVERING AT ESTIMATED

ALTITUDES FROM FIVE TO EIGHT THOUSAND FEET. VISUALLY OBSERVED FROM

PERRIN TOWER AND CITIZENS OF DENISON AND SHERMAN TEXAS. NO LATERAL

MOVEMENT WAS OBSERVED. FORMATION WAS IN GROUPS OF THREE WITH ONE

TRAILING AND THEN COMING TOGETHER TO FORM THE LETTER ZEBRA. FORMATION

THEN CIRCLED WHILE GAINING ALTITUDE AND FADED FROM SIGHT ONE AT A TIME.

NO AIR TO AIR CONTACT MADE. NO RADAR CONTACT MADE BY PERRIN RADAR.

VISUAL CONTACT WAS MAINTAINED FROM 2139C TO 2155C. VISIBILITY

UNLIMITED WITH CLEAR SKY CONDITION.

//NOTE: THIS MSG HAS BEEN RELAYED TO CIA BY ELECTRICAL MEANS//


DIST    03/32...ARMY/AF...ACTION
        002...05...202...WECDEF...CIA...CG...DIRNSA...50...JCS/SITROOM
        CNO/OOD

DLVY NR 242...WS/WLL

B E P N    B E P J C    B E P S
```

Anhang B – Sammlung von UFO-Dokumenten . . .   *361*

NOTFALL

26. Juli 1953

D44
Y 260555Z
FM PERRIN AFB TEX
TO JEDEN/COMDR AC ENT AFB COLO
JWFL/COMDR CTAF RANDOLPH AFB TEX
BEPW/SEC DEF WASHINGTON, D.C.
/ZE/CG 4TH ARMY FT SAM HOUSTON TEX

CIRVIS 3346N 9632W BEOBACHTETE SIEBEN NICHT IDENTIFI-
ZIERTE FLIEGENDE OBJEKTE. JEDES OBJEKT HATTE EIN HELLES
ROTES LICHT. SIE SCHWEBTEN IN EINER GESCHÄTZTEN HÖHE
VON EINTAUSENDFÜNFHUNDERT BIS ZWEITAUSENDVIERHUN-
DERT METERN. VISUELL BEOBACHTET VON PERRIN TOWER UND
BÜRGERN IN DENISON UND SHERMAN TEXAS. KEINE SEITENBE-
WEGUNG BEOBACHTET. FORMATION IN DREIERGRUPPEN, EINES
FLOG HINTERHER; DANN KAMEN SIE ZUSAMMEN UND BILDE-
TEN DEN BUCHSTABEN ZEBRA. FORMATION KREISTE DANN UND
GEWANN DABEI AN HÖHE. DANN VERSCHWANDEN SIE EINER
NACH DEM ANDEREN AUSSER SICHTWEITE: KEIN LUFT-LUFT-
KONTAKT AUFGENOMMEN. RADARKONTAKT DURCH RADAR
AUF PERRIN. VISUELLER KONTAKT BESTAND VON 2139C bis
2155C. UNBEGRENZTE SICHT BEI KLAREM HIMMEL.

ANMERKUNG: DIESE NACHRICHT WURDE DER CIA AUF ELEK-
TRISCHEM WEGE ÜBERMITTELT

DIST   03/32 ... ARMY/AF ... ACTION
       002 ... 05 ... 202 ... WECDEF ... CIA ... CG ...
       DIRNSA ... 50 ... JSC/SITROOM
       CNO/OOD

DLVY NR 242 ... WS/WLL

BEPN   BEPJC   BEPS

BETRIFFT:
VERLETZUNG DES LUFTRAUMS ÜBER OAK RIDGE, TENNESSEE

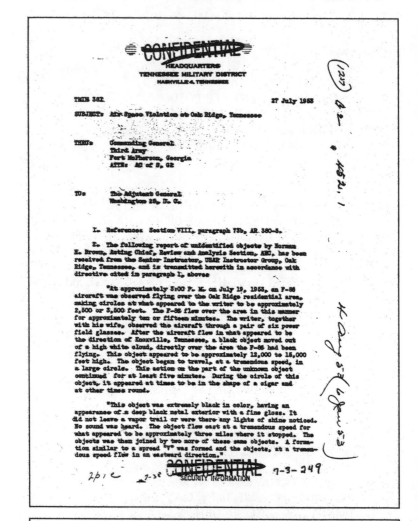

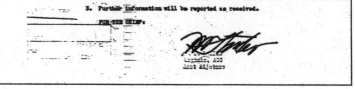

Anhang B – Sammlung von UFO-Dokumenten... 363

~~VERTRAULICH~~
HAUPTQUARTIER
TENNESEE MILITÄRDISTRIKT
NASHVILLE 4, TENNESSEE

TMIN 381   27. Juli 1953

BETRIFFT: Verletzung des Luftraums über Oak Ridge, Tennessee

ÜBER: Kommandierender General
             Dritte Armee
             Fort McPherson, Georgia
             Z. Hd.: AC von S. G2

AN: Generaladjutant
             Washington 25 D.C.

1. Vorschrift: Abschnitt VIII, Paragraph 73b, AR 380-5

2. Der Oberste Ausbilder der USAR (U.S. Army) Ausbildungsgruppe, Oak Ridge, Tennessee, hat folgenden Bericht über nicht identifizierte Objekte von Norman H. Brown, Leiter der Abteilung Überprüfung und Analyse erhalten. Er wird hiermit in Übereinstimmung mit der unter 1. zitierten Dienstanweisung weiter übermittelt:

»Am 19. Juli 1953 wurde etwa um 15 Uhr eine F-86 beobachtet, die über das Wohngebiet von Oak Ridge flog und in einer vom Verfasser auf 750 bis 1000 Meter geschätzten Höhe Kreise zog. Die F-86 flog etwa zehn bis fünfzehn Minuten lang auf diese Weise über das Gebiet. Der Verfasser beobachtete das Objekt zusammen mit seiner Frau durch einen sechsfach vergrößernden Feldstecher. Als das Flugzeug anscheinend in Richtung Knoxville, Tennessee, weitergeflogen war, kam ein schwarzes Objekt aus einer hohen weißen Wolke direkt über das Gebiet, das die F-86 überflogen hatte. Dieses Objekt bewegte sich mit gewaltiger Geschwindigkeit in einem großen Kreis. Dieses Verhalten auf Seiten des unbekannten Objekts dauerte min-

364　　　　　　　　　　*Ungebetene Gäste*

destens fünf Minuten. Im Laufe seiner Kreise erschien das Objekt zuweilen zigarrenförmig, zuweilen rund.

Dieses Objekt war von extrem schwarzer Farbe. Es schien, als bestünde seine Oberfläche aus einem tiefschwarzen Metall mit einem feinen Glanz. Es hinterließ weder einen Kondensstreifen noch wurden Lichter bemerkt. Es war kein Geräusch zu hören. Das Objekt flog mit ungeheurer Geschwindigkeit etwa fünf Kilometer nach Osten und hielt dann in der Luft an. Zwei weitere Objekte gleicher Art kamen dann hinzu. Sie bildeten eine Formation ähnlich dem Buchstaben »V«, und die Objekte flogen mit ungeheurer Geschwindigkeit in östlicher Richtung.

3. Weitere Meldung erfolgt, sobald erhalten.

FÜR DEN LEITER:

Captain, ASC
Asst. Adjutant

SICHERHEITSRELEVANTE INFORMATION

ANHANG C

MJ-12 DOKUMENTE

INFORMATIONSDOKUMENT: OPERATION MAJESTIC 12
ERSTELLT FÜR DEN DESIGNIERTEN PRÄSIDENTEN DWIGHT D. EISENHOWER
18. NOVEMBER 1952

NATIONAL ████████████ ON

COPY ONE OF ONE.

BRIEFING DOCUMENT: OPERATION MAJESTIC 12

PREPARED FOR PRESIDENT-ELECT DWIGHT D. EISENHOWER: (EYES ONLY)

18 NOVEMBER, 1952

WARNING! This is a ████████████ document containing compartmentalised information essential to the national security of the United States. ████████████ the material herein is strictly limited to those possessing Majestic-12 clearance level. Reproduction in any form or the taking of written or mechanically transcribed notes is strictly forbidden.

T52-EXEMPT (E)

COPY ONE OF ONE.

SUBJECT: OPERATION MAJESTIC-12 PRELIMINARY BRIEFING FOR PRESIDENT-ELECT EISENHOWER.

DOCUMENT PREPARED 18 NOVEMBER, 1952.

BRIEFING OFFICER: ADM. ROSCOE H. HILLENKOETTER (MJ-1)

NOTE: This document has been prepared as a preliminary briefing only. It should be regarded as introductory to a full operations briefing intended to follow.

OPERATION MAJESTIC-12 is a TOP SECRET Research and Development/ Intelligence operation responsible directly and only to the President of the United States. Operations of the project are carried out under control of the Majestic-12 (Majic-12) Group which was established by special classified executive order of President Truman on 24 September, 1947, upon recommendation by Dr. Vannevar Bush and Secretary James Forrestal. (See Attachment "A".) Members of the Majestic-12 Group were designated as follows:

    Adm. Roscoe H. Hillenkoetter
    Dr. Vannevar Bush
    Secy. James V. Forrestal*
    Gen. Nathan F. Twining
    Gen. Hoyt S. Vandenberg
    Dr. Detlev Bronk
    Dr. Jerome Hunsaker
    Mr. Sidney W. Souers
    Mr. Gordon Gray
    Dr. Donald Menzel
    Gen. Robert M. Montague
    Dr. Lloyd V. Berkner

The death of Secretary Forrestal on 22 May, 1949, created a vacancy which remained unfilled until 01 August, 1950, upon which date Gen. Walter B. Smith was designated as permanent replacement.

T52-EXEMPT (E)

COPY <u>ONE</u> OF <u>ONE</u>.

On 24 June, 1947, a civilian pilot flying over the Cascade Mountains in the State of Washington observed nine flying disc-shaped aircraft traveling in formation at a high rate of speed. Although this was not the first known sighting of such objects, it was the first to gain widespread attention in the public media. Hundreds of reports of sightings of similar objects followed. Many of these came from highly credible military and civilian sources. These reports resulted in independent efforts by several different elements of the military to ascertain the nature and purpose of these objects in the interests of national defense. A number of witnesses were interviewed and there were several unsuccessful attempts to utilize aircraft in efforts to pursue reported discs in flight. Public reaction bordered on near hysteria at times.

In spite of these efforts, little of substance was learned about the objects until a local rancher reported that one had crashed in a remote region of New Mexico located approximately seventy-five miles northwest of Roswell Army Air Base (now Walker Field).

On 07 July, 1947, a secret operation was begun to assure recovery of the wreckage of this object for scientific study. During the course of this operation, aerial reconnaissance discovered that four small human-like beings had apparently ejected from the craft at some point before it exploded. These had fallen to earth about two miles east of the wreckage site. All four were dead and badly decomposed due to action by predators and exposure to the elements during the approximately one week time period which had elapsed before their discovery. A special scientific team took charge of removing these bodies for study. (See Attachment "C".) The wreckage of the craft was also removed to several different locations. (See Attachment "B".) Civilian and military witnesses in the area were debriefed, and news reporters were given the effective cover story that the object had been a misguided weather research balloon.

COPY ONE OF ONE.

A covert analytical effort organized by Gen. Twining and Dr. Bush acting on the direct orders of the President, resulted in a preliminary concensus (19 September, 1947) that the disc was most likely a short range reconnaissance craft. This conclusion was based for the most part on the craft's size and the apparent lack of any identifiable provisioning. (See Attachment "D".) A similar analysis of the four dead occupants was arranged by Dr. Bronk. It was the tentative conclusion of this group (30 November, 1947) that although these creatures are human-like in appearance, the biological and evolutionary processes responsible for their development has apparently been quite different from those observed or postulated in homo-sapiens. Dr. Bronk's team has suggested the term "Extra-terrestrial Biological Entities", or "EBEs", be adopted as the standard term of reference for these creatures until such time as a more definitive designation can be agreed upon.

Since it is virtually certain that these craft do not originate in any country on earth, considerable speculation has centered around what their point of origin might be and how they got here. Mars was and remains a possibility, although some scientists, most notably Dr. Menzel, consider it more likely that we are dealing with beings from another solar system entirely.

Numerous examples of what appear to be a form of writing were found in the wreckage. Efforts to decipher these have remained largely unsuccessful. (See Attachment "E".) Equally unsuccessful have been efforts to determine the method of propulsion or the nature or method of transmission of the power source involved. Research along these lines has been complicated by the complete absence of identifiable wings, propellers, jets, or other conventional methods of propulsion and guidance, as well as a total lack of metallic wiring, vacuum tubes, or similar recognizable electronic components. (See Attachment "F".) It is assumed that the propulsion unit was completely destroyed by the explosion which caused the crash.

COPY ONE OF ONE.

A covert analytical effort organized by Gen. Twining and Dr. Bush acting on the direct orders of the President, resulted in a preliminary concensus (19 September, 1947) that the disc was most likely a short range reconnaissance craft. This conclusion was based for the most part on the craft's size and the apparent lack of any identifiable provisioning. (See Attachment "D".) A similar analysis of the four dead occupants was arranged by Dr. Bronk. It was the tentative conclusion of this group (30 November, 1947) that although these creatures are human-like in appearance, the biological and evolutionary processes responsible for their development has apparently been quite different from those observed or postulated in homo-sapiens. Dr. Bronk's team has suggested the term "Extra-terrestrial Biological Entities", or "EBEs", be adopted as the standard term of reference for these creatures until such time as a more definitive designation can be agreed upon.

Since it is virtually certain that these craft do not originate in any country on earth, considerable speculation has centered around what their point of origin might be and how they get here. Mars was and remains a possibility, although some scientists, most notably Dr. Menzel, consider it more likely that we are dealing with beings from another solar system entirely.

Numerous examples of what appear to be a form of writing were found in the wreckage. Efforts to decipher these have remained largely unsuccessful. (See Attachment "E".) Equally unsuccessful have been efforts to determine the method of propulsion or the nature,or method of transmission of the power source involved. Research along these lines has been complicated by the complete absence of identifiable wings, propellers, jets, or other conventional methods of propulsion and guidance, as well as a total lack of metallic wiring, vacuum tubes, or similar recognizable electronic components. (See Attachment "F".) It is assumed that the propulsion unit was completely destroyed by the explosion which caused the crash.

MJ-12 Dokumente

COPY ONE OF ONE.

ENUMERATION OF ATTACHMENTS:

°ATTACHMENT "A".........Special Classified Executive
                        Order #092447. (TS/EO)

°ATTACHMENT "B".........Operation Majestic-12 Status
                        Report #1, Part A. 30 NOV '47.
                        (TS-MAJIC/EO)

°ATTACHMENT "C".........Operation Majestic-12 Status
                        Report #1, Part B. 30 NOV '47.
                        (TS-MAJIC/EO)

°ATTACHMENT "D".........Operation Majestic-12 Preliminary
                        Analytical Report. 19 SEP '47.
                        (TS-MAJIC/EO)

°ATTACHMENT "E".........Operation Majestic-12 Blue Team
                        Report #5. 30 JUN '52.
                        (TS-MAJIC/EO)

°ATTACHMENT "F".........Operation Majestic-12 Status
                        Report #2. 31 JAN '48.
                        (TS-MAJIC/EO)

°ATTACHMENT "G".........Operation Majestic-12 Contingency
                        Plan MJ-1949-04P/78: 31 JAN '49.
                        (TS-MAJIC/EO)

°ATTACHMENT "H".........Operation Majestic-12, Maps and
                        Photographs Folio (Extractions).
                        (TS-MAJIC/EO)

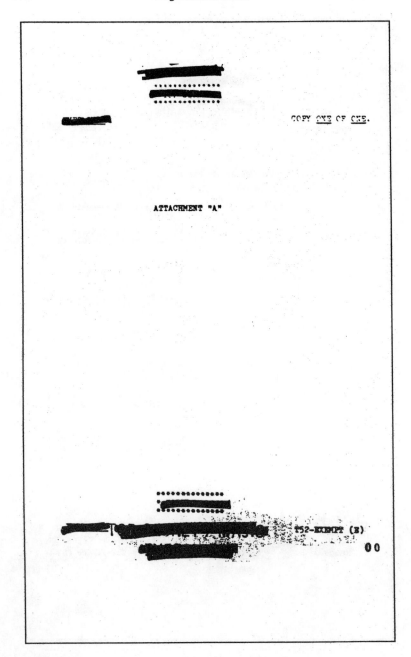

THE WHITE HOUSE
WASHINGTON

September 24, 1947.

MEMORANDUM FOR THE SECRETARY OF DEFENSE

Dear Secretary Forrestal:

    As per our recent conversation on this matter, you are hereby authorized to proceed with all due speed and caution upon your undertaking. Hereafter this matter shall be referred to only as Operation Majestic Twelve.

    It continues to be my feeling that any future considerations relative to the ultimate disposition of this matter should rest solely with the Office of the President following appropriate discussions with yourself, Dr. Bush and the Director of Central Intelligence.

Harry Truman

374   *Ungebetene Gäste*

AUSFERTIGUNG EINS VON EINS

██████████████████████████████████████

████████████████████████████

████████████████████████

INFORMATIONSDOKUMENT: OPERATION MAJESTIC 12

ERSTELLT FÜR DEN DESIGNIERTEN PRÄSIDENTEN
DWIGHT D. EISENHOWER: ████████████████

18. NOVEMBER 1952

WARNUNG: Dieses Dokument ist ████████ und enthält abteilungs-
interne Informationen, die für die nationale Sicherheit der Vereinigten Staaten von entscheidender Bedeutung sind. ████████ das Material
hierzu ist streng auf diejenigen beschränkt, die eine Unbedenklich-
keitsbescheinigung für Majestic-12 haben. Reproduktion jedweder
Art oder die Anfertigung geschriebener oder mechanisch übertra-
gener Notizen ist streng verboten.

BEZUG: OPERATION MAJESTIC-12 VORLÄUFIGE INFORMATIO-
NEN FÜR DEN DESIGNIERTEN PRÄSIDENTEN EISENHOWER.

DOKUMENT ERSTELLT AM 18. NOVEMBER 1952.

INFORMIERENDER OFFIZIER: ADM. ROSCOE H. HILLEN
KOETTER (MJ-1)

ANMERKUNG: Dieses Dokument ist lediglich als vorläufige Information gedacht. Es ist als Einführung zu einer umfassenden Unter-
richtung zu verstehen, die noch erfolgen soll.

Die OPERATION MAJESTIC-12 ist ein STRENG GEHEIMES For-
schungs- und Entwicklungs-/Aufklärungsprojekt, das unmittelbar

MJ-12 Dokumente 375

und ausschließlich dem Präsidenten untersteht. Unternehmungen des Projekts unterstehen der Aufsicht der Gruppe Majestic-12 (Majic-12), die auf Empfehlung von Dr. Vannevar Bush und Minister James Forrestal durch geheime Sonderverfügung Präsident Trumans vom 24. September 1947 eingerichtet wurde. (siehe Anhang »A«). Als Mitglieder der Gruppe Majestic-12 wurden berufen:

Adm. Roscoe H. Hillenkoetter	Dr. Jerome Hunsaker
Dr. Vannevar Bush	Mr. Sidney W. Souers
Minister James V. Forrestal	Mr. Gordon Gray
Gen. Nathan F. Twining	Dr. Donald Menzel
Gen. Hoyt S. Vandenberg,	Gen. Robert M. Montague
Dr. Detlev Bronk	Dr. Lloyd V. Berkner

Durch den Tod von Minister Forrestal am 22. Mai 1949 wurde ein Sitz frei, der bis zum 1. August 1950 unbesetzt blieb; zu diesem Zeitpunkt wurde General Walter B. Smith als permanentes Mitglied berufen.

Am 24. Juni 1947 beobachtete ein Zivilpilot auf dem Flug über die Cascade Mountains im Bundesstaat Washington neun diskusförmige Flugobjekte, die mit hoher Geschwindigkeit in Formation flogen. Dies war zwar nicht die erste Beobachtung solcher Objekte, die bekannt wurde, aber die erste, die in den Massenmedien große Aufmerksamkeit erregte. Hunderte Meldungen von Beobachtungen ähnlicher Objekte folgten. Viele davon stammten aus äußerst glaubwürdigen militärischen und zivilen Quellen. Diese Meldungen führten zu unabhängigen Bemühungen verschiedener militärischer Stellen, im Interesse der nationalen Sicherheit Art und Absicht dieser Objekte festzustellen. Es wurden eine Reihe von Zeugen vernommen und einige erfolglose Versuche untenommen, gemeldete Flugobjekte mit Flugzeugen zu verfolgen. Die Reaktion der Öffentlichkeit grenzte gelegentlich an Hysterie.

Trotz dieser Bemühungen ergab sich nur wenig stichhaltiges über die Objekte, bis ein Rancher meldete, daß in einer abgelegenen Gegend von New Mexico etwa 120 Kilometer nordwestlich der Roswell Army Air Base (heute Walker Field) ein Objekt abgestürzt sei.

Am 7. Juli 1947 lief ein Geheimeinsatz an, um die Bergung dieses Objekts zu wissenschaftlichen Untersuchungszwecken sicherzustel-

376 Ungebetene Gäste

len. Im Verlauf dieser Operation entdeckten Luftaufklärer, daß anscheinend vier kleine menschenähnliche Wesen aus dem Flugobjekt ausgestiegen waren, kurz bevor es explodierte. Sie waren gut drei Kilometer östlich der Absturzstelle auf den Boden aufgeschlagen. Alle vier waren tot und stark entstellt durch Raubtiere und Witterungseinflüsse, denen sie etwa eine Woche lang ausgesetzt waren, ehe man sie fand. Eine spezielle Wissenschaftlergruppe besorgte den Abtransport dieser Leichen zur Untersuchung. (Siehe Anhang »C«) Auch die Wrackteile des Flugobjekts wurden an verschiedene Orte gebracht. (Siehe Anhang »B«) Es fand eine abschließende Besprechung mit zivilen und militärischen Zeugen statt, und den Reportern wurde zur Tarnung die wirkungsvolle Geschichte erzählt, bei dem Objekt habe es ich um einen abgetriebenen Wetterballon gehandelt.

Eine von General Twining und Dr. Bush auf direkte Anweisung des Präsidenten eingeleitete geheime Untersuchung erbrachte (am 19. September 1947) das vorläufige Ergebnis, daß es sich bei dem Objekt höchstwahrscheinlich um ein Kurzstecken-Aufklärungsflugzeug handelte. Diese Schlußfolgerung basierte größtenteils auf der Größe des Flugzeugs und dem offensichtlichen Fehlen jeglichen erkennbaren Proviants. (Siehe Anhang »D«) Dr. Bronk leitete eine ähnliche Untersuchung für die vier toten Besatzungsmitglieder ein. Die Untersuchungsgruppe kam zu dem vorläufigen Schluß (30. November 1947), daß zwar die äußere Erscheinung dieser Wesen menschenähnlich sei, daß sich jedoch die biologischen und evolutionären Prozesse, die für ihre Entwicklung verantwortlich sind, erheblich von jenen unterschieden, die beim Homo sapiens beobachtet oder angenommen werden. Dr. Bronks Team schlug vor, für diese Wesen den Begriff »Extraterristrische Biologische Entitäten« oder »EBE« als Standardbezeichnung einzuführen, bis eine Festlegung auf eine definitive Bezeichnung möglich ist.

Da praktisch gesichert ist, daß diese Flugobjekte nicht aus einem Land der Erde stammen, haben sich umfassende Überlegungen auf die Frage gerichtet, woher sie kommen und wie sie hierher kommen. Der Mars war und ist eine Möglichkeit, obwohl manche Wissenschaftler, vor allem Dr. Menzel, es für wahrscheinlicher halten, daß wir es mit Wesen aus einem völlig anderen Sonnensystem zu tun haben.

In dem Wrack wurden viele Proben einer mutmaßlichen Art von Schrift gefunden. Versuche, sie zu entschlüsseln, blieben bislang

MJ-12 Dokumente 377

weitgehend ohne Erfolg. (Siehe Anghang »E«) Ebenso ohne Erfolg blieben Versuche, die Art des Antriebs oder Art und Transmissionsweise der verwendeten Energiequelle festzustellen. Die Ermittlungen in dieser Richtung wurden erschwert durch das völlige Fehlen erkannbarer Tragflächen, Propeller, Düsentriebwerke oder anderer konventioneller Antriebs- und Steuersysteme sowie auch durch das völlige Fehlen von Verkabelungen, Rohren oder ähnlicher erkennbar elektronischer Bauteile. (Siehe Anhang »F«) Es ist anzunehmen, daß das Antriebssystem bei der Explosion, die zum Absturz führte, völlig zerstört wurde.

Die Notwendigkeit, so viele weitere Erkenntnisse wie möglich über diese Fahrzeuge, ihre Flugeigenschaften und ihre Absichten zu gewinnen, führte im Dezember 1947 zu dem als US Air Force Project SIGN bekannten Unternehmen. Um Geheimhaltung zu wahren, beschränkte sich die Verbindung zwischen SIGN und Majestic-12 auf zwei Abwehroffiziere im Air Material Command, die die Aufgabe hatten gewisse Information auf dem Dienstweg weiterzuleiten. Im Dezember 1948 ging SIGN in das Projekt GRUDGE über. Derzeit läuft das Unternehmen unter dem Decknamen BLUE BOOK, der Air-Force-Offizier, der die Projektleitung innehat, ist gleichzeitig als Verbindungsmann tätig.

Am 6. Dezember 1950 schlug im Gebiet El Indio – Guerrero an der texanisch-mexikanischen Grenze ein zweites Objekt vermutlich gleicher Herkunft mit hoher Geschwindigkeit auf die Erde auf, nachdem es zuvor eine lange Flugbahn durch die Atmosphäre beschrieben hatte. Als ein Suchtrupp an der Absturzstelle eintraf, waren die Überreste des Objekts fast völlig verkohlt. Das Material, das noch geborgen werden konnte, wurde zur Untersuchung in die Anlage der Atomenergiekommission nach Sandia, New Mexico gebracht.

Auswirkungen auf die nationale Sicherheit sind auch weiterhin insofern bedeutend, als die Motive und Absichten diese Besucher völlig im Unklaren bleiben. Zudem hat ein erheblicher Anstieg der Aufklärungsflüge dieser Flugobjekte, der im Mai dieses Jahres begann und bis in den Herbst hinein anhielt Anlaß zu ernsthafter Sorge gegeben, ob sich vielleicht neue Entwicklungen anbahnen. Aus diesen Gründen sowie aus naheliegenden internationalen und technologischen Erwägungen und der unbedingten Notwendigkeit, eine öffentliche Panik um jeden Preis zu verhindern, bleibt die Grup-

378   *Ungebetene Gäste*

pe Majestic-12 weiterhin einstimmig bei der Ansicht, daß die strengsten Sicherheitsvorkehrungen ohne Unterbrechung auch unter der neuen Regierung fortbestehen sollten. Zugleich sollte der Eventualplan MJ-1949-04P/78 (Streng Geheim – Nur zur Einsichtnahme) weiterhin einsatzbereit gehalten werden, falls sich die Notwendigkeit ergeben sollte, eine öffentliche Erklärung abzugeben. (Siehe Anghang »G«)

LISTE DER ANHÄNGE

*ANHANG »A«   Geheime Sonderverfügung 092447 (TS/EO)

*ANHANG »B«   Operation Majestic-12, Lagebericht 1, Teil A,
30. November 1947 Nr. 1, (TS-MAJIC/EO)

*ANHANG »C«   Operation Majestic-12, Lagebericht 1, Teil B
30. November 1947 (TS-MAJIC/EO)

*ANHANG »D«   Operation Majestic-12, Vorläufiger Untersuchungsbericht, 19. September 1947
(TS-MAJIC/EO)

*ANHANG »E«   Operation Majestic-12, Blue-Team-Bericht 5
30. Juni 1952 (TS-MAJIC/EO)

*ANHANG »F«   Operation Majestic-12, Lagebericht 2,
31. Januar 1948 (TS-MAJIC/EO)

*ANHANG »G«   Operation Majestic-12,
Eventualplan MJ-1949-O4P/78
31. Januar 1949 (TS-MAJIC/EO)

*ANHANG »H«   Operation Majestic-12, Karten und Fotofoliant
(Auszüge). (TS-MAJIC/EO)

MJ-12 Dokumente   379

~~STRENG GEHEIM~~
~~NUR ZUR EINSICHTNAHME~~

Das Weiße Haus Washington
Washington

24. September 1947

MEMORANDUM FÜR DEN VERTEIDIGUNGSMINISTER

Sehr geehrter Herr Minister Forrestal,

wie bei unserem letzten Gespräch in dieser Angelegenheit verein-
bart, erhalten Sie hiermit die Genehmigung, Ihr Unternehmen mit
aller gebotenen Eile und Vorsicht fortzusetzen. Von nun an wird
diese Angelegenheit nur noch als Operation Majestic Zwölf bezeichnet.

Ich bin auch weiterhin der Ansicht, daß alle zukünftigen Entscheidungen über die endgültige Regelung dieser Angelegenheit
ausschließlich beim Präsidentenamt liegen sollten nach eingehen-
den Beratungen mit Ihnen, Dr. Bush und dem Director of Central
Intelligence.

gez. Harry S. Truman

ANHANG D

AKRONYME UND ABKÜRZUNGEN

AAAS: American Association for the Advancement of Sciene (Amerikanische Vereinigung für den Fortschritt der Wissenschaft)

AFB: Air Force Base (Luftwaffenstützpunkt)

AIAA: Amercan Institute for Aeronautics an Astronautics (Amerikanisches Institut für Luft- und Raumfahrt)

APRO: Aerial Phenomena Research Organization (Tuscon, Arizona) (Organisation zur Erforschung von Phänomenen in der Luft)

CE I, II, III: Close Encounter of the First Second and Third Kind (Nahbegegnungen der ersten, zweiten und dritten Art, definiert von Dr. J. Allen Hynek in *The UFO Experience: A Scientific Inquiry*, Regnery, 1972)

CIA: Central Intelligence Agency

CUFOS: J. Allen Hynek Center for UFO Studies (Chicago, Illinois)

DOD: Department of Defense (Verteidigungsministerium)

E-M: Elektromagnetisch (Effekte auf Fahrzeuge und elektrische Systeme während UFO-Sichtungen).

ETH: Extraterrestrische Hypothese zur Erklärung von UFOs.

ETI(s): Extraterrestrische Intelligenz(en).

FBI: Federal Bureau of Investigation.

FOIA: Freedom of Information Act (Gesetz über die Informationsfreiheit, das die Grundregeln für einen Zugang der Bürger zu Regierungsdokumenten aufstellt und diesen Zugang gewährt.)

HUMCAT:	Humanoid Catalogue (Humanoidenkatalog, Computerkatalog der Daten über Wesen, über die im Zusammenhang mit UFOs berichtet wird.)
ICBM:	Intercontinental Ballistic Missile (Interkontinentalrakete).
IEEE:	Institute of Electrical and Electronics Engineers (Institut der ElEktro- und Elektronik-Ingenieure).
MUFON:	Mutual UFO Network (Seguin, Texas).
MJ-12:	Majestic-12; angebliche Gruppe von Wissenschaftlern und führenden Militärs, die die Regierungsstudien abgestürzter Untertassen kontrollieren.
NICAP:	National Investigations Committee on Aerial Phenomena (früher in Washington, D.C., Akten nun beim Center for UFO Studies, Chicago, Illinois).
NORAD:	North American Air Defense Command (Nordamerikanisches Luftverteidigungskommando)
NSA:	National Security Agency.
OPEC:	Organization of Petroleum Exporting Countries (Organisation Erdöl exportierender Länder).
UFOCAT:	UFO Katalog (von CUFOS erstellter Computerkatalog mit Daten zu UFO-Sichtungen).
USAF:	U.S. Air Force.

Sie sind auf der Suche nach guter UFO-Literatur?

Dann sind Sie bei uns an der richtigen Adresse!

Wir bieten Ihnen:

- Klassiker, Standardwerke und aktuelle Neuerscheinungen rund um das UFO-Thema.
- Regelmäßige Informationen über aktuelle Neuerscheinungen.
- Umfassender Überblick über das gesamte Angebotsspektrum zum UFO-Thema, ergänzt durch die Fachzeitschrift UFO-KURIER.

Ihr kostenloses Gesamtverzeichnis liegt für Sie bereit. Jetzt gleich anfordern bei:

**KOPP VERLAG
Hirschauer Str. 10
72108 Rottenburg
Tel. (0 74 72) 9 12 65
Fax (0 74 72) 9 12 61**